*Histoire
des Reines de France*

MARIE
DE MÉDICIS

Présenté par Isabelle, Comtesse de Paris

PHILIPPE DELORME

*Histoire
des Reines de France*

MARIE
DE MÉDICIS

Présenté par Isabelle, Comtesse de Paris

Pygmalion
Gérard Watelet
Paris

Sur simple demande aux
Éditions Pygmalion/Gérard Watelet, 70, avenue de Breteuil, 75007 Paris,
vous recevrez gratuitement notre catalogue
qui vous tiendra au courant de nos dernières publications.

© 1998 Éditions Pygmalion/Gérard Watelet à Paris
ISBN 2-85704-553.0

Le Code de la propriété intellectuelle n'autorisant, aux termes de l'article L. 122-5 (2° et 3° a), d'une part, que les « copies ou reproductions strictement réservées à l'usage privé du copiste et non destinées à une utilisation collective » et, d'autre part, que les analyses et les courtes citations dans un but d'exemple et d'illustration, « toute représentation ou reproduction intégrale ou partielle faite sans le consentement de l'auteur ou de ses ayants droit ou ayants cause est illicite » (art. L. 122-4). Cette représentation ou reproduction, par quelque procédé que ce soit, constituerait donc une contrefaçon sanctionnée par les articles L. 335-2 et suivants du Code de la propriété intellectuelle.

PRÉSENTATION

L'IDÉE d'une collection consacrée à l'histoire des reines de France me semble intéressante et même nécessaire. Il y a beaucoup à faire, beaucoup à dire, beaucoup à découvrir. En Histoire, il y a toujours à découvrir. Nous avons envie de mieux connaître, pour chaque reine, son époque, les détails de son existence quotidienne. Ainsi, pour moi, la vie au Louvre restait un mystère. Avec ce *Marie de Médicis*, Philippe Delorme nous invite à partager l'intimité de ce palais royal au XVIIe siècle. A sa lecture, on se rend compte également avec quelle habileté la reine usa de son pouvoir lorsqu'elle fut régente, et cela à une époque extrêmement troublée et bouillonnante, s'acharnant à préserver la paix dans le royaume.

D'autre part, cette série d'ouvrages montrera la continuité qui a existé à travers toutes ces femmes. Presque toutes étrangères, elles se sont consacrées au fond remarquablement bien à leur métier de reine de France. Les unes avec passion, quelques-unes avec une certaine maladresse, mais dans l'ensemble, toutes nos reines ont été bénéfiques. Même Marie-Antoinette, que l'on a accusée de tous les péchés du monde, n'a jamais trahi la France.

Blanche de Castille, à laquelle Marie de Médicis a tenté de se comparer, est pour moi un modèle de reine. Parce qu'elle a adoré son mari Louis VIII, parce qu'elle s'est adaptée à la France de façon étonnante, et parce que, veuve très tôt, elle a choyé ses nombreux enfants, et qu'elle a remis à son fils, le futur Saint Louis, un pays en paix et agrandi.

Certes, beaucoup de nos rois ont eu des maîtresses. Quelques reines en ont été malheureuses, d'autres ont pris leur mal en patience... De nos jours, cette situation semblerait choquante. Mais être l'épouse d'un souverain n'est jamais un conte de fées ! Un roi, s'il fait son métier, n'est pas un personnage qui consacre tout son temps à son épouse. D'ailleurs, les reines de France, quant à elles, étaient également entourées d'hommes qui leur faisaient une cour respectueuse. Une femme est toujours flattée de tels hommages. Mais pratiquement aucune reine de France, sauf peut-être Isabeau de Bavière, n'aurait pensé à tromper son mari. L'honneur, l'idée qu'elles se faisaient de leur rôle, leur interdisaient d'être infidèles.

Être la descendante, et en quelque sorte l'héritière, de toutes ces souveraines, a beaucoup compté dans mon existence. Je suis née princesse. Nos parents nous ont élevés avec l'idée que nous étions faits pour le service des autres. Aussi, depuis mon enfance, me suis-je sentie responsable des personnes qui m'entourent. Bien sûr, j'ai parfois envie d'être terriblement égoïste, de ne penser à personne, mais je n'y arrive pas ! Je n'y peux rien, je suis née ainsi. C'est inscrit dans les gènes que le Bon Dieu m'a attribués. Lorsque, toute petite, je n'avais pas la conscience tranquille, il me semblait que les portraits de famille du château d'Eu, où j'ai passé ma jeunesse, me suivaient du regard. J'ai toujours essayé de ne pas décevoir mes aïeux. Et d'abord mes grands-parents. Mon grand-père, le comte d'Eu, né en 1842, est mort lorsque j'avais onze ans. Il me parlait de sa vie aux Tuileries, à la cour de ses propres grands-parents, le roi Louis-Philippe et la reine Marie-Amélie. Quant à ma grand-mère, Isabelle, elle avait été régente du Brésil. Tous les deux, ils étaient l'Histoire, un lien terriblement proche avec le passé. Les reines de France ne sont pas, à mes yeux, des étrangères...

Pour autant, je n'ai jamais pensé entrer moi-même dans l'Histoire. Dès l'âge de douze ans, à la suite d'une première rencontre à Eu, je m'étais mis dans la tête que j'épouserai le comte de Paris que j'ai toujours aimé. Je l'ai épousé, non pas seulement parce qu'il était prince de France, mais aussi parce qu'il incarnait la France. Mes frères et sœurs, qui étaient plus cosmopolites, m'appelaient d'ailleurs la « Française »...

Les activités politiques de mon mari m'ont passionnée. J'ai donc toujours été pénétrée de mes devoirs envers la France, habitée par l'exemple à donner, sincèrement convaincue qu'il fallait aimer les gens, dispenser des sourires à des personnes que l'on ne connaît pas, aider les pauvres. En fait, je me sens redevable de ce que tant de personnes expriment de gentillesse à mon égard. Qu'ai-je fait pour elles ? Je me sens réellement en dette envers toutes ces attentions qui me touchent profondément.

Si la loi salique empêche les femmes de jouer un rôle politique direct, sauf en cas de régence, presque toutes les reines de France ont exercé une influence certaine. Est-ce paradoxal ? Non, c'est très chrétien. Un

MARIE DE MÉDICIS

couple est fait pour partager les responsabilités en agissant, chacun à sa manière, dans le même but. Le roi assume des obligations politiques, son épouse lui dispense le bon conseil, peut même lui faire entrevoir certaines perspectives auxquelles il n'avait pas songé. En un mot, la monarchie est, je pense, une famille au pouvoir.

À preuve : à l'aube du IIIe millénaire, ce système ne fonctionne-t-il pas encore à merveille en Espagne, dans les pays scandinaves et ailleurs ?

Isabelle,
Comtesse de Paris
Juin 1998

I

LA SIXIÈME FILLE DU GRAND-DUC

« L E Soleil se trouva lors au milieu du ciel, les astres y apportèrent leurs plus heureuses influences ; et ceux qui les consultent sur l'avenir, assurèrent qu'elle serait grande, et donnerait la loi aux plus grands. »*

Courtisan accompli, l'auteur de l'*Éloge historial de Marie de Médicis* fait naître son héroïne sous les meilleurs auspices. En ces temps où horoscopes et présages du ciel revêtent une si grande importance, il lui promet d'emblée les plus rares vertus, le destin le plus illustre. Au demeurant, il n'a guère de mérite à cela. Jean-Baptiste Matthieu écrit en 1626, alors que Marie de Médicis vient de dépasser la cinquantaine. Reine douairière de France et de Navarre, ancienne régente du royaume et mère du roi, elle rayonne au faîte de sa puissance. Deux de ses filles ont coiffé les couronnes d'Espagne et d'Angleterre, la troisième sera bientôt duchesse de Savoie. Louis XIII, en fils très respectueux, ne décide rien sans solliciter son conseil. Comment imaginer que, cinq années plus tard, Marie, disgraciée, ira chercher refuge aux Pays-Bas espagnols ? Et qu'elle s'éteindra à Cologne, le 3 juillet 1642, déchue et presque oubliée, au terme d'un lamentable exil ?

À dire le vrai, l'existence de Marie de Médicis a commencé sous le signe de la déception. Lorsque, le 26 avril 1573, la future reine de France ouvre les yeux à Florence, son père, François de Médicis, fils aîné du grand-duc régnant Cosme Ier, a déjà cinq filles**. Le peuple,

---

* Autant que faire se peut, nous avons actualisé l'orthographe et la ponctuation des citations en français ancien, tout en préservant le vocabulaire et la syntaxe d'origine, souvent si savoureux.

** Des arbres généalogiques simplifiés, en fin de volume, permettront au lecteur de se

qui espère enfin un garçon, allume des feux de joie. Mais il doit vite déchanter. Pour la sixième fois en huit ans de mariage, l'épouse de François, Jeanne d'Autriche, s'est montrée incapable de concevoir un héritier mâle.

Au cours du dernier tiers du *Cinquecento*, le génie florentin – la *virtù* – amorce un lent déclin, tant sur le plan économique que culturel. Avec son million d'habitants, la Toscane se distingue à peine au milieu de la mosaïque des États de l'Italie septentrionale. Comparée aux vastes nations d'Occident qui se sont lancées à la conquête du Nouveau Monde, la vieille cité marchande, enfermée en Méditerranée, a cessé de compter sur l'échiquier international. Les Habsbourg, à la fois maîtres du Saint-Empire romain germanique et de l'Espagne, lui imposent leur tutelle. Ils finiront d'ailleurs, en 1734, par confisquer à leur profit le trône grand-ducal. Mais, auparavant, la dynastie médicéenne n'aura pas cessé de s'affaiblir tout au long du XVIIe siècle, dans les ultimes flamboiements d'une gloire épuisée...

Étrange saga que celle de ces Médicis, d'abord banquiers, puis détenteurs du pouvoir souverain. Honteux de leurs origines obscures, ils accréditeront la légende du chevalier Éverard, compagnon fabuleux de Charlemagne. Tandis que l'empereur à la barbe fleurie chassait les Lombards d'Italie, l'un de ses preux, du nom d'Éverard de Médicis, aurait été « averti d'un certain géant Mugel, qui s'avantageant de la grandeur démesurée de son corps, faisait mille voleries et brigandages dans les environs de Florence, spécialement au terroir depuis appelé Mugello du nom de ce colosse de chair ». Tel David contre Goliath, Éverard défie le monstre avant de l'occire. Dans le feu du combat, le vainqueur a reçu un violent coup sur son bouclier. Les six boules de fer du fléau d'armes du géant y ont imprimé six traces sanglantes, « à raison des massacres et boucheries fraîchement exécutés par ce voleur ». C'est pourquoi, en mémoire de cet exploit mythique, le blason des Médicis arbore, sur champ d'or, six « besants de gueules » – six sphères rouges, dans le langage héraldique.

Il y a bien, dans le conte du géant Mugel, un élément véridique. Les Médicis plongent effectivement leurs racines paysannes dans la glèbe toscane du Mugello. À l'aube du XVe siècle – l'éclatant *Quattrocento* –,

---

retrouver à travers les frondaisons familiales des Médicis, des Valois, des Bourbons et des Lorraines. Soulignons d'emblée qu'il ne faut pas confondre *Marie* de Médicis, épouse de Henri IV, et sa cousine *Catherine*, mariée un demi-siècle auparavant au roi Henri II. Nous évoquerons celle-ci au chapitre suivant. L'erreur est d'autant plus facile qu'elles ont été toutes deux, et successivement, reines de France, veuves et régentes.

Jean de Médicis, enrichi par le commerce et la finance, est élu gonfalonier de Florence. Son fils Cosme l'Ancien affectera encore de respecter les apparences républicaines. Cependant, célébré comme « le Père de la Patrie », il vivra entouré d'un faste royal, trente années durant, sacrifiant au culte opulent des muses. Après son aïeul Cosme, Laurent le Magnifique domine Florence avec une splendeur inégalée. Écrivain à ses heures, il protège savants et artistes. Il sera le père du pape Léon X et l'oncle de Clément VII. C'est ainsi que la Ville éternelle bénéficiera à son tour du mécénat des généreux Toscans.

À l'instar de leurs armoiries, l'histoire des Médicis mêle le sang et l'or. Non sans raison, les « mœurs florentines » évoquent, de nos jours encore, un univers d'intrigues et de trahisons, où le poison et la dague tiennent lieu d'arguments politiques. En 1478, le dimanche de Pâques, Julien, frère de Laurent le Magnifique, tombe sous les voûtes mêmes de la cathédrale Santa Maria del Fiore, victime d'un complot ourdi par la famille rivale des Pazzi. En 1537, c'est Alexandre de Médicis, instaurateur d'un régime monarchique et premier duc de Florence, qui est assassiné par son lointain cousin Lorenzino – le Lorenzaccio d'Alfred de Musset.

Le gouvernement échoit à Cosme le Jeune, issu d'une branche cadette des Médicis. Âgé seulement de dix-sept ans, le nouveau duc entreprend de fonder, autour de Florence, un État moderne et centralisé. Sienne est annexée en 1555. Le 5 mars 1570, le saint pape Pie V confère à Cosme Ier la dignité de grand-duc de Toscane. Les marchands de Mugello se sont hissés, en un siècle et demi, au rang des maisons souveraines d'Europe.

Marie n'a qu'un an à la mort de Cosme Ier. Son père devient le deuxième grand-duc. François de Médicis est un personnage raffiné et brillant, mais tout à la fois violent, vaniteux, passionné et perfide. En vrai prince de la Renaissance, il se plaît à cultiver son corps autant que son esprit. Il parle plusieurs langues, s'enferme des jours entiers dans sa bibliothèque ou dans son laboratoire. En 1582, il fonde l'*Accademia della Crusca*. Cette Académie du Son a pour ambition d'épurer la langue italienne et d'en éditer un dictionnaire. En revanche, François se révèle un administrateur médiocre. S'il contribue à développer la culture du mûrier et de la canne à sucre, il n'est capable ni de combattre la corruption, ni d'enrayer la décadence qui mine les fondements de sa puissance.

Tandis que l'économie toscane souffre d'un marasme chronique, les affaires privées de la banque Médicis apparaissent toujours florissantes.

MARIE DE MÉDICIS

Ses comptoirs drainent l'argent des principales villes de la péninsule et des places étrangères. Ses galions viennent mouiller à Livourne, lourdement chargés de coûteuses marchandises. En secret, les agents du grand-duc se livrent à la contrebande dans les colonies espagnoles d'Amérique. Ainsi, bon an mal an, les revenus des Médicis s'élèvent-ils à quelque vingt millions de livres***, l'équivalent des recettes du royaume de France !

Avant son avènement, François a parcouru l'Europe avec une troupe de musiciens et de peintres. À la faveur de son périple culturel, il a rencontré, à Innsbruck, en 1565, l'archiduchesse Jeanne d'Autriche, dernière fille de l'empereur Ferdinand Ier et nièce de Charles Quint. Cosme Ier, soucieux de se ménager le soutien des Habsbourg, a compris l'intérêt pour son fils d'une alliance aussi prestigieuse. Comme très souvent dans les unions princières, les sentiments n'ont, semble-t-il, tenu ici aucune place – du moins en ce qui concerne François. Au reste, la future grande-duchesse Jeanne est souvent décrite comme une blonde aux traits épais, douée d'aussi peu de charme que d'intelligence. Sa maigreur est telle que les négociateurs florentins iront jusqu'à douter de sa capacité à procréer ! Et pour comble d'infortune, la mère de Marie de Médicis verra se dresser face à elle une rivale d'une rare beauté, Bianca Cappello, la favorite en titre de son époux...

Cette ensorcelante Vénitienne a été enlevée, dès sa prime jeunesse, par un employé de banque florentin, Pietro Buonaventuri. François de Médicis a entrevu la belle un jour à sa fenêtre, et son cœur s'est aussitôt enflammé. Après son mariage, il va continuer d'afficher sans vergogne cet adultère impudique. Buonaventuri a été promu majordome de la cour, mais il sera assassiné plus tard, à la faveur d'une rixe organisée par le grand-duc... Bianca, pour sa part, a été nommée dame d'honneur de la jeune mariée. Celle-ci – on le devine – ne se satisfait guère de la situation. Tandis que la Vénitienne folâtre impudemment avec François et lui décoche des œillades même dans les églises, l'Autrichienne ressasse sa jalousie et accable l'infidèle de reproches justifiés. Dévote jusqu'à la bigoterie, Jeanne alterne pèlerinages et scènes domestiques. Puisqu'elle ne peut réformer François, elle s'emploie à lui soutirer des sommes considérables en compensation. Et fière de sa remarquable

---

*** La conversion des monnaies anciennes est toujours malaisée. On peut estimer cependant qu'au début du XVIIe siècle, la livre – unité monétaire parfois nommée « franc », divisée en vingt sols, ou sous, de douze deniers – correspond à environ deux cents francs 1998. Quant à l'écu, monnaie de compte, il vaut trois livres.

fécondité, l'épouse légitime tire vengeance de la Vénitienne que l'on soupçonne de stérilité, et au sujet de laquelle courent les bruits les plus infamants. Ne prétend-on pas que le « fils » de Bianca, don Antonio, né en 1576, serait le fruit d'une abominable transaction ? Simulant une grossesse, la maîtresse de François aurait soudoyé trois Florentines sur le point d'accoucher. Deux filles et un garçon auraient ainsi vu le jour. Bianca aurait ensuite fait tuer les deux premières – ainsi que les trois mères –, avant de s'attribuer la maternité du bébé de sexe masculin. Sans doute ne s'agit-il là que d'une basse calomnie, mais que l'on ait pu seulement la formuler laisse songeur...

Toujours est-il que l'arrivée du petit don Antonio est un défi que la grande-duchesse – elle n'a toujours pas de fils – s'empresse de relever. L'année suivante, Jeanne met au monde l'héritier tellement attendu. Elle le prénomme Philippe, comme son cousin germain le roi d'Espagne. Dès lors, sa mission sur terre est accomplie. En avril 1578, l'épouse bafouée succombe, à trente-deux ans, des suites d'une fausse couche. Les chroniqueurs rapportent qu'une comète est apparue dans le ciel le jour de son décès. Pourtant, cette pieuse jeune femme a traversé la vie avec bien peu de lustre... La nuit où Jeanne rend à Dieu son âme discrète, les sarments de vigne gèlent et la neige recouvre la campagne toscane comme au cœur de l'hiver. Sa plus jeune fille, Marie, n'a encore que cinq ans. Avec ses sœurs aînées, elle a reçu la bénédiction de la moribonde. Jeanne s'est adressée ensuite à François : « À mon mal, il n'y a plus de remède. Je vous recommande seulement nos enfants, et ma cour, et je vous prie de vivre plus chrétiennement. Rappelez-vous que j'ai été votre épouse et que je vous ai aimé tendrement. »

Les funérailles de la grande-duchesse sont célébrées à San Lorenzo. En ce froid printemps de 1578, au milieu de la nef centrale, où le talent de Brunelleschi répond à celui de Michel-Ange, quatre-vingt-huit torches encadrent un cercueil. Sur le couvercle, un gisant de cire perpétue l'image de la défunte. Figé dans une éternité immobile, le simulacre de Jeanne est drapé d'une robe de satin cramoisi, les pieds chaussés de bas rouges et d'escarpins d'or. Aujourd'hui, quatre siècles plus tard, près de l'église toujours inachevée, s'élève la chapelle des Princes, nécropole baroque des Médicis édifiée en 1604, hymne de marbre dédiée à la mort, ponctuée par le porphyre des sarcophages et le bronze doré des statues.

Quelques semaines à peine après les obsèques de Jeanne d'Autriche, le grand-duc François se remarie en privé avec Bianca Cappello. Au mois d'octobre 1579, la cérémonie nuptiale est renouvelée solennellement, à Santa Maria del Fiore. Que la veuve d'un comptable obscur joue aux grandes-duchesses de Toscane, en lieu et place de la propre nièce de Charles Quint, est ressenti par les Florentins comme une dérogeance insupportable. On murmure que Bianca possède le « mauvais œil », qu'elle a envoûté le malheureux François et le mène à sa perte ! Toutes les cours italiennes commentent le scandale. Le duc Guillaume de Mantoue s'en offusque : « Le grand-duc n'a pas craint, sinon d'abandonner ses filles à cette femme avilie, du moins de permettre qu'elles aillent publiquement ensemble avec elle dans Florence. »

Car les trois filles survivantes de Jeanne : Éléonore, Anne et Marie – Philippe n'est encore qu'un nourrisson –, doivent souffrir les attentions mielleuses d'une belle-mère qu'elles abhorrent. Toutefois, l'impopularité grandissante de Bianca contraint bientôt le couple à déserter leur capitale. Le grand-duc néglige de plus en plus les devoirs de l'État et cache son bonheur honteux derrière les murs de son domaine de Pratolino, aux environs de Florence. Que ne chuchote-t-on pas sur cette villa des mystères ? François y collectionnerait à prix d'or les manuscrits ésotériques d'Égypte, d'Éthiopie et de Perse. Au fond de ses cornues d'alchimiste, il élaborerait des philtres à base de fiel de crocodile. Afin de ranimer ses désirs fatigués, il se composerait des aphrodisiaques au vitriol. Et l'on ne servirait à sa table que force plats épicés, farcis d'ail et de piment rouge.

Michel de Montaigne, sur le chemin de Rome, aura le privilège d'être reçu à Pratolino. Parmi un essaim de courtisans sophistiqués, il parcourt le parc, planté d'essences exotiques et peuplé d'animaux singuliers. Il en admire les grottes artificielles, les labyrinthes et la féerie des jeux d'eau. Mais de ses hôtes, François et Bianca, le philosophe bordelais brossera un portrait désenchanté : « Cette duchesse est belle à l'opinion italienne, le visage agréable et impérieux, le corsage gros et des tétins à leur souhait. Le duc est un gros homme noir, de gros membres, le visage et la contenance pleins de courtoisie... »

Pendant ce temps, Marie – ainsi que ses deux sœurs et son frère – demeure au palais Pitti. La résidence officielle des Médicis à Florence a été récemment embellie par Bartolomeo Ammannati. Malgré la splendeur de l'endroit, la suite des petits princes y est fort réduite. La gouvernante, leur cousine Francesca Orsini, est austère et guindée. Cette Romaine aux idées étroites enseigne à ses pupilles les principes d'une piété sévère, le respect dû à leur père, la décence et la retenue en toutes choses. Quoique confinée dans une retraite presque absolue, et soumise à une étiquette rigoureuse, Marie bénéficie d'une excellente éducation. Le grand-duc François tient à inculquer à ses enfants les grâces de l'humanisme. L'*Éloge historial de Marie de Médicis* résume les grandes lignes de cette pédagogie idéale : « Ses exercices ont des plaisirs innocents, elle passe le temps sans le perdre, les bons discours entretiennent son esprit, la poésie le récrée, la musique, l'architecture l'exercent. Elle aime le royal plaisir de la chasse, et les divertissements qui sont les portraits des mœurs et des humeurs du monde. »

À l'exemple de son père, Marie s'intéresse aux sciences, en particulier à la chimie et à la botanique. Ses connaissances en mathématiques sont honorables, de même qu'en histoire. Elle apprend très tôt à reconnaître les pierres précieuses. Elle se prend pour les diamants et les perles d'une passion qui ne la quittera jamais. Outre la guitare et le luth dont elle joue assez bien, Marie raffole de musique et s'adonne avec ardeur à la peinture, à la sculpture, et surtout à la gravure. Le cabinet des Estampes de la Bibliothèque nationale de France conserve son autoportrait, réalisé alors que la future souveraine n'avait pas quinze ans. Le bois, offert plus tard à Philippe de Champaigne, est authentifié par une note manuscrite de l'artiste français : « Ce vendredi 22 de février 1629, la reine mère Marie de Médicis m'a trouvé digne de ce rare présent fait de sa propre main. »

La facture de cette œuvre dénote toutefois une maîtrise qui laisse supposer que le professeur de la jeune fille l'a probablement aidée. On s'en persuade davantage si l'on compare ce profil finement buriné avec le dessin beaucoup plus sommaire, figurant un poupon emmailloté, que Marie a envoyé l'année précédente, le 8 mai 1586, à sa sœur Éléonore, à l'occasion de la naissance du premier enfant de celle-ci. La lettre de félicitations, rédigée de l'écriture régulière d'une élève consciencieuse, est l'une des premières que l'on connaisse de la future reine. Elle se termine par cette formule d'affection naïve : « Je baise les mains et le front de mon petit-neveu, priant Notre Seigneur Dieu de lui accorder une vie longue et très heureuse. »

L'union d'Éléonore de Médicis avec l'héritier du duché de Mantoue, Vincent de Gonzague, aurait été précédée – selon la rumeur populaire – d'un curieux « examen ». Le fiancé, en effet, était soupçonné d'impuissance. C'est pourquoi Bianca, en belle-mère attentionnée, aurait organisé une répétition générale... de la nuit de noces ! Une prostituée ressemblant à la future duchesse de Mantoue se serait donc produite, devant un tribunal de matrones, en compagnie du jeune homme. Ce dernier se serait d'ailleurs tiré de l'épreuve avec l'approbation du jury...

MARIE DE MÉDICIS

Marie de Médicis, déjà solitaire, voit donc le vide se créer autour d'elle. Son autre sœur, Anne, au tempérament gai et enjoué, a disparu subitement au début de 1584, à la suite de fréquents saignements de nez. Auparavant déjà, son petit frère Philippe, d'une santé médiocre, était allé reposer à jamais auprès de sa mère. L'enfance de Marie baigne dans une sombre atmosphère. D'inquiétants phénomènes se multiplient. Seraient-ils les précurseurs de la colère divine ? La foudre frappe à trois reprises la chambre de l'adolescente. Elle en fracasse d'abord les vitres, blesse une autre fois une servante, brûle enfin les rideaux de son lit. Des tremblements de terre ébranlent le palais Pitti, semant la panique alentour. Durant un voyage, près de Pise, Marie manque de se noyer.

Suivant en cela leurs traditions familiales, les Médicis s'adonnent au crime avec autant de constance que de férocité. Au cours de l'année 1576, l'oncle Pietro, frère du grand-duc François, a poignardé son épouse dans un accès de jalousie. Quelque temps plus tard, c'est la tante Isabella qui est étranglée par son mari Paolo Giordano Orsini, duc de Bracciano. Sa haine de Bianca conduit Marie à bouder les bals, les chasses ou les carrousels présidés par la seconde épouse de son père. Elle se lie pourtant d'amitié avec son demi-frère Antonio qui est élevé à ses côtés. Son cousin Virginio Orsini – l'orphelin de la tante Isabella – vient également lui apporter un peu de chaleur humaine. Virginio aurait été le premier, et peut-être l'unique amour de Marie. De cette idylle très certainement platonique, on ne sait presque rien, sinon quelques allusions de Sully et de la princesse de Conti. Virginio aurait laissé transparaître sa passion et, bien plus tard, la reine témoignera « de ne pas l'avoir haï ». Mais ce n'est là que langage de Précieuse, et jamais l'orgueilleuse Marie de Médicis n'aurait consenti à compromettre ses rêves de grandeur. Quant à Virginio, marié à une nièce du pape, il ira se couvrir de gloire en guerroyant contre les Turcs.

Ni Antonio, ni Virginio n'auront su conquérir l'âme de la petite princesse du palais Pitti. Une simple demoiselle de compagnie, de la plus humble extraction, accomplira ce tour de force : Dianora Dori – ou Dosi –, connue plus tard sous le nom de Leonora Galigaï. Que n'a-t-on pas écrit sur cette redoutable Galigaï ? Un contemporain en fait une caricature cocasse et apocalyptique : « Cheveux de Méduse blonds comme jais, front poli comme pierre ponce, yeux verts comme feu, nez d'éléphant, dents en crocs, mains en harpie, pieds de homard, corps grêle comme un buffle, bouche petite comme l'entrée d'un four. »

MARIE DE MÉDICIS

Tallemant des Réaux, plus indulgent, lui concède de beaux traits, mais la trouve « laide à cause de sa grande maigreur ». « Une sorte de naine noire, avec des yeux sinistres comme des charbons d'enfer », conclura Jules Michelet, sans appel, dans son *Histoire de France*. Ce que personne ne contestera jamais à Leonora, en revanche, c'est son « entendement subtil ». Ses meilleurs portraits restituent la profondeur d'un regard qui parvient à l'essentiel et révèle une intelligence vive, torturée. Hypersensible, Leonora souffre de troubles hystériques qui s'aggraveront avec le temps, et qu'elle attribuera à une action diabolique.

Plus âgée de cinq ans que sa maîtresse, Leonora est la fille bâtarde d'une blanchisseuse, Catherine Dori, et d'un menuisier – peut-être français – Jacques de Bastein. Marie a onze ans lorsque cette petite brune nerveuse entre dans son existence. Elles sont pourtant toutes deux aussi dissemblables qu'on puisse l'être. Sans conteste, Marie subit l'ascendant de sa compagne. Le dévouement de Leonora, s'il est sans doute calculé, n'en est pas moins réel. Elle est la seule de ses proches qui prenne la peine d'écouter l'orpheline, de la comprendre, de la conseiller. Elle seule dissipe sa mélancolie. Elle la coiffe, souligne ses charmes par d'habiles artifices. Les belles Florentines de l'époque aiment à rectifier les imperfections de la nature. Les nattes factices en soie sont à la mode. Certaines dames poussent l'élégance jusqu'à masquer leurs dents irrégulières par de minuscules plaquettes d'ivoire...

Le 19 octobre 1587, François de Médicis est terrassé, victime sans doute d'une crise fulgurante de paludisme. Le lendemain, son épouse Bianca succombe curieusement à une hydropisie. L'autopsie aura beau démontrer l'état de délabrement physique du grand-duc, personne ne veut croire que le hasard ait pu présider à cette funèbre coïncidence. Les Florentins, experts en la matière, parlent tout haut d'assassinat. Le cardinal Ferdinand de Médicis, frère cadet de François, n'était-il pas justement en visite à Pratolino ? On raconte que Bianca venait de prétendre se trouver enceinte, et que le prélat, héritier présomptif du trône, avait voulu s'assurer par lui-même de la réalité de cette grossesse. C'est alors qu'au cours d'un banquet, la grande-duchesse aurait empoisonné une tourte destinée à son beau-frère. Hélas, c'est François qui aurait donné le coup de dents fatal ! De douleur, Bianca se serait alors suicidée. Mais une autre version rend Ferdinand coupable du double meurtre.

Quoi qu'il en soit, le cardinal succède sans difficulté au défunt. En effet, le fils de Bianca, don Antonio, est né hors mariage et, nous l'avons vu, dans des circonstances pour le moins douteuses. N'ayant pas encore reçu les ordres majeurs, le nouveau grand-duc se dépouille donc de la pourpre pour ceindre la couronne surmontée du lys rouge de Florence. Le 30 avril 1589, Ferdinand Ier épouse Christine de Lorraine, une petite-fille de Catherine de Médicis. Cette princesse de seize ans a le même âge que sa nièce par alliance. Entre elles deux, l'entente semble d'abord excellente. Marie est surtout redevable à son oncle de l'affection sincère qu'il lui témoigne. À la différence de son prédécesseur, Ferdinand, jovial et bienveillant, sait se faire aimer de ses sujets toscans. Il réinstalle sa cour au palais Pitti, qui retentit bientôt des échos des fêtes et des bals.

II

LA FIANCÉE DE L'EUROPE

La future reine de France est maintenant une jeune fille de fière allure, le teint éclatant, la chevelure blonde, abondante. Depuis la mort de son père et surtout de son odieuse marâtre, elle a retrouvé toute sa grâce et son enjouement. Sans qu'elle soit véritablement jolie, ses traits sont réguliers. De François, elle a le front large, le regard droit et ferme, une incontestable assurance. La grande-duchesse Jeanne lui a légué le menton proéminent des Habsbourg et des lèvres un peu trop accusées. Malgré cela, l'ovale de son visage est assez pur, son nez fin et bien dessiné. Au moral, Marie a hérité de la volonté tenace de son père. Mais, il lui arrivera de manquer de perspicacité, de faire preuve parfois d'une obstination excessive.

Nonobstant ses défauts, la nièce du grand-duc de Toscane constitue un parti digne des premiers princes de la Chrétienté. « Si tôt que les grâces et la jeunesse eurent dénoué la fleur de sa beauté, l'odeur attira les désirs de plusieurs princes », écrira un chroniqueur inspiré. Plus prosaïquement, les Médicis n'ont-ils pas des créances sur la plupart des maisons souveraines ? Marie sera richement dotée, et Ferdinand peut envisager de l'établir « dans un rang au-dessus même de sa naissance et lui ménager un parti plus avantageux ». Bien des années plus tard, en 1600, alors que la nouvelle épouse de Henri IV va s'embarquer pour la France au terme de longues négociations, le chevalier Filipo Cavriana exaltera le souvenir de cette décennie où, pour toute l'Europe, la Florentine a incarné la fiancée parfaite : « O très vertueuse reine, l'on a tant parlé de vous, avec égale louange et envie, non seulement en Italie et en Allemagne, mais aussi en Angleterre et en Espagne ! [...] Vous avez été la continuelle matière de tous les discours qui se sont faits depuis dix ans en cela, dans les cours impériales et royales quand on parlait de quelque grand mariage. »

Ce sont les Espagnols, soucieux d'affermir leur mainmise sur la Toscane, qui ont amorcé les négociations matrimoniales avec le grand-duc. Dès 1587 – Marie n'a que quatorze ans –, Philippe II propose son neveu Ranucio Farnèse, fils du duc de Parme. Le projet tourne court. Une autre candidature ibérique, celle du duc de Bragance, n'aura pas davantage de suite. D'ailleurs, le marché n'aurait guère été avantageux : le Portugal, auquel Bragance pourrait prétendre, subit alors le joug de Madrid. Le nom de l'archiduc Mathias sera ensuite avancé. L'affaire est plus sérieuse, Mathias étant le propre frère de l'empereur Rodolphe II et l'héritier présomptif du Saint-Empire. Le grand-duc est séduit par une telle perspective, mais les pourparlers s'éternisent...

La grande-duchesse Christine songe, de son côté, à unir sa nièce à l'un de ses parents, le prince de Vaudémont. La maison de Lorraine compte parmi les plus illustres. À la cour de France, elle tient – par le truchement des Guises – une place prépondérante. Le grand-duc Ferdinand, lassé des atermoiements de Madrid, ne reste pas indifférent à ce projet. Beaucoup plus clairvoyant que son défunt frère, il mesure mieux le danger de l'hégémonie espagnole. Le roi Philippe II tient déjà Naples et Milan, enserrant la Botte italienne comme dans un étau. C'est pourquoi Ferdinand recherche l'amitié de la France, adversaire traditionnelle des Habsbourg.

La confusion continue cependant de régner au royaume des lys. Les affrontements entre catholiques et huguenots n'ont pas encore fini d'y égrener leur chapelet de malheurs et de larmes. En 1587, la guerre des Trois Henri oppose le roi Henri III, Henri de Guise – le Balafré – et Henri de Navarre. L'année suivante, les Parisiens dressent des barricades contre leur souverain légitime. À Blois, le 23 décembre 1588, le duc de Guise, chef des ultra-catholiques, et son frère le cardinal de Lorraine, sont exécutés sur ordre de Henri III. Ce dernier mourra à son tour, sept mois plus tard, percé par la lame d'un moine fanatique.

En vertu de la loi salique, le trône échoit alors à un cousin au vingt-deuxième degré – par les mâles – du dernier Valois. Souverain d'une hypothétique Navarre, cet Henri de Bourbon, lointain descendant du sixième fils de Saint Louis, va avoir la rude tâche de reconquérir par les armes l'héritage de France. C'est pourtant ce même roi sans couronne, hérétique relaps, excommunié – et de surcroît déjà marié –, qui, en épousant Marie de Médicis, entrera en possession de la dot royale la plus considérable de l'Histoire de France.

En ce XVIᵉ siècle déclinant, Sienne et toute la Toscane ne parlent que d'une certaine religieuse capucine, réputée pour la justesse de ses prédictions. Curieusement, cette nonne porte le nom de Passitea, une nymphe de la mythologie. Marie de Médicis elle-même l'a consultée, et d'un ton singulier, la visionnaire lui a affirmé qu'elle serait reine de France... Leonora, dont l'intérêt est de croire à cet oracle, incite sa maîtresse à éconduire tout autre prétendant. En refusant sa main au prince de Vaudémont, Marie fait preuve pour la première fois d'une détermination où certains voudront voir de l'entêtement. La hardiesse est grande ! À cette époque, le mariage est d'abord un contrat social. Une jeune fille – et encore moins une princesse – n'a, en ce domaine, nulle voix au chapitre.

Toutefois, on peut se demander si Leonora n'a pas obéi à des instructions secrètes de Ferdinand Iᵉʳ. Car celui-ci, dès 1589, a noué des contacts aussi cordiaux que discrets avec Henri IV. Un certain Isaïe Brochard, sieur de La Clielle, est venu assurer le grand-duc de l'amitié du Béarnais. Avec une remarquable clairvoyance, Ferdinand joue la carte française, comme la plus capable de contrer les atouts de l'Espagne. Ainsi consent-il à Henri IV un prêt de deux cent mille écus. Il favorisera ensuite, en cour de Rome, les négociations qui mèneront, quatre ans plus tard, à l'abjuration du roi, puis à son retour dans le giron de l'Église.

Il convient ici d'évoquer le caractère de cet homme dont la postérité fera le « Vert-Galant », et auquel Marie de Médicis va unir son destin. Les Français aiment à sourire aux bonnes fortunes de leurs gouvernants ! Dans leur esprit, l'exercice du pouvoir suprême prédisposerait tout naturellement à des capacités sexuelles exacerbées. Mais était-ce vraiment le cas de Henri IV ? L'une de ses favorites, Henriette d'Entraigues, brocardant ses défaillances, l'affublera du sobriquet moqueur de « Capitaine Bon-Vouloir » – « vaillant homme qui ne faites rien, ni tuez ni blessez personne ». Usant d'une expression imagée, elle confiera que Sa Majesté « n'est pas si grand abatteur de bois ».

La frénésie érotique du Navarrais dénonce sans doute une insatisfaction profonde, doublée d'un formidable égocentrisme. Au demeurant, le « bon roi Henri » n'a guère été populaire durant son règne. Ce sont les philosophes du siècle des Lumières qui forgeront la fable d'un monarque rustique et bienveillant. Si ses sujets saluent sa bravoure, sa sagacité politique, et s'ils lui reconnaissent un air de majesté naturelle, ils sont nombreux à lui reprocher l'excessive jovialité de ses manières, l'accroissement de l'emprise de l'État, mais d'abord son goût trop dispendieux pour les femmes. « Chevalier banal de France », on lui dénombrera quelque cinquante-six maîtresses répertoriées, sans parler du troupeau anonyme des chambrières ou des paysannes culbutées au hasard d'une auberge ou d'une grange... « On ferait un calendrier avec le nom de toutes les saintes que fêta ce dévot de la beauté », écrira – trop poétiquement sans doute – un auteur du XIXe siècle. Richelieu sera, quant à lui, moins indulgent : « L'excès de la passion le rendait tellement faible, qu'encore qu'il eût bien témoigné en toutes rencontres être prince d'esprit et de grand cœur, il paraissait dénué de jugement et de force en celle-là. »

Fils d'Antoine de Bourbon et de la célèbre Jeanne d'Albret – reine de Navarre et calviniste zélée –, Henri a vu le jour à Pau, le 13 décembre 1553. À dix-huit ans, sa terrible mère le fiance à la sœur de Charles IX, Marguerite de Valois, au détour d'une de ces combinaisons tortueuses qui ont jalonné les guerres de Religion. À première vue, la très scandaleuse « reine Margot » s'assortit à merveille avec le « Vert-Galant ». N'avouera-t-elle pas elle-même avoir été « mise au montoir » – c'est-à-dire initiée aux jeux de l'amour – par son propre frère, le futur Henri III ? Moins crûment, Brantôme écrira qu'« ils s'entrestimaient et n'étaient qu'un corps, une âme et une même volonté ». À la veille de son mariage, la dévergondée soupire entre les bras du duc de Guise. Inutile de dire le mépris qu'elle éprouve pour le parpaillot mal dégrossi qu'on lui impose. C'est donc la mine renfrognée qu'elle prononce le oui sacramentel, le 18 août 1572, à Notre-Dame de Paris. Quant au fiancé, excommunié, il doit patienter sur le parvis ! Mais l'Histoire devait surtout garder un souvenir ensanglanté de ces « noces vermeilles ». En effet, une semaine après, était perpétré le massacre de la Saint-Barthélemy...

Henri n'échappe lui-même à la tuerie qu'en reniant sa foi calviniste. Dans l'ambiance dissolue de la cour des derniers Valois, où il subit une captivité dorée, le jeune roi de Navarre se livre sans retenue aux plaisirs des sens. Avec François d'Alençon, le plus jeune fils de Catherine de Médicis, Henri se partage les charmes de... la maîtresse du duc de Guise, Charlotte de Sauve, qui, selon un contemporain, a « la cuisse longue et la fesse alerte ». Margot, de son côté, additionne le nombre de ses amants, tandis que son mari parvient, en 1576, à s'évader nuitamment du Louvre pour trouver refuge dans ses châteaux de Nérac et de Pau. Revenu au protestantisme, le roi de Navarre ne s'impose pas pour autant une morale rigoriste, considérant les femmes comme autant d'instruments de son bon plaisir.

MARIE DE MÉDICIS

Or, si les conquêtes du Vert-Galant sont aussi faciles qu'innombrables, ses laudateurs oublient que la romance s'est achevée parfois en tragédie. Car son appétit assouvi, Henri sait se montrer cruel et mesquin. Se soucie-t-on encore de Catherine du Luc, qui, abandonnée par son royal séducteur, s'est laissée mourir de faim avec l'enfant qu'elle portait ? D'Anne de Cambefort, qui s'est défenestrée pour la même raison ? Ou de cette Fleurette, allant noyer son désespoir dans la Baïse, la rivière de Nérac ?

Margot, cependant, réintègre le foyer conjugal en 1578. Quelques mois plus tard, une septième guerre de Religion enflamme la Guyenne. Le 30 mai 1580, Henri de Navarre s'empare de Cahors. Par la paix de Fleix, Henri III est amené à concéder quatorze places de sûreté aux huguenots, pour une durée de six années. Quoique elle-même volage à l'excès et d'un tempérament libéral, Margot finit par prendre ombrage des débordements amoureux du Béarnais. Aussi décide-t-elle de regagner Paris, le 31 mars 1582. Elle en sera bientôt chassée par le roi de France, son frère, dont elle a excité, en raison de ses intrigues, le juste ressentiment.

Henri de Navarre n'est guère enthousiaste à l'idée de récupérer sa turbulente épouse. C'est qu'il vit depuis quelques mois une parfaite idylle avec une dame de haut lignage. Cette Diane d'Andouins, comtesse de Guiche, a pris le pseudonyme de Corisande, l'héroïne d'*Amadis de Gaule*, un roman de chevalerie alors très en vogue. Son amant bénéficie de ses sages conseils – de sa bourse parfois –, et il échange avec elle une prose ardente, d'une indéniable valeur littéraire.

À ce moment, la mort du duc d'Alençon, le 10 juin 1584, fait du futur Henri IV l'héritier présomptif du trône de France. Une Sainte Ligue se dresse contre cette perspective d'un souverain hérétique. L'année suivante, Margot, installée à Agen, fomente des troubles contre son époux. Vaincue, pourchassée, elle sera contrainte de se retirer dans la sinistre forteresse d'Usson, en Auvergne, où elle connaîtra une réclusion de vingt années. Quant à la guerre entre catholiques et protestants, elle ne tarde pas à se rallumer. Le 20 octobre 1587, Henri est victorieux à Coutras. Il dépose aux pieds de Corisande, les drapeaux enlevés à l'ennemi, une sorte d'hommage d'adieu. La fidélité n'est pas la qualité dominante du Béarnais ! Diane d'Andouins, dont la vénusté s'est flétrie, n'est déjà plus pour lui que l'objet d'une passion épistolaire.

Tandis qu'après la mort de Henri III, en 1589, il se lance à la reconquête du trône de France, Henri de Navarre – devenu Henri IV – se livre encore à maints exploits voluptueux, au point que les pasteurs calvinistes de son entourage, offensés de voir leur cause ternie par ce roi sybarite, osent le sermonner, sans le moindre succès. L'un de ses intimes, Duplessis-Mornay, l'exhorte à davantage de discrétion : « Vos amours auxquelles vous donnez tant de temps, ne semblent plus de saison. Il est temps que vous fassiez l'amour à toute la Chrétienté, et particulièrement à la France ! » Henri entend le conseil à sa façon ! Lors du siège de Paris, le libertin s'empresse de débaucher deux religieuses du couvent de Montmartre. Il est vrai qu'il les dotera, pour prix de leurs ébats, de riches abbayes...

C'est en octobre 1590 que Henri IV rencontre Gabrielle d'Estrées, fille du marquis de Cœuvres. La tendre demoiselle n'a que dix-sept printemps, mais elle est déjà experte en galanterie : le roi la subtilise à son grand écuyer, Roger de Saint-Lary, duc de Bellegarde, fils d'un mignon de Henri III. Blonde à ravir, Gabrielle joue à merveille de ses « yeux de couleur céleste », rendus plus captivants par une légère coquetterie. Mais, cette fois, il ne s'agit pas d'un coup de foudre sans lendemain. Certes, le roi ne lui sera pas fidèle – ni elle non plus d'ailleurs... Mais, sous l'inspiration de son « bel ange », le Béarnais va acquérir la stature d'un véritable homme d'État. C'est Gabrielle qui l'engage à désigner comme surintendant des finances et principal ministre Maximilien de Béthune, baron de Rosny et futur duc de Sully – dont la réputation d'intégrité est toutefois surfaite. Puis elle exhorte son amant à accomplir le « saut périlleux » de sa conversion. En vérité, Henri IV, quoique sincèrement croyant, ne fera d'ailleurs jamais grand cas des finesses théologiques ! Sa foi, il la place avant tout dans le principe monarchique et au service de la France, qu'il aime d'« une violente amour ».

Les Français sont las d'un demi-siècle de guerres civiles. Les modérés des deux bords, et derrière eux la majorité de la population, aspirent à la paix. Le 22 mars 1594, les Parisiens ouvrent leurs portes à leur souverain légitime. Gabrielle réconcilie ensuite le protestant repenti avec le duc de Mayenne – le frère du Balafré, qu'elle a connu toute enfant –, et, à travers lui, avec les Guises et les anciens ligueurs. En 1598, le « bel ange » aura l'immense mérite d'encourager son amant à promulguer l'édit de Nantes, et à parfaire ainsi la paix des consciences.

Pour Ferdinand de Médicis, le triomphe de Henri IV récompense la confiance qu'il lui a, de long temps, témoignée. Dès 1592, le cardinal Pierre de Gondi, d'origine florentine, venu de la part du roi solliciter un emprunt complémentaire, avait abordé devant le grand-duc l'avenir de la dynastie française. En effet, Henri IV restait toujours l'époux de Marguerite de Valois. Séparé d'elle, il n'en avait eu aucun enfant. Son

Altesse Sérénissime ne pourrait-elle obtenir du Saint-Siège l'annulation de ce mariage stérile ? Après quoi, il serait possible d'envisager un nouvel hyménée. Peut-être avec Marie, la nièce du grand-duc...

Cette perspective est bien faite pour séduire Ferdinand Ier. La France, avec ses dix-huit millions et demi de sujets, ne demeure-t-elle pas le plus puissant royaume d'Occident, en dépit des saignées du XVIe siècle ? Les relations – d'abord vénales – entre les Valois et les Médicis ne datent certes pas d'hier. Au cours des guerres d'Italie, Louis XII avait permis aux seigneurs de Florence de substituer, à l'une des boules rouges de leur blason, un tourteau frappé des lys de France. Déjà une Médicis, Catherine, arrière-petite-fille de Laurent le Magnifique, était devenue, en 1533, la femme de Henri II. Ses trois fils – François II, Charles IX et Henri III – étaient montés sur le trône, et elle avait gouverné la France d'une poigne de fer durant trente années. Mais, au jour de ses épousailles, Henri n'était encore qu'un fils cadet de François Ier, nullement destiné à régner.

Cette fois-ci, il s'agit de tout autre chose. Henri IV porte la couronne. Mais le grand-duc, en homme d'argent, dispose d'arguments sonnants et trébuchants. La dette de la France, qui s'élevait à quarante cinq mille deux cent trente trois ducats d'or à l'avènement de Henri IV, atteindra, neuf ans plus tard, la somme d'un million cent soixante quatorze mille cent quatre vingt sept écus. Une fraction de la dot de la Florentine pourrait sans doute effacer cette colossale ardoise.

Tout en continuant à financer les efforts de pacification de Henri IV, par l'entremise d'un confident du roi, le diplomate Jérôme de Gondi, le grand-duc de Toscane a promis, de son côté, de s'entremettre auprès du pape Clément VIII – Hippolyte Aldobrandini, encore un Florentin. C'est ainsi que le 17 septembre 1595, grâce à Ferdinand Ier – et malgré les pressions de l'Espagne –, le roi Très-Chrétien a bénéficié d'une absolution inconditionnelle, relevant l'ancien huguenot de tout crime d'hérésie. Un jour de l'automne de 1596, dans les bois du château de Gaillon, Henri IV rêve tout haut devant Sully : « Un de mes ardents souhaits serait que Dieu me délivrât de ma femme et que j'en puisse recouvrer une autre de qualité convenable à ma naissance, qui fût de douce et complaisante humeur, et qui me donnât des enfants de si bonne heure qu'il me restât encore assez d'années pour les instruire à ma mode, afin d'en faire de braves, galants et habiles princes. »

Songe-t-il, disant cela, à Marie de Médicis ? L'éventualité d'une union avec la princesse florentine reste alors en suspens. Les relations franco-toscanes sont à cette époque au creux de la vague. Henri IV vient de déclarer la guerre à l'Espagne. Le grand-duc, menacé de représailles par Philippe II, a été contraint d'interrompre ses subsides à Paris pour se rapprocher de Madrid. Aussi, lorsqu'au printemps de 1597, les galères de Ferdinand Ier s'assurent le contrôle du château d'If, au large de Marseille, Henri IV y voit un acte d'hostilité. L'année suivante, la France et la Toscane s'opposent de nouveau, autour de la dévolution du duché de Ferrare. Cependant, la tension retombe vite. Les deux princes ont trop d'intérêt à vivre en bonne intelligence. Ferdinand Ier accepte de restituer le château d'If, tandis que Henri IV s'engage à rembourser ses dettes, à raison de cent mille écus par an. D'ailleurs, le 2 mai 1598, l'Espagne et la France concluent, à Vervins, une paix de compromis.

Dans l'intervalle, l'empereur Rodolphe II a réitéré ses offres matrimoniales. Il propose désormais sa propre candidature ou, à défaut, celle, renouvelée, de son frère Mathias ! Nous entrons ici dans le plus sordide des maquignonnages, autour d'une jeune fille de vingt-quatre ans. Au terme d'âpres discussions, il est convenu que la dot s'élèverait à six cent mille écus si Marie épouse Rodolphe, contre seulement quatre cent mille pour Mathias. En fait, il semble qu'à travers cette très étrange proposition, les Habsbourg cherchent à retarder – voire à empêcher – l'alliance de Marie de Médicis avec le souverain d'une nation hostile. Sommé à plusieurs reprises de concrétiser son offre, Rodolphe répondra toujours de manière dilatoire.

Dès lors, on recommence à parler du projet de mariage entre le roi de France et Marie de Médicis. Si les ministres de Henri IV ont hâte de renouer le dialogue avec le grand-duc de Toscane, c'est qu'ils craignent que leur maître n'épouse sa favorite, la belle Gabrielle d'Estrées.

En cette année 1598, qui voit s'instaurer en France une tolérance religieuse inconnue dans le reste de l'Occident, Henri IV tient le sceptre fermement en main. Mais il approche des quarante-cinq ans et, nous l'avons dit, le problème de sa succession se pose avec une acuité croissante. La barbe blanchie sous le harnois, les cheveux jamais taillés ni même peignés, presque jamais lavés, le Vert-Galant n'a pas seulement l'aspect et le comportement d'un faune. Il laisse derrière lui l'odeur écœurante d'un coureur des bois. Les habits élimés et maculés de taches, Sa Majesté empeste l'ail et la sueur ! Volontiers, le roi concède qu'il « a le gousset un peu fort », sans songer un instant à y porter remède. Quelques années plus tard, l'impitoyable Henriette d'Entraigues lui déclarera sans ambages qu'« il pue comme charogne » : « Bien vous en prend d'être roi, lui lance-t-elle, car sans cela on ne pourrait vous souffrir ! » Ajoutons enfin qu'il a probablement contracté, à la faveur de ses vagabondages, une blennorragie qui lui cause périodiquement de cuisantes douleurs urinaires...

Mais comment Gabrielle d'Estrées s'arrêterait-elle à de tels détails, lorsque le barbon couronné – certes malodorant et libidineux – la couvre de présents ? Il l'a déjà titrée marquise de Montceaux et duchesse de Beaufort. L'ambitieuse rêve maintenant au trône de France ! N'est-elle pas la mère de deux fils, César et Alexandre de Vendôme, que le roi a légitimés ? D'ores et déjà, la presque reine reçoit les ambassadeurs et se comporte en souveraine.

Dans ses mémoires, – intitulés *Économies royales* –, Sully relate une conversation qu'il a eue en mai 1598, avec le roi, au cours de laquelle celui-ci esquisse, à l'attention de son ministre, le portrait de la conjointe idéale : « La femme qu'il me faut doit remplir sept conditions principales, à savoir : beauté en la personne, pudicité en la vie, complaisance en l'humeur, habileté en l'esprit, fécondité en génération, éminence en extraction et grands États en possession. Mais je crois, mon ami, que cette femme est morte, voire peut-être n'est pas encore née, et n'est pas prête à naître. »

Néanmoins, Henri IV n'a renoncé à dénicher l'oiseau rare. Il passe en revue les princesses nubiles. Au passage, il évoque en amateur Louise-Marguerite de Lorraine, la fille du Balafré : « Vous avez bien ma nièce de Guise qui est une de celles qui me plairaient le plus, [...] car, pour moi, j'aimerais mieux une femme qui fît un peu l'amour, qu'une qui ait mauvaise tête. » Ecartant ensuite les Allemandes d'une boutade – « Je penserais toujours avoir un pot de vin couché auprès de moi » –, il en vient bientôt à penser à Marie de Médicis : « Le duc de Florence a encore une nièce que l'on dit être assez belle ; mais étant d'une des moindres maisons de la Chrétienté qui portent le titre de prince, n'y ayant pas plus de soixante ou quatre-vingts ans que ses devanciers n'étaient qu'au rang des plus illustres bourgeois de leur ville, et de la même race que la reine mère Catherine, qui a fait tant de maux à la France et encore plus à moi en particulier. J'appréhende cette alliance, de crainte d'y rencontrer aussi mal pour moi, les miens et l'État. »

Puis, comme pour plaisanter, Henri IV cite encore le nom de la duchesse de Beaufort : « Non que je veuille dire par là que j'ai pensé à l'épouser, mais pour savoir ce que vous en diriez, si faute d'autre cela me venait quelque jour en fantaisie... » Sully a compris l'avertissement. Un mariage de Henri IV avec Gabrielle d'Estrées – que les pamphlétaires ont baptisé la « duchesse d'Ordure » – serait un désastre pour la monarchie. La dynastie des Bourbons n'est pas encore assez enracinée pour se permettre une telle mésalliance. La France serait la risée de toutes les cours d'Europe. De son côté, prise d'un soudain accès de vertu, la reine Margot – toujours claquemurée à Usson – proclame qu'elle ne consentira jamais à la dissolution de son mariage, si elle doit céder la place à une « tant dégriée bagasse ».

Cependant, le souverain dédaigne tous ces obstacles. Le 23 février 1599, jour du Mardi gras, il annonce publiquement ses noces avec Gabrielle – qui est de nouveau enceinte – pour la Quasimodo, le premier dimanche après Pâques. En gage de sa bonne foi, il commet l'acte sacrilège de remettre à sa « fiancée » l'anneau du sacre. Mais, avec les femmes, le Vert-Galant est passé maître dans l'art du mensonge. Pense-t-il véritablement à épouser sa favorite ? En secret, les tractations ont repris avec Ferdinand de Médicis. Il semble que, dès le 25 mars, elles soient assez avancées pour que Marie puisse exprimer sa gratitude à son oncle, dans une lettre se terminant par cette phrase : « J'espère chaque jour vous montrer combien je désire vous obéir toujours plus que si vous étiez mon propre père, et quant à la conclusion du mariage, je n'en parlerai que lorsque vous me l'aurez ordonné. Ainsi Votre Altesse sera sûre que je lui serai une enfant toujours très soumise. »

Sur ces entrefaites, Gabrielle d'Estrées meurt fort à propos, à Paris, le Samedi saint 10 avril 1599. La duchesse, qui dînait chez le banquier Sébastien Zamet, a soudain été prise de convulsions, après avoir goûté un citron. La malheureuse agonisera durant trois jours, le visage déformé par d'effroyables souffrances. Le décès semble consécutif à une éclampsie – une affection grave frappant les femmes en couches ou proches du terme de leur grossesse. Mais, bien sûr, le mot d'empoisonnement vole sur toutes les lèvres. D'autant plus que Zamet, cordonnier enrichi, originaire de Lucques, est un ancien agent des Médicis.

Théâtral, Henri IV soupire que « la racine de [son] cœur est morte et ne rejettera plus », mais il lorgne également vers Florence avec une insistance accrue. Une quinzaine de jours après les obsèques de la belle Gabrielle, l'un des compagnons d'armes du Vert-Galant, le duc de La Force, peut augurer sans se tromper : « Je crois que Sa Majesté dépêchera bientôt vers cette princesse du grand-duc... »

À Rome, le trépas de la « duchesse d'Ordure » est accueilli comme une bénédiction du ciel. Apprenant la nouvelle, Clément VIII rompt le jeûne auquel il se soumettait dans l'espoir de détourner le roi de son extravagant dessein : « Dieu y a pourvu ! » laisse échapper le pontife soulagé. Maintenant que Gabrielle d'Estrées est morte, Margot consent à l'annulation de son mariage. Elle donne tout pouvoir à Martin Langlois, maître des requêtes, et à Edouard Molé, conseiller au parlement, afin d'agir en son nom. Henri IV, lui, délègue Nicolas Brulart de Sillery et le cardinal d'Ossat.

« Ce mariage n'avait rien eu de légitime que le divorce », conclura avec élégance Jean-Baptiste Matthieu dans son *Eloge historial*. Et, de fait, la Sainte Rote n'a guère de mal à réunir des preuves de nullité. Le tribunal, opportunément présidé par le cardinal Alexandre de Médicis, retient en particulier une affinité spirituelle – Henri IV aurait eu pour parrain Henri II, le père de Margot –, ainsi que le défaut de consentement. La reine, elle, affirme avoir agi sous la contrainte de sa mère Catherine de Médicis, et de son frère Charles IX. Compte tenu du tempérament des intéressés, les juges ecclésiastiques ne se donnent pas le ridicule d'invoquer la non-consommation ! D'ailleurs, Margot, jamais avare de confidences, s'empresse de préciser : « Nous étions tous deux jeunes au jour de nos noces, et l'un et l'autre si paillards qu'il était plus qu'impossible de nous en empêcher. »

La sentence d'annulation n'étonne donc personne. Le vendredi 17 décembre 1599, l'Église permet solennellement « au roi Très-Chrétien et à la Sérénissime reine de convoler en d'autres noces ». Douze jours plus tard, Margot reçoit le titre de duchesse de Valois, avec de substantielles indemnités...

« Je suis de ceux qui pensent qu'un bon mariage leur doit aider à payer une partie de leurs dettes », énonce sans vergogne Henri IV à son ambassadeur en Angleterre. On a vu que le Béarnais a généreusement puisé dans le trésor du grand-duc de Florence. Sans doute ne serait-il pas mécontent que la dot de Marie serve à apurer ses comptes, tout en lui fournissant quelque argent frais.

Dès le mois de mai 1599, le cardinal Pierre de Gondi – qui avait entamé les pourparlers sept années auparavant –, a repris langue avec Ferdinand Ier. Qui mieux que ce fils de banquier florentin aurait pu tenir la dragée haute à un Médicis ? Car il s'agit ici de sommes considérables. Gondi lance le chiffre d'un million d'écus, affirmant qu'il en a été question en 1592. Le grand-duc se récrie : une telle demande est disproportionnée avec l'état de sa famille ; le roi de France cherche « manifestement à faire un trafic de son alliance » ! Et puisque l'empereur Rodolphe lui-même ne réclamait que six cent mille écus, Henri IV devra se contenter de cinq cent mille, dont quatre cent mille en remboursement de créances, et cent mille en espèces.

Afin de défendre sa contre-proposition, Ferdinand de Médicis choisit un chanoine retors, expert dans les arcanes diplomatiques, Baccio Giovannini. Celui-ci arrive à Paris en novembre 1599. Henri IV a encore haussé la barre : ce sont maintenant quinze cent mille écus qu'il exige ! Un million pour solder ses dettes, et cinq cent mille supplémentaires, pour renflouer ses caisses ! Giovannini est bien obligé de rapporter à son maître, au sujet de Marie : « Le roi la veut, mais il veut encore davantage une dot pour son honneur et son utilité, car il n'a point d'argent. »

S'ensuit un âpre marchandage entre le chanoine florentin et Nicolas de Neufville de Villeroy, secrétaire d'État aux Affaires étrangères. Giovannini vante les mérites personnels de la princesse, son honnêteté, sa piété, les agréments de son visage, et jusqu'à sa fécondité présumée. Villeroy rétorque qu'il existe d'autres princesses en Europe.

« – Oui ! quelque hérétique, ricane l'Italien.

« – Pas du tout, la fille de Bavière et d'autres...

« – Aucune ne donnerait cinq cent mille écus. »

Le Français aura pourtant le dernier mot :

« – Peu importe, pourvu qu'elle soit capable de faire des fils. »

Cependant, les conseillers royaux inclinent à un accommodement. C'est que, deux mois seulement après la mort de Gabrielle d'Estrées, le Vert-Galant s'est empêtré dans les rets d'une autre courtisane. « Une putain des plus habiles qui ait jamais pratiqué la putainerie », déclare Gondi dont la dignité cardinalice n'interdit pas le franc-parler. Sully, que l'âge a rendu austère et quelque peu misogyne, renchérit : « Une pimbêche et rusée femelle. »

Henriette de Balzac d'Entraigues – ou d'Entragues – a de qui tenir : sa mère, Marie Touchet, a été jadis la favorite de Charles IX, dont elle a eu Charles, bâtard de Valois, comte d'Auvergne et de Lauraguais. Alléché par ce tendron de vingt ans, Henri IV s'est jeté tête baissée dans un véritable traquenard. Le père, François de Balzac d'Entraigues, a chèrement monnayé la virginité de sa fille. Feignant des scrupules de conscience, Henriette obtient cent mille écus pour les étouffer. « Ventre-Saint-Gris, voilà une nuit bien payée ! » se contente de grommeler le roi. D'autant que la perfide le fait encore languir. Elle invoque l'austérité de ses mœurs, l'intransigeance de ses parents ! Avant de s'abandonner, Henriette requiert de son soupirant un engagement formel, afin, dit-elle, de sauver les apparences. Et Henri, ivre de convoitise, commet l'imprudence de signer de sa main une promesse de mariage « au cas que dans six mois, à commencer du premier jour de présent, elle devienne grosse, et qu'elle en accouche d'un fils ».

La nouvelle folie de Henri IV rend plus nécessaire la concrétisation rapide du mariage florentin. Gondi prévient Giovannini : « Bien des gens, qui ont mauvaise intention, reprennent courage et proposent au roi d'autres partis, et il pourrait y prêter l'oreille ou bien se plonger dans cette Entraigues. Car l'un est tout sens et l'autre toute malice ; elle cherchera tous les moyens d'avoir un fils pour se faire reine. » Cependant, si Henri IV épouse Henriette et ruine les finances du royaume, qui remboursera les créances de la banque Médicis ? Mieux vaut certainement parvenir à un compromis raisonnable. Sully, amadoué par les cadeaux des Florentins, fait vibrer chez le monarque la corde de l'orgueil : « Il n'est pas de la dignité de votre personne de prendre une femme pour de l'argent, de même qu'il ne faut pas que le grand-duc achète votre alliance pour une somme. » Après tout, une progéniture légitime n'est-elle pas préférable à tout l'or d'Italie ? Pour conclure, on finit par s'entendre sur un montant de six cent mille écus, dont trois cent cinquante mille seront effectivement payés à Henri IV.

Les *Économies royales* de Sully dépeignent l'attitude du Vert-Galant à l'instant où ses ministres viennent lui annoncer la conclusion de l'accord. Henri IV, qui espérait davantage de répit, ressemble à un animal pris au piège : « Le roi fut demi quart d'heure rêvant et se grattant la tête et curant les ongles sans rien vous répondre, puis tout soudain il vous dit en frappant d'une main sur l'autre : "Hé bien ! de par Dieu soit ; il n'y a remède, puisque pour le bien de mon royaume et de mes peuples, vous dites qu'il faut être marié, il le faut donc être. Mais c'est une condition que j'appréhende bien fort, me souvenant toujours de combien de mauvaises rencontres me fut cause le premier où j'entrai. Et outre cela, je crains toujours de rencontrer une mauvaise tête qui me réduise à d'ordinaires contentions et contestations domestiques, lesquelles, selon que vous connaissez de longue main mon humeur, vous ne doutez point que je n'appréhende plus que les politiques et militaires." »

Un certain du Peyrat montrera davantage d'enthousiasme, dans ses *Stances au roi faites avant son mariage* :

> « *Grand roi, mariez-vous, puisque le ciel le veut,*
> *Que l'Église y consent et que cela se peut.*
> *Épousez, grand Pelée, une Thétis seconde,*
> *Dont un second Achil' naisse au bout de neuf mois*
> *Et que de suite on voie une race féconde*
> *Peupler le ciel de dieux et la terre de rois.* »

Résigné, Henri IV ratifie, le 30 décembre 1599, la convention financière. Le 7 mars suivant, quatre personnages à la mine grave se réunissent en l'hôtel parisien du connétable de Montmorency. Il y a là deux

Français – Sully et le chancelier Pomponne de Bellièvre –, ainsi que deux Italiens – Giovannini et son secrétaire d'ambassade. Avec le connétable, ils apposent leur signature au bas de l'acte définitif. La dot sera comptée, précise-t-on, en « écus de sept livres et demi, monnaie florentine ». Par ailleurs, « le grand-duc fera accompagner à ses frais la princesse jusqu'à Marseille, outre les bagues, joyaux et autres meubles précieux ».

Aussitôt, Henri IV ordonne à Brulart de Sillery et à Charles de Neufville, seigneur d'Alincourt – le fils de Villeroy –, de partir pour Florence. Ils ont pour mission de confirmer les clauses du mariage en présence de Marie de Médicis et de son oncle. Les plénipotentiaires du roi de France, escortés de trois cents cavaliers, entrent, le 22 avril 1600, dans la capitale toscane illuminée. Le lendemain, ils rencontrent leur future reine, d'une manière apparemment fortuite, alors qu'elle se rend à la basilique de l'Annunziata, chaperonnée par la grande-duchesse Christine. Cette dernière fait arrêter le carrosse, le temps de rassurer les ambassadeurs, heureux de constater l'inanité de la rumeur selon laquelle la Florentine aurait été obèse...

La réception officielle se déroule deux jours plus tard, le 25 avril, dans la chambre de Ferdinand Ier, au palais Pitti. Au nom de Henri IV, d'Alincourt adresse à Marie un compliment de commande : « Sa Majesté aime les beautés de Votre Altesse sans même les avoir vues. » Ingénue ou seulement timide, la princesse rougit. Par la suite, elle confiera – oubliant peut-être le cousin Virginio – que d'Alincourt « est le premier qui ait prononcé le mot amour à [ses] oreilles ». Dans l'émotion du moment, elle répond, avec sincérité « que le ciel l'avait toujours entretenue dans l'espérance de cette heureuse fortune, et qu'elle souhaitait s'en rendre digne ».

En présence de d'Alincourt, du secrétaire d'État Belisario Vinta, de l'archevêque de Pise et de Virginio Orsini, Sillery signe le contrat en lieu et place du roi. Ferdinand Ier et sa nièce paraphent le document à leur tour. De son écriture appliquée, la jeune fille trace ces simples mots qui la font reine de France : « Marie de Médicis promet ce qui est ci-dessus. » Aussitôt, le grand-duc se lève, baise le bas de la robe de sa nièce, qui s'installe sous un dais. Il lui rend les honneurs souverains et prend place au-dessous d'elle. En signe de déférence, les ambassadeurs et les témoins restent debout. Alors, avec une dignité naturelle, Marie les prie de se couvrir et de s'asseoir. Dans les rues de Florence, des volées de cloches et de coups de canon marquent le début des réjouissances populaires. Marie de Médicis pouvait bien se réjouir d'avoir toujours cru aux vaticinations de la sœur Passitea...

III

MARIAGE À LA FLORENTINE

La fille de François de Médicis et de Jeanne de Habsbourg voit se réaliser enfin ses rêves d'adolescente. A vingt-sept ans, elle aurait pu se désespérer – quoique, sous l'Ancien Régime, on se mariait beaucoup plus tardivement qu'on ne l'imagine souvent. La mélancolie des âmes solitaires était en tout cas sur le point d'altérer sa santé et sa fraîcheur. Aussi Marie ne regarde-t-elle guère à l'homme qu'on lui impose. Certes, Henri IV, bientôt quinquagénaire, pourrait être son père ! Elle n'ignore sans doute pas davantage sa réputation de donjuanisme et de rusticité. Mais, après tout, il est roi de France, et sa femme sera « la plus grande reine de l'univers ». Dès à présent, Marie de Médicis ne circule plus dans les rues de Florence que dans un carrosse tiré par quatre chevaux, majestueusement.

Au lendemain de la cérémonie du 25 avril 1600, d'Alincourt reprend le chemin de Paris. La presque reine, romantique, assiste à son départ depuis le balcon du palais Pitti, et ne rentre que lorsque le cavalier s'efface dans le lointain... Le messager se hâte de porter à Henri IV un portrait récent de celle à qui il vient de se fiancer sans la connaître. En effet, le seul que le roi a contemplé jusqu'à présent date d'une dizaine d'années ! Dans son cycle de vingt-quatre tableaux consacrés à la *Vie de Marie de Médicis*, Pierre-Paul Rubens traitera la *Présentation du portrait* sur le mode épique. Henri IV y est peint en guerrier, l'œil égrillard, la barbe hérissée de plaisir devant l'image de la jeune femme que lui tendent les allégories de l'Amour. La réalité est plus prosaïque. D'Alincourt agit en courtisan avisé. Il ne tarit pas d'éloges sur les grâces de la princesse florentine. Elle est grande, altière, son visage est fort et son teint clair. Son « embonpoint », l'opulence de ses appas et son double menton constituent pour l'époque autant de critères favorables. La peinture qu'il présente au roi dissimule subtilement les imperfections de son modèle. En réalité, à l'approche de la trentaine, la petite-nièce de Charles Quint pâtit de plus en plus de son ascendance autrichienne. Ses lèvres épaisses, ses yeux à fleur de tête, aux sourcils épilés suivant la mode du temps, ne sont compensés que par la finesse de son nez, la pureté lumineuse de sa carnation. Quoi qu'il en soit, Henri IV se dit « très content » de ce qu'il contemple, et de la description de d'Alincourt. Et il ajoute, afin de bien montrer où va son intérêt : « Comme je fais du contenu des articles du contrat de mariage. »

Le roi est par ailleurs fort satisfait d'apprendre que sa seconde femme monte à cheval. Il a l'intention, en effet, de l'emmener passer l'hiver en Languedoc et en Guyenne. A Pau, il lui fera visiter sa maison paternelle et le jardin où il a planté lui-même des arbres fruitiers. En attendant, Henri se réjouit comme un enfant des cadeaux que lui adresse le grand-duc de Toscane : des fromages, des salamis, des fruits confits... La grande-duchesse Christine a ajouté à l'usage du futur époux – est-ce une allusion perfide ? – des gants parfumés.

À en croire un chroniqueur féru de *L'Odyssée*, d'Alincourt serait survenu à point nommé « pour rompre les charmes des sirènes qui voulaient détourner Ulysse ». En fait, le Béarnais n'a plus à craindre son engagement irréfléchi à l'égard de Henriette d'Entraigues. Le 2 avril, la foudre a frappé la chambre de la favorite, provoquant une fausse couche. L'intrigante, qui n'a pas donné de fils à son amant dans le délai imparti, ne peut plus désormais exiger le mariage. Elle feint de se résigner, même si, en secret, elle communique au Saint-Siège une copie de la promesse signée par le roi. Pour tenter de se concilier son irascible maîtresse, ce dernier érige à son profit la terre de Verneuil en marquisat. Il lui promet en outre cent mille écus supplémentaires, à valoir sur la dot de Marie ! Cependant, Henriette ne s'estime pas satisfaite :

« Quand donc viendra votre grosse banquière ? » lance-t-elle avec rancœur.

« – Quand j'aurai débarrassé ma cour de toutes les putains », rétorque son amant du tac au tac.

En dépit de ses faiblesses, le Vert-Galant est bien résolu cette fois-ci à subordonner ses plaisirs sensuels à la raison d'État. Dans le courant du mois de mai, il écrit au grand maître de l'ordre de Malte : « Mon cousin, le traité de mon mariage avec la princesse Marie, nièce de mon cousin le grand-duc de Toscane, est tellement avancé que j'espère que l'accomplissement s'en ensuivra [sic] bientôt. Et fais état d'en faire les épousailles et autres cérémonies en ma ville de Marseille où je m'acheminerai dans peu de jours pour y attendre ladite princesse. Et parce que je désire qu'elle reçoive en son voyage tout l'honneur et bonne assistance que faire se pourra, si vous prie mettre prêtes six galères de l'ordre pour assister et accompagner ladite princesse en son passage jusqu'en madite ville de Marseille... »

Dans le même temps, Henri IV envoie son propre portrait à Marie de Médicis, par le truchement d'Antoine de Frontenac, qui deviendra le premier maître d'hôtel de la nouvelle souveraine. Il y joint une déclaration officielle, datée du 24 mai 1600. Bien que le style de cette missive reste encore très conventionnel, il laisse transparaître une concupiscence déjà en éveil : « Les vertus et perfections qui reluisent en vous et vous font admirer de tout le monde avaient, il y a déjà longtemps, allumé en moi un désir de vous honorer et servir comme vous le méritez ; mais ce que m'en a rapporté Alincourt me l'a fait croître ; et ne vous pouvant moi-même représenter mon inviolable affection, j'ai voulu, en attendant ce contentement (qui sera bientôt, si le ciel favorise à mes vœux), faire élection, Madame, de ce mien fidèle serviteur Frontenac pour faire cet office en mon nom [...]. Il vous découvrira mon cœur, et que vous trouverez non moins accompagné d'une passionnée volonté de vous chérir et aimer toute ma vie comme maîtresse de mes affections, mais de ployer dorénavant sous le joug de vos commandements celui de mon obéissance comme dame de mes volontés, ce que j'espère de vous pouvoir témoigner un jour [...]. De quoi je vous prie, et de lui permettre (à Frontenac), après vous avoir saluée et baisé les mains de ma part, qu'il vous présente le service d'un prince que le ciel vous a dédié et faire naître pour vous seule, comme pour moi il a fait votre mérite. »

Pour Henri IV, on l'a vu, déclarations et serments d'amour ne sont que des leurres, destinés à capturer les proies qu'il s'est choisies. Expert en romanesque, il signe son billet de quelques traits agencés de façon à former un M et un H enlacés. Quant à la réponse de la Florentine, rédigée un mois plus tard dans un italien cérémonieux, elle maintiendra une distance respectueuse et prudente : « Avant d'avoir très humblement baisé les mains de Votre Majesté Très-Chrétienne, je veux lui rendre les plus affectueuses grâces que je puis, de la faveur qu'elle m'a faite, avec la très courtoise et très cordiale lettre intime qu'elle a daigné m'écrire par Frontenac, son fidèle serviteur. Je l'ai vu, et écouté avec l'attention qui convient au commandement de Votre Majesté et à l'obéissance éternelle que je lui dois. Et lui [m'a] entièrement représenté et confirmé de votre part la foi extraordinairement sincère et l'affection inviolable envers moi que je pense devoir être parfaitement constante chez Votre Majesté... »

Une autre version, conservée dans le fonds Médicis des archives de Florence, exprime davantage de fougue, et une soumission plus parfaite encore : « Je confirme par la présente que Votre Majesté est mon chef et seigneur, qu'il m'appartient de recevoir ce joug, si doux pour moi, de vos commandements, et que j'accepte de toute façon l'empire de votre volonté pour me transformer en elle et la suivre toujours. Et comme c'est en elle que vivent tout mon vouloir et toute mon âme, que Votre Majesté soit assurée pour toujours d'être, je ne dirai pas bien aimée de moi – c'est bien peu –, mais, s'il m'est permis de le dire, adorée. »

Le 29 mai, le grand-duc avait déjà garanti la docilité de sa nièce auprès de son ambassadeur en France : « Tout ainsi que Dieu lui a donné beauté de corps, de mœurs et d'esprit, tel que je m'assure que le roi en demeurera tous les jours plus content ; aussi n'a-t-elle point d'autre soin ni affection que de le servir et obéir et d'attendre ses commandements, ayant transformé en lui toutes ses pensées et tout son cœur. » Dans sa lettre, la pieuse jeune femme ne manque pas de remercier le ciel de « la sainte pensée » du roi à son égard, comme « venant de la main pure de Dieu, [...] et non du mérite dont sa bonté se plaît à [l']orner ».

Au moment où il lira ces lignes – dans le cours du mois de juillet 1600 – Henri IV est loin de se confire en dévotions ! Il s'apprête à entrer en guerre contre le duc Charles-Emmanuel Ier de Savoie qui, au mépris des clauses du traité de Vervins, refuse de céder à la France la Bresse et le marquisat de Saluces. Sur la route des Alpes, Sa Majesté Très-Galante s'arrête à Moulins pour s'ébattre en compagnie d'une dame d'honneur de la reine Louise de Lorraine, la veuve de Henri III. Cela n'empêche pas le fourbe de protester de sa passion pour Marie, dans des lettres de plus en plus fougueuses : « Je ne vous aime pas seulement comme un mari doit aimer une femme, mais comme un serviteur passionné une maîtresse... », lui confesse-t-il le 11 juillet. Et quinze jours plus tard, de Lyon : « Ma maîtresse. [...] Comme vous désirez la conservation de ma santé, j'en fais ainsi de vous et vous recommande la vôtre, afin que, à votre arrivée, nous puissions faire un bel enfant, qui fasse rire nos amis et pleurer nos ennemis. »

Le roi se montre également attentif aux souhaits de Marie : « Frontenac me dit, à son arrivée, que vous désiriez avoir quelque modèle de la façon que l'on s'habille en France. Je vous envoie des poupines [des poupées]. Avec Monsieur le Grand [le duc de Bellegarde, grand écuyer], je vous enverrai un très bon tailleur. Je commence à vous écrire librement ; usez-en de même, car nous sommes liés d'un lien que la mort ne peut séparer. » En digne chevalier, Henri implore de la dame de ses pensées une « faveur », c'est-à-dire un ruban qu'il arborera durant la bataille : « Résolvez-vous, ma belle maîtresse, de me faire faire une faveur, car de vous seule en veux-je porter à cette guerre. Je finirai par cette requête, que je vous supplie m'accorder, et baiserai cent mille fois vos belles mains. »

Le 11 août, le roi de France entame les hostilités contre Charles-Emmanuel Ier. Le 24, la « faveur » arrive de Florence, et Henri retrempe dans l'encrier sa plume de paladin : « Je vous remercie, ma belle maîtresse, du présent que vous m'avez envoyé ; je le mettrai sur mon habillement de tête, si nous venons à un combat, et donnerai des coups d'épée pour l'amour de vous. Je crois que vous m'exempteriez bien de vous donner ce témoignage de mon affection, mais en ce qui est des actes de soldat, je n'en demande pas conseil aux femmes. Je me porte fort bien, Dieu merci, vous aimant autant que moi-même. »

C'est le 28 août que le Vert-Galant envoie auprès de sa fiancée italienne Roger de Bellegarde, en tant qu'ambassadeur de son désir, et pour assister, en son absence, aux cérémonies nuptiales. Celui qui, jadis, avait précédé Henri IV dans la couche de Gabrielle d'Estrées, est réputé l'un des plus redoutables séducteurs du royaume... Le roi veut-il donner ainsi à sa chaste épouse un avant-goût de son propre caractère ? Étant bien entendu que « Monsieur le Grand », en cette occurrence, saura modérer ses ardeurs...

Bellegarde porte avec lui une autre lettre à Marie. Le roi y piaffe d'impatience : « Que cela vous serve encore d'un coup d'éperon pour presser votre voyage. [...] Si vous désirez autant me voir que moi vous, vous ne séjournerez guère là, après la venue de Monsieur le Grand. Bonjour, ma belle maîtresse, je vous baise cent mille fois. » Le 3 septembre, le Béarnais se montre encore plus explicite : « S'il était bienséant de dire qu'on est amoureux de sa femme, je vous dirais que je le suis extrêmement de vous, mais j'aime mieux vous le témoigner en un lieu où il n'y aura d'autre témoin que vous et moi. »

Un lecteur innocent – telle sans doute Marie de Médicis – se laisserait prendre à une chaleur apparemment si sincère. Mais ce que la princesse ignore, c'est que Henriette d'Entraigues est allée relancer son amant à Grenoble ! Elle y a été accueillie à l'égale d'une reine, et Henri – comme il l'avait fait naguère pour Corisande –, lui a fait don des drapeaux de Savoie pris à Charbonnières. Le 11 octobre, le roi proteste cette fois de ses sentiments pour sa maîtresse, avec une incroyable duplicité – et la même apparente bonne foi – qu'il manifeste à l'égard de Marie de Médicis : « Mon cœur. [...] J'ai baisé mille fois votre lettre, puisque ce ne pouvait être vous. Ne doutez pas que je vous trouve fort à dire, nous sommes trop bien ensemble pour qu'il puisse être autrement. Je vous le montrerai bien par mon prompt retour. »

Contrairement à ce qu'il a écrit maintes fois à sa « femme » italienne, Henri IV ne semble guère pressé de convoler en justes noces ! Quoi qu'il en soit, le 20 septembre 1600, Bellegarde a atteint la capitale toscane, flanqué d'une quarantaine de gentilshommes, fleurons de la noblesse française. Le mariage par procuration, prévu initialement au printemps et retardé à cause de la guerre de Savoie, va enfin pouvoir déployer ses splendeurs. Il empruntera un cérémonial hérité des noces de François de Médicis, en 1565, et de Ferdinand, vingt-quatre ans plus tard. Le 4 octobre, le cardinal Aldobrandini, neveu du pape Clément VIII, fait à son tour une entrée solennelle à Florence, chevauchant au côté du grand-duc. Au compliment du prélat, Marie de Médicis répond avec une grâce souveraine que « Dieu l'ayant ainsi ordonné, elle s'assurait que la bénédiction du Saint-Père portait avec elle une grâce propre de Dieu, dont elle tâcherait de se rendre digne et capable, se recommandant plus humblement aux saintes prières de Sa Sainteté et de l'Église ».

Le 5 octobre, dans un carrosse écarlate, Marie de Médicis, parée comme une madone, se rend à la cathédrale Santa Maria del Fiore, fantastique marqueterie de marbres, blanc de Carrare, vert de Prato et rouge de Maremme. Un cortège de quatre-vingts voitures transporte, à la suite de la princesse, trois cents autres jeunes filles en robe immaculée. Ferdinand Ier, lui aussi éclatant de blancheur, arbore un énorme diamant de cent vingt mille écus sur son chapeau. Marie de Médicis et son oncle assistent à la messe, à gauche de l'autel, sous un baldaquin de drap d'or dont les pans descendent jusqu'à terre. Le grand-duc présente ensuite au cardinal Aldobrandini la procuration établie par Henri IV, lui permettant d'épouser sa nièce au nom du roi de France. Le légat du pape reçoit les consentements et prononce les paroles sacramentelles, tandis que Marie et Ferdinand échangent leurs anneaux. « Une joie rieuse faisait retentir toute l'église », se souvient un témoin. Les voûtes austères et solennelles du dôme vibrent des chants d'action de grâces. Et, par toute la cité, éclatent salves de canon et tirs de mousquets. Après la communion, don Virginio, sans doute un peu mélancolique d'assister au mariage de sa cousine bien-aimée, lui remet une rose d'or, hommage de Clément VIII.

Le soir, un banquet est servi au *Palazzo Vecchio*, l'ancien palais de la Seigneurie. Ce souper d'apparat – « le plus noble et somptueux qu'il soit possible » – se déroule dans le cadre grandiose du salon des Cinq-Cents, illuminé pour la circonstance d'une forêt de bougies. Les fresques des murs, comme les trente-neuf panneaux du plafond, dus au pinceau de Giorgio Vasari, exaltent, dans une profusion de stucs et de dorures, les riches heures de Florence et des Médicis. Un nommé Michelangelo Buonarroti – neveu et homonyme du grand Michel-Ange – a laissé un récit qui ressuscite le faste éphémère de ce festin. Admirons avec lui l'extraordinaire crédence, garnie de deux mille pièces d'argenterie, en forme de fleurs de lys aux nervures cerclées d'or et incrustées d'innombrables pierres précieuses. Cet ensemble seul aurait coûté un million de livres – le montant de la dot que le roi de France n'a jamais pu obtenir...

La table royale, disposée sur une estrade, a été recouverte par un dais. De part et d'autre, deux grandes toiles de Jacopo da Empoli viennent souligner le parallèle entre le mariage de Marie et celui de Catherine de Médicis. De prestiges en émerveillements, les convives découvrent que leurs serviettes ont été pliées en forme de personnages, d'animaux ou de fleurs. Au centre de la table, se déploie une chasse à courre. Dans un paysage de sucre glace où des centaures courtisent des nymphes, des cavaliers forcent une meute de bêtes sauvages, tous composés de tissu. Il y a même un éléphant et un rhinocéros ! Devant l'assiette de la reine, on a placé – délicate attention – une figurine équestre ressemblant à Henri IV, œuvre de Pietro Tacca, élève du sculpteur Jean Bologne.

Puis ce sont de nouveaux sortilèges. Les viandes, escortées par vingt-cinq jeunes seigneurs, « caporaux d'escouades », ont été apprêtées de façon à imiter des animaux rares – éléphants, girafes ou crocodiles. Des oliviers et des arbustes artificiels croulent sous les pommes, les poires, les prunes et les fruits exotiques. A un certain moment, un lion mécanique se dresse sur son séant. La gorge de l'automate s'entrouvre, remplie de fleurs de lys, avant que le fauve se métamorphose en aigle bicéphale.

Au dessert, la table se scinde en deux, laissant apparaître, comme par magie, une autre table, sortie du sol. Celle-ci déborde de fruits, de dragées et de confitures. Mais voici maintenant une table constellée de miroirs et de pierreries, qui cède la place à son tour au décor féerique des fontaines et des jardins d'Alcinoos ! Les serviteurs distribuent aux dames des fleurs en soie multicolore, pendant qu'une nuée d'oiseaux s'envolent dans les airs en pépiant.

Après le bal, où Marie danse avec entrain, la soirée se termine par une apothéose mythologique. Les deux grottes qui décorent les portes du salon s'écartent. Sur des chars étincelants, portés par des nuages et menés par des paons, trônent Junon et Minerve. Les déesses, couronnées par un arc-en-ciel, symbole de paix, entonnent un dialogue chanté à la gloire du roi et de la reine de France, « phénix sur terre et soleil dans le ciel ».

Les spectacles, plus somptueux les uns que les autres, se poursuivront les jours suivants. « On a certainement vu tant de splendeur, s'extasie l'ambassadeur vénitien, que ceux qui se sont trouvés aux réjouissances faites par les plus grands rois et princes en de semblables occasions affirment que personne n'est jamais arrivé, et de loin, [...] à la grandeur de ces noces. »

Au milieu de réjouissances aussi éclatantes, un événement majeur pour l'histoire de l'art lyrique passe relativement inaperçu. Dans la soirée du 6 octobre, est donnée au palais Pitti une représentation d'*Orphée et Eurydice*, *tragedia per musica* – tragédie en musique – composée par Jacopo Peri, maître de la chapelle grand-ducale, sur un texte du poète Ottavio Rinuccini. C'est le premier opéra jamais joué en public. Ce drame entièrement chanté se place dans la succession des ballets et des intermèdes pastoraux de la Renaissance. Un spectateur ne cache pas son admiration : Claudio Monteverdi, qui s'inspirera de Peri pour créer son *Orphée*, à la cour du duc de Mantoue, en 1607.

En épilogue de ces festivités, Ferdinand Ier offrira à ses hôtes une comédie musicale intitulée *L'enlèvement de Céphale*, dans le cadre du théâtre des Offices. La partition est due au talent du virtuose Giulio Caccini, rival de Peri. Le grand-duc a dépensé soixante mille écus pour des effets de décors parfois trop ambitieux. Malgré quelques dysfonctionnements de la machinerie, les imaginations sont frappées par les « inventions » du scénographe Buontalenti. Ainsi, à l'acte IV, un mont Hélicon d'une dizaine de mètres d'altitude est secoué par un tremblement de terre. Dans ses entrailles, rougeoie un enfer souterrain, d'où s'échappent de forts vents odorants. La Renommée fait alors son apparition, siégeant sur un trône en forme de pyramide qui s'érige peu à peu. Autour d'elle, seize acteurs jouent les villes de Toscane. Et tandis que ces figures allégoriques viennent s'incliner devant Marie de Médicis, une fleur de lys surmontée d'une couronne d'or s'élève aussi haut que la Renommée.

MARIE DE MÉDICIS

Le 9 octobre 1600, l'âme encore toute à l'extase de cette liturgie matrimoniale dont elle a été l'idole solitaire et lointaine, Marie doit quitter définitivement ce palais Pitti qui l'a vu grandir. Quelques heures avant son départ de Florence, un courrier de France lui remet la dernière lettre qu'elle recevra de Henri IV en terre italienne : « Ma femme, aimez-moi bien ; et ce faisant vous serez la plus heureuse des femmes », avertit le Vert-Galant, sans rien promettre quant à lui...

La « très grande douleur de tout le peuple florentin » va s'exprimer par la foule considérable de badauds qui escortera la reine à travers la campagne toscane. Au demeurant, la suite officielle de Marie de Médicis, conduite par sa tante la grande-duchesse Christine, compte plus de deux mille personnes ! Parmi elles, on remarque la sœur de Marie, la duchesse de Mantoue, son demi-frère don Antonio, son cousin don Virginio... Le secrétaire d'État Belisario Vinta est également présent, malgré le poids des ans. Le vieil homme s'est fait accompagner d'un sien neveu, un certain Concino Concini, gentillâtre au passé trouble qui part chercher fortune à Paris. Quant à l'inévitable Leonora, elle fait évidemment partie du grand voyage.

Les magistrats de Pise abreuvent la reine de pompeux discours empanachés de citations latines. Sans nul doute Marie apprécie-t-elle davantage les monuments illuminés, les joutes nautiques et les feux d'artifice tirés au crépuscule sur l'Arno. Le banquet, servi à des centaines de tables dressées en plein air, est d'une telle abondance que ses reliefs nourriront les pauvres de la ville durant plusieurs jours.

Ferdinand Ier – le « duc marchand », comme le surnomment ses ennemis – a développé le port de Livourne, plaque tournante du commerce florentin. C'est là que l'épouse de Henri IV abandonne pour toujours le pays de ses pères. Le chevalier Philippe Cavriana lui adresse un ultime adieu. Sa *Harangue faite à la Très-Chrétienne reine Marie de Médicis, à son département de Toscane, pour passer en France*, sera traduite et publiée à Rouen, la même année : « Nos ténèbres sont une aube claire aux autres », commence-t-il avec grâce. Puis, après s'être lamenté de la perte d'une si noble princesse, le chevalier poète se résigne à lui souhaiter bon vent : « Mais allez donc, ô très généreuse reine, là où le ciel vous a destinée. Sillonnez hardiment la superbe mer Tirrène [Tyrrhénienne], car Neptune apaise les ondes, Eole réprime les vents, Junon rend l'air serein et le ciel orné d'astres bénins, qui vous promettent la tranquillité et bonace, et par aventure enamourés de vous, ils débattent tous comme à l'envi, qui sera et se montrera plus ardent à bien heurer votre voyage, désiré de tout le monde. [...] Car de cet illustre et royal mariage, l'on espère une généreuse lignée d'invincibles héros, l'on espère une paix éternelle, non tant au beau royaume de France, qu'aussi à toute l'Europe. »

Le 16 octobre, à neuf heures du soir, la reine s'embarque à bord de la *Galère royale*, après être passée sous un arc de triomphe, acclamée par dix mille de ses compatriotes, au comble de l'émotion. Cette nef, destinée d'abord à éblouir les Français, resplendit telle un joyau des mers. Ornée de soixante drapeaux, oriflammes et pennons, elle est entièrement dorée au-dessus de la ligne de flottaison. Sa poupe étincelle, marquetée d'ébène, de nacre, d'ivoire, de grenats et de lapis-lazuli, enserrée par vingt grands cercles de fer plaqué d'or, enrichis de pierreries et de perles, rehaussés d'une vingtaine de topazes et d'émeraudes. Sur le pont, vis-à-vis du fauteuil de la souveraine, ont été élevées les armes de France, en fleurs de lys de diamants, et celles des Médicis, figurées par cinq beaux rubis et un saphir « de la grosseur d'une balle de pistole ». Entre ces deux blasons, resplendissent deux croix de rubis et de diamants. La cabine de Marie, tendue de tapisseries et de soieries précieuses sur des boiseries d'ébène et de santal, possède des vitres de cristal et des rideaux de drap d'or à franges. Le luxe de la *Galère royale* s'étend à l'équipage, et jusqu'à la chiourme, qu'on a revêtue de drap d'écarlate, et coiffée de lys et de médailles d'argent ! La reine, émue par le sort d'un jeune prisonnier turc, obtiendra son affranchissement.

Une véritable escadre a été rassemblée. On craint en effet un coup de main des pirates barbaresques, que les trois cent cinquante mille livres de la dot pourraient allécher. On a donc mobilisé cinq mille hommes d'armes. Outre six navires florentins, le Saint-Siège et l'ordre de Malte en ont fourni chacun cinq. La France, elle, n'est représentée que par une galère : la seule d'ailleurs dont le royaume dispose en Méditerranée !

Contrairement aux vœux de Cavriana, la traversée s'avérera lente et mouvementée. « La flotte est si belle que la mer s'en émeut », expliquera l'auteur de l'*Eloge historial*. Toujours est-il que la tempête autant que le péril musulman obligent à de fréquentes escales. On relâche à La Spezzia, puis encore à Portofino où, malgré une procession des reliques de saint Georges ordonnée par la reine, la bourrasque ne faiblit pas.

Le 26 octobre, pressée de rejoindre son époux, Marie de Médicis décide néanmoins de repartir, au grand dam de Vinta et de quelques autres qui pensent leur dernière heure venue. Il est vrai qu'elle-même ne souffre nullement de la tempête. Le secrétaire d'État le note, non sans amertume : « Elle mange de meilleur appétit qu'elle ne le faisait à terre. » Pour tromper l'ennui, et lorsque la fureur des vagues accorde quelque répit, on joue gros jeu. Le soir, la Florentine se fait tirer les cartes ou étudie son thème astrologique, à moins qu'elle ne feuillette *La Clorinde ou l'amante tuée par son amant*, un roman du Tasse, dans une traduction française.

L'impassibilité de la reine devant les éléments déchaînés offrira aux plumitifs courtisans un thème rêvé de flagornerie. Ainsi l'abbé André Valladier, dans son *Labyrinthe royal de l'Hercule gaulois triomphant*, publié à la suite du passage de Marie à Avignon, magnifie cette princesse qui « ne s'émeut et ne s'étonne de rien. Depuis Gênes jusques à Marseille, elle s'est trouvée en des détroits effroyables, a passé des vagues et tempêtes très dangereuses, sans en donner voir un seul signe de soin ou de crainte. [...] Chacun était abattu et accablé de la tourmente, l'un pantelait deçà, l'autre pâmait de là. Elle seule se riait d'eux et encourageant tantôt l'un, tantôt l'autre. [...] Chacun restait épris d'admiration et ravi d'étonnement de voir ce cœur mâle, guerrier et généreux se jouer de la mer, se rire des flots, se gausser du temps et de la tempête ».

IV

BELLE MERVEILLE D'ÉTRURIE

Après Savone, et Antibes – première escale française, où l'on visite une chapelle perdue dans les vignes –, la flottille de Marie de Médicis stationne deux jours à Toulon. La reine y apprend que son mari, retenu par sa guerre en Savoie, ne pourra venir au-devant d'elle. « La seule loi du devoir force celle de l'amour », soupire dans une lettre le Vert-Galant... qui omet d'ajouter qu'il vient tout juste de congédier la marquise de Verneuil et qu'il butine, à son habitude, de corsages en cotillons.

Pour sa part, la Florentine, angoissée à l'idée de se retrouver sans appui sur une terre inconnue, écrit à son oncle de ne pas la priver trop vite de la compagnie de la grande-duchesse Christine : « De même que vous avez accepté que Madame vienne avec moi jusqu'à Marseille, il vous plaise maintenant, puisque le roi ne vient pas, qu'elle m'accompagne jusqu'au moment de me remettre à Sa Majesté. Je vous en supplie de tout mon cœur, car je n'ai d'autre mère qu'elle, et je ne pourrai jamais me résigner à ce qu'elle me laisse aux mains de gens qui n'appartiennent même pas au roi. »

Le 3 novembre 1600, en fin de matinée, l'amphithéâtre de collines, qui enlace la cité phocéenne, se laisse deviner à l'horizon. Les Marseillais, fervents catholiques et longtemps alliés de l'Espagne, ont attendu 1596 pour se soumettre à Henri IV, mais c'est avec une joie sincère qu'ils s'apprêtent à recevoir leur nouvelle souveraine. Les plus riches tapisseries ont été sorties des coffres et décorent les maisons. Alors que la *Galère royale* croise encore au large, les flots tourmentés se calment soudain et les rayons du soleil, transperçant les nuages, font miroiter l'or de sa coque. Dans la matinée, le duc de Guise, gouverneur de Provence, s'est porté en bateau à la rencontre de la flottille. Un déjeuner a été servi au château d'If. Aussi, la nuit est-elle presque tombée lorsque la reine peut enfin débarquer. Elle est vêtue à l'italienne, d'une robe verte semée de clinquants d'argent. Accompagnée par quatre-vingt-dix nobles dames, Marie de Médicis s'avance au bras de Bellegarde, sous la protection de cent cinquante nobles hospitaliers et de deux cents chevaliers florentins. Tandis qu'elle traverse le ponton formé de deux barques surchargées de draperies, une grêle de coups de canons – dix mille, disent certaines chroniques, non sans exagération – sont tirés des îles et de Notre-Dame de la Garde. L'artillerie des galères leur répond, sans toutefois que ce vacarme parvienne à couvrir le carillon, vif et joyeux, des églises et des monastères de la ville.

Henri IV a délégué son plus haut clergé et ses serviteurs les plus éminents. Du côté gauche du ponton, les cardinaux de Joyeuse, de Givry et de Sourdis voisinent avec le duc de Guise, le connétable Henri de Montmorency et le chancelier de Bellièvre. À droite, se tiennent, dans leurs plus belles robes, les duchesses de Nemours, de Guise et de Ventadour, ou encore la marquise de Guercheville, célèbre à la cour pour avoir repoussé les assauts du roi... La duchesse de Bouillon, qui assiste également à la scène, jette sur la reine un regard critique : « C'est une beauté brune claire, la bouche un peu grosse, l'œil noir, le front grand, un fort embonpoint avec une grande douceur au visage. Il n'y a rien qui approche de la défunte Gabrielle d'Estrées. »

Quatre consuls de Marseille, en longues robes d'écarlate, attendent sur le quai, à l'abri d'un « poêle » – un dais – de toile grise argentée. À genoux, ils présentent à la reine deux clefs d'or attachées à une chaîne. Puis les magistrats s'effacent de quelques pas, et les cardinaux esquissent leur révérence, imités ensuite par les seigneurs et les dames, conformément à l'ordre protocolaire. Cette cérémonie de bienvenue achevée, la souveraine – toujours sous son « poêle » – se dirige, au bras du connétable de Montmorency, vers le palais aménagé à son intention. Deux semaines d'une navigation tempétueuse l'ont harassée. Aussi se fait-elle servir un dîner dans sa chambre et, sans plus de cérémonie, Sa Majesté s'endort de bonne heure.

Les quelque deux mille membres de la suite de la reine – sans compter les soldats et les équipages des galères – envahissent la métropole provençale, et doivent de surcroît disputer le vivre et le couvert à tous les curieux accourus des environs pour saluer l'événement. Certes, Henri IV a envoyé des approvisionnements en abondance, ainsi que plusieurs escouades de cuisiniers, de boulangers et de fourriers. Il a même prévu vingt garnitures de chambre, avec des draps de lits parfumés à la violette, à la disposition des Toscans les plus notables, en précisant toutefois que les étrangers devraient payer tout ce qu'ils utiliseraient ! Quant aux personnages de moindre rang, il leur faudra s'entasser dans les rares maisons disponibles, au prix de rixes et d'échauffourées parfois sanglantes.

Ainsi, dès leur arrivée, les « coyons » – comme l'on surnommera vulgairement les Italiens de l'entourage de Marie de Médicis – se forgent une réputation détestable. Il semble d'ailleurs que le roi veuille faire entendre aux compatriotes de sa nouvelle épouse qu'ils ne sont pas les bienvenus : « Plus je vais avant, écrira Henri IV à Sillery, plus je me confirme en ma première opinion qui est de faire assister et servir ladite princesse par des dames et serviteurs de notre nation, tant pour mon soulagement et contentement, que pour ce que je m'assure qu'elle en sera mieux servie. » L'ambassadeur Giovannini, qui l'a compris, a déjà recommandé à la reine qu'elle « se dépouillât de toute passion et intérêt pour la bande de là-bas, car ici il ne manquait pas de serviteurs ».

Au matin du 4 novembre, les pompes officielles reprennent, avec un regain de magnificence. Après son lever, la reine est conduite à la chapelle en somptueux appareil. Un chroniqueur émerveillé décrit la procession, où « les princes, princesses, seigneurs et dames ont leurs gentilshommes, pages et estafiers, tant superbement vêtus qu'il ne se peut davantage. Ce n'est que toile d'or, broderie et clinquant ». Puis Marie déjeune en public à l'hôtel de ville, où se déroule une seconde séance de présentation. Étiquette française oblige, la grande-duchesse Christine doit se contenter d'un escabeau, près du fauteuil de sa nièce. La petite-fille de Catherine de Médicis s'en amuse : « Dieu soit loué, me voici réduite au même état que j'étais quand ma grand-mère vivait ! »

Guillaume du Vair, Premier président au Parlement de Provence, futur évêque de Marseille et garde des Sceaux de Louis XIII, se lance alors dans un dithyrambe, comme il sied à sa réputation d'« aigle de l'éloquence française » :

« Madame, voyant aborder Votre Majesté en cette province, et avec elle la félicité en France, nous avons abandonné le siège de la justice où nous avons cet honneur que de seoir, pour nous venir prosterner à vos pieds, vous rendre un des plus nobles et plus illustres hommages qui soient dus à la couronne qui ceint maintenant votre chef. [...] Nous nous persuadons que vous êtes vraiment celle que le ciel avait destinée pour adoucir par une agréable compagnie la vie de notre roi, prolonger ses jours par son contentement, et perpétuer l'heur de son règne par la suite d'une ample et heureuse postérité. [...] Que le siècle que nous commençons vous puisse voir à sa fin heureuse femme de roi, et les siècles à venir vous renommer heureuse mère de rois... »

MARIE DE MÉDICIS

Avant que de quitter Marseille, au terme de plusieurs jours de réjouissances ininterrompues, de bals et de défilés, Marie dit adieu à sa sœur Éléonore, et à sa tante, n'ayant su les convaincre de l'accompagner jusqu'à Lyon. La grande-duchesse de Toscane renonce volontiers au plaisir de rencontrer Henri IV, frissonnant à l'idée de remonter la vallée du Rhône, sombre et sinistre à l'orée de l'hiver, quand le mistral y souffle sans retenue. Aussi, tandis que Christine se rembarque pour Livourne, Marie de Médicis et les écus de sa dot sont-ils officiellement placés entre les mains des mandataires du roi. Un document, dûment paraphé et scellé, constate la « livraison », à la manière d'une transaction commerciale. Mais Belisario Vinta, malgré son âge, en ministre consciencieux, suivra la reine jusqu'à Lyon, « pour veiller à ce que le roi délivre un reçu selon la procédure française, de façon à être assurés dans tous les cas possibles... ».

La caravane qui s'ébranle vers le nord, dans un indescriptible désordre, se compose d'un ramassis hétéroclite de chevaux – plus de deux mille –, de chariots et de carrosses. À l'approche d'Aix-en-Provence, le 16 novembre 1600, le parlement réuni en corps vient à la rencontre de la souveraine. Pour l'occasion, un poète encore presque inconnu, François de Malherbe, dévoile son ode sur *L'arrivée en France de Marie de Médicis*. Cette pièce de deux cent trente vers constitue l'un des monuments fondateurs de la poésie française classique :

> « *Aujourd'hui nous est amenée*
> *Cette princesse, que la foi*
> *D'Amour ensemble et d'Hyménée*
> *Destine au lit de notre roi ;*
> *La voici, la belle Marie,*
> *Belle merveille d'Étrurie* [...].
> *Par vous un dauphin va naître,*
> *Que vous-même verrez un jour*
> *De la terre entière le maître,*
> *Ou par armes ou par amour...* »

La Florentine ne s'attarde pas à Aix. Sans se soucier des rafales furieuses qui balayent la plaine de Crau, elle file vers Salon-de-Provence, où elle ne passe qu'une nuit : « En tout son voyage, elle n'a jamais fait aucun état ni de vent, ni de pluie, ni de grêle, ni de tempête », s'extasiera derechef l'auteur du *Labyrinthe royal*. Devant Cavaillon, le passage de la Durance manque de tourner au drame. Les gués sont franchis dans la bousculade. Un laquais se noie. Plusieurs personnes de qualité, dont l'ambassadeur Giovannini, perdent pied, renversées par le courant.

L'entrée de la reine à Avignon, le dimanche 19 novembre, s'entoure d'une allégresse toute méridionale. Enclave pontificale, gouverné par des vice-légats, le Comtat Venaissin – dont Avignon est la capitale de fait sinon de droit – exhale comme un parfum d'Italie. La terre des papes offre un refuge aux juifs, aussi bien qu'aux jésuites bannis du royaume de France depuis 1595. Pour les fils de saint Ignace, l'avènement d'une reine catholique, nièce de Charles Quint, est une chance inespérée de revenir en grâce. Pensant que le roi serait également de la fête, ils ont voulu exalter ses victoires avec un lustre inégalé. Les bons pères – en précurseurs de nos actuels numérologues – ont basé toute leur démonstration sur le chiffre sept. Henri IV n'est-il pas, en effet, âgé de presque sept fois sept ans ? Neuf fois sept rois n'ont-ils pas régné jusqu'à lui depuis Pharamond ? Il a été victorieux à Arques un 21 septembre – trois fois sept –, et à Ivry un 14 mars – deux fois sept...

Nous avons déjà cité le *Labyrinthe royal de l'Hercule gaulois triomphant*. Dans ce lourd in-quarto, illustré de précieuses gravures, l'abbé André Valladier nous apprend que les organisateurs du spectacle, croyant que la reine demeurerait plus longtemps à Aix, manquent d'être pris de court. Charpentiers et artisans sont convoqués à son de trompettes, car il s'agit d'être prêts à l'heure dite, « plutôt que d'apporter moutarde après dîner ». Heureusement, la veille du grand jour, le gros œuvre est achevé. Le lendemain, dès l'aurore, des musiciens prennent place sur un char, « tiré par deux chevaux des plus grands, harnachés en éléphants avec leurs trompes et le reste, montés et conduits par des Maures ». Hélas, les roussins sont ralentis dans les venelles étroites et encombrées. On doit les débarrasser de leur déguisement exotique ! La reine est accueillie par un déchaînement de mousquets et de canons, au chant de l'hymne « Vive, vive le roi vainqueur, vive de Florence le cœur ». Puis, au nom de tous les habitants, l'assesseur Suarez porte un genou en terre, pour exalter « les bienheureuses influences et qualités que le soleil radieux de Votre Majesté Très-Chrétienne répand sur votre très affectionnée et très obéissante ville d'Avignon ».

La souveraine – qui ne maîtrise pas encore le français et qui n'a sans doute presque rien compris – se tourne vers le connétable de Montmorency et lui dit, en italien : « Répondez-leur de ma part que je ne céderai à aucun des rois, ou des reines, qui furent jamais en France avant moi, à chérir, aider, conserver et favoriser en toutes occurrences la belle cité d'Avignon. »

MARIE DE MÉDICIS

Comme la matinée est déjà bien entamée, on abrège les politesses. La Florentine monte dans une litière attelée à deux beaux mulets noirs enfourchés par deux pages. La chaise est couverte, dedans et dehors, d'un « velours cramoisi obscur, brodé d'or et d'argent, de fleurs de lys, roses et semblables galanteries ». Quant à la reine, elle est « vêtue à l'italienne, d'une robe de drap d'or à fond bleu, attifée aussi à l'italienne fort simplement, la poitrine toute couverte, le poil [c'est-à-dire la chevelure !] en sa naïve beauté, sans fard et sans griserie ». L'abbé Valladier ne dissimule pas son ravissement : « L'on ne saurait voir ou désirer jamais en cette princesse deux choses si diamétralement éloignées jointes ensemble : une si grande majesté avec une si incomparable modestie, une si excellente beauté avec une si rare naïveté, un œil si débonnaire et si attrayant avec une si remarquable pudicité et gravité, la face toujours riante sans vanité, le marcher grave, sans légèreté, le rencontre royal [*sic*] et majestueux, sans aucun faste ou mépris. »

Devant les remparts, les sept dieux principaux de la mythologie gréco-romaine – interprétés par de fringants cavaliers – attendent leur Junon. Sept troupes, composées chacune de sept élèves du collège des jésuites, les escortent. Puis, à travers la cité, sept arcs de triomphe, chacun dédié à l'un de ces immortels, dessinent le « labyrinthe royal ». Dans l'heureux syncrétisme hérité de la Renaissance, les dogmes chrétiens se mêlent harmonieusement aux allégories du paganisme antique. La mode est alors aux devises latines ou grecques, aux jeux de mots, aux symboles abscons. Ainsi, les érudits locaux se sont-ils évertués à confectionner des anagrammes, plus ou moins exactes, à partir des lettres du nom de leur auguste visiteuse. « Marie de Médicis » devient « Dame ici désirée » – à condition de remplacer un *m* par un *e*. « Marie de Médicis Royne » peut également se lire : « Ie me dis ia [déjà] mère d'un roy »... avec un *u* à la place du *c*.

Une grande foule s'est rassemblée sur l'immense place des Doms, devant le palais des papes. Durant trois quarts d'heure, fifres, tambours, trompettes et escopettes vont rivaliser à entretenir un tintamarre assourdissant. Marie de Médicis, longuement acclamée par la multitude, monte ensuite à la cathédrale Notre-Dame des Doms, où sera chanté un *Te Deum*. Le chef de chapitre, le prévôt Jean-François Suarez – à ne pas confondre avec son homonyme assesseur –, souhaite à la reine, « avant l'an révolu, un jeune prince dauphin, aussi sage et valeureux que le grand roi son père, et aussi doux et gracieux que Votre Majesté ». La Florentine ne répond que d'une phrase : « *Preggate Iddio accio me faccia questa gratia* – Priez Dieu qu'il me fasse cette grâce. »

Le lendemain, à midi, un messager de Henri IV apporte l'annonce de la reddition de Montmélian. En apprenant cette défaite du « duc sans Savoie » – comme le roi surnomme son adversaire –, la liesse populaire redouble. Marie se lève immédiatement de table. Un nouveau *Te Deum* est célébré, et l'on tire le canon. Des feux de joie s'allument dans toute la ville.

Enfin, au troisième jour de son étape comtadine, la reine sera conviée à une collation digne de sa Toscane natale. « *Mi pare di essere in Fiorenza !* » – « Il me semble être à Florence ! » – s'exclame-t-elle avec un enthousiasme naïf. Les mets, d'ailleurs, ont été importés d'Italie. Trois grandes tables croulent sous les friandises. Des statuettes de sucre de Venise figurent les empereurs et le panthéon de l'ancienne Rome. Comme cadeau d'adieu, les bourgeois d'Avignon remettront à Marie de Médicis cent cinquante médailles d'or frappées à son effigie ou à celle du roi, présentées dans une « coupe faite d'une noix d'Inde enchâssée en argent » – une noix de coco, fruit rarissime au XVIe siècle.

La reine, enchantée par les délices de la cité des papes, ne perd pas de vue le but de son voyage. Il lui importe de rejoindre Henri IV au plus vite, et l'on peut imaginer que derrière son attitude impassible, la jeune femme nourrit quelque appréhension sur son avenir. Dans l'état d'esprit qui est le sien, encore incertain, l'homme auquel son destin est d'ores et déjà lié – sans qu'elle le connaisse – lui apparaît comme le havre, le port d'attache vers quoi elle aspire. Aussi, est-ce sans égard pour sa suite, cinglée par les bourrasques glaciales d'un hiver précoce, que la Florentine enfile le couloir rhodanien à un train d'enfer. Elle-même se fait un devoir de garder bonne figure en toutes circonstances, et sa constante bonne humeur laisse à penser qu'elle possède un caractère enjoué. Ainsi, à Valence, les dames de la bonne bourgeoisie, chaudement emmitouflées, découvrent une souveraine imperturbable, qui semble défier l'hostilité des éléments. Il est vrai qu'un messager est venu la réconforter. La Varenne, « fourrier d'amour » du roi et maître général des Postes, lui a apporté une lettre de Henri IV, fixant le rendez-vous de Lyon au 9 décembre. Marie de Médicis a donc près d'une semaine d'avance sur son époux.

Les Lyonnais ont longtemps ignoré si les noces auraient lieu dans leur ville, et le commandement royal ne leur est parvenu que le 17 novembre. Le programme des festivités sera rapidement mis sur pied par Pierre Matthieu, le même qui avait déjà organisé, cinq ans auparavant, celles données en l'honneur de Henri IV. Dans son *Entrée de très grande, très chrétienne et très auguste princesse Marie de Médicis, reine de France et de Navarre, en la ville de Lyon*, publiée en 1601, Matthieu insiste sur les difficultés de son entreprise : « Les ouvriers étaient tellement pressés, et du temps, et des hommes, les ouvrages si divers et embrouillés, que tous les sages d'Athènes y eussent perdu leur cervelle. » En dix jours à peine, il a fallu bâcler l'ornementation, dans une profusion d'entrelacs de myrtes, de lauriers, de couronnes et de faux marbres. Mgr Agucchia, secrétaire du cardinal Aldobrandini, qui les verra quelques jours plus tard, jugera ces décors « plus beaux par l'invention que par le travail ».

Le 3 décembre, Marie de Médicis quitte Vienne dès l'aube, pour atteindre le faubourg de La Guillottière juste après midi. Le gouverneur de Lyon et du Lyonnais, La Guiche, est venu à sa rencontre avec ses gentilshommes. Antoine de Roquelaure, grand maître de la garde-robe, lui présente, de la part du roi, un « grand carcan » – au nom ô combien symbolique ! –, collier de perles d'une valeur inestimable, scintillant des feux de plus de cent diamants. En retour, la Florentine offrira à son époux, comme le veut l'usage, une chaîne de brillants d'une valeur de seize mille écus.

Cette fois encore, la reine ne peut échapper à la litanie des compliments, d'autant plus interminables qu'ils lui sont à peu près incompréhensibles ! Lorsque vient son tour, le prévôt des marchands use d'une métaphore passablement ridicule : « Madame, si toutes les parties de mon corps étaient transmuées en langues, et que chacune eut autant d'éloquence comme il y en a en vous de beauté, de grâce et de perfection, encore ne me sembleraient-elles suffisantes de pouvoir exprimer dignement l'aise, la joie et le contentement que reçoit tout le peuple de Lyon, de votre heureuse arrivée et avènement à cette couronne. »

La nuit est presque tombée. À la lumière des torches, une foule joyeuse remplit les rues. Toutes les fenêtres sont illuminées. Les gens de qualité ont tendu leurs façades de soieries et de draps d'or, les plus pauvres de tapis et d'étoffes rayées. Depuis la poterne du pont fortifié du Rhône, la reine, environnée de l'habituelle cacophonie de l'artillerie, des tambours, des cuivres et des acclamations, parcourt la ville dans une chaise ouverte surmontée d'un « poêle » soutenu par quatre échevins. En tête de l'impressionnant cortège, piaffe le prévôt des maréchaux, flanqué de ses officiers et de ses archers. Défilent ensuite les trente-six pennonnages des compagnies de la ville, flammes au vent, conduits par les sieurs du Soleil et du Fenouil. Cavaliers toscans et seigneurs français, délégués des « nations » étrangères établies à Lyon, archers « de robe courte » et autres chevaliers du guet, estafiers, consuls et notables bourgeois, commandeurs et chevaliers du Saint-Esprit, pages de la reine sur leurs palefrois richement enharnachés, tout ce monde, en bon ordre, précède la haquenée de parade de Marie de Médicis. Puis, au-delà de la litière royale, se pressent les carrosses des princesses, des duchesses et des autres grandes dames de la cour, au milieu d'un fouillis de gentilshommes et de piétons. Enfin, la cohue anonyme des valets et des chariots aux bagages ferme la marche, très loin derrière.

Et, de nouveau, tous les emblèmes et les sentences allégoriques que Marie de Médicis croise sur son chemin, louent en elle la souveraine de la paix, la divinité bienfaisante dont le mariage a pour fonction première de donner un dauphin au roi et à la France.

Au lendemain de la prise du fort Sainte-Catherine, qui met fin à la résistance du duc Charles-Emmanuel, Henri IV se hâte de descendre le Rhône jusqu'à Lyon. Il y arrive incognito, dès le 9 décembre, dans la soirée, avec quelques proches compagnons, dont Sully. N'y tenant plus, il ne tarde pas à s'introduire à l'archevêché, où réside la reine. Celle-ci soupe en petit comité, entourée de son demi-frère don Antonio, de son cousin don Virginio, de Baccio Giovannini et de la duchesse de Nemours. Le Vert-Galant, toujours sans se faire connaître, se glisse dans la salle en se dissimulant parmi les courtisans. Cependant, l'assistance remarque sa présence et s'écarte pour lui céder la place. Mais à peine Marie de Médicis a-t-elle aperçu son mari, que celui-ci s'éclipse. La reine, émue, abrège son dîner et se retire dans sa chambre.

Le duc de Bellegarde frappe bientôt à la porte. La reine se lève et se jette aux pieds de Henri, que précède son grand écuyer. Le monarque, fidèle à sa réputation de galanterie, relève immédiatement son épouse et l'embrasse tendrement – « de tous les côtés du visage », écrira Giovannini dans sa dépêche à Florence. Marie veut « faire de belles paroles », mais Henri l'interrompt bien vite, lui disant qu'« elle n'avait pas besoin d'employer avec lui les cérémonies que lui avait enseignées le grand-duc ». Il la prend par la main, la conduit à l'écart, près de la cheminée. Pendant une demi-heure, tous deux discutent à voix basse. En quelle langue ? Le roi ne parle guère l'italien. En latin, peut-être...

La première impression semble bonne : la Florentine surpasse son portrait en beauté et en majesté. Son embonpoint n'est nullement excessif, et il convient d'ailleurs à son rang. Le roi croit déceler dans son caractère des « traits de fermeté et de sagesse ». Marie est subjuguée par ce grand seigneur botté, au verbe haut, au fumet puissant. N'avait-elle pas émis le souhait qu'il se présente à elle en costume de guerrier ? Sa barbe blanche la rassure – « c'est le vent des adversités qui a soufflé là », explique-t-il en riant.

L'appétit aiguisé, le roi se fait servir un en-cas, sans cesser de parler, de déployer ses efforts de séduction. « Étant venu à cheval, et sans apporter son lit », il prie la reine, sur le ton de la plaisanterie, « de lui prêter la moitié du sien ». Marie hésite un instant, hasarde que le mariage par procuration n'est peut-être pas canonique, qu'il convient d'attendre le légat qui bénira de nouveau leur union... Le roi écarte toutes les objections et sort de sa poche un bref du pape qui encourage les époux à se montrer promptement féconds. Qu'un prêtre bénisse donc le lit, et cela fera l'affaire ! La jeune femme n'a plus qu'à s'incliner. Elle répond qu'elle n'est venue « que pour obéir et complaire aux volontés de Sa Majesté, comme sa très humble servante ». En réalité, elle est terrorisée par la hardiesse de son mari, coutumier des vertus faciles. Tandis que le roi se retire quelques instants, Marie devient froide « comme un glaçon ». Ses servantes bassinent sa couche avec des linges brûlants, sans parvenir à la réchauffer ni à arrêter ses tremblements. Mais le roi s'est fait déshabiller et entre dans la chambre. Monseigneur Agucchia, qui relate la scène, conclut élégamment : « Les princesses et autres dames donnent lieu, par leur retraite, à l'accomplissement du mariage... »

Le lendemain matin, le Vert-Galant, d'humeur enjouée, se vantera « d'avoir engagé le combat à trois reprises », et chaque fois victorieusement : « Ma femme et moi avons été tous deux bien attrapés. Moi de l'avoir trouvée plus belle et gracieuse que je l'étais persuadé, et elle, me semble-t-il, de m'avoir trouvé plus jeune qu'elle ne le pensait et qu'elle pouvait le croire d'après ma barbe blanche. » Et il ajoute, fièrement : « Allez donc lui demander si elle est satisfaite de moi. »

La reine, à qui l'on pose la question sans excès de pudeur, rougit d'abord, puis éclate de rire. Elle confiera un peu plus tard à la duchesse de Nemours et à son médecin que « les choses se sont finalement très bien passées ». De son côté, Henri IV évoquera devant son aumônier, Hurault de Cheverny, les « beautés rares et excellentes » de son épouse florentine. À Cavalli, l'ambassadeur de Venise, il ajoutera même « que vraiment la reine était belle, non seulement comme épouse, mais comme favorite, et qu'elle était d'un esprit délié, et qu'elle avait quelque chose qui importait encore plus... ».

Cependant, la romance ne fait pas oublier les finances. À peine l'union est-elle consommée que Belisario Vinta, au nom de son maître le grand-duc Ferdinand, s'empresse de venir régler ses comptes avec le roi. Les Capponi, banquiers à Lyon, lui versent cent mille ducatons, en reliquat des trois cent cinquante mille écus de la dot, dont le trésorier de l'Épargne, Gobelin, établit quittance en bonne et due forme.

C'est le dimanche 17 décembre 1600, vers midi, que seront célébrées – pour la seconde fois – les noces de Marie de Médicis et de Henri IV. Le parvis et les rues environnantes sont noirs de monde. La foule s'est également répandue à l'intérieur de la primatiale, jusque dans les stalles du chœur, grimpant dans les galeries supérieures, débordant les estrades de bois aménagées de chaque côté de la nef. Les époux n'arriveront qu'avec beaucoup de retard. Le cardinal Aldobrandini, qui a déjà officié à Florence et vient de négocier à Chambéry la soumission du duc de Savoie, est contraint de patienter deux heures sous les voûtes glacées de la cathédrale Saint-Jean. Mais lorsque les époux apparaissent enfin, resplendissants comme des soleils, les dignitaires et les notables oublient leur trop longue attente. Henri salue aimablement au passage. Il s'avance, au son des trompettes, des tambours et des fifres, au milieu des cris de joie et des applaudissements du peuple, faisant jeter des pièces d'argent frappées pour la circonstance.

On a peine à reconnaître le Béarnais dans ce gentilhomme élégant, habillé d'un pourpoint et d'un haut de chausses entièrement immaculés. Autour du cou, il arbore une collerette parfumée, toute brodée et rabattue à l'aide d'une broche d'or, piquée de riches diamants. Son petit chapeau, très gracieux, est orné de plumes de héron et d'une cascade de pierres précieuses – un roi de France ne porte la couronne qu'à son sacre et à ses obsèques... Sur ses épaules, il a jeté un manteau de velours noir, rehaussé du double collier d'or de Saint-Michel et du Saint-Esprit.

Marie de Médicis, elle, rayonne. Sa couronne impériale est constellée de joyaux : le tour de tête serti d'une triple rangée de perles de grande valeur, le reste de quatre rubis et de vingt-et-un diamants. Au sommet, dominant la fleur de lys d'où pendent cinq perles noires, scintille un énorme solitaire. Il s'agit du fabuleux « Sancy ». Cette pierre d'une très belle eau, d'un poids de cinquante-trois carats six seizièmes, a été rapportée des Indes au XVe siècle. Elle a jadis appartenu au duc de Bourgogne, Charles le Téméraire. Égarée par lui sur le champ de bataille de Morat, elle a été vendue au roi Antoine de Portugal, puis à Nicolas Harlay de Sancy, surintendant des finances de Henri IV. Afin d'aider celui-ci à reconquérir son trône, ce serviteur fidèle n'a pas hésité à placer son inestimable trésor en gage chez des prêteurs juifs de

Metz. Aujourd'hui, s'il l'a mis à la disposition du roi pour son mariage, c'est qu'il espère bien le lui vendre ! D'ailleurs, Henri semble y avoir songé : comme Marie se plaignait du poids de la couronne, et surtout du diamant qui en était le plus beau fleuron, il lui aurait répondu qu'il le lui offrirait peut-être si elle l'aidait à conclure la paix, mais que sinon il garderait l'argent pour acheter de la poudre à canon ! En réalité, le Sancy sera cédé en 1604 à Jacques Ier d'Angleterre. Mazarin le rachètera plus tard, et le léguera à son filleul Louis XIV, faisant enfin entrer cette merveille dans le trésor de France.

Revêtue d'un corsage enrichi de dentelles, d'une robe de velours violet et d'un manteau cramoisi semé de lys d'or, Marie de Médicis arbore aussi son « grand carcan », cadeau du roi. Sa grâce et son maintien naturel provoquent l'admiration unanime. « On se demandait, rapporte Belisario Vinta, si ce n'était pas sa beauté qui ajoutait de l'éclat aux ornements royaux, plutôt que les ornements royaux n'en ajoutaient à sa beauté. Elle se comporta avec tant de modestie et de dignité et en même temps d'une façon si aimable et gaie vis-à-vis de tout le monde, que chacun fut comblé de satisfaction. Quand le roi s'avança au-devant du légat à l'offertoire, elle fit à l'autel, au roi et au légat des révérences si accomplies qu'on ne tarissait point en éloges. » Oubliant les affres du voyage, le vénérable secrétaire d'État ajoute : « Pour ma part, je n'aurais certainement pas voulu manquer pareil spectacle pour tout l'or du monde. »

La reine est conduite par le prince de Conti et le duc de Montpensier. La duchesse de Ventadour et la comtesse d'Auvergne soutiennent la lourde traîne de son manteau, relevée par beaucoup d'autres dames « de plus basse main », sans l'aide desquelles elle n'aurait pu faire un seul pas. Malgré cela, la Florentine apparaît tout à fait à son aise. Elle discute avec les uns ou les autres, d'un ton fort courtois, donnant toutes les marques d'« une grande habitude de répartir les faveurs avec une gentillesse exquise, sans déroger à son rang ».

Cependant, en dépit des « hérauts royaux et de toute la pompe du roi de France », les Lyonnais devront se contenter du « décorum et [de la] solennité que peut comporter une messe non chantée », comme le notera le cardinal Aldobrandini lui-même dans son *Journal*. Le prélat, en effet, considère que le véritable sacrement a été donné à Florence, et qu'il ne s'agit ici à tout prendre que d'une sorte de confirmation officielle. Le mariage, au demeurant, n'a-t-il pas déjà été consommé par le trop fougueux monarque ?

Le roi et la reine ont pris place sur des fauteuils surplombés par un haut dais au milieu du chœur, face à l'autel. La musique jouée à l'élévation n'emporte pas le suffrage d'un amateur comme Mgr Agucchia qui regrette qu'il y ait eu « davantage d'instruments que de voix, et avec peu d'harmonie et de concerto ». Après l'office, le couple royal s'agenouille devant le légat. Mgr Agucchia poursuit : « Sa Seigneurie Illustrissime réunit leurs mains droites en forme de croix, à la suite de quoi il prononça les autres paroles conformes à l'ordinaire de l'Église, et leur donna la bénédiction. »

Au sortir de la cathédrale Saint-Jean de Lyon, un grand dîner est servi dans la salle de l'archevêché. Quel contraste avec la somptuosité du *Palazzo Vecchio* de Florence, et même avec le faste d'Avignon ! S'il en était encore besoin, Marie de Médicis découvre le monde dans lequel elle va devoir vivre désormais. Les troubles de la fin du XVIe siècle ont aboli l'étiquette de la cour des Valois. Henri a passé sa jeunesse à cheval, au milieu de l'agitation des camps. Son entourage ressemble à un repaire de soudards qui sentent fort et parlent haut. Mgr Agucchia, horrifié, stigmatise la cohue du banquet royal. La longue table est « mise avec nudité, sans aucune sorte de pliure ni ornements ». Pire, ni rafraîchissements, ni hors-d'œuvre n'ont été prévus ! La salle est pleine à craquer, d'une foule de badauds qui n'ont aucune raison d'être là. Pour se frayer un chemin jusqu'à sa place, le roi est obligé de faire donner du bâton. Quant aux convives, ils devront attendre les plats debout, pendant une demi-heure. Et comme aucun échanson ne vient leur servir à boire, des gentilshommes circulent avec des bouteilles où chacun, sans façon, se désaltère. La chère est pareillement détestable : rien que des « choses très grossières et ordinaires, et sans compter les ornements et les délicatesses – n'y en eut peu ou point –, il n'y avait non plus rien de trop exquis, mais de grandes pièces de viande, quelques choses recouvertes de légumes ; peu de raffinement, et aucun ordre ».

Le festin commence par une hure de sanglier, se poursuit par de gros poissons, truites et brochets lardés... Au dessert, aucune sucrerie, mais seulement quelques fruits, servis dans de vulgaires coupes de céramique. Durant le bal, les Italiens s'étonnent de la vivacité des danses françaises, « toutes danses joyeuses, conformes à l'humeur de la nation ». Pour le branle, les participants se tiennent par la main, guidés tour à tour par l'un ou l'autre. La courante est plus animée encore : le cavalier conduit sa dame à vive allure, puis il la soulève et la laisse rattraper au vol par un autre danseur. La volte, enfin, consiste pour l'homme à faire tourner sa partenaire comme une toupie et à la soulever de terre selon le rythme, en la tenant sous les bras. Marie, qui adore la musique, s'amuse follement. Mais, de nouveau, des importuns viennent troubler les réjouissances, qui sombrent dans un désordre indicible. Il faut, pour rétablir le calme, distribuer force coups d'épée et de hallebarde.

Au soir de cette journée mouvementée du 17 décembre 1600, où elle a coiffé la couronne des lys, Marie de Médicis relate ses impressions à son oncle. C'est sa première lettre depuis son arrivée en France. Apparemment, la jeune femme veut croire encore à la félicité que lui a promise naguère la nonne Passitea : « Mon voyage de Marseille à ici s'est passé sans aucune altération de ma santé, Dieu merci. Le roi Monseigneur, est venu il y a huit jours, après avoir reçu la capitulation du fort de Sainte-Catherine. Je ne saurais vous dire de quelles marques d'honneur et de faveur Sa Majesté m'a entourée et avec quelle bonté elle me traite en toute occasion, et je suis d'autant plus reconnaissante à votre paternelle affection que je peux à peine exprimer la joie dans laquelle je me trouve. Les conseils très tendres que m'envoie Votre Altesse sont et seront toujours si précieux pour moi que je les suivrai fidèlement pour gagner toujours davantage la grâce du roi, et je vous en remercie donc de bon cœur. »

La réalité est hélas moins idyllique. Un témoin indiscret informera Ferdinand Ier que, le jour même de son mariage, « au lieu de montrer la joie d'être unie à un aussi grand époux, [Marie] n'avait fait que gémir, pleurer et murmurer ». D'ailleurs, qui se soucie, en vérité, de son bonheur, à cette princesse dont l'avenir a été négocié aux enchères comme la vente d'une marchandise rare ?

Au lendemain des noces, Roquelaure et La Varenne, compères du roi en gaillardises, entrent sans souci du protocole dans la chambre des nouveaux époux. Le maître des Postes tient des propos lestes, auxquels Marie ne comprend rien : « Je ne puis entendre le langage de La Varenne », dit-elle naïvement, dans un français hésitant.

« – Par Dieu, Madame, réplique Roquelaure, vous seriez la première femme de bien qui l'aurait entendu ! »

Et Henri IV s'esclaffe du bon mot de son courtisan...

Dès le 23 décembre, le perspicace Agucchia notera combien Marie pâtit du manque d'égards dont elle se sent l'objet. Habituée à la distance qui existe, en Italie, entre les gouvernants et leurs sujets, elle accepte mal la familiarité des Français. Mais elle souffre surtout de la désinvolture de son époux : « En somme, il ne nous a pas paru que la reine soit trop joyeuse de ce début, comme on peut le croire, ne serait-ce qu'à cause du changement de manières, pour une personne élevée avec tant de raffinement et de respect et qui, alors même qu'elle est montée plus haut que sa condition, doit supporter d'être piétinée même par les laquais, qui entrent dans son cabinet, et ne peut presque jamais rester seule et sans compagnie ennuyeuse. Elle se voit aussi traitée très familièrement par le service de la table, de la chambre et de sa personne, et ils la font parfois aller à pied d'un lieu à un autre – mais pas trop loin –, outre les ennuis et les mauvais traitements passés et présents subis par ses serviteurs italiens.

« Mais en fin de compte, ce ne sont que des bagatelles. Je crois qu'elle souffrira plus de voir que le roi ne lui fait pas toujours des amabilités, et qu'on dise publiquement en ville que Sa Majesté n'en est pas trop satisfaite, et en plus de devoir rester avec une personne qui ne s'arrête jamais nulle part – et si elle veut rester avec lui il devra toujours l'emmener sur les routes – et qui la traite avec tant de familiarité et si peu de cérémonie que c'en devient du mépris. »

Le prélat cherche, sans trop s'en persuader lui-même, à minimiser le désappointement de la reine : « Toutefois, il semble depuis quelques jours qu'elle commence à devenir plus joyeuse et à se raviver, et même à prendre goût à cette liberté [des mœurs françaises]. Elle se montre sage et avisée. Quand elle aura pris un peu de familiarité et aura appris à connaître la nature des gens du pays, je ne doute pas qu'elle ne tienne son rôle dans le royaume et ne gagne l'esprit du roi. Néanmoins, l'inimitié attachée à sa nation, au nom de la reine mère [Catherine] et des Médicis est encore si vive chez ce peuple qu'elle subira bien des difficultés et se heurtera à bien des obstacles. Ainsi en va-t-il des grandeurs de ce monde. Peut-être eût-elle été plus heureuse et contente avec un duc de Parme ou quelque autre de ces princes d'Italie. »

V

CE DAUPHIN SI ESPÉRÉ

« Surtout soyez enceinte », tel est l'ordre que le grand-duc a intimé à sa nièce, à son départ de Florence. Et de Livourne à Lyon, on n'a cessé de ressasser à Marie ce leitmotiv, comme la seule justification de son existence, l'unique action qui la rendrait utile et nécessaire. Aussi, comment s'étonner que, le mariage à peine consommé, le bruit coure d'une naissance prochaine ?

« Le roi demeura tellement pâmé aux doux embrassements d'une si belle princesse qu'il s'y fondit du tout pour se changer en un beau dauphin duquel la reine demeura en peu de jours enceinte », s'enflamme un chroniqueur en veine de poésie.

Si l'on s'en réfère à la venue au monde du futur Louis XIII, sa conception aurait eu lieu aux alentours du 4 janvier 1601. A ce moment-là, le couple royal réside encore à Lyon. Henri IV met la dernière main au traité qu'il impose au « duc sans Savoie ». Le 17 janvier, Charles-Emmanuel Ier se résignera à verser trois cent mille livres de dommages de guerre. Il cède à la France la Bresse, le Bugey, le pays de Gex et le Valromey. En échange, Henri IV renonce, outre-monts, au marquisat de Saluces. « Le roi s'était réjoui avec la reine d'avoir en un même jour conclu la paix et acquis la certitude d'avoir des enfants », rapportera Belisario Vinta.

En dépit de sa prompte fécondité, six semaines de vie commune ont suffi pour que Marie de Médicis perde, au regard du Vert-Galant, l'attrait piquant de la nouveauté. Sans doute ne la trouve-t-il pas assez spirituelle ou empressée, en comparaison des femmes qui ne cherchent qu'à complaire à ses moindres fantaisies. L'entourage toscan de la reine lui porte aussi ombrage, alors qu'il s'attache à « nationaliser » la vie politique française. Mais comment pourrait-on blâmer une jeune princesse, isolée en terre étrangère, de s'appuyer sur ceux de ses compatriotes qui ont bien voulu partager son sort ? C'est Virginio Orsini que Henri IV, jaloux, prend d'abord en aversion et bannit en Angleterre. Marie ne fait rien pour défendre son cousin bien-aimé. Bien plus tard, le 15 juillet 1603, elle justifiera cette attitude dans une lettre confidentielle, adressée à son « *zio e padre* » – son oncle et père –, le grand-duc Ferdinand :

« Le roi me dit un jour savoir qu'à Marseille la grande-duchesse avait rapporté à quelqu'un que don Virginio était amoureux de moi et qu'à Florence, Votre Altesse lui avait défendu de me parler ; la grande-duchesse avait ajouté qu'il fallait y tenir l'œil. Aussi, Sa Majesté ne pouvait-elle le voir à Lyon de bon cœur ; et elle ne pouvait éprouver une joie plus grande que celle que lui causa son départ. »

Un certain docteur de Palestrina, bouffon et astrologue, suscite également le courroux de Henri IV pour avoir colporté qu'à Florence, l'incorrigible Bellegarde aurait échangé des billets doux avec Marie de Médicis. Celle-ci s'adresse d'ailleurs à son oncle, pour exiger le rappel immédiat du calomniateur. Elle est assez candide pour justifier sa propre conduite : « Je vous assure, écrit-elle, que c'est une mauvaise langue. Il sera ma ruine s'il reste ici, quoique, Dieu merci, je me comporte d'une manière qu'on puisse voir si c'est vrai ou non. »

Mais le véritable affrontement entre les deux époux va concerner Leonora Dori. Marie souhaite ardemment que son amie d'enfance soit nommée dame d'atour. C'est le chanoine Giovannini qui se fait d'abord son interprète auprès de Henri IV : « La reine a amené avec elle une jeune fille nommée Leonora, qui l'a suivie continuellement depuis le temps du grand-duc François son père. Nulle autre qu'elle ne lui a jamais touché la tête, ni ne l'a assistée en ce qui concerne le soin de sa personne. La reine désire qu'elle continue à lui rendre les mêmes services. »

Au cours de ses discussions avec Belisario Vinta, au sujet de la composition de la maison de la reine, Henri feint d'accéder à la requête de son épouse : « Nous voulons qu'elle coiffe la reine et que nulle autre qu'elle lui touche la tête. Notre intention est qu'elle soit la première dans sa chambre, nous la favoriserons, la comblerons de bienfaits, nous la ferons grande. Si la reine désire s'arranger de cheveux à la française, je veux que ce soit encore Leonora qui la coiffe ; elle se le fera apprendre. En somme nous voulons ce que veut la reine. Pour ce qui est de lui donner le titre de dame d'atour, outre que je l'ai déjà donné à une autre, je ne peux le faire. Mais elle aura la réalité et les attributions de l'emploi. »

Marie ne saurait se satisfaire de cette demi-mesure. La discussion s'envenime. Le roi argue que ladite Leonora n'est qu'une *cittadina* – une vulgaire bourgeoise – et que la charge de dame d'honneur exige la noblesse. Vinta rétorque que pour s'occuper de peignes et de rubans, il n'est pas nécessaire d'être tiré « *della costola di Adamo* » – « de la côte d'Adam » ! Pour sa part, Giovannini refuse maintenant ses bons offices. Car, depuis Marseille, Leonora est tombée amoureuse du fameux Concino Concini. Or, on raconte que le diplomate a jadis été palefrenier chez le père de l'aventurier, Giambattista Concini, sénateur et ambassadeur de Florence. Aussi n'est-il guère enclin à favoriser le fils de son ancien patron. Dans sa lettre du 14 janvier, la reine s'en plaint à son oncle. Certes, elle se porte toujours « très bien et très joyeusement », mais elle est contristée que Leonora ne puisse devenir sa « dame de tour [*sic*] ». Le seul responsable de cette déconvenue est l'hypocrite chanoine : « Et cela Giovannini ne peut le nier, parce que le roi lui-même me l'a dit tout au long. Il a cela de bon que tout ce qu'on lui dit, il me le répète. » On notera au passage la faiblesse du Vert-Galant confronté aux charmes et aux armes du beau sexe.

Par retour de courrier, le grand-duc Ferdinand conseillera à sa nièce de ne pas tant s'occuper de « choses si éloignées de ses intérêts, bagatelles étrangères à notre service et qui ne devraient pas trouver place dans les pensées d'une reine ». Plus tard, il lui reprochera plus amèrement encore de s'enticher d'une telle favorite : « Jusqu'ici, vous n'avez paru vous intéresser qu'à la seule Leonora, comme si la fortune de cette femme de néant avait été l'unique but de cette alliance cimentée au milieu des plus grands dangers, le fruit de tous mes travaux, et que j'ai payée si cher de ma bourse ! [...] J'ai sacrifié une partie de mes trésors sans penser à mes huit enfants. Et maintenant, votre indolence et votre ingratitude ont changé tout en France pour moi au moment où j'espérais recueillir le fruit de mes sacrifices ! »

Le 20 janvier 1601, Henri met fin brusquement à la « lune de miel ». Il prend prétexte d'une agitation parisienne pour rallier sa capitale à franc étrier. En réalité, il a surtout hâte de retrouver Henriette d'Entragues. Dès le 25 janvier, il arrive au château de Verneuil. Deux jours auparavant, il a fait halte à Fontainebleau, d'où il a écrit à Marie : « Cette maison pleure de quoi vous la verrez en hiver ; mais il n'y a remède. Mes ouvriers n'ont pas fait la diligence que je pensais. Nonobstant toutes ces choses, il y fait plus beau qu'à Lyon. De ce pas, je vais à Paris. »

La reine, qui se sait déjà enceinte, a quitté Lyon le 21 janvier. Le roi – soi-disant pour ménager la santé de sa femme – lui a recommandé de se déplacer « à petites journées ». Aussi s'embarque-t-elle à Roanne, d'où elle descend lentement la Loire jusqu'à Briare. Le 27, le Vert-Galant s'arrache quelques instants des bras de la marquise de Verneuil, pour adresser une seconde missive à Marie. Comme de coutume, il lui ment effrontément : « Mandez-moi le jour où vous serez à Nemours, afin que je m'y trouve. [...] J'ai encore un peu mal aux yeux ; pour mon rhume, il diminue fort et je ne m'en ressentirai plus pourvu que je vous voie. Ce que vous m'avez écrit en français est fort bien. Si vous augmentez tous les jours d'une ligne, dans huit jours toute la lettre sera française. Ne doutez pas que je vous aime bien, car vous faites tout ce que je veux ; c'est le vrai moyen de me gouverner ; aussi ne veux-je jamais être gouverné que par vous, que je baise cent mille fois. »

« Vous faites tout ce que je veux ; c'est le vrai moyen de me gouverner... » Au grand désagrément de Henri IV, Marie de Médicis ne voudra pas longtemps se soumettre à ses caprices de satrape oriental.

En attendant, l'infidèle ne semble guère pressé de renouer les liens conjugaux. Henriette est décidément plus désirable que la « grosse banquière ». Aussi reprend-il sa plume, le 30 janvier, afin de solliciter un sursis. « Pour Dieu, écrit-il à la reine, ordonnez vos journées pour n'arriver que lundi [5 février], car j'irai dimanche au soir vous trouver à Nemours. »

Marie ignore encore l'étendue de son infortune. Elle souffre pour le moment des affres d'un voyage au cœur d'un hiver glacial, dans une litière ouverte. Les frimas la transpercent jusqu'aux os, bleuissent son nez, et malgré un voile, gercent son visage. À cette femme qui n'a jamais éprouvé que la douceur des collines de Toscane, la France s'impose comme une contrée rude et agressive. Mais cela encore ne serait rien. Il y a plus grave : après moins de deux mois de mariage, son époux l'a déjà délaissée – avec quelle désinvolture – pour courir les routes et pis encore... Voilà ce dont il faudra se souvenir lorsqu'on s'avisera de juger la conduite future de Marie de Médicis.

À Nemours, où la reine arrive dès le 2 février, fête de la Chandeleur, Henri IV brille par son absence. Une lettre de lui confirme son retard. La température est polaire, la campagne drapée d'une épaisse couche de neige. Dans son célèbre *Journal*, le Parisien Pierre de L'Estoile note à cette date un gel d'une âpreté exceptionnelle. La Seine charrie des blocs de glace. On retrouve en banlieue le cadavre roidi d'une femme, et deux hommes morts près de La Ferté-Bernard.

« Je suis arrivée ici vendredi [9 février] à huit heures, en bonne santé et contente, bien que les froids excessifs que j'ai subis en voyage m'aient un peu enrhumée, mais cela s'est passé aussi agréablement que possible, par eau comme par terre, grâce à la conversation agréable de ces dames princesses, et avec la grande espérance, qui continue, de ma grossesse. » À travers ce compte rendu qu'elle fait à son oncle de son entrée à Paris, Marie de Médicis ne laisse pas deviner le fond de ses sentiments.

C'est donc dans l'après-midi du 9 février que la reine et le roi – après un rapide séjour à Fontainebleau – arrivent à la porte Saint-Victor. Ponctué de « beaux bruits d'artillerie », le long cortège contourne les remparts de la ville, sans y pénétrer, jusqu'au faubourg Saint-Germain. Marie de Médicis passera sa première nuit hors les murs, dans l'une des plus belles résidences de la capitale, l'hôtel de Jérôme de Gondi, situé à l'emplacement de l'actuel Odéon. Bien des années plus tard, la régente se fera construire, non loin de là, son magnifique palais du Luxembourg.

Le lendemain, 10 février, Marie découvre enfin Paris. Le petit César de Vendôme se tient dans la litière de la reine qu'il appelle déjà « maman ». La Florentine s'est également prise d'affection pour cet orphelin de six ans, fruit des amours mortes du Vert-Galant et de la malheureuse Gabrielle d'Estrées. Au contraire de Marseille, d'Avignon et de Lyon, Paris n'offre à sa souveraine qu'un accueil discret, pour ne pas dire sinistre. Son entrée est rien moins que joyeuse : aucun arc de triomphe, aucune statue de plâtre, ni le moindre labyrinthe, mais seulement un *Te Deum* à Notre-Dame et quelques feux de joie allumés en place de Grève. Le roi a ordonné de faire des économies... Sous une pluie cinglante, la suite royale – quatre carrosses et une demi-douzaine de gentilshommes – se fraye un chemin dans les ruelles étroites, encombrées de curieux, transis, bravant les intempéries. Aux fenêtres, étendards, banderoles et tapisseries pendent comme des loques.

Sully offre à déjeuner, chez lui, à l'Arsenal. Le huguenot abandonne un instant sa sévérité légendaire pour s'amuser à griser les suivantes de la reine. Il remplit les aiguières de vins blancs « aussi clairs qu'eau de roche » ! Et comme ces dames en usent pour couper leur bourgogne, elles sombrent bientôt dans une bruyante ivresse. « Le roi, les voyant de si bonne humeur, se douta que je leur avais joué pièce... », conclut le ministre facétieux.

Le tour que le Vert-Galant réserve à son épouse est autrement exécrable. N'a-t-il pas résolu de lui présenter sa favorite – afin sans doute que les deux femmes apprennent à coexister en bonne intelligence ? Aucune grande dame de la cour n'accepte de cautionner ce geste, que

MARIE DE MÉDICIS

Marie de Médicis ne manquera pas de recevoir comme une injure. Sans succès, Henri IV tente d'y contraindre la duchesse de Nemours, surintendante de la maison de la reine. Finalement, c'est lui-même qui, désignant Henriette d'Entraigues, annoncera à sa femme : « Celle-ci a été ma maîtresse, elle veut être, Madame, votre particulière servante. »

La marquise esquisse une vague révérence. Le roi pèse alors violemment sur son épaule. Il force l'insolente à s'agenouiller devant l'épouse légitime jusqu'à lui baiser le bas de la robe, comme le prescrit l'étiquette. Marie demeure de marbre devant l'offense. Elle répond même avec civilité à sa rivale. Cependant, Baccio Giovannini, qui assiste à la scène, rapportera à Florence : « Elle dissimule tout, mais elle peste intérieurement et les déplaisirs rentrés ont toute force. »

Henri, lui, ne voit rien – ou plutôt ne veut rien voir. L'insatiable a flairé un tendre gibier. Sous les yeux de la reine, le vieux faune, goguenard, commence la conquête d'une de ses filles d'honneur italiennes. Quelques jours plus tard, il se plaindra de ne pas l'avoir trouvée pucelle...

Après cette présentation mémorable, Leurs Majestés se rendent à la foire Saint-Germain, qui a lieu chaque année, durant le Carême, et propose aux Parisiens des produits de l'Europe entière. Le roi a annoncé aux marchands que la reine « les ferait tous riches, car elle avait de l'argent frais ». En réalité, la cohue est telle, malgré les archers et les soldats, que Marie de Médicis, effarouchée, n'achète rien. Mais elle n'est pas encore au bout de ses émotions. Au crépuscule, Henri entreprend de lui faire les honneurs de son palais. Le vieux Louvre, cerné de fossés nauséabonds, a gardé, malgré ses aménagements Renaissance, l'aspect lugubre d'une forteresse médiévale. A l'époque, ni la cour Carrée, ni la colonnade n'existent encore. Le carrosse de la reine franchit avec difficulté la sombre poterne, que deux tours semblent écraser. « Une telle entrée serait meilleure pour une prison que pour la maison d'un si grand prince ! » s'écrie un ambassadeur.

À la lueur vacillante des torches, les appartements royaux lui paraissent tellement misérables, les meubles défraîchis et poussiéreux, que Marie imagine que son mari – dont elle connaît le goût de la plaisanterie – essaie de la mystifier. Comment la sublime demeure des Valois pourrait-elle avoir autant déchu ? En fait, depuis plus de dix ans et les ultimes soubresauts de la Ligue, personne n'a habité au Louvre. Un chroniqueur affirme que la reine, « jamais en toute sa vie, [n'a été] si étonnée et effrayée ».

À la lumière du jour, Marie s'apercevra que le mal n'est pas si grand, et elle ne tardera pas à ordonner que le Louvre soit somptueusement redécoré. Cependant, il n'est pas encore question de s'y établir. Après trois nuits à l'hôtel de Gondi, la reine se transportera chez Sébastien Zamet, là même où Gabrielle d'Estrées, deux années auparavant, a rencontré son destin... Disons-le sans ambages, la demeure du financier italien – qui s'élevait à l'emplacement de l'actuel numéro 10 de la rue de la Cerisaie – sert au Vert-Galant de garçonnière, de discret « palais d'amour ». A l'occasion, Zamet exerce des talents de proxénète, afin de fournir à Sa Majesté quelques beautés faciles...

Dès le 17 février 1601, Henri IV et Marie de Médicis, tandis que l'on aménage le Louvre, retournent à Fontainebleau. La reine avait demandé quelques semaines de délai avant de confirmer publiquement sa grossesse. Dans les derniers jours du mois, la nouvelle commence à filtrer. La joie est à la mesure de l'espérance populaire. Il y a un demi-siècle – depuis François II et ses frères – que le vieil arbre capétien n'a pas donné de rejeton mâle. L'avenir des Bourbons et la paix du royaume se jouent sur cette naissance. Marie n'ignore pas non plus qu'en cas d'échec, ou si elle donne le jour à une princesse, elle risque d'être répudiée et renvoyée en Italie. Car sa rivale, la marquise de Verneuil, attend également un heureux événement, conçu aux alentours du 14 février, tandis que le roi résidait à Paris, avec son épouse. Que la « rusée femelle » soit la seule à mettre au monde un garçon, et il est probable que Henri IV demandera l'annulation de son second mariage, afin d'offrir à sa maîtresse la couronne de France, et de faire de son bâtard le dauphin tant désiré.

Des pamphlets clandestins cherchent à préparer l'opinion à cette éventualité, tel *L'inceste du mariage de Henri IV avec Marie de Médicis*, imprimé à Bruxelles. Le libraire rouennais qui le vendra en France aura à subir les foudres royales. Certains curés, ligueurs impénitents, osent stigmatiser en chaire le « concubinage royal ». Mais plus nombreux sont les témoignages de loyalisme et d'allégresse.

À l'occasion du jubilé séculaire, le pape Clément VIII a désigné un certain nombre d'églises où les fidèles pourront gagner l'indulgence plénière. La cathédrale Sainte-Croix d'Orléans est l'un de ces sanctuaires privilégiés. Le 3 mars, le roi et la reine s'y rendent en pèlerinage. Henri IV accorde une forte somme pour reconstruire l'édifice gothique, dévasté par les guerres de Religion. Durant le printemps et le début de l'été, Marie de Médicis se partage entre Paris et surtout Fontainebleau, une villégiature qu'elle affectionne particulièrement. Y renoue-t-elle avec ses souvenirs du palais Pitti et des jardins de Florence ? Chaque année, elle passera seule à Fontainebleau les mois de mai et de juin. Après le triste hiver du Louvre, c'est comme une résurrection. Sa Majesté prend l'air et le soleil. Elle n'emporte avec elle que quelques coffres et ses tentures préférées. Vêtue d'étoffe légère et coiffée de chapeaux de paille d'Italie garnis de taffetas, elle inspecte les parterres, distribue des graines aux oiseaux de ses volières, s'amuse à voir pêcher la carpe... En septembre et octobre, le couple royal aura coutume de séjourner à Fontainebleau. Les fenêtres des appartements de la reine s'ouvrent, au premier étage, sur le jardin de Diane. Mais c'est dans la « chambre de l'ovale » – aujourd'hui nommée le salon Louis XIII –, une pièce octogonale attenant à la chambre du roi, que Marie de Médicis mettra au monde son fils aîné et trois autres de ses enfants. Christine et Henriette-Marie naîtront au Louvre.

En ces premiers mois de son « règne », la Florentine bénéficie de la bienveillance intacte de l'opinion. En 1611, le *Discours des faits héroïques de Henri le Grand*, de Jérôme de Bénévent, célébrera « cette pudique tourterelle », telle qu'elle est apparue de prime abord aux Français, « cette sage et vertueuse princesse qui est entre les reines ce que le lys est entre les fleurs, [...] cette reine dont la vertu n'est moins blanche que le lys, moins resplendissante que le soleil, cette fleur de beauté ».

Réservée et presque timide, Marie sait également se montrer véritablement royale. Sully s'avoue conquis par ce mélange de simplicité et de noblesse : « Il n'y avait rien qui fut plus digne d'admiration que son beau port et contenance, sa bonne mine, sa belle taille, sa grâce, sa majestueuse présence et sa vénérable gravité, voire sa gentillesse, industrie et dextérité à gagner les cœurs et s'acquérir les volontés et affections des personnes lorsqu'elle y voulait employer ses cajoleries et les charmes de ses belles paroles, courtoisies, promesses, caresses et bonnes chères étant d'autant plus puissantes et pleines d'efficaces qu'elles étaient moins communes et ordinaires. »

Au-delà des flagorneries d'usage, il semble que Marie de Médicis fait réellement l'unanimité. L'Estoile, volontiers critique, augure ici que « l'humeur de la reine plaira au roi, car elle est prompte et gaie, porte une grandeur au front assez modérée et toutefois est accorte, aime fort la chasse aussi bien que le roi, et la musique aussi ».

L'ambassadeur de Venise, tout en reconnaissant à la reine une « qualité vraiment angélique », ajoute, avec perspicacité : « Elle aime beaucoup le roi, jusqu'à en être jalouse, ce qui est plutôt le propre d'une femme bourgeoise. » De fait, en un temps où les sentiments n'entrent nullement dans les unions d'État, la jalousie d'une reine paraît insolite, voire blâmable. Avec cette pointe d'accent italien qu'elle ne perdra jamais, Marie de Médicis fulmine contre la *poutane* qui lui dispute les faveurs vagabondes du Vert-Galant. Celui-ci, de son côté, feint de ne pas comprendre l'aigreur de son épouse. Il lui adresse de si charmants billets – comme le 13 mars 1601 – pour l'assurer de son affection : « Vous avez oublié de m'écrire en italien et de m'appeler votre cœur. Je vous aime plus que chose au monde. Bonsoir, mon cœur, je te baise cent mille fois. »

Comment le volage pourrait-il oublier qu'il écrit des phrases semblables à la marquise de Verneuil ? Cependant, entre les deux femmes semble s'établir un certain *modus vivendi*, fruit des intrigues de Leonora. Celle-ci s'est entendue avec Henriette pour obtenir du roi le titre de dame d'atour. Le Vert-Galant autorise également son mariage avec Concini qui, à l'usage, s'est révélé « railleur et divertissant »... Reconnaissante, Marie de Médicis fait bon visage à sa rivale. Henri IV, ravi des bonnes dispositions de son épouse, commet alors l'erreur d'installer Henriette au Louvre. La jalousie de la Florentine se rallume.

Quoique infidèle au dernier degré, Henri ne s'en montre pas moins un mari attentionné. La santé de la reine – et de l'enfant à venir – lui importe beaucoup. Par chance, il trouve Marie « saine et gaillarde ». Les maux d'estomac dont elle souffrait à Florence – sans doute d'origine psychosomatique – ont disparu. La reine remerciera les médecins français de lui avoir ordonné des « choses froides et rafraîchissantes » contre la « chaleur du foie ». Un Parisien, témoin de la pitoyable entrée de la reine dans la capitale, en février 1601, a noté qu'elle « est fort riche de taille, grasse et en bon point ; a l'œil beau et le teint aussi, mais un peu grossier, au reste, sans fard, poudre ni autre vilenie ».

Henri IV tient à ce que les légitimes héritiers du trône soient aussi vigoureux que les bâtards de la défunte Gabrielle d'Estrées. Aussi soumet-il sa femme à la purgation et à la saignée, en vertu des préceptes d'Hippocrate et de Galien. Le chirurgien Hélie Bardin lui prodigue de fréquents coups de lancette, « afin de la rafraîchir et aussi pour la rendre plus disposée ». Marie est d'ailleurs convaincue du bien-fondé de tels procédés : « On m'a tiré du sang si mauvais, que j'avais bien besoin de le faire », annonce-t-elle à Concini. Une autre fois, elle conseillera à un émissaire toscan de se purger trois fois en trois jours, de manière à « expulser tous les excréments et superfluités et ne pas laisser souffrir la nature ».

Le grand-duc Ferdinand a offert à sa nièce une « caisse d'eaux médicinales pour plusieurs sortes de maladies dangereuses ». Rarement incommodée – sinon durant ses grossesses –, Marie n'y aura jamais recours. Elle n'usera pas non plus des « bons et salutaires remèdes » élaborés par le distillateur Charles Huart, attaché à sa maison. En revanche, sur les ordres du roi, elle ingurgite des eaux minérales transportées à grands frais de Pougues et de Spa. « J'en prends, confie-t-elle à Leonora, plutôt pour faire provision de santé que pour maladie. » Lors de certaines cures, il lui arrivera d'en boire jusqu'à neuf verres en quelques heures, « lesquels [elle rendra] fort bien, et par les deux côtés... ».

Restent les inévitables rages de dents. Dans ce cas, Marie de Médicis requiert les soins d'un certain Geronimo. L'« opérateur » accourt d'Italie « en toute diligence, avec toutes les recettes, médicaments qu'il a pour ce, ensemble les engins les plus propres pour en faire arracher, s'il en est besoin ».

Le 4 juillet 1601, meurt à Moulins la reine douairière Louise de Lorraine. La cour prend le grand deuil. Agée de quarante-sept ans, la veuve de Henri III a succombé à une crise soudaine d'hydropisie. Ainsi s'efface l'une des ombres féminines parmi les plus diaphanes de l'Histoire de France. Le roi, qui ne tient jamais en place, projette maintenant d'aller à Blois, puis à Poitiers. Il songe à emmener Marie avec lui. Le 11 juillet, il explique au connétable de Montmorency que sa « femme le veut suivre, qu'elle recevrait plus de mal éloignée de lui qu'elle n'en aurait par les chemins ». Il tente de justifier son imprudence : « Nous la ferons porter à bras d'hommes, et ferons petites journées, et si nous partions matin, davantage nous nous servirions des civières, quand nous pourrons, de façon que j'espère que nous ferons heureusement notre voyage, avec l'aide de Dieu. »

La Faculté – en cela plus raisonnable que le monarque – s'oppose formellement à une telle expédition. Le 22 juillet, le roi s'en explique de nouveau au connétable : « Parce qu'il se trouve qu'elle est entrée en son huitième mois, et que les médecins disent qu'il serait périlleux de la mener maintenant par les champs, j'ai repris la première opinion de la faire accoucher à Fontainebleau, où je ferai état de la mener dans cette semaine et tout mon conseil aussi pour y demeurer jusques après ses couches qui sera jusques vers la fin d'octobre. » Une troisième lettre précisera au même destinataire : « Je vous attends avec impatience. J'espère que vous trouverez notre famille augmentée, et que Dieu aura exaucé les prières de toute la France, et nous donnera un dauphin. La mère en est, Dieu merci, en très bonne disposition et n'a jusqu'ici ressenti aucune incommodité de sa grossesse... »

Le choix de la sage-femme sera une autre cause de discorde au sein du ménage royal. Henri IV, qui entend tout gouverner, a désigné une nommée Dupuis, parce qu'elle a délivré la défunte duchesse de Beaufort. Peut-être est-ce pour cette raison que Marie ne la prise guère. Elle s'en ouvre à Leonora : « Que veux-tu que je fasse ? Le roi m'en veut donner une qui ne me plaît pas, mais il faut que je passe par là... »

La dame d'atour, jamais à court d'idées, parle alors à sa maîtresse de Louise Bourgeois, qui a accouché la duchesse d'Elbeuf. Elle jouit d'une renommée méritée. Fort savante, elle a pour mari un chirurgien barbier, Martin Boursier, élève d'Ambroise Paré. Entre autres opuscules, « la Boursier » publiera bien plus tard un *Récit véritable de la naissance de Messeigneurs et Dames les Enfants de France, avec les particularités qui y ont été et pouvaient être remarquées*. Ce précieux ouvrage relate « en direct » la naissance du dauphin. Sur les instances de Leonora, la reine consent à rencontrer la sage-femme. Sans un mot, elle la regarde « environ la longueur d'un *pater* ». Sa décision est prise, irrévocable. Dès le lendemain, elle fait dire à Louise Bourgeois : « Assurez-la que jamais autre qu'elle ne me touchera. » Toutefois, la Florentine a commencé d'apprendre, au contact du Vert-Galant, l'art de la dissimulation. Aussi attendra-t-elle le dernier moment pour l'avertir de ce qu'elle a résolu.

Les Espagnols, aux prises depuis 1595 avec la rébellion des Provinces-Unies, bombardent Ostende. Henri trouve là un excellent prétexte pour s'éclipser de Paris. Depuis Calais – restitué à la France par les Anglais en 1558 – il pourra surveiller les belligérants, et prévenir toute tentative d'invasion. Le samedi 11 août, la veille de son départ, le roi donne ses consignes à Marie : « Eh bien, ma mie, vous savez où je vais demain. Je retournerai, Dieu aidant, assez à temps pour vos couches. Vous partirez après moi pour aller à Fontainebleau, vous ne manquerez de rien qui vous soit nécessaire. » Il énumère ensuite l'entourage de la reine et achève : « Vous aurez Madame Dupuis, votre sage-femme... »

Marie hoche la tête : « La Dupuis, je ne veux me servir d'elle. »

Le roi demeure interdit : « Comment, ma mie, avez-vous attendu mon département pour me dire que vous ne vouliez pas Madame Dupuis ? Et qui voulez-vous donc ?

« – Je veux une femme encore assez jeune [la Boursier a trente-six ans], grande et allègre, qui a accouché Madame d'Elbeuf, laquelle j'ai vue à l'hôtel de Gondi. »

Le roi mène alors une enquête rapide. Il interroge les hommes de l'art, exige que Louise Bourgeois lui fournisse les noms d'une trentaine de dames de qualité satisfaites de ses services. Puis il finit par céder à sa femme, soucieux de ne pas la contrarier à quelques semaines de son terme.

Le 13 août au matin, à peine Henri a-t-il tourné les talons que la Boursier se présente au Louvre. La première femme de chambre en informe la reine de son arrivée : « Madame, c'est votre sage-femme que vous avez choisie.

« – Oui, je l'ai choisie, je la veux. Je ne me trompe jamais en chose que j'ai choisie. Qu'elle s'approche. »

Le caractère de Marie de Médicis tient tout entier dans cette réplique, ce qu'on appellera son obstination, en un siècle où les femmes avaient plus souvent coutume d'obéir en silence. Et ce n'est pas pour rien que le pape dira, en parlant de cette redoutable reine de France : « Elle a une tête telle qu'un marteau romprait plutôt le fer. »

Louise Bourgeois poursuit son « reportage » sur le vif : « [La reine] me regarda et se prit à rire, avec une couleur vermeille qui lui vint aux joues. » En français, Marie de Médicis prie la sage-femme de venir désormais une heure plus tôt, et craignant de ne pas être comprise, elle commande qu'on traduise ses paroles. Puis elle envoie prévenir son tapissier de préparer un lit pour la Boursier qui précise : « Elle me dit que je tinsse mon coffret prêt pour partir avec elle dans trois ou quatre jours. »

La cour ne tarde pas, en effet, à gagner Fontainebleau. La Boursier a le privilège de prendre place dans le carrosse de la reine, en compagnie de la marquise de Guercheville, de Leonora et de Guillaume, le fou du roi. Le voyage dure deux interminables journées. On passe la nuit dans une hôtellerie de Corbeil. Marie de Médicis n'y dispose que d'une « méchante petite chambre », basse de plafond, étouffante.

À Fontainebleau, la gaieté de Catherine de Bourbon, duchesse de Bar, la sœur de Henri IV, laide et contrefaite, aidera à tromper une attente qui semble de plus en plus pénible. La reine assiste à des ballets – bien sûr sans y danser –, et elle suit la chasse depuis sa litière. Elle est plus rayonnante que jamais, « avec son grand corps saillant », comme l'admire Giovannini. Elle entend se soumettre docilement aux prescriptions de la Boursier qui devra la traiter « ainsi que de la plus mauvaise femme de son royaume, et de son enfant ainsi que du plus pauvre enfant ».

Mais déjà la sage-femme promet un dauphin : « Je voyais la reine si belle et avec un si bon teint, l'œil si bon, que, selon les préceptes que tiennent les femmes, ce devait être un fils. Mais le plus fort et assuré jugement que j'en avais, était que Dieu nous montrait qu'il voulait restaurer la France, ayant rendu bon catholique notre roi, le maître, marié, et la reine grosse. »

MARIE DE MÉDICIS

Depuis Calais, Henri IV a écrit à Marie de Médicis : « Ne craignez rien, je serai une de vos sages-femmes. » Il tient promesse et arrive à Fontainebleau le 19 septembre, huit jours avant la naissance. Le Vert-Galant avise la Boursier, et lui trouve « bonne mine ». « Je n'en doute pas, rétorque la reine, qui répète sa phrase du Louvre : "Je l'ai choisie, et dirai que je ne me trompe jamais en chose que j'ai choisie." » Le roi, devenu grave, conclut : « Ma mie, il faut bien faire, c'est une chose de grande importance que vous avez à manier. »

Cette « chose de grande importance », c'est d'abord de mettre au monde un dauphin, seul capable de satisfaire aux exigences de la loi salique. La reine, angoissée, perd du poids. Elle craint d'y voir le signe qu'elle aura une fille. Fille ou garçon, Louise Bourgeois affirme qu'elle restera de marbre au moment de la naissance, car il y aurait danger à causer trop de joie ou de chagrin à la reine avant sa complète délivrance. Toutefois, la première femme de chambre de la reine, Mademoiselle de La Renouillère, convient avec la Boursier d'un signal secret, afin d'avoir l'honneur d'être la première à informer le roi. Si c'est un fils, la sage-femme baissera la tête. Elle la renversera en arrière pour une fille. Mais la Boursier décide également d'un autre code avec Gratienne, la chambrière du roi. Si c'est un fils, elle lui dira : « Ma fille, chauffe-moi un linge. »

Le 27 septembre, peu après minuit, la reine, qui couche dans le lit du roi – comme ils en garderont l'habitude –, est prise de violentes douleurs. Henri envoie chercher Louise Bourgeois. Lorsqu'il devient évident que le travail est commencé, le roi, avec douceur, rappelle à son épouse les devoirs d'une reine de France : « Ma mie, vous savez que je vous ai dit par plusieurs fois, le besoin qu'il y a que les princes du sang soient à votre accouchement. Je vous supplie de vous y vouloir résoudre, c'est la grandeur de vous et de votre enfant. » La reine assure le roi qu'elle est toujours résolue à faire ce qu'il lui plaira.

« Je sais bien, ma mie, répond-il, que vous voulez tout ce que je veux, mais je connais votre naturel qui est timide et honteux, que je crains que si vous ne prenez une grande résolution, les voyant, cela ne vous empêche d'accoucher. C'est pourquoi, derechef, je vous prie de ne vous étonner point, puisque c'est la forme que l'on tient au premier accouchement des reines. »

Bientôt, « vaincu d'impatience », et croyant que l'issue est proche, Henri IV va faire prévenir ses cousins de Bourbon. Malicieusement, il se gausse de ces « trois princes grandement pitoyables et de bon naturel ». Encore tout ensommeillés, Conti, Soissons et Montpensier font une courte apparition aux alentours de deux heures du matin, pour constater que l'accouchement n'est pas si imminent. Ils s'empressent d'aller achever leur nuit. Les médecins royaux arrivent sur ces entrefaites. On a convoqué Monsieur Honoré, un spécialiste renommé.

Marie de Médicis est transportée dans la chambre de l'ovale. On y a dressé un grand lit de parade, en velours cramoisi accommodé d'or. Un pavillon de toile de Hollande descend du plafond. À l'intérieur de cette tente improvisée, une autre, plus exiguë, fermée sur trois côtés, abrite un lit de travail où l'on installe la reine, ainsi qu'une « chaise pour accoucher », couverte de velours rouge. Des sièges pliants et des tabourets ont été disposés à l'intention du roi, de sa sœur, de la duchesse de Nemours, de la marquise de Guercheville, de la baronne de Montglat – la future gouvernante du dauphin – et de Leonora.

Vers quatre heures, la reine – qui, malgré les conseils de Louise Bourgeois, s'était gavée de glaces, de melons et de raisins – est victime de coliques contrariant « le mal d'enfant ». La sage-femme indique des remèdes que les médecins font composer par l'apothicaire de la reine. Ce dernier en propose d'autres, « à la façon d'Italie ». Marie se plie docilement à toutes ces prescriptions. Pendant plus de vingt-deux heures, c'est-à-dire tout au long de la journée du 27 septembre, va se poursuivre le supplice, sans toutefois que la reine coure de réels dangers. « Elle avait une telle vertu que c'était chose admirable », rapporte la Boursier. Le roi, quant à lui, se comporte ici en époux exemplaire. Il demeure presque constamment auprès de sa femme. Il la console, tâche de fortifier son courage par l'espoir d'une prompte délivrance et le plaisir de donner un dauphin à la France. S'il s'absente pour prendre quelque nourriture, il se fait donner de ses nouvelles en permanence.

La ceinture de sainte Marguerite, relique réputée pour aider les femmes en couches, a été apportée par deux moines de Saint-Germain-des-Prés qui, sans relâche, prient à genoux dans une pièce voisine. Au cours des semaines précédentes, Marie de Médicis elle-même s'est livrée à des actes de piété traditionnelle, tels que la « dévotion des trois jeudis ». Afin de se concilier le ciel, elle a distribué des aumônes et obtenu des libérations de prisonniers. A l'approche de la date prévue, dans beaucoup d'églises, on récitera l'oraison dite « de quarante heures ». Un opuscule a conservé le texte des « prières pour la reine grosse d'enfant », chantées à Saint-Nicolas-des-Champs, à Paris. Certains passages ne manquent pas d'élévation spirituelle : « Seigneur qui avez béni et consacré la Vierge votre Sainte Mère, en sa conception et en son enfantement, qui avez délivré Jonas votre prophète par une puissante vertu du ventre de la baleine, défendez de tout encombre votre humble servante, la reine, grosse d'enfant... »

Appréhendant de se donner en spectacle, Marie s'efforce de ne pas gémir. La Boursier et le roi l'exhortent cependant à moins de retenue, de crainte qu'à cause de ses efforts, sa gorge ne s'enfle. Jean Héroard, qui sera le médecin du dauphin, rapporte dans ses *Mémoires* : « Elle [...] souffrit constamment sans beaucoup crier. Le roi allait et venait, et quand elle le voyait approcher, elle retenait tout à soi, et l'entretenait gaiement, mais parmi ces gaietés, on lui voyait couler de grosses larmes. »

Le jeune César de Vendôme, qui s'est faufilé dans la chambre, entame un dialogue naïf avec la Boursier. Par jeu, celle-ci fait croire à l'enfant qu'elle peut, à sa convenance, décider du sexe du nouveau-né :

« Sage-femme, puisque cela dépend de vous, mettez-y les pièces d'un fils ! rétorque le bâtard.

« – Si je fais un fils, Monsieur, que me donnerez-vous ?

« – Je vous donnerai tout ce que vous voudrez... plutôt tout ce que j'ai.

« – Je ferai un fils, et ne vous demande que l'honneur de votre bienveillance, et que vous me vouliez toujours du bien. »

Devenus adultes, Louis XIII et son demi-frère Vendôme s'affronteront à plusieurs reprises...

Maintenant que le dénouement approche, Marie de Médicis exprime le désir d'accoucher sur la chaise de travail, assise, selon la mode du temps, et recouverte d'une longue chemise. Il est dix heures du soir. Les princes du sang sont de retour sous le grand pavillon, vis-à-vis de la parturiente. Louise Bourgeois est sur un petit siège, devant la reine. Le roi se tient derrière sa femme. Dans les minutes ultimes, Marie soupire faiblement, en italien : « *Ohi me ! Io morio !* – Pauvre de moi, je meurs ! » À peine l'enfant est-il sorti – à dix heures et demie du soir – que la Boursier l'enveloppe de langes et le serre dans son giron, sans le montrer davantage au roi. Le bébé paraît très faible, par suite des difficultés de l'accouchement. La sage-femme demande alors une bouteille de vin et une cuiller. Puis elle se tourne vers Henri IV : « Sire, si c'était un autre enfant, je mettrais du vin dans la bouche, et lui en donnerais, de peur que la faiblesse dure trop. »

Sans doute a-t-on raconté au Béarnais qu'à l'heure de sa naissance, le roi de Navarre, son grand-père, lui a frotté les lèvres d'une tête d'ail et lui a fait respirer une coupe de jurançon. Il s'empare de la bouteille, applique le goulot contre la bouche de la sage-femme : « Faites comme à un autre. » L'enfant revient à lui en savourant le nectar. Selon

Héroard, il se serait agi de « mithridat détrempé en du vin blanc », c'est-à-dire d'un contrepoison. La Boursier l'aurait administré à l'aide de la cuiller. En réalité, il semble bien qu'elle ait soufflé directement le liquide dans la bouche de l'enfant, comme cela se faisait ordinairement.

Pâle, le visage « triste et changé », le roi quitte le pavillon et se dirige vers la cheminée où brûle un feu. Fidèle à sa promesse, la Boursier ne lui a toujours pas révélé le sexe de l'enfant. Mademoiselle de La Renouillère est en train de bassiner le lit de parade, quand Louise Bourgeois lance à Gratienne : « Ma fille, chauffez-moi un linge ! »

La femme de chambre a compris. Elle annonce la bonne nouvelle à son maître. Henri refuse toutefois de l'entendre : ce ne peut être qu'une fille, il l'a bien vu à la « mauvaise mine » de la Boursier ! La sage-femme fait alors le second signal à La Renouillère. Celle-ci confirme au roi qu'il s'agit bien d'un dauphin. Plein d'espoir, Henri revient sous la tente et chuchote à l'oreille de la Boursier : « Sage-femme, est-ce un fils ? Je vous prie, ne me donnez point de courte joie, cela me ferait mourir. » Mais laissons parler Louise Bourgeois : « Je pris alors le parti de découvrir un petit peu le nouveau-né, de faire voir au roi la vérité. Cette vue mit le père au comble de la joie, levant avec transport les mains au ciel, je vis son visage inondé de larmes aussi grosses que des petits pois. »

Pendant ce temps, la reine se redresse sur sa chaise, et interroge : « *E maschio ? E maschio ?* – Est-ce un mâle ? » Le roi obtient l'autorisation de lui apprendre sa félicité. Il embrasse sa femme tendrement : « Ma mie, vous avez eu beaucoup de mal, mais Dieu nous a fait une grande grâce de nous avoir donné ce que nous lui avions demandé. Nous avons un beau fils. » Marie joint les mains, lève les yeux en sanglotant. Puis, terrassée par la fatigue et l'émotion, elle s'évanouit. Avant qu'on ne coupe le cordon ombilical, Henri ordonne à ses trois cousins de vérifier que l'enfant est bien relié à « l'arrière-faix » – c'est-à-dire au placenta. La tante du petit prince ajoute qu'il « a les parties les plus belles qu'elle ait jamais vues chez un nouveau-né ». Les rires fusent à cette repartie, bien digne du Béarnais !

Héroard, désormais responsable de la santé du jeune dauphin, lui fait laver le corps de vin vermeil, mêlé avec de l'huile rosat. L'enfant est ensuite emmailloté et placé dans les bras de sa gouvernante, Madame de Montglat. Marie de Médicis, qui a recouvré ses esprits, contemple son fils pour la première fois. Le roi glisse son épée entre les menottes de l'enfant : « Puisses-tu, mon fils, l'employer à la gloire de Dieu et à la défense de la couronne et du peuple. »

MARIE DE MÉDICIS

Puis, sans même qu'on ait eu le loisir de porter l'accouchée dans son lit de parade, Henri IV fait ouvrir les portes de la chambre afin de laisser pénétrer tout le monde. Plus de deux cents personnes s'engouffrent alors dans le salon, au grand dam de la Boursier. Le roi la rabroue gentiment : « Tais-toi, sage-femme, ne te fâche point. Cet enfant est à tout le monde, il faut que chacun le voie et s'en réjouisse. » Dans la jubilation de l'instant, grands seigneurs et valets fraternisent et se congratulent bruyamment. Henri embrasse les uns et les autres, il court à travers les appartements du palais pour rameuter les retardataires, perdant son chapeau dans cette cavalcade.

« *Puer natus est nobis* [un fils nous est né], la reine nous l'a donné par la grâce de Dieu. Quelle est la joie de la cour, quelle sera celle de tout le royaume ! Votre Altesse, qui sait combien ce fils était désiré pour le bien et la tranquillité de la France et le couronnement des prospérités de ce roi, se l'imaginera facilement elle-même. » C'est par ces mots que l'ambassadeur Giovannini annonce l'événement au grand-duc de Toscane.

Dans la nuit du 27 septembre, des courriers sont partis de Fontainebleau, à bride abattue, à destination de toutes les provinces du royaume et des cours étrangères. Il ne leur a fallu que quelques minutes pour se mettre en selle. Deux types de dépêches étaient prêtes, au cas où une fille serait née ! Mais il s'agit bel et bien, pour Henri IV, de proclamer l'arrivée d'un dauphin : « Entre tant de miraculeux témoignages de l'assistance divine que l'on a pu remarquer en notre faveur depuis notre avènement à cette couronne, il n'y en a pas un seul qui nous ait fait ressentir plus vivement les effets de sa bonté que l'heureux accouchement de la reine notre très chère et très aimée épouse et compagne qui vient présentement de mettre au monde un fils ; dont nous recueillons une joie que nous ne pouvons assez exprimer. »

La liesse populaire fera largement écho à celle du roi. Partout, ce ne seront que des feux de joie, des danses, des réjouissances. Le futur Louis XIII est né sous le signe de la Balance. Les horoscopes lui décernent pour cette raison le surnom de Juste et lui promettent un destin fabuleux. Le 29 septembre 1601, deux jours après la naissance du dauphin, Henri IV écrit à Sully pour s'extasier : « Il est impossible de croire comme ma femme se porte bien, vu le mal qu'elle a eu. Elle se coiffe d'elle-même et parle déjà de se lever ; même elle va jusqu'à sa garde-robe. Elle a un naturel terriblement robuste et fort. »

En effet, Marie de Médicis se rétablira très vite, même si les pratiques du temps l'obligent à un long mois de convalescence. Son bonheur ne la rend pas égoïste. Ainsi, le jeune César de Vendôme se plaint d'être délaissé. La reine commande qu'on le caresse autant ou plus que de coutume : « Voilà pour faire mourir ce pauvre enfant ! C'est que chacun s'amuse à mon fils, et que l'on ne pense pas à lui. Cela est bien étrange à cet enfant. »

Toujours aussi prévenant, le roi fait dresser son lit près de celui de son épouse. Il veille tant sur elle... qu'elle se retrouvera bientôt enceinte. Sottement fier de ses talents de procréateur, Henri IV s'empresse de s'en vanter à Henriette d'Entraigues : « Je pense que ma femme est grosse, dépêchez-vous de faire un fils afin que je vous fasse une fille. Bonjour, mon cher amour que j'aime plus que je ne fis jamais. » La favorite ne tarde pas à obtempérer. Six semaines après la reine, le 4 novembre, elle met au monde un fils, prénommé Gaston-Henri, que le roi « baisa et mignarda fort », en se gaussant qu'il lui est né « un maître et un valet ». Mais l'ambitieuse marquise ne saurait se contenter d'être la mère d'un bâtard. Elle proclame à qui veut l'entendre : « La Florentine tient son fils, mais moi je tiens le dauphin ! » D'ailleurs, le Vert-Galant, avec sa goujaterie coutumière, déclare que le petit Verneuil est plus beau que l'enfant de la reine, qu'il accuse de « ressembler aux Médicis, étant noir et gros comme eux ; de quoi on dit que la reine étant avertie pleura fort ».

En cette fin de 1601, au terme de sa première année de mariage, Marie de Médicis n'a pas tant de raisons de se réjouir, bien qu'elle ait accompli ce que l'on espérait d'elle, en donnant un héritier mâle à la couronne de France. Car Henri IV ne semble guère lui en être reconnaissant, puisqu'il laisse contester la légitimité de son fils. Le 18 décembre 1601, de retour à Paris, la reine visite un cabinet de curiosités, quai des Augustins. Parmi des objets rares venant de Turquie et du Levant, on lui présente un vase dont la propriété serait de ne pouvoir contenir aucun poison sans se casser aussitôt. Elle loue un tel prodige, avant d'ajouter que s'il pouvait exister une coupe qui ôte la mélancolie, elle l'achèterait à n'importe quel prix, afin d'y boire tous les jours...

VI

UNE JOURNÉE AU LOUVRE

Au Louvre, maintenant remis à neuf, Marie de Médicis dispose, au premier étage du « vieux corps d'hôtel », de cinq pièces en enfilade, éclairées à la fois côté cour et côté rivière. Une salle de garde précède l'antichambre et la salle à manger, où l'on conserve l'argenterie. Puis se succèdent un salon, la chambre à coucher, et enfin un petit cabinet. Destiné à l'apparat, le salon, aux murs peints d'arabesques, est recouvert de somptueux tapis d'Orient. Il est décoré de fauteuils, de chaises, d'objets d'ivoire rehaussés de pierres précieuses, de « cabinets » d'ébène, importés d'Italie ou d'Allemagne. La cheminée est ornée de quatre chandeliers et de chenets d'argent. En dépit de cette magnificence, la chambre, avec ses quatre fenêtres en vis-à-vis, dont deux ouvrent sur un balcon dominant la Seine, est sans conteste la plus belle pièce de l'appartement. Ses boiseries sont sculptées et dorées, ses lambris et son plafond peints. Certains meubles et tapisseries proviennent du château des rois de Navarre, à Pau. Mais les « tapissiers de la reine » – ceux des nouveaux ateliers des Gobelins – réaliseront aussi pour elle des œuvres originales. Le lit d'apparat, chef-d'œuvre des tapissiers Antoine, Rousselet et Nantier, a coûté quarante-cinq mille livres. Cet édifice formidable, à montants de bois sculptés et dorés, couronné d'un dais, est placé sur une estrade, derrière une balustrade d'argent. Par souci d'intimité, il s'enveloppe de tentures et de courtines. Un velours « cramoisi rose » en hiver, une soierie de même nuance en été, lui servent de parure. Des flambeaux de grande valeur soulignent les quatre angles de la chambre que Marie de Médicis a décorée de portraits de famille.

En 1608, les jésuites feront cadeau à leur protectrice d'un bureau précieux, rapporté par leurs missionnaires de Chine, en nacre et perles, incrusté d'argent. En revanche, il n'y a pas d'armoires, mais partout des bahuts, des coffres, où sont serrés robes, ceintures, collerettes, chaussures, ainsi que bijoux et joyaux. Lorsque la reine part en voyage, on les entasse pêle-mêle sur des chariots. Dans de telles conditions, et malgré la surveillance d'un huissier dans chaque pièce, les vols ne sont pas rares. Le mobilier apparaît encore comme un luxe. Ainsi, lorsqu'en 1606, Éléonore de Mantoue vient en France pour le baptême du dauphin, Marie de Médicis est-elle amenée à quémander auprès de ses « bons amis [...] pour recevoir quelques meubles. [...] Parce que le roi Monseigneur et moi n'en avons assez pour garnir toutes nos maisons ».

Le petit cabinet est en quelque sorte le jardin secret de la souveraine, autrement toujours peu ou prou en représentation. Davantage encore que la chambre ou le salon, ce cabinet est envahi de boîtes, de miroirs, de bougeoirs, de mille riens de grand prix. En 1605, la reine se verra offrir les « besognes » – c'est-à-dire les bibelots – de Gabrielle d'Estrées, ce qui achèvera de transformer les lieux en un musée disparate. Sur la table, une grande boîte, ferrée et cadenassée, renferme la correspondance particulière de Marie. Elle a installé un lit de repos où il lui arrive de dormir, lorsque son époux est absent. Une porte discrète communique d'ailleurs avec la chambre du roi. Car la Florentine et le Vert-Galant partagent très souvent la même couche. Trois fils et trois filles leur naîtront, en dix années de mariage...

Les mardi, jeudi et vendredi – jours de conseil – Henri se lève dès sept heures. Le reste de la semaine, il dort un peu plus tard. Ses proches peuvent toutefois pénétrer dans la chambre. Réveillé par leurs conversations, le roi tire les rideaux du lit. Marie de Médicis, en maugréant, tourne le dos pour continuer à paresser. Puis un domestique leur apporte un bouillon, tandis que le roi discute avec l'un ou l'autre. Henri est debout le premier. Les femmes de chambre peuvent alors s'occuper de la reine. Elles lui passent une chemise de soie ou de toile brodée d'or. Elles lui enfilent des bas et un jupon. Revêtue d'une simple veste, Marie distribue ses ordres aux principaux officiers de sa maison.

La toilette est sommaire, à une époque où l'on considère le bain comme un acte médical, au même titre que la saignée ou la purgation ! La plupart du temps, Marie de Médicis se contente de timides ablutions, au moyen d'une serviette sèche ou d'une grande éponge chichement humectée dans une bassine d'eau fraîche. Par contre, le fard des règnes précédents n'a pas été abandonné. Les belles terminent leur maquillage en se collant des mouches de la largeur d'un écu, ou même des découpures de taffetas noir qui simulent les ramifications des veines temporales !

Un étonnant petit ouvrage de 1609, intitulé *Le miroir des alchimistes*, renferme une « Instruction aux dames pour dorénavant être belles et en convalescence, sans plus user de leurs fards venimeux ordinaires ». Ne résistons pas au plaisir de citer quelques avertissements... qui pourraient encore concerner certains visages contemporains : « Vous vous fardez toutes, ou la plupart, pour surpasser et avancer l'œuvre de nature en vous. Vous voulez être – du moins paraître – belles, à quel prix que ce soit. Dangereuse résolution, vu qu'elle est cause, en plusieurs, pour une méchante fin ! [...] Cette humidité venimeuse passe, pénètre dans les veines, putréfie le sang, la chair. Alors, accidents et douleurs aux jointures, aux muscles, apoplexie, catarrhes, la mort quelquefois. [...]

« Et vos vermillons, camphres, céruses et autres telles espèces vénéneuses, qu'en espérez-vous ? [...] Les dents noires, les yeux mi-perdus, le fard toujours paraissant sur le visage. Faux visages ! en l'âge de quarante comme de cent ! La plupart hideusement laides, atteintes de maladies, incommodités de leurs membres, alors sans remèdes. [...] Pourquoi n'usez-vous d'autres remèdes, familiers à nature, et renvoyez ces vilains plâtres pour les murailles, pour les images insensibles ? »

La reine se coiffe seule. Les cheveux, avec des bouffants et des frisons, sont retroussés autour d'un gros tampon – « à l'italienne » – très haut sur le sommet du crâne. Plus tard, à dater du sacre, la coiffure s'abaissera pour moutonner en une profusion de bouclettes. Leonora aide parfois sa maîtresse à donner le dernier coup de peigne. Elle asperge ses cheveux de quelques gouttes d'huile de fleur d'oranger, afin de fixer la poudre. Ce n'est pas celle, blanche, qu'on emploiera au XVIIIe siècle, mais une poudre odorante, à la violette pour les brunes, à l'iris pour les blondes. Quant aux femmes du peuple, elles doivent se contenter d'un succédané bon marché, à base « de chêne pourri », qui donne à leurs cheveux une teinte roussâtre.

Le choix de la robe n'est pas une mince affaire. Marie, réputée pour son élégance, compare, hésite, se décide enfin. C'est Leonora qui garde la clef des coffres aux vêtements ; c'est elle qui achète les tissus et les modèles, conformément aux instructions précises de la reine. Cette dernière est très experte en la matière, comme le prouve une lettre adressée à sa sœur Éléonore : « Je vous envoie ces trois pièces de toile que l'on appelle ici du quintin, qui est propre pour faire des rabats et collets, mais non pour des fraises. Elle m'a semblé être quasi semblable au fil d'Inde de Mantoue ; elle ne se met point à la lessive, mais on la lave avec du savon. Si vous la trouvez belle et que vous en désiriez davantage, faites-le-moi savoir et je vous en enverrai. »

Certaines créations du tailleur florentin Jacopo Zoccoli, en draps d'or et d'argent, coûtent plusieurs milliers de livres. Après la naissance du dauphin, Marie de Médicis consentira à suivre la mode française. La couture semble alors concurrencer furieusement l'architecture ! À la manière de la charpente d'une coupole, le vertugadin fait bouffer la taille des dames jusqu'à un large cerceau tenu en équilibre autour du corps. Le haut de ce vaste panier est recouvert de basques à gros bouillons. Les jupes tombent toute droites, formant un cylindre dont l'axe serait les jambes. Tout l'art consiste à savoir remuer les hanches en marchant, de manière à balancer son vertugadin vers l'avant, ou sur les côtés ! En retroussant leur robe, les élégantes laissent entrevoir une première cotte passementée, une autre chamarrée, un troisième jupon brodé, et enfin, l'ombre d'un bas de soie rouge. On porte des « souliers à pont ». Ils ont des oreilles, de larges ouvertures aux empeignes, et une lanière qui remonte sur le cou-de-pied. Un cordon, lié en nœud d'amour, leur sert d'attache. À la grande fureur des cordonniers parisiens, la reine n'achète ses chaussures que chez la seule Judith Leblanc, de Loudun.

Le haut du vêtement dessine de nouvelles figures géométriques. Le corsage ressemble à un cône renversé : très cintré en bas, il s'évase vers le buste à grand décolleté, que soulignent des épaulettes ou des ailerons, décorés d'inutiles boutons. Les manches bouillonnées, rembourrées de coussins d'ouate ou de jonc de mer, sont deux autres cônes, resserrés aux poignets sur des « rebras » de dentelles. Encadrant le visage, la collerette, montée sur des fils d'archal, s'arrondit, tel un délicieux grillage – en très dispendieux point de Venise pour la reine – planté fièrement sur les épaules. Toutes ces pièces d'habillement sont bariolées de mille nuances, aux noms invraisemblables : zizolin, triste amie, ventre de biche, nacarade, face grattée, fleur mourante, gris de ramier, bleu de la fève, flammette de la faveur, couleur de veuve réjouie, de temps perdu, couleur de constipé, Espagnol malade ou singe envenimé...

Point de parure éclatante sans bijoux à profusion : selon l'humeur du jour, la reine choisit une bague, quelques bracelets d'or, des pendants d'oreilles, une montre, et souvent le fameux « carcan », cadeau de noces du roi. Enfin, Marie de Médicis aime passionnément les parfums, le jasmin, la rose, les pois de senteur, l'ambre, le musc. Elle s'en asperge les cheveux, la gorge et les gants, de crainte – disent les mauvaises langues – de défaillir lorsque le roi l'approche. Aussi, Leonora distille-t-elle les essences, et les deux amies élaborent de nouvelles fragrances.

MARIE DE MÉDICIS

Au moment où la reine fait son entrée dans le grand salon, les conversations se mettent en sourdine, pour reprendre bientôt de plus belle. Il y a là des grands seigneurs, quelques étrangers de marque, quelques poètes officiels, comme Malherbe. Marie de Médicis – par orgueil ou timidité – refuse d'être embrassée sur la bouche par les princes, les ducs et les officiers de sa maison, comme le prescrivait un usage immémorial. C'est aussi qu'à ses yeux de princesse italienne, chacun de ses gestes doit revêtir une dimension symbolique et rituelle.

Sa Majesté exige une révérence à trois ou quatre pas, terminée par un plongeon jusqu'à effleurer des lèvres le bas de sa robe. La reine relève alors le courtisan et lui tend la main à baiser, en lui souhaitant la bienvenue. Tout cela serait fort digne, si la pièce n'était pas remplie des éclats des conversations particulières. Car tout ce monde s'esclaffe bruyamment. On se bouscule, on se dispute, jusqu'à en venir aux coups ! La reine est alors obligée de hausser le ton pour menacer les violents de les expédier à la Bastille !

Pour l'épouse du Très-Chrétien, la messe est d'observance quotidienne. Marie l'entend généralement à Saint-Germain-l'Auxerrois, la paroisse du Louvre. À travers le décorum royal, sa foi peut apparaître formaliste – mais nous verrons plus loin qu'il n'en est rien. La reine a ses dévotions particulières, ses saints préférés, et d'abord Jean-Baptiste, protecteur de Florence. Elle porte le scapulaire de sainte Thérèse, le cordon de saint François d'Assise. Elle possède le rosaire de saint Dominique. Au dimanche de Quasimodo, deux de ses écuyers et quatre de ses dames présentent en son nom le pain bénit aux Cordeliers. La Contre-Réforme confond souvent splendeur et mysticisme. Aussi Marie de Médicis collectionne-t-elle les crucifix baroques, les reliquaires précieux et les couronnes d'épines en brillants. Elle suit l'office dans un fantastique missel, « couvert d'or, émaillé de couleurs, de bois enrichis de plusieurs diamants de toute sorte par tous les endroits et présentant aux deux grands côtés la Passion de Notre-Seigneur avec des diamants ».

Sonne ensuite l'heure du déjeuner – qu'on appelle alors « dîner ». Il est souvent servi dans l'antichambre de la reine. Henri y prend part... si les deux époux ne se sont pas querellés. Marie est en retard. Le roi, qui ne peut tenir en place, commence à grignoter sans l'attendre. Personne n'a le droit de s'asseoir auprès des souverains, mais plusieurs autres tables ont été dressées alentour, pour les femmes de chambre, les valets ou les pages. Un nombreux public assiste également au repas. Les gardes suisses doivent souvent repousser les plus hardis. On peut cependant s'adresser au roi ou à la reine, sans cérémonie, à condition de leur tenir des propos distrayants. Un orchestre s'efforce en vain de couvrir le tapage.

Quand le premier maître d'hôtel annonce : « Sire, la viande de Votre Majesté est portée », le roi et la reine se lavent les mains dans une aiguière de vermeil. Rituellement, Marie de Médicis tend la serviette à son mari. Un aumônier bénit la table. Le couvert – assiettes, couteaux, fourchettes et cuillers – appartient à l'argenterie de Navarre. Celle des rois de France a disparu au cours des guerres de Religion. Au lendemain du mariage, à Lyon, Henri IV a certifié à Vinta que « la reine [...] s'accoutumera bien vite à notre cuisine qui est meilleure que la vôtre ». Voire ! La gastronomie française n'en est alors qu'à ses balbutiements, et le roi prendra goût à la charcuterie fine et aux fromages que son épouse reçoit d'Italie. Celle-ci, plutôt gourmande, apprécie particulièrement les écorces de cédrat confites. Elle sera même à l'origine d'une recette de pain blanc et moelleux, le « pain à la reine ».

Au Louvre, le menu, peu varié, se caractérise par son abondance et sa lourdeur. Cependant, rien ne se perd et les restes sont revendus. Après quatre entrées et quatre potages, on sert des viandes bouillies ou rôties – à moins que ce ne soit jour maigre – sans beaucoup d'apprêt, mais fort épicées. Les cuisines, depuis Henri III, ont été éloignées vers la « basse-cour », aux environs de l'actuel Carrousel. C'est dire que les plats arrivent souvent froids. Le roi engloutit, se tache, éclaboussant la nappe et même la robe de la reine ! Les desserts ne sont guère recherchés : des confitures, des fruits de saison, ou plus « exotiques », comme des oranges ou des citrons de Provence.

Dès la dernière bouchée, Henri IV et Marie de Médicis se séparent. Le roi fait une courte sieste ou part à la chasse. Son épouse se repose dans son cabinet. À cause de sa myopie, la lecture la fatigue, mais il lui faut répondre à un abondant courrier. Certes, des secrétaires accomplissent la plus ingrate besogne. Néanmoins, Marie rédige de sa main – presque toujours en français – certaines missives plus personnelles, comme, par exemple, cette lettre de « conjouissances » qu'elle adresse à l'occasion du mariage de sa nièce de Mantoue. Son écriture est ample et élevée. Contrairement à ce que l'on a pu prétendre, son français devient vite fort correct, au point qu'elle finira par affirmer, dans une lettre du 24 octobre 1618 : « *Io non so piu scrivere italiano* – Je ne sais plus écrire l'italien... »

En feuilletant au hasard la correspondance de Marie de Médicis, en grande partie inédite, conservée au département des Manuscrits de la Bibliothèque nationale de France, on remarque le nombre considérable de « recommandations ». Ici, elle prie son oncle de Toscane de faire bon accueil à un voyageur. Un autre de ses protégés ne pourrait-il obtenir une charge sur les galères ? À moins que la reine de France ne se préoccupe simplement de faire « admettre un écolier en un collège » ou de soustraire une jeune fille aux griffes d'un ravisseur. Là, il s'agit d'élire un échevin de Bordeaux, là encore de favoriser l'établissement d'une manufacture ou d'un couvent. Elle distribue des grâces, avant de requérir de tel parlement de province l'enregistrement d'un édit... à son profit. La pieuse souveraine, porte-drapeau du parti catholique, est souvent sollicitée pour des questions religieuses. Elle intercède à l'occasion en faveur d'un moine chassé de son abbaye. Elle intervient auprès du pape afin de soutenir une cause de béatification...

Lorsqu'elle n'écrit pas, Marie de Médicis brode volontiers ou organise une loterie avec ses intimes. La cour est alors possédée de la frénésie du jeu ! On parie à tout propos. Après le libertinage, c'est le vice majeur de Henri IV. Ainsi, un Portugais assez louche, Pimentel, lui rafle plus de deux cent mille écus – le tiers de la dot des Médicis. Le roi a également compté mille écus à Zamet pour avoir soutenu contre lui – par superstition – que son premier enfant serait une fille. Marie, pour avoir accouché un jeudi, a dû verser le double au même banquier.

Certains historiens ont accusé Marie de Médicis de nonchalance. Assurément, si on la compare à l'activité fébrile de l'« Aigle-Volant », comme on a quelquefois surnommé Henri IV ! Il faut aussi garder à l'esprit que la reine sera enceinte ou en relevailles durant plus de la moitié du temps de son mariage – cinquante-trois pour cent exactement ! Malgré cela la reine ne manque pas de vitalité. N'épuise-t-elle pas ses suivantes en les entraînant dans d'harassantes randonnées ? Souvent, en début d'après-midi, elle visite sa ménagerie, où vivent des perroquets et des singes. Mais elle a une préférence pour les chiens, de toutes races, depuis les lévriers jusqu'aux barbets. Sa correspondance fourmille d'allusions à ses Bichette, Mignonnette, Turquette ou Roquette.

S'il fait beau, Marie se promène dans le jardin du Louvre, à l'abri des regards indiscrets. D'aventure, elle pousse jusqu'au parc des Tuileries, encore sauvage, pour s'y amuser à chasser au vol... les corbeaux. Si l'envie lui prend d'aller en ville, elle fait atteler de six chevaux blancs son carrosse doré, tendu de velours rouge. La reine, à l'instar des autres dames de qualité, porte un masque qui préserve un relatif incognito et prévient les méfaits du hâle. En revanche, sa voiture, comme celle du roi, ne bénéficie d'aucune protection particulière, ni d'aucune priorité dans les ruelles encombrées de Paris. Cette insouciance sera fatale un jour à Henri IV...

MARIE DE MÉDICIS

La foire Saint-Germain qui, nous l'avons dit, se tient au début du Carême est devenue l'une des destinations favorites de Marie de Médicis. Elle y achète de menus objets, des jouets pour ses enfants. Elle se rend également dans sa maison à Chaillot, qui n'est alors qu'un village de campagne. De retour au Louvre en fin de journée, la reine prend une légère collation – des fruits, de la confiture, un doigt de vin –, avant les audiences du soir. Puis, à sept heures, le « souper » – notre dîner actuel – ressemble au déjeuner, quoiqu'il soit moins plantureux. Souvent, Leurs Majestés se font inviter par Zamet, ou encore à l'Arsenal, chez Sully. Pendant tout le repas, le ministre se tient alors respectueusement debout derrière le fauteuil de la reine.

Deux fois par semaine – chaque jeudi et dimanche – un bal est donné dans la grande salle du Louvre. Marie danse beaucoup. Son cavalier, en signe de respect, ne lui donne jamais le bras, mais la tient par le bout de la manche. En d'autres occasions, elle assiste à un ballet, ou encore à une représentation à l'hôtel de Bourgogne, dont la troupe est subventionnée par le roi, même si Henri s'endort parfois au spectacle. Après l'éclipse de la fin du XVIe siècle, la nouvelle reine Médicis invite des Italiens, à la fois comédiens et chanteurs. Elle ne peut vivre sans musique. Elle apprécie surtout le luth, et elle couvre de présents son interprète préféré, René Fancan. Les princesses et les dames de la cour se bousculent pour écouter l'orchestre du roi ou quelque troupe de musiciens envoyée par le grand-duc de Toscane ou par la duchesse de Mantoue. La reine contribue ainsi à faire passer les Alpes aux innovations de l'art lyrique.

Les Gelosi, qui sont déjà venus en France sous le règne précédent, se produisent à Fontainebleau pendant l'hiver 1603-1604. Les Caccini arrivent peu après, ambassadeurs de la « nouvelle manière de chanter » inventée à Florence, qui unit poésie et musique, prémices de l'art baroque. Puis, en 1613, les Fedeli font entrevoir aux Parisiens ce que sera bientôt l'opéra. La Florentine raffole également de la *commedia dell'arte*, qu'elle s'emploie à populariser. Sa préférence va à l'extravagant Tristano Martinelli, qui signe ses lettres *Dominus Arlecchinorum*, le « seigneur des Arlequins », et surnomme la reine sa « Commère Poule gauloise » : « Ma sœur, écrit Marie en 1606 à la duchesse de Mantoue. Je vous fais ce mot pour vous ramentevoir de la promesse que vous nous avez faite de nous retenir promptement ici la meilleure compagnie d'Italiens que faire se pourra. C'est chose que le roi Monseigneur et moi désirons avec affection. C'est ce pourquoi je vous prie de vous en souvenir, et faire en sorte qu'Arlequin soit de la troupe. »

MARIE DE MÉDICIS

Les jours ordinaires, seul un cercle d'intimes a le privilège de poursuivre la veillée en compagnie de la reine. La duchesse douairière de Guise, veuve du Balafré, qui l'a accueillie à Marseille, est sa meilleure amie. Toutes deux sont des catholiques ferventes, mais l'esprit caustique de l'ancienne ligueuse ne déplaît pas non plus au roi. Plus surprenante est l'affection de Marie pour la fille de la duchesse, Louise-Catherine de Lorraine. Après une jeunesse vouée au libertinage, Mademoiselle de Guise a épousé le prince de Conti, cousin germain de Henri IV, bègue et pratiquement stupide. Celle qui se décrit elle-même – non sans quelque raison – comme « belle, de bonne grâce et l'une des plus aimables de son temps », signera, sous le titre crypté des *Amours du grand Alcandre*, un récit romancé des frasques du Vert-Galant. L'autre cousin du roi, Montpensier, a pour femme Henriette-Catherine de Joyeuse. Cette princesse douce et aimable est aussi une intime de Marie de Médicis, qu'elle secondera lors de plusieurs de ses accouchements.

Jusque vers onze heures, à la lumière des flambeaux, on dispute des parties acharnées dans les appartements de la reine. Des fortunes se gagnent aux cartes ou aux « trois dés ». Marie se divertit maintenant des gaillardises du roi et de ses acolytes. Henri IV sait d'ailleurs être irrésistible, comme le raconte cette dame évoquant une soirée à Fontainebleau : « Il faut rire, car il a des mots tels qu'il n'est pas moyen de s'en empêcher. On ne sort pas de la chambre de la reine qu'il ne soit minuit ou une heure, hier il en était deux. » Marie ne s'offusque pas davantage lorsque François de Bassompierre affirme que la meilleure charge de la cour est celle du grand panetier, car il couvre pour le roi. Ou encore que, puisque la reine a un pied à Paris et l'autre à Saint-Germain, il souhaiterait s'établir à mi-chemin, à Nanterre ! Un autre jour, Roquelaure sort précipitamment de la chambre de la reine pour se soulager d'une flatulence.

« *L'ho sentito, signor marechal !* » lui lance de loin la reine.

« – Votre Majesté a donc bon nez ! » répond l'autre, qui ignore qu'en italien, *sentire* signifie aussi bien « entendre » que « sentir »...

Après le départ de ses courtisans, Marie de Médicis pourrait enfin s'appartenir. Mais c'est justement le moment où Leonora, empruntant l'escalier dérobé qui relie ses appartements au cabinet de la reine, vient entamer avec elle des discussions qui, lorsque le roi n'est pas à Paris, ne finiront qu'aux premières lueurs de l'aube. On parle de Florence, des robes, des bijoux, de la politique, des intrigues de la cour. Rien n'enivre davantage Leonora que de modeler l'esprit trop confiant de sa maîtresse. Certes, sa faveur lui vaut d'immenses richesses, qu'elle amoncelle dans sa demeure, reconstruite par l'architecte Francesco Bordoni, à l'emplacement du numéro 10 de la rue de Tournon. C'est aujourd'hui l'hôtel de Picquigny, qui abrite une caserne de la garde républicaine.

Leonora a épousé le fringant Concino Concini. Comme sa qualité de dame d'atour suppose la noblesse, la fille de la blanchisseuse du palais Pitti a acquis à prix d'argent le nom d'une illustre famille déchue de Florence. Dorénavant, elle est et restera pour l'Histoire l'inquiétante Leonora Galigaï. Son avidité est sans limites, mais sa disgrâce physique, sa médiocre naissance, lui interdisent à jamais de briller d'un pur éclat. Elle demeurera donc dans le clair-obscur, souverainement intelligente...

Si on peut comprendre et excuser Marie de Médicis d'avoir ainsi reporté sa confiance sur la compagne de son enfance – la seule personne qu'on ne lui a pas imposée –, cela n'en demeure pas moins une faute grave. La reine de France perdra une grande partie de son prestige en affichant une familiarité scandaleuse pour une personne d'aussi basse extraction, étrangère de surcroît. La très fine Leonora, quant à elle, mesure la précarité de sa situation. On a vu qu'elle a noué une alliance tactique avec Henriette d'Entraigues. Sa laideur ne peut lui laisser espérer de séduire le Vert-Galant, qui lui reproche de n'être « bonne qu'à faire pleurer [sa] femme ». Mais le roi – comme jadis le grand-duc de Toscane – comprend très vite le parti qu'il peut tirer de cette confidente très écoutée. À plusieurs reprises, la Galigaï interviendra auprès de Marie de Médicis pour plaider la cause de Henri IV, obtenant pour elle et son mari faveurs et prébendes.

Hormis Leonora et Concini, assez peu de Florentins ont pu faire leur chemin à la cour. Dès 1601, la majeure partie des « coyons » de la suite de Marie de Médicis ont été renvoyés. Avec l'affirmation de l'absolutisme royal, le nationalisme s'exacerbe. Les Français redoutent que ne ressuscite l'italomanie du temps de la reine Catherine et des derniers Valois. Même après la mort de Henri IV, la régente aura la sagesse de ne point trop favoriser ses anciens compatriotes, malgré les requêtes incessantes dont elle est l'objet. Le témoignage d'Oratio Tornabuoni, rejeton d'une famille patricienne de Florence, venu trouver fortune à Paris, est symptomatique. En juin 1611, le jeune homme « abandonne tout à fait [ses] espérances » : « Au début du mois passé, qui était la période où se concluait l'état des pensionnaires, je pris congé de la reine laquelle voulait aussi [...] que j'attende jusqu'à l'année qui vient, mais ne voulant plus être payé d'espérances, je suppliai Sa Majesté que, pour une fois seulement, il lui plaise de me faire donner quelque chose en récompense de mes services. [...] Deux cents écus me furent donnés par le trésorier de l'Épargne. [...] Je me mis en route avec trente-neuf pistoles [...] pour m'en venir tout droit à Florence. »

Les charges de la cour sont d'ailleurs presque toutes héréditaires. « Etre à la reine » sous-entend une fidélité et une allégeance personnelles, de type quasiment féodal. La maison de Marie de Médicis est composée de près de cinq cents personnes – un nombre inférieur à ceux des précédents règnes –, la plupart appointées. Leur nomination a donné lieu à de longs pourparlers, menés par Sully et Belisario Vinta. Moins de la moitié assure un service journalier. Les autres servent « par quartier », c'est-à-dire trois mois par an. Ce système a été institué par Henri IV, dans le double but de multiplier les titulaires d'une même fonction, et d'empêcher que la noblesse, devenant exclusivement parisienne, ne se coupe de ses racines rurales.

Au sommet de la hiérarchie, la dame d'honneur – la très vertueuse marquise de Guercheville – dirige tout son monde avec autant de fermeté que de douceur. Marie de Médicis ne s'en fera jamais une amie, mais elle la sait compétente et lui maintiendra toujours sa confiance. Au deuxième rang, vient la dame d'atour, Leonora Galigaï, dont nous avons déjà fait la connaissance. Les demoiselles d'honneur, toutes de noble famille, sont une dizaine. Elles vivent ensemble dans un appartement au rez-de-chaussée du Louvre. Reconnaissables à leur « uniforme » – une robe de toile d'or et d'argent –, elles égayent la reine de leur jeunesse. À leur égard, l'épouse du Vert-Galant se montre intraitable sur le registre de la moralité. Lorsque l'une d'entre elles, Mademoiselle de Sagone, est surprise avec le jeune baron de Termes, Marie de Médicis chasse non seulement la coupable, mais elle voudrait aussi que le séducteur soit condamné à mort pour rapt.

Une cinquantaine d'ecclésiastiques gravitent autour de la reine, flattant son goût pour les dévotions démonstratives. Le grand aumônier, fonction honorifique, a toujours rang épiscopal. À Jean-Baptiste Bonzi, d'origine florentine et évêque de Béziers, succédera en 1615 l'évêque de Chartres, Philippe Hurault, puis Monsieur de Luçon, Armand-Jean de Richelieu.

Le chevalier d'honneur veille sur la souveraine. Il soutient sa main, se tient à sa droite dans les cérémonies. À ce très digne personnage, Marie affirme en plaisantant qu'il faut « un cordon bleu et une barbe grise ». Ce sera Jérôme de Gondi, puis Châteauvieux et enfin le commandeur de Sillery, le frère du chancelier. Le premier maître d'hôtel occupe, quant à lui, une position dominante. Chef du personnel, il fixe les salaires et détient le pouvoir de révoquer ceux qui lui déplaisent. Concini occupera ce poste de 1605 à 1608.

Panetier, échanson et écuyer tranchant servent à table. Toutefois, ces fiers gentilshommes n'ont qu'une relation lointaine avec la plèbe des maîtres queux, potagers, hâteux, pâtissiers et autres galopins, relégués dans l'arrière-cour. Si la « cuisine bouche » consacre ses efforts aux seuls repas de Marie de Médicis et de ses convives, la « cuisine commun » doit nourrir près de deux cents individus, à savoir tous les « commensaux de la maison, gens ayant bouche à la cour, à pain et à pot chez la reine ».

Les femmes de chambre – qui sont une dizaine comme les demoiselles d'honneur – constituent l'élite de la domesticité. Jusqu'en 1611, Françoise Frugelet, demoiselle de La Renouillère, s'efforcera de maintenir la paix entre les Françaises et les Italiennes. Parmi ces dernières, Catarina Forzoni et Catarina Salvagia occupent une position stratégique. Elles couchent dans la chambre de leur maîtresse et en défendent la porte. On trouve ensuite, presque sur un pied d'égalité avec les femmes de chambre, au-dessus de la valetaille anonyme, tout un petit personnel familier qui côtoie Marie chaque jour. Il y a les Zavianca, un couple de nains italiens. Il y a la « Négresse Madeleine », une ancienne esclave turque convertie, à qui la reine offrira une dot de seize cents livres pour son mariage. Voici également le bouffon Pierre Navarre et la folle Mathurine, la lavandière Madeleine Maupart qui a l'exclusivité de blanchir le linge de corps de la reine, les huissiers qui surveillent les coffres et expulsent les intrus. Enfin, la liste serait incomplète sans le nom de Nicolas Guillois. « Porte-chaise d'affaires » ordinaire, il suit partout Sa Majesté. Car Marie de Médicis partage avec le roi le singulier privilège de pouvoir satisfaire ses besoins naturels en n'importe quel endroit du palais...

Cinq médecins, deux apothicaires, deux chirurgiens et un barbier veillent sur la santé – heureusement florissante – de la reine. Malgré les édits de bannissement des juifs, Marie de Médicis gardera auprès d'elle le Portugais Philothée Montalto jusqu'en 1616 – en s'efforçant toutefois de le convertir. Après l'assassinat de Concini, François Vautier, médecin originaire d'Arles, astrologue à ses heures, prendra un grand ascendant sur la souveraine.

Les écuries se situent en dehors du Louvre, près de Saint-Germain-l'Auxerrois. Elles abritent sept carrosses, nécessitant une trentaine de chevaux. La reine dispose également de dix chevaux de selle et de vingt mulets. Le premier écuyer – Concini de 1609 à 1611 – supervise une armée de palefreniers, de cochers et de muletiers, tous revêtus de la livrée bleue et blanche de Marie de Médicis. Les pages aussi arborent des pourpoints de satin aux couleurs de la reine. Ils sont une douzaine, jeunes vauriens de bonne famille, toujours le blasphème aux lèvres, injuriant les femmes, créant mille désordres, ne craignant ni Dieu ni diable.

Le surintendant de la maison et Finances de la reine assure la gestion matérielle de cette « entreprise ». Ce sera longtemps Sébastien Zamet, puis Richelieu, après 1619. Le secrétaire des commandements, Jean Phélypeaux de Villesavin, assisté de deux commis, gère la correspondance officielle. Un chancelier, Potier de Blancmesnil, président à mortier du parlement de Paris, ainsi que le procureur général Louis Dolé, suivent les innombrables procès intentés à la reine par ses sujets les plus chicaniers. Les cordons de la bourse sont tenus par le trésorier général, Florent d'Argouges, nommé par Henri IV. Son fils lui succédera en 1615.

Le roi, qui a fait, selon son propre aveu, un mariage d'intérêt, n'entend pas que son épouse lui coûte davantage que ses maîtresses, telle cette La Bourdaisière, à qui il versera cinquante mille écus pour payer sa complaisance. Le budget de la maison de la reine, lui, est fixé, en 1600, à quatre cent mille livres annuelles. Encore cette somme n'est-elle pas laissée à la discrétion de Marie de Médicis ! Les dépenses sont ordonnées en fonction d'un scrupuleux « règlement de comptabilité des reines de France », édicté en 1585. Chaque mois de décembre, un budget prévisionnel est visé par l'intéressée. Approuvé par le roi, il devient exécutoire. Il est ensuite transmis au trésorier de l'Épargne – l'équivalent de notre ministre de l'Économie et des Finances – qui le versera par mensualités au trésorier de la reine. La moindre dépense, jusqu'au dernier bout de chandelle, est comptabilisée par le contrôleur général, qui établit des états quotidiens, mensuels et annuels, poste par poste. Toutefois, en dépit de cette rigueur, la maison de la reine souffrira d'un déficit chronique. Elle n'équilibrera son budget qu'en 1602.

Dans une dépêche du 11 juin 1601, Giovannini stigmatise l'attitude du Vert-Galant, qui dilapide des fortunes pour ses maîtresses ; « quant à la pauvre reine, elle ne voit jamais un liard en dehors de ses douze mille écus par an de menus plaisirs ». Cet « argent de poche » ne saurait évidemment suffire aux goûts somptuaires de Marie de Médicis. La « pauvre reine » en est réduite à se lamenter auprès de Florent d'Argouges : « Vous savez mieux que nul autre les grandes sommes dont je suis redevable, les grandes peines et presque l'impossibilité que j'ai de tirer des gratifications ou bienfaits du roi Monseigneur, pour y satisfaire. » À quoi ce dernier rétorque : « Je ne veux pas donner un sou à la reine, parce que tous iraient dans la bourse du signor Concini... »

Le roi n'a pas tout à fait tort. Mais Marie de Médicis n'a pas que sa dispendieuse amitié pour Leonora et son mari. Charitable – non sans ostentation –, elle se montre aussi excessivement généreuse pour qui sait lui plaire. « En magnificence et générosité, la reine avait dépassé toutes les autres princesses du monde », écrira Bassompierre. Et Richelieu précise : « De son naturel magnifique, et, lorsqu'elle donnait – Dieu sait si elle donnait autour d'elle – elle aimait à dire que ce qu'elle faisait était "pour faire paraître sa grandeur et sa libéralité". »

En outre, à la naissance du dauphin, Henri IV a fait cadeau à sa femme du château de Montceaux-en-Brie, près de Meaux. Bâtie par le Primatice à l'intention de Catherine de Médicis, cette demeure – aujourd'hui détruite – a appartenu ensuite à Gabrielle d'Estrées. Les travaux de restauration, confiés aux Du Cerceau, puis à Salomon de Brosse, le futur architecte du Luxembourg, seront coûteux. D'autant que la reine fait construire un jeu de paume et une écurie de soixante stalles. Elle achète des meubles et des décors pour donner la comédie et le ballet. Enfin, elle fait aménager les jardins par des paysagistes italiens, allant jusqu'à importer des semences de sa terre natale.

Cependant, les dépenses les plus considérables de la reine viendront de sa folie des pierres précieuses. C'est là une passion d'enfance, héritée des Médicis. Pour ces princes italiens de la Renaissance, toujours exposés aux complots et aux séditions, il était indispensable de thésauriser de tels objets, de grand prix, faciles à transporter en cas de malheur... D'ailleurs, Marie elle-même se félicitera sans doute d'avoir suivi l'exemple de ses ancêtres, lorsqu'elle ne sera plus qu'une exilée, bannie de France par le roi son fils. En dispersant ses colliers et ses bracelets, elle réussira, vaille que vaille, à sauvegarder les apparences. C'est aussi pourquoi aucun n'est parvenu jusqu'à nous.

Au grand « carcan » de Lyon, d'une valeur de cent cinquante mille écus – le quart de la dot de sa femme –, Henri IV ajoutera, en 1602, les joyaux de la couronne de Navarre. Le roi agit là en fin politique : il n'ignore pas que le spectacle d'une souveraine rayonnant de mille feux est propre à graver dans les esprits le respect de la monarchie. L'acquisition la plus coûteuse de Marie de Médicis sera un bracelet orné d'un ovale de diamants entouré de quatre gros solitaires, d'une valeur colossale de trois cent soixante mille livres !

Tous les orfèvres et les joailliers de Paris, mais également les Allemands, les Anglais ou les Italiens, ne cessent de présenter de nouvelles pierres à la reine. Les diamants surtout attisent sa cupidité. Elle va jusqu'à harceler les particuliers qui possèdent une pièce rare, quitte à ne les payer ensuite qu'avec dix ans de retard, et seulement la moitié de la somme convenue ! Son orfèvre personnel, Nicolas Roger, détient les clefs de ses cassettes. Il la conseille sur les meilleures affaires, sertit les nouvelles pierres, entretient les pièces de sa fabuleuse collection. Pour assouvir ses caprices, Marie de Médicis doit solliciter de son époux des « dons gracieux », rarement accordés d'ailleurs. « Comment ! s'exclame un jour Henri IV devant Sully, mais j'use de plus de dons et gratifications envers ma femme que jamais roi de France n'a fait envers la sienne, soit pour l'ordinaire de la maison, soit pour les bienfaits extraordinaires ! »

Le roi, du reste, est loin d'être libre de puiser à son gré dans le trésor de l'État. Les cours souveraines, les cours des aides, les chambres des comptes et autres parlements, rechignent à la prodigalité. La doctrine officielle, sous l'égide attentive de Sully, prône également les économies ! Aussi, Henri préfère-t-il recourir à des expédients discrets. L'un de ces artifices consiste à créer des « lettres de maîtrise ». Dans le cadre des corporations, le roi détermine combien de maîtres peuvent exercer tel ou tel métier. Il lui suffit donc d'augmenter ce nombre, au profit de la reine qui perçoit les droits de délivrance. Cependant, dès 1608, beaucoup de maîtrises vacantes devront être supprimées. Par ailleurs, Marie de Médicis « donne avis » – moyennant des pots-de-vin – lors de la vente de certaines charges ou offices. Souvent par l'entremise de Leonora – qui, au passage, prélève une commission pour ses « épingles » –, elle se livre à ce que nous appellerions aujourd'hui des trafics d'influence. La pratique était d'ailleurs licite, et même l'intègre Sully trouvait normal de s'enrichir dans l'exercice de sa charge. Parfois, las de ses récriminations, Henri en arrive à signer en faveur de sa femme un édit qui lui attribue la perception de tel droit ou de telle redevance. Autorisation que le rusé Béarnais annule en sous-main, en donnant consigne aux parlements d'en refuser l'enregistrement, tant qu'ils ne recevront pas une lettre autographe de lui-même ou de son ministre, authentifiée par un « mot du guet » – un mot de passe ! Marie en est alors réduite à emprunter à des usuriers, ou à brocanter quelques vieux plats d'argent.

VII

LE GOUJAT COURONNÉ

Le philosophe protestant Pierre Bayle, jugeant les débordements érotiques de Henri IV, trouvera cette formule lapidaire : « Il n'y eut jamais d'homme plus indigne d'avoir une épouse fidèle. » Certes, avant de se marier avec le Vert-Galant, Marie de Médicis n'ignorait pas sa réputation de séducteur. A-t-elle espéré réformer sa conduite ? Plus sûrement, elle a admis l'idée qu'il serait volage, comptant toutefois que les faiblesses du roi ne rejailliraient pas sur la reine de France. Or, c'est bien cela qui est en cause avec la marquise de Verneuil. Cette dernière ne se contente pas seulement d'être la favorite de Henri IV, elle prétend évincer la souveraine légitime, coiffer la couronne, substituer au dauphin son propre fils.

Marie serait-elle responsable de cette situation, aurait-elle été trop froide, trop hautaine ? Son attitude, depuis Marseille, prouve le contraire. En toutes occasions, elle a témoigné d'un caractère aimable, attentive à ne jamais offenser personne, même si – selon le mot de Richelieu – « elle était assez grave de son naturel, et peu caressante ». Les brusqueries du roi, d'ailleurs, auraient eu de quoi la rebuter. Mais Henri n'a eu qu'à se louer de la tendre soumission d'une épouse qui, somme toute, n'était pas obligée de l'aimer... C'est encore Richelieu qui écrira : « Ses premières pensées n'avaient autre but que de lui plaire ; elle se faisait force pour se rendre patiente. »

Les lettres de la reine à son mari sont toutes empreintes de ce sentiment d'affection docile : « Monseigneur, je vous baise humblement les mains, vous suppliant me conserver en vos bonnes grâces. » Ou encore, à l'occasion d'une absence du roi : « Je n'ai point de regret des larmes que j'ai répandues ; je suis à toute heure prête d'en répandre encore autant quand je me représente votre éloignement. »

Cependant, la bonne volonté de la Florentine, son admiration – voire son affection – à l'égard de l'époux que le sort lui a désigné, ne pourront étouffer longtemps sa nature sensible et impétueuse. Les rebuffades, on l'a vu, ne lui sont pas épargnées. Henriette d'Entraigues triomphe. Elle aussi a donné un fils au roi ! Et voilà que les deux rivales sont de nouveau enceintes. L'une et l'autre accoucheront d'une fille en 1602. L'étalon royal exulte ! Comment Marie ne se sentirait-elle pas humiliée au plus profond d'elle-même ? Après avoir réalisé son ambition d'être la « plus grande reine de l'univers », le rêve s'est transformé en cauchemar. Sans doute revit-elle aussi le tourment de sa mère, Jeanne d'Autriche, face à une nouvelle Bianca Cappello. Et c'est d'abord auprès de son oncle qu'elle épanche son amertume : « Je n'ai ici de trouble et d'inquiétude que par la marquise. Je n'ai d'autres recours qu'auprès de Votre Altesse ! Je me recommande à elle dans toutes mes douleurs présentes avec des larmes dans les yeux ! »

Benoîtement, Henri IV confie à Sully qu'il voudrait simplement vivre « en bonne amitié cordiale, union et concorde ». Aussi ne comprend-il pas pourquoi la reine « prend sa quinte ». Car Marie de Médicis a cessé de se résigner. D'un tempérament franc, ombrageuse et même colérique, elle relève la tête. Henri, étonné, avouera qu'il n'a « jamais vu femme plus entière et qui plus difficilement se relâchât de ses résolutions ». Curieusement, Marie de Médicis se braque davantage sur certains détails accessoires, et devient alors intraitable. Bien que douée d'un réel sang-froid dans l'adversité – elle le prouvera après l'assassinat du roi –, elle oscille sans raison apparente de l'irritation à la gaieté. Elle éclate de rire ou de dépit, en épouse blessée et insatisfaite.

Au début de 1602, la reine consent à accompagner le roi dans un périple qui les mènera à Poitiers, puis en Limousin et en Guyenne. En mars, Henri IV est averti de la trahison de son vieux compagnon, le maréchal de Gontaut-Biron. Avec le « capriolant » comte d'Auvergne – le demi-frère de Henriette d'Entraigues, bâtard de Charles IX –, Biron a conspiré au profit de l'Espagne. Le roi et le dauphin auraient été éliminés, la France démembrée, le trône remis au petit Verneuil. Oubliant leurs différends, Henri s'en ouvre à sa femme. Une Médicis sait conserver un secret d'État, et en cela il lui fait toute confiance. On se souvient que Marie a écrit à son oncle : « Il a cela de bon que tout ce qu'on lui dit, il me le répète » – pour lui dénoncer les intrigues de Giovannini. On est ici à mille lieues de la caricature d'une reine stupide et bavarde...

Le maréchal félon est décapité le 30 septembre. En revanche, le comte d'Auvergne ne restera que trois mois à la Bastille, avant d'être gracié. La reine entre dans une fureur extrême. Ainsi, le roi pardonne au frère de la *poutane* qui, très certainement, est elle aussi complice ! Pire encore, il légitime son fils naturel ! Pour ne pas s'avouer qu'il a tort, Henri tempête à son tour. Si elle continue sur ce ton, il renverra la Florentine par-delà les Alpes !

Le 22 novembre 1602, Marie met au monde une fille, à Fontainebleau. Elle enrage de n'avoir pas accouché d'un deuxième fils, comme le lui avait prédit la nonne Passitea, envoyée par le pape. Qu'a-t-elle donc à faire d'une « ragache » – une femelle ? Henri, qui se divertit de la scène, tente de calmer son épouse. Il lui expose qu'elle n'aurait jamais été reine de France, si le sexe féminin n'existait pas ; et qu'il faut bien quelques princesses pour nouer des alliances avec les souverains étrangers. De fait, la petite Élisabeth épousera le futur roi Philippe IV d'Espagne.

L'année 1603 commence par un voyage en Lorraine, où les protestants s'agitent. Sans s'effrayer, l'« indolente » Marie de Médicis suit son mari par monts et par vaux ! De retour à Fontainebleau, en mai, c'est Henri qui tombe gravement malade, victime d'une douloureuse rétention d'urine, probablement d'origine vénérienne. Devant la perspective du trépas, les remords l'assaillent : « Priez Dieu que j'en réchappe, promet-il solennellement à la reine, et je ferai en sorte que vous soyez à l'avenir obéie et respectée. »

Le roi est bientôt tiré d'affaire, mais sa convalescence se prolonge. Henri IV a compris la nécessité de préparer sa femme à l'éventualité d'une régence. Comme le conseil se réunit dans la chambre du malade, Marie de Médicis y est conviée. Touchée de l'attention de son époux, la reine semble pourtant s'ennuyer au milieu des austères ministres. Est-ce parce qu'elle ne saisit pas encore toutes les subtilités de la langue française ? Ou parce que son orgueil rechigne à jouer ainsi les utilités ? Quoi qu'il en soit, investie du pouvoir suprême, en mai 1610, elle se dépouillera sur-le-champ de cette feinte indifférence. C'est cependant grâce à son influence qu'au mois de septembre 1603, les jésuites – bannis depuis l'attentat de Jean Châtel en 1595 – pourront rentrer en France.

Les médecins ont prescrit au Vert-Galant – que torturent maintenant des accès de goutte – de s'astreindre à une diète amoureuse. Dans un fugace élan de chasteté, Henri se surprend à dire qu'il songe à rompre avec la marquise de Verneuil. Généreusement, Marie accepte de faire la paix. Elle reçoit la favorite, à l'automne, et lui déclare avec sa sincérité coutumière : « Je ne vous aimerai pas comme ma propre sœur, mais seulement comme une femme de bonne maison et galante. »

MARIE DE MÉDICIS

Dédaignée par le roi, la « galante » Henriette se glisse dans le lit d'un autre Bourbon, le comte de Soissons. La liaison est fugitive. Avec le printemps de 1604, Henri IV a recouvré toute sa verdeur. Afin de reconquérir sa favorite, il lui offre une partie de l'héritage de sa sœur, la duchesse de Bar, qui vient de succomber à une grossesse nerveuse ! Plus que jamais, la reine se sent trahie. Dans ses veines, le sang toscan commence à bouillonner. Henriette d'Entraigues feint alors de s'effaroucher : « En vérité, je m'étonne qu'une Médicis n'ait pas employé contre moi les breuvages à la mode de son pays ! » Concini, de connivence avec la reine, a laissé courir le bruit qu'on s'apprêterait à trucider la marquise ! Henri, inquiet, fait quitter Paris sous bonne escorte à sa maîtresse. Celle-ci en profite pour demander des places de sûreté et le gouvernement de la Normandie.

« Si vous donnez ces places à cette *poutane*, vocifère Marie, vous ruinerez le dauphin ! » Henri IV se le tient pour dit. Mais il profite d'une accalmie pour tenter de faire admettre sa maîtresse à Fontainebleau, ne serait-ce qu'une seule journée. La reine s'y refuse, puis – comme toujours – elle finit par céder. Pendant ce temps, la marquise de Verneuil, lasse d'attendre le bon plaisir de sa rivale, a repris la route de Paris. Le roi n'a pas plus pressé que d'abandonner la cour pour la rejoindre...

On imagine difficilement quelle perpétuelle tension doit subir Marie de Médicis ! Henriette d'Entraigues ne lui laisse nul répit. Elle inonde la capitale de libelles qui la tournent en dérision. Elle proclame toujours aussi haut et fort la nullité du mariage de la Florentine. Elle ira même jusqu'à publier les bans de ses noces à elle avec le roi ! « Elle a un désir forcené d'être reine, note déjà Giovannini en juillet 1602. Et il est certain que s'il arrivait malheur à la reine actuelle, elle le serait. Il faut que celle-ci soit sans cesse sur ses gardes. » En une autre circonstance, l'ambassadeur rapportera au grand-duc de Toscane : « Madame de Verneuil s'arrange pour faire écrire et imprimer partout en France, en Italie et en Allemagne que le roi n'est pas légitimement marié avec la reine. Cela démontre clairement qu'elle a des fins diaboliques et qu'elle veut mettre sens dessus dessous ce royaume. »

Comment, dès lors, exiger de la jeune souveraine qu'elle demeure impassible et sereine, d'autant qu'en coulisse, Leonora Galigaï s'emploie à enflammer sa haine et son amour ? Les courtisans qui l'entourent n'encensent-ils pas également sa « beauté admirable », trouvant « bien étrange, pitoyable et insupportable » qu'elle soit « méprisée et délaissée pour des laides et mal faites qui n'ont pas de tels avantages » ?

Les « barbouilleries » domestiques – selon le mot de Sully – sont de plus en plus violentes. Le ministre avoue qu'il « n'a jamais vu [le roi et la reine] passer huit jours sans se quereller ». Leurs caractères s'aigrissent. Marie s'enferme dans son cabinet, « décidée à mourir ». Elle pousse des cris, ne mange rien de peur d'être empoisonnée, ou encore se refuse au roi. Celui-ci accable de reproches l'épouse rétive, allant jusqu'à insinuer qu'elle pourrait bien, elle aussi, le tromper ! Puis, avec une parfaite mauvaise foi, il jure que si elle « l'eût recherché, caressé et entretenu de discours agréables, témoignant une grande amour, il n'eût jamais vu d'autres femmes ».

Malgré sa fougue méditerranéenne, Marie de Médicis ne poursuit jamais loin sa vindicte. « Nos petits dépits, se félicite Henri IV auprès de Sully, ne doivent jamais passer les vingt-quatre heures. » Richelieu le confirmera : « L'orage n'était pas plus tôt passé que le roi, jouissant du beau temps, vivait avec tant de douceur avec la reine, que je l'ai vue souvent, depuis la mort de ce grand prince, se louer du temps qu'elle a passé avec lui, et relever la bonté dont il usait en son endroit, autant qu'il lui était possible. » Car le Vert-Galant est avant tout un faible. Henriette – la « rusée et pimbêche femelle » – le retient dans ses filets. Alternant les assauts de séduction avec les fausses crises de vertu mystique, tour à tour tyrannique ou caressante, elle gouverne le monarque vieillissant en maîtresse absolue... « Elle faisait tomber les chausses » à volonté, résume Baccio Giovannini, qui pour être chanoine n'en est pas moins homme. Mais, semblablement, le roi paraît incapable d'imposer sa volonté à sa compagne légitime. Sans doute ce jouisseur ne reste-t-il pas toujours insensible devant la féminité épanouie de la reine. N'affirme-t-il pas souvent à ses confidents « qu'il la trouve tellement à son gré que, si elle n'était point sa femme, il donnerait tout son bien pour l'avoir pour maîtresse » ?

Sully, auquel l'un et l'autre époux accordent leur confiance, sera cent fois appelé à arbitrer une discorde sans cesse renaissante. Voici d'abord Henri IV qui épanche sa rancœur égoïste sur l'épaule de son ministre : « Madame de Verneuil est d'agréable compagnie quand elle veut. Elle a de plaisantes rencontres, et toujours quelque bon mot pour me faire rire. Ce que je ne trouve pas chez moi, ne recevant de ma femme ni compagnie, ni réjouissance, ni consolation ; ne pouvant ou ne voulant se rendre complaisante ou de douce conversation, ni s'accommoder en aucune façon à mes humeurs et complexions. Elle fait une mine si froide et si dédaigneuse lorsque, arrivant de dehors, je viens pour l'embrasser et rire avec elle, que je suis contraint de la quitter là de dépit et de m'en aller chercher quelque récréation ailleurs... »

MARIE DE MÉDICIS

Le rôle de négociateur matrimonial n'est guère enviable. Sully s'en apercevra vite ! Il profite que la reine lui réclame une faveur pour hasarder quelques conseils. Marie de Médicis, après avoir gratifié la marquise de « mille épithètes des plus fortes », consent à se laisser dicter une lettre conciliante à l'intention de son époux, alors au Louvre. Hélas ! le messager, de retour à Fontainebleau, rapportera que le roi s'est amusé avec Henriette d'Entraigues de la crédulité de la « grosse banquière ». « Les cartes sont encore plus brouillées qu'auparavant », conclut l'auteur des *Économies royales*.

Le jeu de la reine semblera s'éclaircir au cours de l'été de 1604, après la découverte d'une seconde conjuration du comte d'Auvergne, dans laquelle trempent la marquise de Verneuil, et son père, le comte d'Entraigues. Cette fois, la trahison de Henriette est patente. La perfide n'envisageait rien d'autre que de fuir avec ses enfants en Espagne, où elle les aurait élevés comme héritiers du trône de France ! Malgré l'évidence, Henri IV hésite à sévir. Assurés de l'impunité, d'Auvergne et son beau-père poursuivent leurs manœuvres séditieuses. Au mois de décembre, le roi se résout enfin à les emprisonner. Quant à la favorite, elle est assignée à résidence dans sa demeure parisienne de la rue Saint-Antoine. À Marie Touchet, l'ancienne maîtresse de Charles IX, qui vient implorer la grâce des siens, le roi, apparemment inflexible, répond : « J'ai pitié de votre misère et de vos larmes, mais si je vous octroyais ce que vous me demandez, il faudrait que ma femme fût déclarée putain, mon fils bâtard et mon royaume en proie. »

Malgré ces fortes paroles, Henri IV fera preuve de nouveau d'une mansuétude coupable. Seul le comte d'Auvergne croupira douze années derrière les barreaux. Les deux autres protagonistes de l'affaire recouvrent bientôt leur liberté. Henriette, pour sa part, est d'ores et déjà absoute...

Henri, au demeurant, profite de cet intermède pour courir la prétantaine. Jamais d'ailleurs il ne se contentera d'une officieuse bigamie, entre son épouse et sa favorite ! Mais à mesure qu'il entre en âge, le Vert-Galant jette son dévolu sur des tendrons de plus en plus jeunes. En 1604, c'est une certaine Jacqueline de Bueil, dans la blondeur de ses seize printemps, qui éveille sa lubricité. La belle essaie d'échapper aux griffes du roi, mais celui-ci la rappelle de force à la cour. La « ruffiane » – comme la surnomme Marie – s'efforce maintenant de monnayer sa vertu. On la marie à un époux postiche... auquel Henri se substitue dans le lit nuptial ! Pour prix de son adultère, Jacqueline recevra neuf mille livres au jour de l'an 1605, avec le titre de comtesse de

Moret. « A-t-on jamais vu pareil bordel ? s'étouffe le chanoine Giovannini. Il les veut donc toutes ? »

Un tel comportement n'est pas fait pour éteindre les ardeurs jalouses de Marie de Médicis. Aussi se répand-elle en récriminations. Elle s'estime persécutée, comme elle l'explique à Giovannini : « [Les ministres] sont dissimulateurs, et vendus au roi. Il faut que je sois avec eux réservée et muette. » Elle va jusqu'à écrire à son oncle que tous les Français sont des traîtres ! Le grand-duc lui fait remarquer qu'il ne sied guère à une reine d'insulter son propre peuple, avant de l'inviter à davantage de modération.

Marie n'a cure de ce genre de remontrances ! Au cours de l'une des innombrables algarades qui l'opposent à Henri – trop souvent en public –, elle s'exalte au point de lever le poing pour frapper son mari. Sully, qui relate la scène, arrête assez rudement son bras vengeur : « Êtes-vous folle, Madame, il vous peut faire trancher la tête en une demi-heure ! Avez-vous perdu le sens, en ne considérant pas ce que peut le roi ! »

La reine ne se calme que pour mieux s'embraser en une autre circonstance. Même la nuit, elle ne laisse aucun repos au Vert-Galant, qu'elle égratigne et qui doit parfois battre en retraite, hors de la chambre ! Tant et si bien que Henri veut demander à Sully de lui préparer un appartement à l'Arsenal. À d'autres moments, c'est son épouse acariâtre qu'il menace de reléguer au fond d'un manoir de province. Par tous les moyens, Marie de Médicis cherche à attirer l'attention de son royal mari, quitte à éveiller sa jalousie. Ainsi songe-t-elle à insinuer que certains seigneurs « lui ont parlé d'amour ». Sully lui déconseille d'utiliser un subterfuge aussi dangereux, en donnant « au roi le plus grand et le plus juste soupçon qu'un mari de sa qualité pût avoir de sa femme ». Par ailleurs, Leonora et Concini, soudoyés par le roi, prêchent désormais la patience...

La réapparition de la reine Margot à Paris, durant l'été de 1605, au terme d'un quart de siècle d'absence, procure un heureux dérivatif. Fantôme d'un autre règne, et presque d'une autre dynastie, la sulfureuse princesse s'est métamorphosée en une vieille dame obèse et couperosée, aux décolletés vertigineux, dissimulant son crâne chauve sous une perruque filasse. À en croire Tallemant des Réaux, ce postiche aurait emprunté ses cheveux à de « grands valets de pied blonds qu'elle faisait tondre de temps en temps ».

Henri IV a enfin pardonné à sa première épouse – après qu'elle a eu l'excellente idée de léguer sa fortune au dauphin. Le 28 juillet, le roi et la reine accueillent donc la duchesse de Valois au Louvre. Le Vert-

MARIE DE MÉDICIS

Galant vient la saluer au milieu de la cour, tandis que Marie de Médicis, entourée de ses dames, l'attend en haut du « grand degré », l'escalier d'honneur. D'abord circonspecte, la Florentine ne tardera pas à nouer une amitié sincère avec celle qui, fille de Catherine de Médicis, est donc sa très lointaine cousine.

La reine Margot s'installe à l'hôtel des archevêques de Sens – qui abrite aujourd'hui la bibliothèque Forney, dans le Marais. Son appétit sexuel, en dépit des ans, est demeuré insatiable. L'écho de ses prouesses et la scandaleuse jeunesse de ses amants donnent à sourire. D'aucuns vont jusqu'à s'étriper devant ses fenêtres ! L'extravagante princesse se fera ensuite édifier un magnifique palais, sur la rive gauche, face au Louvre, sur les terrains libres du Pré-aux-Clercs. Il n'en reste plus aujourd'hui que de rares vestiges, rue de Seine, et la façade de sa chapelle, dans la cour de l'école des Beaux-Arts. Jusqu'à sa mort, en 1615, la « vieille sainte plâtrée » n'y sacrifiera pas seulement à Vénus. Prodigieusement cultivée, elle voue aussi un culte aux muses, et sa petite cour, où s'entremêlent luxure et dévotion, semble ressusciter la flamboyante décadence du siècle des Valois.

À l'automne de 1605, Henri IV doit se rendre à Limoges, pour réprimer des troubles. Marie est enceinte. Elle n'en accompagne pas moins le roi jusqu'à Tours, puis elle va se reposer à Amboise, avant de regagner Paris en litière : « J'étais tellement incommodée de ma grossesse que je ne peux vous écrire de ma main », dicte-t-elle à l'intention d'une amie.

On sait que le Vert-Galant n'est jamais aussi prévenant à l'égard de son épouse que dans ces moments-là. Il lui enjoint, dans un style qui semblerait bizarre de nos jours : « Gardez-vous, pour l'amour de moi et de ce que vous avez dans le ventre. » Ou encore, le 19 octobre 1605 : « Mon cœur. [...] je vois que l'on ment à Paris comme de coutume. Ceux qui font courre le bruit que nous sommes mal ensemble le désireraient peut-être, mais nous les éloignerons bien de leur compte. J'ai vu aussi ce que me mandez de cette dame jaune et maigre ; ce n'est plus marchandise pour ma boutique, car je ne me fournis que de blanc et gras. » Cependant, la « blanche et grasse » Marie de Médicis aurait quelque raison de s'inquiéter. Car, de la même encre mensongère, Henri assure pareillement de son amour la « jaune et maigre » marquise de Verneuil...

Les rigueurs de l'hiver interdisent à Marie d'aller faire ses couches à Fontainebleau. C'est au Louvre que, le 10 février 1606, elle met au monde une deuxième fille, Christine – ou Chrétienne –, plus tard duchesse de Savoie. Cela ne l'empêchera pas, en avril, d'assister au siège de Sedan, où le roi obtient la soumission du duc de Bouillon. Mais l'événement le plus brillant de l'année – l'apogée heureux du règne de Henri IV – sera, sans conteste, le baptême du dauphin et de ses sœurs. Dans la famille de France, la coutume est en effet de pratiquer un simple ondoiement à la naissance, et de réserver la solennité baptismale pour plus tard.

La lecture d'un opuscule du temps restitue l'ambiance des *Cérémonies observées au baptême de Mgr le prince Dauphin et de Mesdames ses sœurs*. Au matin du 14 septembre 1606, jour de l'Exaltation de la Sainte Croix, un théâtre de bois a été dressé dans la cour ovale du château de Fontainebleau, alors en pleins travaux. En effet, une « contagion » – sans doute la peste – ravage Paris et Saint-Germain-en-Laye, résidence habituelle des enfants royaux. Près de l'autel, un dais protège la cuve de cuivre rouge doublée de plaques d'argent, bassin de facture arabe qui a servi jadis au baptême de Saint Louis. La foule a pris place sur des gradins alentour, sous une vaste toile d'azur semée de monogrammes, de lys et de dauphins d'or. Le jeune Louis, en manteau immaculé, dans les bras de son gouverneur, Gilles de Souvré, donne la main à Henri II de Condé, premier prince du sang. Vingt jeunes seigneurs, parés de broderies d'or et de pierreries, suivent, flambeaux au poing. Viennent ensuite le cardinal de Joyeuse – représentant le pape Paul V –, et la duchesse de Mantoue, parrain et marraine du futur roi. Une pléiade de princesses et de grandes dames ferment enfin la marche, dans une profusion incroyable de robes, de parures et de joyaux...

Des fenêtres du premier étage de l'aile nord, le roi et la reine admirent ce spectacle, dont ils constituent en quelque sorte le reflet, plus magnifique encore : « Les Majestés du roi et de la reine, [...] étant accompagnés aux autres fenêtres et en certaines parties de la galerie de l'assistance de plusieurs grands seigneurs et dames splendidement vêtus, étaient deux nouveaux soleils qui permettaient au reste des astres de faire voir leur clarté en la présence de leur impérieuse lumière. » Le costume de Marie de Médicis, cousu de trente-deux mille perles et de trois mille diamants, est tellement pesant qu'elle ne peut se déplacer sans aide ! Cette « seconde Junon » apparaît ainsi au faîte de sa beauté blonde, comme divinisée dans la féconde impotence d'une quatrième grossesse.

Les historiens ont longuement épilogué sur la prétendue indifférence de Marie de Médicis à l'égard de ses enfants – et singulièrement de son fils aîné. Henri IV lui-même aurait qualifié ce sentiment d'« étrange ».

MARIE DE MÉDICIS

Précisons d'abord qu'aux yeux du roi, Marie de Médicis est là pour faire des enfants, non pour les éduquer. C'est lui seul qui choisit Saint-Germain-en-Laye, l'un des plus agréables châteaux d'Ile-de-France, comme résidence du dauphin. C'est la femme d'un de ses anciens compagnons d'armes, Montglat, qu'il nomme au poste de gouvernante. Sans davantage en référer à la reine, il désigne Jean Héroard, huguenot converti, pour veiller sur la santé de son fils. Les nourrices n'exercent leur office qu'avec l'assentiment du souverain. À peine Marie a-t-elle pu obtenir le renvoi de la deuxième, qui ne lui est pas agréable. Lorsqu'en 1604, le Vert-Galant décide de faire élever ses bâtards en compagnie de sa progéniture légitime, la reine a beau protester contre « pareille honte », elle est obligée de capituler. Le roi, avec une fermeté inhabituelle, lui a répondu « qu'il est le maître et qu'il voulait être obéi ». Au demeurant, Marie n'entretiendra aucun ressentiment pour les enfants naturels de son mari. Dès son arrivée en France, elle a « adopté » le petit César de Vendôme, et la sœur de celui-ci, Catherine-Henriette – devenue duchesse d'Elbeuf – lui restera très proche.

Le « troupeau », ou le « sérail », de Saint-Germain-en-Laye – comme disent les courtisans – comprendra jusqu'à trois princes et deux princesses, ainsi que les trois enfants de Gabrielle d'Estrées, les deux Verneuil et le petit Moret, fils de Jacqueline de Bueil. Tous ces marmots s'ébattent joyeusement, se chamaillent à l'envi. L'imagerie traditionnelle montre un Henri IV débonnaire, jouant avec eux, au milieu des rires et des bousculades. Marie de Médicis, au contraire, n'aurait eu avec ses enfants que des relations distantes et protocolaires. Et l'on cite généralement cette lettre très sèche, qu'elle a écrite au dauphin âgé de huit ans : « Mon fils, je vous remercie des cerises que vous m'avez envoyées, elles m'ont été bien agréables, venant de votre part. Je vous aime bien parce que l'on m'a dit que vous êtes toujours bien sage. »

Sur ce point – comme sur bien d'autres – le « bon roi Henri » bénéficie d'un préjugé trop favorable. Et la Florentine, *a contrario*, est blâmée injustement. Pourtant, elle ne visite pas moins ses enfants que ne le fait leur père – surtout si l'on prend en compte les immobilisations dues à ses grossesses. De 1602 à 1608, le roi passera six cent six jours auprès d'eux, la reine cinq cent soixante-treize. Une telle fréquence est tout à fait conforme aux pratiques d'un temps où la prime enfance n'est guère considérée. D'ailleurs, la moitié de ces êtres fragiles ne disparaissent-ils pas en bas âge ? À cet égard, il est significatif que l'on ait attendu son baptême pour donner le prénom de Louis à l'héritier du trône. Jusqu'à cinq ans, il n'était que « Monsieur le Dauphin », figure évanescente et anonyme. Quant à la décision d'éloigner de Paris les enfants royaux, elle répond à une précaution vitale – outre la volonté de leur épargner les intrigues de la cour. La capitale, avec ses rues étroites et sans hygiène, véritables cloaques, leur aurait été funeste. Jusqu'à la Révolution, les nouveau-nés issus de l'aristocratie – mais aussi de la plus modeste bourgeoisie – seront envoyés ainsi en nourrice à la campagne.

Les « contagions » constituent la préoccupation permanente des parents du XVIIe siècle. À travers les très nombreuses lettres qu'elle adresse à Madame de Montglat, Marie de Médicis révèle une anxiété maternelle assez remarquable pour l'époque – singulièrement de la part d'une dame de qualité. En voici deux exemples : « Je vous prie d'avoir l'œil à ce que cette maladie ne se loge point à Saint-Germain. [...] Je ne veux plus que personne venant du dehors habite dans le bourg, ni que qui que ce soit voie mes enfants. » « Vous me faites plaisir de me tenir ponctuellement attentive des accidents qui arrivent à mes enfants, bons ou mauvais. » En 1608, peu de temps avant la naissance de son troisième fils, le futur Gaston d'Orléans, elle interroge son intendant : « Mandez-moi ce que vous avez appris de cette nourrice que vous avez en votre logis, de son déportement, si son lait est toujours bon, si elle en a en quantité, si elle aime le vin... » Cette sollicitude de Marie de Médicis vaut bien la désinvolture du Vert-Galant qui, en 1609, écrira à son épouse : « Pour nos enfants, les mâles se portent bien, mais les filles sont malades de rhume sur les dents seulement. [...] Je vous donne le bonjour et un million de baisers. »

Pour connaître les jeunes années de Louis XIII, on dispose d'un document irremplaçable, le *Journal* du médecin Héroard qui, quotidiennement, note les maux de son « patient », son développement physique et mental, ses réactions, ses moindres paroles. Autour du dauphin, a été constituée une maison de plus de deux cents serviteurs, occupés à satisfaire ses désirs. Hormis Héroard et Madame de Montglat – qu'il surnomme « Mamanga » –, les plus proches du bambin sont le gouverneur, Gilles de Souvré, et surtout sa nourrice, Antoinette Jorron – « Doundoun » – qui, de bien des manières, sera sa vraie maman.

Très tôt, le dauphin exprime un tempérament impérieux, mais aussi angoissé et mélancolique. Conscient de la supériorité de sa naissance, n'imaginant pas qu'on puisse lui résister, il veut imposer à tous sa volonté. Vif et intelligent, il fait « l'opiniâtre », et pique de violentes colères. C'est dès l'âge de deux ans, le 9 octobre 1603, qu'il est fouetté avec des verges pour la première fois. L'ordre vient du roi qui encouragera la gouvernante à user et abuser de cette sanction – jusqu'au sang s'il le faut : « Je veux et vous commande de le fouetter toutes les fois qu'il fera l'opiniâtre ou quelque chose de mal, écrit-il en 1607 à

Madame de Montglat. [...] Ce que je reconnais par expérience m'avoir profité, car étant de son âge, j'ai été fort fouetté, c'est pourquoi je veux que vous le fassiez et que vous le lui fassiez entendre. »

La reine, pour sa part, n'apprécie guère de telles méthodes d'éducation, même si elle y recourra à l'occasion. Et encore après l'assassinat de Henri IV : « Notre nouveau roi fut fouetté ce jour par commandement exprès de la reine régente, sa mère », peut-on lire sous la plume de Héroard, le 29 mai 1610. Quelque temps après, le jeune Louis XIII rend visite à sa mère. Comme celle-ci se lève et fait une révérence, l'enfant murmure : « J'aimerais mieux qu'on ne me fît point tant de révérences et tant d'honneur, et qu'on ne me fît point fouetter. »

Quoi qu'il en soit, c'est Marie de Médicis qui, du vivant de son époux, s'opposera bien souvent à sa sévérité excessive et désordonnée : « J'aviserai de faire passer à mon fils cette fantaisie et humeur opiniâtre auparavant que d'en venir au fouet qui est le dernier remède qu'il y faudra apporter », écrit-elle à Madame de Montglat. Henri, par contre, réprouve l'indulgence de sa femme. Il lui prédit avec justesse : « Madame, priez Dieu que je vive, car il vous maltraitera, si je n'y suis plus. »

Un jour, le roi s'avise de frapper le dauphin avec sa canne. La reine n'y tient plus : « Ah, vous ne traiteriez pas ainsi vos bâtards ! »

« – Pour mes bâtards, répond le roi, mon fils les pourra fouetter s'ils font les sots. Mais lui, il n'aura personne qui le fouettera ! »

Assurément, certains comportements de Henri vis-à-vis de son fils pourraient sans doute être critiqués par les psychologues actuels. Ne s'emploie-t-il pas à le taquiner, et lorsque le petit garçon est surexcité, il le fait fouetter pour le calmer ? Une autre fois, le roi se moquera du dauphin parce qu'il bégaie. À table, il prend un malin plaisir à lui verser du vin, ce qui inquiète Héroard. Mais c'est dans l'apprentissage de la sexualité que l'attitude du Vert-Galant est la plus équivoque : « Mon fils, je veux que vous fassiez un petit enfant à l'infante ! » lui lance-t-il égrillard, le 2 mars 1605, évoquant déjà le projet d'un mariage avec la fille du roi d'Espagne. Le dauphin – il a trois ans et demi – répond « Ho ! Ho ! Non, papa ! », avant de s'enfuir.

Selon les habitudes du temps, Henri s'exhibe devant son fils, peut-être au-delà des limites de l'acceptable. Ainsi, le 26 juin 1606, se met-il au lit avec l'enfant qui « y joue fort privément ». Quelques heures plus tard, le petit prince proférera « des mots nouveaux et paroles honteuses », que Héroard reproduit sans périphrases, à son habitude : « "Celle de papa est bien plus longue que la mienne, elle est aussi longue que cela", montrant la moitié de son bras... » Sans doute faut-il voir, dans ces

« maladresses » de Henri IV, l'une des racines lointaines des refoulements et des blocages affectifs dont souffrira Louis XIII.

Il est vrai que l'éducation d'un dauphin de France implique une prise de conscience précoce de son rôle futur de géniteur dynastique. Très tôt, son entourage ne lui a rien laissé ignorer des mystères de la procréation, insistant jusqu'à l'obsession sur ses attributs virils, à grand renfort de sous-entendus grivois et d'attouchements indiscrets. Certes, en ce domaine, les mœurs sont alors plus directes qu'aujourd'hui... La « revêche » Florentine elle-même se prête parfois à ces curieux jeux de mains, comme en témoigne l'irremplaçable Héroard : « [24 juin 1605] Court après le roi et la reine, ores à l'un puis à l'autre, se jouant à eux. Le roi le fait décoiffer et aller tête nue. La reine, mettant la main à sa *guillery*, dit : "Mon fils, j'ai pris votre bec." Il y porte la sienne : "J'en ai encore, maman." » La « guillery » – faut-il le préciser ? – désigne le sexe de l'enfant.

Cette anecdote suffirait à réduire à rien la légende noire d'une Marie de Médicis hautaine et sans entrailles. Si le *Journal* de Héroard insiste davantage sur les rapports du roi et de son fils, il renferme néanmoins de très nombreuses scènes qui illustrent la complicité du dauphin et de sa mère. Le 3 septembre 1604, la reine ne peut se retenir de rire. « Mamanga, fouettez maman, elle a ri ! », réclame le dauphin. La gouvernante feint de s'exécuter. L'enfant s'en aperçoit : « Non, fouettez-la tout à fait ! » Car s'il la devine moins extravagante, moins imprévisible aussi – plus adulte en un mot –, que son père, le dauphin ne craint nullement sa mère. Il n'hésite pas à la brocarder, à l'occasion, lorsqu'elle prononce *soucré* au lieu de « sucre ». On raconte qu'en raison de ce même accent italien, la comtesse de Bautru, au Louvre, a toujours redouté d'être interpellée par la souveraine...

Le 5 octobre 1604, l'enfant « veut dîner avec la reine – dîné à midi en la galerie – appelle la reine qui se promenait : "Maman, venez dîner !" Baise la serviette et la sert, mange ce que la reine lui donne. Va avec la reine en sa chambre. » Le 9 octobre : « Mené au lever de la reine, saute, fait des cabrioles. » Et encore le 4 novembre : « Demande son luth, le porte à dix heures chez la reine pour lui faire voir comme il en joue. »

Le 2 mars de l'année suivante, le petit prince tient à montrer à la reine ses talents chorégraphiques : « Remonte avec elle en la petite chambre. Danse sarabande, bourrée, le branle simple, la saugrenée, "comment-ce-moine-trotte", à mesure qu'il les demandait. Puis va à la reine de son mouvement : "Maman, ai-je pas bien dansé ?" Fort gai, hardi, doux. » Quelques jours plus tard, le 18 mars 1605, l'enfant refusera d'abandonner un jouet, avec ce cri du cœur : « Ho non, c'est maman qui me l'a donné... »

MARIE DE MÉDICIS

La reine fait d'ailleurs à son fils de nombreux cadeaux. Elle lui offre des jouets, bien sûr, comme par exemple une armée de cinq cents soldats d'argent. Mais aussi de riches joyaux : une enseigne de diamants avec un bouquet de plumes d'argent, un petit coffret d'argent où la reine rangeait ses pendants d'oreilles, une petite montre couverte de diamants...

La preuve la plus éclatante de l'attachement du dauphin pour Marie de Médicis est la fierté qu'il exprime d'être son fils. Naître des œuvres du Vert-Galant est, somme toute, à la portée du premier venu ! Son statut d'héritier du trône, il se rend très vite compte qu'il le doit au fait d'être le fils de la reine. Pour cette raison, et plus que d'une réelle affection – comment pourrait-il aimer vraiment une personne qu'il n'entrevoit que trois mois par an ? –, Louis entourera sa mère « de prudence, d'équanimité, de déférence, respect et vénération », comme le soulignera Sully. En revanche, ses demi-frères, Vendôme, Verneuil et Moret, ne sont pour lui que des serviteurs, des « races de chiens » : « J'aime mieux ma petite sœur [Élisabeth] que féfé Chevalier [Alexandre de Vendôme], déclare-t-il à Mamanga. Parce qu'il n'a pas été dans le ventre à maman avec moi comme elle. »

Cette précieuse mère, source de sa propre légitimité, le jeune garçon la défend avec une jalousie agressive, comme Héroard le signale à plusieurs reprises : « Ce n'est pas votre maman », lance-t-il à Alexandre de Vendôme en juillet 1604. Et quatre mois plus tard : « Mené chez le roi et la reine qui étaient au lit. Leur ayant donné le bonjour, Monsieur de Verneuil [César] entretenait le roi qui s'amusait à lui. Sans dire mot [le dauphin] sort de la ruelle et va de l'autre côté se ranger près de la reine. Monsieur de Verneuil s'approche de la reine et la veut entretenir. Il lui donne un grand soufflet sans dire mot, et l'autre se retire de même. »

Avec les années, Louis en viendra à s'opposer directement à son père, dont il n'arrive plus à comprendre l'existence licencieuse, si contradictoire avec ce qu'on lui inculque par ailleurs. Ainsi, le 2 mai 1608 – il a sept ans –, se promène-t-il dans les jardins avec le roi. Soudain, celui-ci lui désigne la comtesse de Moret : « Mon fils, j'ai fait un enfant à cette belle dame, il sera votre frère. » Le petit prince, honteux, se retourne en balbutiant : « C'est pas mon frère. »

Sans doute ce petit prince orgueilleux souffre-t-il, plus ou moins consciemment, de l'humiliation de sa mère. Est-ce l'une des raisons pour lesquelles « Louis le Chaste » n'aura jamais de favorite, et qu'il regardera toujours le beau sexe avec dédain et angoisse ? On peut le penser. D'autant que Marie de Médicis l'a prévenu contre les menées de Henriette d'Entraigues qui vient, seule ou avec le roi, visiter le

« troupeau » : « J'ai appris que la marquise faisait dessein d'aller dès ce soir même à Saint-Germain, écrit en 1606 la reine à la fidèle Madame de Montglat. Mais en effet, j'aurai à plaisir que quand elle ira, elle ne voie, ni mon fils, ni mes filles. Et me ferez service agréable d'y tenir la main. »

À la « rusée et pimbêche femelle », Marie de Médicis ne peut rien opposer que sa vertu féconde. Certes, elle aura encore des combats à livrer, mais elle a d'ores et déjà remporté la victoire. Dans les dernières années du règne de Henri IV, les gravures populaires la représentent, trônant en majesté, nimbée de sa nombreuse progéniture, le roi sagement assis à côté d'elle. Le lys de Florence a sauvé les lys de France...

« De toutes les acclamations que l'allégresse peut faire à son rencontre [*sic*], la plus douce est celle que lui donne le nom de mère, chantera Pierre Matthieu en 1610, dans son *Panégyre du couronnement de la reine*. Elle a donné au roi un dauphin, au dauphin deux frères, l'un son bouclier, l'autre son épée, à la France trois grands appuis de son repos, à la chrétienté trois grands capitaines, et à Dieu trois bons serviteurs. [...] Elle est aussi mère de trois princesses, les joies de cette couronne, les désirs des étrangères... »

VIII

LE SACRE DE LA REINE

Le 9 juin 1606, quelques semaines avant le baptême du dauphin, le roi et la reine rentrent de Saint-Germain-en-Laye. Il pleut, et en franchissant le bac de Neuilly – là où s'élèvent aujourd'hui les tours de la Défense –, l'un des chevaux dérape sur le bois mouillé. Le carrosse verse dans la Seine. Henri IV et son cousin Montpensier parviennent à s'extraire par une portière. Mais la reine, la princesse de Conti et le petit César de Vendôme restent coincés à l'intérieur, tandis que la lourde caisse commence à s'enfoncer. Le roi, à peine tiré d'affaire, crie « que l'on aille à sa femme », avant de se relancer lui-même à son secours. Aussitôt, l'un des gentilshommes de l'escorte, La Châtaigneraie, a plongé, sans ôter son manteau ni son épée. Giovannini, qui relate l'accident au grand-duc de Toscane, poursuit :

« La tête de la reine ayant reparu à la surface de l'eau, le baron de La Châtaigneraie, qui avait été l'un des premiers à accourir, la prit par les cheveux et, avec l'aide du roi, la tira dehors à moitié morte, car elle avait beaucoup bu... »

Enfin, les rescapés prennent pied sur l'autre rive, trempés mais tous vivants. Ils traversent le hameau de Neuilly et marchent le long de la route jusqu'au Jeu-de-Mail – l'actuelle porte Maillot. Un carrosse les rejoint enfin pour les conduire au Louvre. Marie de Médicis, craignant quelque congestion, restera deux jours au lit. Elle gratifiera La Châtaigneraie d'un présent de pierreries, d'une pension annuelle, et le fera plus tard capitaine de ses gardes. Elle ordonnera également la construction d'un pont de bois, afin d'éviter à l'avenir pareilles mésaventures.

Cet événement – qui aurait pu avoir des conséquences dramatiques – sera le prétexte d'un *Discours sur le malheur que le roi et la reine ont failli en passant l'eau au port de Neuilly, le vendredi 9 juin 1606 sur les cinq heures du soir*, mince plaquette éditée à Paris, « chez Antoine du Brueil, tenant sa boutique sur les degrés de la salle du Palais ». Après le récit du sauvetage, l'auteur en tire cette moralité : « La reine n'eut pas sitôt pris l'air pour respirer, que jetant un soupir, elle demanda par parole réitérée où était le roi. Parole qui montrait [...] que ses flammes conjugales étaient aussi vives dans les eaux que sur la terre, et qu'elle était plus troublée du péril de son cher époux que du sien même. En quoi ils se rendaient une réciproque preuve d'amour, lui retournant dans l'eau dès qu'il fut libre pour la secourir, et elle en le demandant dès qu'elle eut recouvert son haleine. »

Sans doute cette analyse n'est-elle pas fausse. L'empressement du Vert-Galant a prouvé qu'il tient davantage à la reine que son inconduite ne le laisse paraître. Pourtant, l'effet immédiat du « naufrage » de Neuilly sera le complet retour en grâce de la marquise de Verneuil ! La sournoise Henriette a poussé l'habileté jusqu'à s'enquérir de la santé de la Florentine. Celle-ci, décidément prompte à oublier les offenses, se déclare touchée par le geste de sa rivale : « Vous m'avez voulu faire connaître par votre lettre quelle est votre affection en mon endroit, dont encore que je fusse assez assurée, néanmoins j'ai eu plaisir d'en recevoir ce témoignage. Dieu me fera la grâce de reconnaître ceux qui, comme vous, m'aiment et désirent ma prospérité. »

La trop naïve Marie de Médicis changera bientôt d'opinion. Ne lui rapporte-t-on pas, en effet, que la marquise a confié à son royal amant « qu'elle avait été très alarmée, mais que, si elle y eût été présente, en le voyant sauvé, elle eût crié de bon cœur "la Reine boit !" ». Cette dernière est surtout peinée d'apprendre que Henri a souri à une plaisanterie aussi cruelle. Aussi refuse-t-elle de quitter ses appartements du Louvre, tant que la *poutane* demeurera là, à « affrioler » le roi : « Cette créature, écrit-elle à son oncle, n'a jamais eu d'autre fin que de me torturer et de m'accabler de tribulations. Qui se déclarera pour elle se déclarera mon ennemi, et là où je pourrai, à mon temps, je me vengerai ! »

Aux soucis causés par Henriette d'Entraigues, vient s'ajouter, en mars 1607, une nouvelle idylle du Vert-Galant – parmi une multitude d'aventures passagères. Au cours des années suivantes, Charlotte des Essarts, titrée comtesse de Romorantin, inscrira deux noms supplémentaires sur la liste déjà longue des bâtards du prolifique Bourbon : Jeanne-Baptiste et Marie-Henriette, qui deviendront respectivement abbesses de Fontevrault et de Chelles.

Est-ce en raison de cette recrudescence de ses tracasseries, ou d'une fatigue extrême ? N'est-ce pas plutôt la conséquence des troubles génitaux du roi ? Le 16 avril 1607, Marie accouche d'un garçon qui se révélera malingre et sujet aux convulsions. Les astrologues se fourvoient en pronostiquant à ce petit duc d'Orléans un avenir resplendissant. Perpétuellement souffreteux, il n'atteindra pas son cinquième anniversaire. Plusieurs biographes – se recopiant les uns les autres – appellent cet enfant Nicolas. En réalité, mort avant d'être solennellement baptisé, il ne recevra pas de prénom. Comme le confirme le père Anselme, dans sa très officielle *Histoire généalogique et chronologique de la Maison royale de France,* publiée en 1726 : « N... de France, duc d'Orléans, né à Fontainebleau le 16 avril 1607, entre dix et onze heures du soir, mourut sans être nommé, à Saint-Germain-en-Laye, le 17 novembre 1611, d'une fièvre léthargique. » Par une erreur d'interprétation, ce « N... » – qui signifie « Anonyme » – s'est transformé en « Nicolas » !

De crainte de complication, un médecin assiste à la naissance. Henri IV fébrile comme à son habitude – accable de ses ultimes recommandations la Boursier, elle aussi toujours fidèle à son poste : « Sage-femme, je sais que vous avez la vie de ma femme et de son enfant plus chère que la vôtre. Faites ce qui sera de vous. Si vous voyez qu'il y ait du danger, vous savez qu'il y a ici cet homme de Paris qui accouche les femmes. L'on le tiendra dans le grand cabinet. Je redouterais fort s'il en était besoin, que la peur qu'en aurait ma femme la mettrait en danger de sa vie, joint qu'il n'y a femme au monde plus honteuse s'il fallait qu'un homme l'eut vue. »

Quel plus bel hommage – du vice à la vertu... – Henri IV aurait-il pu rendre à la pudeur candide de son épouse ? Tout à sa joie, le roi s'empresse d'écrire, la nuit même, à la duchesse de Mercœur : « Ma cousine, vous saurez par celle-ci, et par ce porteur que je vous dépêche exprès, comme ma femme vient d'accoucher d'un fils, et ne sauriez croire que, si le contentement que j'en ai est grand, la réjouissance publique n'est pas moindre. Elle a été environ cinq heures avec force douleurs, mais elle se porte bien, et mon fils... »

Une année plus tard, presque jour pour jour, la reine donnera un troisième héritier mâle à la couronne. Le 25 avril 1608, la chambre de l'ovale retentit des cris d'un petit duc d'Anjou. La Boursier raconte que l'enfant est apparu le visage tourné vers le ciel, une particularité assez rare que la sage-femme regarde comme un heureux présage. Dans l'exultation générale, Mademoiselle de La Renouillère – dont les rides effrayaient le dauphin – perd sa dernière dent en embrassant un valet avec trop de fougue ! Un obscur prosateur ardennais lâche également la bride à son enthousiasme : « O plus qu'agréable printemps ! qui donne à son entrée une si riche et odorante fleur : fleur vraiment royale ! qui des éclats de sa beauté, relève l'or de notre France, et qui jointe à deux unités, parfait le nombre ternaire des trois lys de la couronne. Un troisième fils de France ! c'était là le seul but de nos souhaits, la fin de nos espérances plus chères ! »

Ces naissances, en renforçant la popularité de Marie de Médicis, la rendent de plus en plus ombrageuse. Ce n'est plus la Florentine rougissante de 1601, à qui le Vert-Galant pouvait écrire : « Vous faites tout ce que je veux ; c'est le vrai moyen de me gouverner. » Dans la plénitude de ses trente-cinq ans, elle se sait en position de force, face à un mari déclinant, « vieillard » de cinquante-cinq ans – selon les critères de l'époque – et qui d'ailleurs paraît plus que son âge. La reine n'ignore pas non plus les périls qui entourent le roi. Que demain il vienne à disparaître : la marquise de Verneuil ne tenterait-elle pas encore d'asseoir son fils sur le trône ? Las de ces criailleries continuelles, Henri s'enfuit un jour à Chantilly. Marie lui adresse un « avis au roi », dont le ton – bien que tempéré par la main même de Sully – est majestueux et déjà souverain : « Laissant à part ce qui touche mon particulier, mettant seulement en considération la tranquillité de votre royaume qui ne peut être conservée à l'avenir que par la certitude de votre succession à vos vrais et légitimes enfants, laquelle cette femme [Henriette d'Entraigues] et tous ceux qui la favorisent et lui donnent conseils essaient de mettre en doute, espérant par ce moyen dissiper cet État. Que cette juste considération vous fasse revenir en vous-même et user envers vos enfants, votre État, envers moi, de cette douceur, clémence et miséricorde que vous n'avez jamais déniées à aucun de vos ennemis. »

À son retour, Henri se plaint à son ministre d'avoir « reçu une lettre de [sa] femme, la plus impertinente qu'il soit possible. Mais, ajoute-t-il, je ne m'en offense pas tant contre elle que contre celui qui l'a dictée ». Courageusement, Sully avoue alors la part qu'il a prise à la rédaction de cette philippique. Le roi qui, en réalité, n'attendait rien d'autre, lui ouvre son cœur. Il récapitule les défauts de son épouse : son esprit vindicatif, sa sévérité envers lui. Il l'accuse en outre de paresse, ou, pour le moins, de fuir la peine, si elle n'est poussée à l'embrasser par passion. Et surtout, pourquoi ne place-t-elle sa confiance que dans les Concini, « des garnements qu'il eût dû renvoyer en leur pays dès leur arrivée » ? Sans doute causeront-ils un grand malheur à la France...

Sully plaide en faveur de la reine, qui est « bonne et prudente ». Une fois de plus, il se propose de jouer les conciliateurs. Marie de Médicis lui répondra que tout le mal vient des « amourettes du roi ». Elle est à bout de patience. Finement, elle ajoute qu'elle n'a pas assez d'esprit pour tolérer plus longtemps les insolences de la marquise de Verneuil : « Je n'ai plus le courage de supporter qu'elle parle de moi irrévéremment, ni que cette *poutane* parle de mes enfants de façon que si elle les voulait mettre en comparaison des siens ! »

Sully se fait maintenant l'avocat de Henri IV, évoquant ses « infirmités » : « Il est nécessaire que le plus faible et le plus obligé ne forge pas des offenses de gaieté de cœur », conseille-t-il à la reine. Celle-ci accepte une trêve, mais le roi, excédé, porte ses doléances auprès de l'ambassadeur de Toscane. Le grand-duc Ferdinand se permet alors de sermonner sa nièce. La réponse de Marie est cinglante. Elle ne saurait admettre « d'être ainsi traitée par sa famille comme une petite fille, une enfant, qu'elle était reine de France, mère de cinq enfants et qu'elle refusait de se soumettre plus longtemps à cette discipline ».

Marie a d'ailleurs à se plaindre d'un autre de ses parents florentins, son oncle Giovanni de Médicis. Homme de guerre et de talent, ingénieur à ses heures, le demi-frère de François et de Ferdinand espère profiter de sa générosité : « Envoyez-lui encore six mille écus sous mon crédit, conclut sèchement la reine à son trésorier, payables dans un an. Il me paiera l'intérêt. Je ne puis mieux faire ; mes affaires sont en trop mauvais état. Il faut que je réduise ma dépense, qu'il réduise la sienne. »

Don Giovanni ne tarde pas, au surplus, à s'acoquiner avec Henriette d'Entraigues, qui a déployé pour lui tous ses charmes ! C'est la goutte d'eau qui fait déborder le vase. Marie de Médicis, se répandant en invectives, exige le retour à Florence de l'oncle félon : « Je suis très mécontent de don Jean et de ses intrigues avec la marquise de Verneuil. Il m'a fait plus de tort en *flattant* le roi que ne m'en ont fait tous mes ennemis. »

Cet épisode sera toutefois le chant du cygne de la favorite. Désormais, elle réside fréquemment à Verneuil, se dérobant aux assiduités d'un galant de moins en moins vert. Certes, ce dernier lui adresse toujours des billets doux, mais ils ne brûlent plus de la flamme de naguère. Au terme de dix années de vexations, Marie de Médicis semble triompher enfin. L'évocation de sa rivale ne déclenche même plus son ire. À quoi bon ? Henri s'en réjouit dans une missive à Henriette, datée de septembre 1608, sans s'apercevoir que l'indifférence de la reine consacre la défaite de sa maîtresse : « Mon cher cœur, je montrais hier soir votre lettre à ma femme. Je la regardais au visage, si je verrais de l'émotion quand elle lisait votre lettre, comme d'autres fois j'avais vu quand l'on parlait de vous. Elle me répondit sans aucune altération que j'étais le maître, que je pouvais ce que je voulais. Il y a longtemps qu'elle ne vous avait nommée sans rougir. »

MARIE DE MÉDICIS

Le couple royal s'installe dans une routine confortable. Les années passant, Henri IV se prendrait-il à aimer son épouse ? À l'instar des grands séducteurs, il a toujours été effrayé par le dépouillement personnel qu'implique une authentique relation affective. Il lui a fallu considérer le bien de son peuple et les vœux de ses sujets pour « se vaincre soi-même sous les lois du mariage » – selon la belle formule de Richelieu. Cependant, Gabrielle d'Estrées, Henriette d'Entraigues et les autres n'ont pas été les conquêtes d'un monarque « libéré », mais bien davantage les maîtresses d'un homme livré à l'esclavage de ses pulsions. Telle est la tragédie du Vert-Galant, de plus en plus pitoyable à mesure que l'âge lui arrache sa carapace d'ironie et d'égoïsme.

Éternel inassouvi, en proie à de soudains accès de mélancolie, le roi trouve, auprès de l'épouse que la politique lui a imposée, auprès de la mère de ses enfants, un « suprême contentement d'esprit ». Paradoxalement, Marie est la seule capable – entre deux disputes – « d'adoucir ses ennuis et de dissiper les nuées de son cœur ». Il abandonne peu à peu son existence nomade, veille avec davantage de prévenances sur la reine qui, en 1609, sera enceinte pour la quatrième année consécutive. Persuadé que la mort le guette, le roi sait que Marie lui survivra. Aussi lui confie-t-il ses secrets, la prépare-t-il à sa mission prochaine. Elle-même évoque ouvertement la question. Elle demande au maître des requêtes du Tillet certains anciens registres du parlement, « pour voir comment on en avait usé du temps de Catherine de Médicis et des autres reines précédentes »...

Néanmoins, les blessures restent à vif. D'autant plus que le Vert-Galant ne renoncera jamais à ses infidélités, comme on le verra bientôt. Sully relate, dans ses *Économies royales*, la scène dont il est témoin, au matin du jour de l'an 1609. Selon la coutume, le ministre vient offrir au roi des jetons d'or pour ses étrennes. Henri IV et Marie de Médicis le reçoivent dans le grand lit qu'ils partagent. La reine, le dos tourné, ne semble pas encore éveillée. Sully lui tend tout de même ses pièces d'or : « Madame, en voici aussi pour Votre Majesté. » Le roi le coupe : « Donnez-les-moi. Elle ne dort pas, mais c'est qu'elle est furieuse, toute la nuit elle n'a fait que me tourmenter, et ne vous a pas oublié ! » Sur ces mots, Henri se lève et, en chemise de nuit, entraîne son visiteur dans son cabinet, où il l'entretient longuement « des mauvaises humeurs » de sa femme. Il lui reproche surtout d'être trop « espagnole » – c'est-à-dire trop favorable à une alliance avec Madrid. C'est pour cela qu'il ne peut se fier entièrement à elle...

Les lettres que le roi adresse à la reine, au cours du printemps suivant, dénotent toutefois une complicité sereine, acquise au prix de longues luttes : « Mon cœur, je ne passerai plus que cette journée sans vous voir ; le temps m'a plus duré qu'à vous... » Ou encore : « Mon cœur, j'eus hier beaucoup de plaisir de mes oiseaux ; je crains bien de n'en avoir pas tant aujourd'hui, car le vent est fort grand et la pluie me semble prochaine. J'ai fort toussé cette nuit et mal dormi, ayant bien fort la migraine. Je m'en vais voir si la chasse du cerf me la fait passer... »

Et si, d'aventure, quelqu'un ose évoquer devant Marie ses querelles domestiques, elle a tôt fait d'accuser les médisants, « jaloux de l'amitié particulière et bonne intelligence [...] entre nous, [et qui] voudraient bien y semer quelque division ». Non sans élégance, elle ne craint pas de prétendre : « Il n'y a point eu de mauvais ménage entre le roi Mondit Seigneur et moi, comme ils disent. »

Ainsi, le grand public méconnaîtra-t-il longtemps les dissentiments qui ont opposé Henri IV et Marie de Médicis. Et l'auteur du *Panégyre* [sic] *du couronnement de la reine* ne croira pas injurier la vraisemblance en écrivant cette phrase qui, aujourd'hui, prête à sourire : « Ce mariage a été si agréable à Dieu qu'il est affranchi de toutes les épines, les croix et les malheurs des autres conjonctions... »

Le ballet, apparu à la cour de France avec les Valois, va connaître sa pleine efflorescence sous l'impulsion de Marie de Médicis. Ce genre artistique s'est développé parallèlement à l'opéra italien. Spectacle total, il associe chorégraphie, musique, chant et poésie. Les souverains eux-mêmes ne dédaignent pas de s'y produire, somptueusement travestis, entourés de leurs courtisans, dans une vision idéalisée du monde, où triomphent au final la Concorde, la Félicité ou l'Innocence. Sous le haut patronage de la reine, travaillent les meilleurs versificateurs, Jean de Ligendes, Mathurin Régnier – et d'abord François de Malherbe –, ainsi que les compositeurs les plus connus de l'époque, comme le Normand Pierre Guédron.

En 1601, Marie avait admis Henriette d'Entraigues dans son *Ballet des seize vertus*. Huit années plus tard, la marquise vit retirée sur ses terres, et la reine peut croire que le *Ballet des nymphes de Diane*, qu'elle prépare depuis des mois, célébrera sa propre apothéose. L'obligeant Malherbe a poli des stances mercenaires, exaltant la gloire de la seule souveraine. Telle une idole païenne, elle sera nimbée de douze jeunes étoiles, à peine couvertes d'un crêpe transparent...

MARIE DE MÉDICIS

« Une reine, qui les conduit,
De tant de merveilles reluit
Que le soleil, qui tout surmonte,
Quand même il est plus flamboyant,
S'il était sensible à la honte,
Se cacherait en la voyant. »

Le hasard voudra, le 16 janvier 1609, que le Vert-Galant pénètre dans le cabinet de la reine, au Louvre, pour assister aux répétitions. Marie a été bien imprudente ! Pourquoi donc a-t-elle composé sa ravissante cohorte des plus irrésistibles créatures de la cour ? L'une d'elles, Charlotte de Montmorency, « merveilleusement blanche », est « d'une beauté miraculeuse. » En entrant, le roi voit surgir cette nymphe de quatorze ans, presque nue, qui, par jeu, le vise en plein cœur d'une flèche d'or de son carquois. À l'instant, le barbon défaille, follement épris de l'adolescente.

Selon un scénario bien rodé, il s'agit de dénicher à la demoiselle un époux complaisant. Or le père de celle-ci, le connétable de Montmorency, l'a déjà fiancée à Bassompierre, compère de Henri IV... et dangereux séducteur. Le roi n'aura guère de mal à le convaincre de s'effacer devant lui, en le récompensant d'un titre ducal. À la place, Charlotte épousera Henri II de Bourbon, prince de Condé. Le cousin du roi – « Monsieur le Prince », comme on l'appelle – apparaît le candidat idéal. Il est à la fois pauvre, laid et homosexuel. De plus, sa légitimité est contestée. Héritier présomptif du trône jusqu'à la naissance du dauphin, le premier prince du sang a depuis lors été tenu en lisières. Le roi ne doute pas que ce terne personnage fermera les yeux sur l'inconstance de sa future épouse, d'autant plus aisément que les noces s'assortiront d'une riche pension...

Cette union insolite est consacrée à Chantilly, le 17 mai 1609, dans la plus stricte intimité. Mais à peine marié, Condé se découvre d'une jalousie furieuse. Il séquestre la nouvelle princesse. Le roi, rongé par le désir, se livre alors à de grotesques manigances afin d'approcher la belle captive, se déguisant en bûcheron ou en valet de chiens. Il va jusqu'à prier la reine elle-même de rappeler Charlotte ! Marie de Médicis lui rétorque du tac au tac qu'il a déjà mis trente maquerelles sur l'affaire, et qu'elle ne sera certainement pas la trente et unième. Enfin, au terme de maintes péripéties ridicules, le 29 novembre, le prince de Condé contraint sa femme à s'enfuir avec lui à Bruxelles, capitale des Pays-Bas espagnols – approximativement l'actuelle Belgique –, alors gouvernés par l'infante Isabelle et son mari, l'archiduc Albert.

Trois jours auparavant, Marie de Médicis a mis au monde son sixième enfant, Henriette-Marie, qui épousera l'infortuné roi Charles Ier d'Angleterre. Cet ultime accouchement la laissera longtemps prostrée et languissante, sans doute à la suite d'une hémorragie interne. Au cours des semaines précédentes, tous les divertissements de la cour ont dû être annulés, pour préserver le repos de la reine qui a beaucoup maigri : « J'ai été travaillée de coliques et suffocation intérieure, dont j'ai enduré beaucoup de douleurs », écrira-t-elle à sa sœur, la duchesse de Mantoue. Sans doute la grossesse a-t-elle été rendue plus difficile encore à cause des extravagances du roi. Néanmoins, celui-ci a daigné s'inquiéter, jusqu'à en oublier quelquefois son inaccessible amour.

« L'enlèvement innocent », perpétré par le prince de Condé, ranime – s'il en était besoin – la frénésie du vieux céladon. Pour délivrer sa bien-aimée, Henri IV, en héros de mauvais roman, est prêt à partir en guerre. Or, la tension internationale atteint justement un niveau critique. Madrid, après avoir dominé le XVIe siècle, voit son influence décliner. Les Provinces-Unies – la Hollande d'aujourd'hui – ont obtenu, le 9 avril 1609, une trêve de douze ans, équivalant à une reconnaissance tacite de leur sécession. Avec Sully, le roi de France médite un « grand dessein » qui préfigurerait notre actuelle Union européenne. Pour le réaliser, il projette de s'allier avec le duc de Savoie, afin de réduire l'Italie à son obéissance. De même, il libérerait les Flandres de la tutelle des Habsbourg. Et puisqu'il faut un prétexte, la crise provoquée par la succession des duchés de Clèves et de Juliers, en Rhénanie du nord, justifierait à elle seule une intervention militaire.

En effet, après la mort du duc Jean-Guillaume, le 25 mars 1609, les troupes du marquis de Spinola se sont emparées de la citadelle de Juliers, au nom de l'empereur Rodolphe II. Les princes protestants d'Allemagne ont appelé à l'aide Henri IV, qui hésitait à intervenir. Mais, aujourd'hui, le Vert-Galant obéit à un mobile plus puissant, comme l'exposera Richelieu dans ses *Mémoires* : « La sincérité que l'Histoire requiert m'oblige à ajouter [...] que l'amour n'était pas la dernière cause de ce célèbre voyage, car il est vrai qu'il voulait se servir de cette occasion à contraindre l'archiduc [Albert] à lui remettre Madame la Princesse entre les mains. [...] Ainsi l'amour, lui fermant les yeux, lui avait servi d'aiguillon... »

En vérité, la passion dévorante du roi pour une fillette dont il pourrait être le grand-père, devient nettement pathologique. Le 14 mars 1610, l'ambassadeur d'Espagne, don Inigo de Cardenas, le constate, dans un rapport à son maître : « L'on m'a conté que, si on lui donnait la princesse de Condé, [Henri IV] donnerait le dauphin et tous ses autres fils, ce qui me fait croire que ce roi risquera tout pour ses amours. Il en a la santé très altérée, a perdu le sommeil, et donné à croire à quelques personnes qu'il perd la tête. Lui qui cherche toujours la compagnie, reste maintenant seul deux ou trois heures à se promener mélancoliquement. On dit que la nuit, il veille quelquefois, en parlant et disant "ma princesse" avec la sérénissime infante, ou le roi d'Espagne. »

La reine s'afflige de voir l'esprit de son mari flotter ainsi aux frontières de la démence. Elle fait prier dans de nombreuses églises, espérant que Dieu le détournera de sa funeste entreprise. Beaucoup de Français, à son exemple, sont défavorables à un conflit où le royaume, au prix d'une alliance contre nature avec les luthériens, combattrait la très catholique Espagne. Henri lui-même, dans un bref éclair de lucidité, laisse échapper : « J'ai autant d'envie de faire la guerre que de me jeter à la nage en mer. » Cependant, il va continuer sur cette voie, comme fasciné par un sort inexorable, en dépit des supplications de son épouse : « Outre le regret qu'elle a de son éloignement, peut-on lire sous la plume de Richelieu, [elle] entre en appréhension du succès d'une si haute entreprise ; elle essaie de l'en divertir, lui remettant devant les yeux la jeunesse de son fils, le peu d'expérience qu'elle a dans les affaires, et le nombre de ses années, qui lui conviaient à jouir paisiblement du fruit des victoires qu'il avait si chèrement acquises. Mais en vain... »

Dès lors, Marie de Médicis songe plus que jamais à assurer l'avenir. Des astrologues n'ont-ils pas prophétisé que Henri IV mourrait dans sa cinquante-huitième année ? La fameuse nonne Passitea a exhorté la reine à se faire couronner, car bientôt elle aura besoin d'affirmer son autorité. Jusqu'à présent, le roi n'a pas voulu en entendre parler. Pourtant, Catherine de Médicis, Élisabeth d'Autriche – l'épouse de Charles IX – et bien d'autres reines avant elles ont reçu l'onction du sacre. Longtemps, Henri semblera s'y opposer, par une sorte de terreur superstitieuse. Ne lui a-t-on pas prédit, en effet, qu'il sera tué à la première grande magnificence qu'il fera, et qu'il mourra dans un carrosse ? Ainsi, lui, le grand capitaine, s'alarme-t-il au moindre incident, dès qu'il circule en voiture. Un jour, effrayé par un cahot, il se précipite avec une telle impétuosité sur la reine qu'il lui égratigne le crâne avec les broches de diamants qu'elle porte dans les cheveux.

Et voici maintenant qu'il balaie d'un geste toutes ses appréhensions. Veut-il forcer son destin ? Peut-être caresse-t-il la dérisoire espérance que Condé rentrera à Paris pour la cérémonie, et avec lui Charlotte. Fin mars 1610, Cardenas relate à Philippe III d'Espagne : « Ces jours-ci, le roi a voulu amener la reine à écrire à Son Altesse l'infante d'envoyer la princesse pour le couronnement ; la reine s'en est fait excuser par le confesseur du roi. [...] Le roi est entré dans une violente colère et a dit que la reine ne serait pas couronnée et qu'on ne ferait rien qui lui déplût. La reine en a pleuré et en est fort affligée, ainsi que de l'ardeur avec laquelle le roi presse une de ses dames... »

Car s'il brûle d'un feu nécessairement platonique à l'endroit de la princesse de Condé, le Vert-Galant n'a pas renoncé à de plus charnelles distractions. L'une des demoiselles d'honneur de la reine, Charlotte de Fontlebon, paraît assez à sa convenance. Marie, plus intraitable que jamais, déclare qu'elle « prend patience à grand-peine pour le dehors de sa maison, mais pour le dedans, elle mourrait plutôt que de le souffrir ». Redoublant de courage, elle envisage même d'arracher sa victime désignée à l'impudicité du roi. Ce dernier, hors de lui, débarque à Fontainebleau, pour lancer à sa téméraire épouse que si elle s'avisait de faire partir Mademoiselle de Fontlebon, « il la ferait sortir aussi et la renverrait en Italie avec son Conchine ».

En attendant, c'est Condé qui, au mois d'avril, quitte les Pays-Bas pour la Lombardie. Henri songe alors à faire enlever Charlotte, demeurée à Bruxelles. Mais sa tentative est un échec. Il a fait l'erreur d'informer la reine de son plan. Marie s'est empressée de le dénoncer à l'ambassadeur d'Espagne. Dorénavant, plus rien ne peut contrarier la promenade militaire qui doit conduire les armées françaises, à travers les Flandres, jusqu'à Juliers. Henri IV compte partir le 19 mai. Auparavant, il aura transmis la régence à Marie de Médicis, et elle sera sacrée... Dans ses *Mémoires*, Richelieu énumère les préceptes de bon gouvernement que le roi enseigne à sa femme, comme si le Béarnais pressentait que son départ serait définitif.

La reine devra se méfier de ses passions, ne pas changer trop fréquemment de ministres, ni se laisser diriger par des étrangers. Henri IV trace les grands axes d'une politique réaliste : maintenir les parlements dans leur seul rôle judiciaire ; ne point partager le pouvoir avec les grands, mais acheter leur soumission par des faveurs ; ménager les jésuites tout en les surveillant ; ne pas exciter les huguenots, même s'il faudra un jour les réduire par la force... Quant au dauphin – bientôt le roi Louis XIII –, il conviendrait peut-être de le marier à l'héritière de Lorraine, afin d'annexer cette vaste enclave à l'est du royaume. Mais, sur ce point, Marie de Médicis ne partage pas l'opinion de son mari.

Dès le 20 mars 1610, Henri IV a parlé d'instituer un conseil de régence de quinze membres – composé de cardinaux, de ducs, de maréchaux et de ministres. La reine l'aurait présidé, sans toutefois y disposer d'une voix prépondérante. D'ailleurs, l'autorité de l'État aurait été diluée à travers quatorze autres petits conseils dépendant du premier. Dans chacun, auraient siégé un membre du clergé, un de la noblesse, de la magistrature, de la finance et du corps de ville. Ce système complexe – préfigurant la polysynodie de Philippe d'Orléans en 1715 – aurait sans doute été parfaitement inefficace. Sans rien décider concrètement, Henri IV – avec un humour que l'avenir rendra prémonitoire – s'amuse à appeler son épouse « Madame la régente »...

Le 6 avril, le parlement reçoit des lettres patentes, disposant que le sacre et le couronnement de la reine auront lieu à Saint-Denis, avant une entrée officielle dans Paris. Le roi semble désormais partager la satisfaction de son épouse. Il se préoccupe du détail des réjouissances, voulant que leur éclat et leur somptuosité soient incomparables. Pourtant, de sombres pressentiments lui reviennent parfois : « Ah, mon ami, que ce sacre me déplaît ! avoue-t-il à Sully. Je ne sais ce que c'est, mais le cœur me dit qu'il m'arrivera quelque malheur. [...] Ah ! maudit sacre ! Tu seras cause de ma mort ! »

Dans sa hâte d'exorciser son angoisse et de partir en campagne, Henri a d'abord fixé les festivités au 5 mai. Mais le délai se révélera trop court, en dépit des huit cents ouvriers qui peinent jour et nuit. Le *Mercure français* donne ce récit piquant de la fièvre des dernières semaines : « Le prévôt des marchands et les échevins s'employèrent aux préparatifs de cette entrée avec une extrême diligence, et supplièrent Sa Majesté que le jour arrêté fût remis à la fin de mai, à cause de la brièveté du temps pour achever les préparatifs commencés. "Prêt ou non prêt, leur dit le roi, le couronnement se fera le 13 de mai et l'entrée le dimanche ensuivant." Ce que l'on fit publier par tous les bailliages et sénéchaussées, même avec trompettes par les places publiques de Paris. »

Dans la soirée du 12 mai, le roi et la reine, avec leurs proches, vont s'installer à l'abbaye de Saint-Denis. À peine arrivée, la pieuse Marie de Médicis entame ses oraisons. Henri, très grave, lui demande : « M'amie, confessez-vous pour vous, et pour moi. »

Bien des années plus tard, Marie de Médicis se souviendra de son sacre comme du plus beau jour de sa vie. « Oui, précisément, c'était comme le Paradis, confie-t-elle déjà à Andrea Cioli, ambassadeur extraordinaire de Toscane, quelques semaines après l'événement, encore dans l'émotion de l'assassinat du roi. N'est-il pas vrai, Messieurs, que la cérémonie de mon couronnement a été semblable en beauté à l'ordre divin du Paradis ? »

Dès l'aube, alors qu'un chaud soleil commence à briller, « Saint-Denis se vit plein d'une innumérable quantité de peuple de toutes qualités, pour tâcher à voir cette cérémonie », rapporte le *Mercure français*. La procession, depuis l'abbaye jusqu'au portail de la basilique, ne s'ébranlera pourtant qu'après midi. Le prévôt de l'hôtel chemine en tête, entre une double haie de gardes, flanqué de ses archers en ordonnance. Puis viennent les suisses – en uniforme de velours tanné, blanc, bleu et incarnat, aux couleurs de la reine –, les deux cents gentilshommes d'honneur de la chambre du roi, et les musiciens dans leurs plus beaux atours. Sur leurs talons, marchent les hérauts d'armes en cottes d'armes, et les huissiers de la chambre portant leurs masses. Les chevaliers de l'ordre du Saint-Esprit arborent leur grand cordon. Le duc de Guise et son frère apparaissent ensuite, tous deux richement couverts de drap d'or et de pierreries. Le duc de Vendôme et son frère Alexandre veillent sur le sceptre et la main de justice. Enfin, le prince de Conti, qui précède la reine, porte sa couronne. Marie de Médicis est revêtue d'un lourd manteau royal de velours bleu-vert, avec un surcot d'hermines, enrichi de diamants de grande valeur et semé de fleurs de lys d'or. Ruisselant de diamants, de rubis et d'émeraudes, elle est abritée par un riche « poêle », que tiennent les cardinaux de Gondi et de Sourdis. Le dauphin à droite, et le duc d'Orléans à gauche, soulèvent les pans du manteau de leur mère.

Après la reine, la princesse de Conti, les duchesses de Montpensier et de Guise portent les huit mètres de sa traîne – « et celles desdites dames [sont] portées par de grands seigneurs vêtus de drap d'or, et leurs capes aussi couvertes de riches pierreries ». La princesse Élisabeth – la petite Madame –, du haut de ses huit ans, est fièrement parée. La première épouse de son père, la reine Margot, avance à sa suite, sous un dais, comme Marie de Médicis. Malgré ce privilège, comment n'éprouverait-elle quelque amertume ? Sans l'inclémence de l'Histoire, c'est elle, aujourd'hui, qu'on devrait honorer...

« Toutes les dites princesses avaient leurs couronnes sur leurs têtes, enrichies de grosses perles, rubis, et diamants, excepté celle de Madame de Montpensier qui était d'or seulement », précise l'une des nombreuses brochures relatant l'événement. Dans la nef de Saint-Denis – la nécropole des rois de France –, se presse une foule de sept à huit mille fidèles. Alors que sous les voûtes gothiques résonne la note claire des hautbois, la reine s'agenouille pour prier au pied du maître-autel.

Au milieu du chœur, se dresse un grand « échafaud » – une estrade – recouvert de riches tapis, de draps d'or et de velours cramoisi. À l'arrière, un trône, légèrement surélevé, est surmonté d'un dais. De part et d'autre, on a édifié dix-neuf rangées de gradins, où les gentilshommes, les dames et autres « gens d'apparence » prennent place, selon des règles protocolaires très strictes. Il se produira bien quelques disputes de préséance. L'ambassadeur de Toscane traite ainsi le représentant des Provinces-Unies d'« animal aquatique ». Quant au Vénitien, il refusera le prédicat d'Excellence à son collègue espagnol. Celui-ci le soufflette de son chapeau... avant d'esquiver un coup de poing vengeur. On manque de tirer l'épée, mais l'intervention du nonce rétablit le calme.

Le cardinal de Joyeuse préside, revêtu des ornements pontificaux. C'est le même qui, dix ans auparavant, a accueilli Marie de Médicis à Marseille. C'est lui encore qui, en 1606, a baptisé le dauphin. Il est assisté des cardinaux de Gondi, de Sourdis et du Perron, d'un grand nombre d'évêques, d'abbés et de prélats. La reine embrasse dévotement un reliquaire, avant de s'asseoir sur son trône. La reine Marguerite et les autres princesses lui font la révérence et prennent place, chacune à son rang.

Le roi n'a pas voulu paraître durant la cérémonie, afin d'y laisser la première place à son épouse. Il se tient dans une loge vitrée superbement décorée, à droite de l'autel, en compagnie des princes, des ducs et des maréchaux de France. Gai, enjoué, il ne laisse rien paraître de ses inquiétudes récentes. Cet homme au tempérament peu mystique assiste à ces rites immémoriaux comme à un spectacle. Il a mis manteau et chapeau bas. Et il observe les uns et les autres, en décochant des remarques malicieuses. Le cardinal de Joyeuse, gros et gras comme il est, doit bien souffrir de jeûner si tard ? Et la reine Margot, avec sa réputation de paresse, comment a-t-elle pu se lever si tôt ? Cependant, il n'a que des paroles d'admiration à l'égard de son épouse : « Il dit ne l'avoir jamais vue si belle, et bien qu'il semblât que le soin de se lever matin, et la peine d'une journée si contrainte et cérémonieuse y dût faire quelque préjudice, elle n'eut jamais le teint plus beau, plus frais ni plus net. »

Ramenée devant l'autel, la reine se prosterne, la face contre terre, en récitant son oraison. Tandis qu'on la relève sur les genoux, le cardinal de Joyeuse verse le saint chrême sur une platine. Il en marque Marie au front et à la poitrine : « Au nom du Père, et du Fils, et du Saint-Esprit. Cette onction d'huile te profite en honneur et confirmation éternelle. » Il glisse à son doigt l'anneau du sacre. Entre ses mains, il place le sceptre royal et la main de justice. Puis la grande couronne de France, soutenue par le dauphin et sa sœur, se pose un instant sur la tête de la reine, transfigurée d'orgueil. On ne tarde pas à lui en substituer une plus petite, d'un prix inestimable, toute rehaussée de diamants, de rubis et de perles. Le cardinal prononce alors la phrase sacramentelle : « Prends cette couronne de gloire, honneur et liesse, afin que tu reluises splendide, et sois couronnée de joie perdurable. »

C'est sous son dais que la reine entend la messe. Le prince de Conti dépose la grande couronne sur un escabeau auprès duquel il reste à genoux. Les princes qui portent le sceptre et la main de justice se tiennent en retrait, de part et d'autre de la reine. À l'offertoire, celle-ci retourne vers l'autel, en bel ordre. Dans son *Histoire de la mort déplorable de Henri IV*, Pierre Matthieu dépeint la suite, en témoin oculaire : « Quand elle se leva de son trône pour venir à l'offrande, l'humilité se retira toute en son cœur et ne laissa que la douceur en ses yeux. La majesté parut sur elle et autour d'elle, d'une façon si auguste et vénérable qu'en marchant, il semblait de voir, non une reine mais une déesse. »

Il y a, dans cette phrase, Marie de Médicis tout entière. Son prestige qui s'impose à chacun, et que l'on ressent encore aujourd'hui, lorsque l'on admire, au musée du Louvre, la série des grands tableaux de sa vie, magnifiés par Rubens. Henri IV, quittant son ton goguenard, ne peut, à ce moment, retenir cette exclamation : « Je n'ai jamais rien vu d'aussi beau que ma femme ! Vraiment cela est faire la reine ! »

Après la consécration, la reine est de nouveau menée vers la sainte table. Elle y communie avec « grande dévotion et révérence ». L'office achevé, l'un des hérauts crie « largesse de par la reine ». Grande quantité de pièces d'or et d'argent sont jetées à la foule qui exprime bruyamment son allégresse, mais en omettant – note L'Estoile – de crier comme de coutume : « Vive le roi ! vive la reine ! » Frappées pour la circonstance, ces médailles montrent le profil de Marie et, au revers, une couronne ornée de lauriers, de palmes et de branches d'olivier, avec cette légende latine : *Saeculi felicitas* – Le bonheur du siècle.

« Messieurs, voilà votre roi. » Au cours du banquet qui suit le sacre de la reine, Henri IV, saisissant le dauphin dans ses bras, le désigne à l'assemblée de cette étrange manière, comme s'il se considérait déjà d'un autre monde... Facétieux tout au long de la cérémonie, le Vert-Galant s'est ensuite amusé à jeter quelques gouttes d'eau sur la reine, depuis une croisée de l'abbaye, tandis qu'elle y rentrait en pompeux cortège.

Désormais, de nouveau, les nuages semblent obscurcir son âme. Il accueille sa femme, les yeux embués, « avec tant de tendresse et d'affection qu'on eût jugé qu'il lui donnait les derniers embrassements ». Et la reine se met à l'unisson de la mélancolie de son époux : « Je considère que je ne puis recevoir que deux honneurs en cette église, voici le premier, l'autre sera à mon enterrement, quand il plaira à Dieu. »

IX

LE COUTEAU DE RAVAILLAC

« Voilà la reine sacrée, couronnée avec grande joie et magnificence, et au grand contentement du roi, mais le jour suivant, qui fut le vendredi 14ᵉ de mai, ô jour fatal à la France ! cette grande joie fut bien courte et de peu de durée et bien tôt changée en deuil. Terrible et misérable métamorphose ! » Tel le chœur grec se lamentant sur le sort des héros immolés, un écrivassier du temps lève ainsi le rideau sur un nouvel acte, tragique, de l'Histoire de France...

L'esprit humain réinterprète volontiers le passé à la lumière de ses développements futurs. Après le régicide perpétré par Ravaillac, certains incidents, en apparence anodins, prendront valeur de présage. Marie de Médicis en soulignera trois, survenus autour de son couronnement. Peu avant la cérémonie, la dalle qui ferme la crypte de Saint-Denis s'est brisée, et les ouvriers ont dû sceller l'ouverture à la chaux. Plus tard, la couronne a failli tomber de la tête de la reine. Enfin, la nuit suivante, une chouette a hululé lugubrement, voletant sans relâche autour de la chambre royale. D'ailleurs, Marie n'avait-elle pas, quelque temps auparavant, rêvé que le roi était tué de deux coups de couteau ? Elle s'était alors réveillée en sursaut, « par l'effroi de sa vision ».

Dès le soir du sacre, le roi et la reine ont regagné le Louvre. Dans le carrosse, Henri récapitule son programme des jours à venir. Il réglera le lendemain ses dernières affaires. Il chassera à courre le samedi. Les réjouissances de l'entrée de la reine occuperont tout le dimanche... Mais le roi laisse soudain tomber, comme absent : « Cela ne me touche pas, je ne le verrai pas. Vendredi, je vous dirai adieu... »

À la veille de son départ en guerre, Henri IV a tenu à offrir à son épouse l'apothéose qu'il lui avait refusée lors de son arrivée dans la capitale, en février 1601. Peut-être veut-il ainsi se faire pardonner sa mesquinerie d'alors ? Les *Mémoires* de Richelieu évoquent l'ampleur de ces aménagements en trompe-l'œil qui, de la porte Saint-Denis à Notre-Dame, bouleversent provisoirement la physionomie de la rive droite : « On ne voit qu'arcs triomphaux, que devises, que figures, que trophées, que théâtres qui doivent retentir de concerts. Partout on trouve des fontaines artificieuses pour marque de grâces représentées par les eaux ; grand nombre de harangues se préparent ; les cœurs se disposent à parler plus que les langues ; tout Paris se met en armes ; nul n'épargne la dépense pour se rendre digne de paraître devant cette grande princesse qui, vraiment triomphante pour être femme d'un roi révéré et redouté de tout le monde, doit entrer en un char de triomphe. »

Dans une plaquette fort rare et curieuse, publiée en 1611, Antoine Le Clerc, sieur de La Forest, créateur malheureux des *Stations faites pour l'entrée de la reine à Paris*, décrit son inutile ouvrage. Comme les Avignonnais, en novembre 1600, les Parisiens auraient été invités à parcourir, à la suite de Marie de Médicis, les étapes d'un « labyrinthe », à travers une surabondance de métaphores mythologiques, célébrant les louanges du mariage royal. Au gré des fantaisies savantes du sieur de La Forest, Henri IV et Marie de Médicis sont comparés à diverses divinités de l'Olympe. C'est, par exemple à la première station, le roi en « Jupiter pastoral » ; tandis qu'une statue d'Eunomie, fille de Thémis, brandissant balance et épi d'or, symbolise la reine éprise de justice. En un autre endroit, Marie de Médicis est représentée « sous l'image de Cybèle mêlée des traits de Pallas, pour montrer que sa puissance comme mère est fondée sur sa sapience et vigilance, cause de notre paix »...

Pour sa part, Pierre Matthieu – l'auteur de l'*Histoire de la mort déplorable de Henri IV* – semble au comble de la déception, lorsqu'il s'imagine le cortège merveilleux que personne n'aura pu contempler : « On eût vu la reine en sa litière faite à la façon des chariots triomphants, couverte dedans et dehors de toile d'or et d'argent frisée, [...] le poêle par dessus, Monsieur le dauphin à cheval, Madame et la reine Marguerite aussi en litière, dix princesses ou duchesses vêtues à la royale, les têtes couronnées, sur haquenées blanches avec les housses de toile d'argent, la queue des manteaux portée par les écuyers... »

Depuis plusieurs jours, rapporte le *Mercure français*, il se trouve à Paris « tant de peuple et de toutes qualités, que l'on ne pouvait aller presque par les rues, principalement aux endroits où la reine devait passer. [...] Chacun employait ses amis pour avoir quelque place en une fenêtre, ou quelque boutique et coin d'échafaud. [...] Bref, tout se préparait à une grande réjouissance, quand en un clin d'œil, un coup le plus malheureux qui fut jamais, la changea en une extrême douleur ».

Le vendredi 14 mai 1610, vers les quatre heures, Henri IV décide de rendre visite à Sully, à l'Arsenal. Il en profitera peut-être pour inspecter l'avancée des travaux de la porte Saint-Denis. Le roi a mal dormi. Toute l'après-midi, il a tourné dans le Louvre comme un vieux lion en cage, oppressé et nerveux. À plusieurs reprises, il a rendu visite à sa femme, pour tenter de retrouver son calme. La reine vient de dépêcher son aumônier à la Conciergerie pour faire libérer des prisonniers, à l'occasion de son entrée. Henri s'est bien efforcé de paraître gai. Il a joué avec ses deux fils cadets, d'Orléans et d'Anjou, mais le cœur n'y est pas. Ira-t-il chez Sully ? N'ira-t-il pas ? Un différend l'oppose à son ministre. Marie lui conseille de demeurer auprès d'elle : « Monsieur, n'y allez point, envoyez-y. Vous êtes en bonne humeur et vous irez vous fâcher ! » Cependant, Henri commande qu'on prépare son carrosse. Il embrasse sa femme avec effusion et lui promet de rentrer bientôt. « Chaque jour, le roi est plus amoureux de la reine », sourit la maréchale de La Châtre.

Quelques dizaines de minutes plus tard, rue de la Ferronnerie, Henri IV sera poignardé par un illuminé du nom de Jean-François Ravaillac. Il expire entre les bras de son ancien coreligionnaire, La Force, qui n'a que le temps de lui crier : « Sire, souvenez-vous de Dieu ! » Le duc d'Épernon assiste également au drame. Dès qu'il constate l'irréparable, il fait abaisser les portières de cuir de la voiture et piquer vers le Louvre, à vive allure.

Lorsqu'elle entend la rumeur extraordinaire qui s'élève depuis la cour du palais, Marie de Médicis passe la tête à la fenêtre de sa chambre pour en connaître la cause. Avisant Gilles de Souvré, le gouverneur du dauphin, elle redoute qu'un malheur ne soit arrivé à Louis qui vient, lui aussi, de sortir en carrosse. Peut-être craint-elle également pour son deuxième fils, le duc d'Orléans, à la santé si fragile. Souvré la rassure sur ses enfants, mais il ajoute que le roi est blessé. La reine, en pleurs, demande aussitôt à secourir son époux, et s'il est mort, à le voir. Le brouhaha envahit les couloirs du Louvre. La duchesse de Montpensier part aux nouvelles. Selon une légende apocryphe, Concini serait alors entré chez la reine en claironnant : « *E ammazzato !* Il est tué ! »

En réalité, Marie de Médicis, bousculant une troupe d'officiers en armes, fait irruption dans le cabinet du roi. Celui-ci est étendu, le pourpoint déboutonné, la chemise rouge de sang. Agenouillé près du cadavre, le cardinal de Sourdis récite encore la prière des agonisants. À la vue de « celui qu'elle honorait le plus en ce monde, privé de vie », la reine s'évanouit. Elle ne reviendra à elle que pour manifester un chagrin immodéré. Encore sous le choc, elle sanglote et répète, sans s'arrêter de hurler : « Hélas ! Le roi est mort ! le roi est mort ! » C'est alors que le chancelier Brulart de Sillery apparaît, tenant le petit Louis XIII par la main. Sans émotion – mais non sans panache –, il prononce ces paroles historiques : « Votre Majesté m'excusera, les rois ne meurent point en France. Voici le roi vivant, Madame ! »

Sillery, qui se révélera un personnage clef de la régence, prie Marie de Médicis de se retirer avec lui dans son petit cabinet. Là, en tête-à-tête, il lui tient des propos d'une grande fermeté : « Il faut prendre garde que nos pleurs ne rendent pas nos affaires déplorables, il les faut réserver à un autre temps. Il y en a qui pleurent, et pour vous et pour eux. C'est à Votre Majesté de travailler, et pour vous et pour eux. Nous avons besoin de remède et non de larmes. » Dans son rapport adressé à Florence le 18 juin suivant, l'ambassadeur Andrea Cioli reproduira une version plus virile encore de cette admonestation : « Madame, ce n'est pas le moment de pleurer, mais il faut prendre courage, car nous sommes tous ici pour vous qui avez maintenant à être homme et roi. »

Il n'en faut pas davantage à l'« indolente » Marie pour redevenir maîtresse d'elle-même. Une Médicis, d'ailleurs, ne saurait s'épouvanter bien longtemps d'un crime politique ! On lui demande d'être roi. Elle se souvient d'abord qu'elle est mère. Les petits princes ont été avertis du malheur qui les frappe. Louis s'est écrié, parlant de Ravaillac : « Ha, si j'y eusse été avec mon épée, je l'eusse tué ! » Quant au petit duc d'Orléans, éperdu, il réclame un couteau, refusant de survivre à son « papa ». Sans tarder, Marie de Médicis fait réunir ses enfants dans une même chambre, sous la protection du marquis de Vitry, le capitaine des gardes. Puis, elle lance aux sentinelles : « Vous m'en répondrez sur votre tête... »

La funeste nouvelle s'est répandue à travers la ville. De nombreux gentilshommes patrouillent dans tous les quartiers, afin de prévenir d'éventuelles émeutes. Des régiments sont postés aux points névralgiques et l'on ferme les portes. D'ailleurs, plutôt que de songer à la révolte, les Parisiens expriment une douleur extrême, comme le rapporte Pierre de L'Estoile : « Les boutiques se ferment, chacun crie, pleure et se lamente, grands et petits, jeunes et vieux, les femmes et les filles s'en prennent aux cheveux. »

Oubliés les impôts écrasants, les accusations d'hérésie proférées contre Henri IV, son autoritarisme, la guerre sacrilège qu'il s'apprêtait à mener au côté des protestants d'Allemagne contre les Habsbourg, champions du catholicisme. La postérité se souviendra seulement qu'au sortir des guerres de Religion, il a restauré l'unité du royaume, affermi la paix et la confiance dans l'État. La population s'accroît, les villes et le commerce sont en plein essor. Mais l'enrichissement est inégal. Et la misère sordide des paysans – en dépit du mythe de la « poule au pot » – n'a bien souvent rencontré que l'indifférence du bon roi Henri.

Marie de Médicis a laissé toute licence au duc d'Épernon. Elle n'aura d'ailleurs qu'à s'en féliciter, comme elle le confiera, un mois plus tard, à Andrea Cioli : « D'Épernon se conduisit admirablement dans ces circonstances, sortit immédiatement pour aller par la Cité calmer le peuple qui commençait à se soulever ; le duc de Guise en fit autant et tous les deux affirmèrent que le roi n'était pas mort et que ce ne serait rien. Ils mirent aussi des gardes à la Bastille et partout où il en était besoin, et cela fut promptement fait. Avec l'aide de Dieu, et grâce à ces prudentes et opportunes mesures, tout rentra dans l'ordre. »

Sans doute convient-il d'esquisser le portrait de celui qui va jouer un rôle si essentiel dans l'établissement de la régence de Marie de Médicis. Jean-Louis de Nogaret de La Valette, duc d'Épernon, jadis « archimignon » de Henri III, ancien ligueur, a longtemps résisté avant de se soumettre au Béarnais. Méridional arrogant et orgueilleux, jaloux de son indépendance, il saura, dans le contexte incertain qui suit le meurtre du roi, pleinement exercer ses talents d'homme d'action. D'autant que Sully – auquel d'Épernon s'est souvent heurté – se terre à l'Arsenal, tremblant pour sa propre sécurité.

Le duc, en sa qualité de colonel général de l'infanterie, rassemble au Louvre le régiment des gardes françaises, et fait armer les suisses. Le Pont-Neuf est occupé. En effet, le parlement se réunit provisoirement non loin de là, sur la rive gauche, au couvent des Grands-Augustins. La salle du Palais, où d'ordinaire se tiennent les séances, devait servir au banquet du dimanche, en clôture de l'entrée de la reine...

La reine comprend l'impérieuse nécessité de se faire proclamer régente. Par chance, aucun prince du sang n'est en mesure de lui disputer l'autorité suprême. Condé, comme on le sait, séjourne à Milan. Le comte de Soissons – qui a refusé d'assister au sacre à cause du nombre insuffisant de fleurs de lys accordé au manteau de son épouse – boude à quelques lieues de Paris. Seul, le prince de Conti est présent, mais il est presque imbécile ! Les conseillers de son défunt mari – Villeroy et le président Jeannin –, que la reine consulte, l'encouragent à s'emparer de la régence, en vertu de l'intention maintes fois exprimée par le roi au cours des semaines précédentes. Il faut cependant engager le parlement à confirmer cette prise de pouvoir. D'autre part, le chancelier de Sillery a perdu de sa superbe. Il refuse maintenant de sceller une déclaration qui risque de mécontenter le comte de Soissons.

Ici encore, l'intervention de d'Épernon apparaîtra décisive. Par l'entremise de Dolé – l'avocat de la reine –, il fait prévenir le Premier président du parlement, Achille de Harlay, de délibérer, afin de pourvoir « présentement et sans se départir, selon qu'il était accoutumé, à la régence et au gouvernement du royaume ». En vérité, la cour souveraine – composée de magistrats propriétaires de leurs charges – n'a pas eu à se prononcer sur cette question capitale depuis la folie de Charles VI, au XVe siècle. Certes, c'est une excellente occasion pour elle de renforcer son contrôle sur la monarchie. Mais les parlementaires hésitent à trancher en l'absence des cousins du roi assassiné, à qui une loi non écrite accorde le privilège de conférer la régence.

C'est alors que le duc d'Épernon – bientôt suivi du duc de Guise – fait irruption au milieu de l'assemblée. Il n'a pas pris la peine d'ôter son épée ni ses éperons, comme l'exige la tradition. Quelque temps auparavant, Concini a failli être rossé pour avoir pris pareille liberté. Mais il n'est plus l'heure de finasser. Henri IV n'a-t-il pas clairement indiqué à ses ministres que la régence devait revenir à son épouse, durant l'expédition qu'il projetait en Allemagne ? Pourquoi attendre davantage, au risque d'une guerre civile ? Puis, désignant sa lame, d'Épernon se fait subtilement menaçant : « Elle est encore dans le fourreau. Si l'on ne pourvoit pas à la sûreté de l'État, en déclarant la reine régente avant que la cour se sépare, il faudra bien l'en tirer, et je prévois qu'il y aura du sang répandu. Je sais que quelques-uns d'entre vous, Messieurs, demandent du temps pour délibérer, mais ce délai, si utile dans d'autres circonstances, serait imprudent dans celle-ci. Ce que je vous propose peut se faire aujourd'hui sans péril, mais ne se fera pas demain sans carnage. » Puis le duc redevient révérencieux. Habilement, il présente ses excuses au Premier président, pour sa tenue, due à l'impatience de la reine.

Les présidents de Thou et Potier se rendent en délégation au Louvre, où Marie de Médicis, « fort affligée », daigne les recevoir. Cela n'était pas indispensable pour persuader les parlementaires, inquiets des troupes massées par le duc de Guise autour des Grands-Augustins... Unanimes, ils votent les conclusions du procureur général de La Guesle, avant de signer l'arrêt déclarant « la reine mère du roi régente en France, pour avoir l'administration des affaires du royaume pendant le bas âge dudit seigneur son fils, avec toute-puissance et autorité ».

Marie de Médicis, aussitôt informée, fait remercier la cour, et lui enjoint d'attendre ses ordres. Le soir même, le parlement en corps viendra au Louvre rendre ses devoirs à la régente et au nouveau roi. Les conseillers de la chambre des Comptes, puis les princes, les officiers de la couronne et les gouverneurs présents à Paris, prêtent tour à tour serment de fidélité. Marie ordonne aux gouverneurs de rejoindre leurs provinces sur-le-champ, afin d'y prévenir toute révolte. Paris est calme.

Sans doute la Florentine est-elle satisfaite d'avoir évité une crise de succession. La dépouille du Vert-Galant n'est pas encore figée dans le froid de la mort, que sa veuve a déjà su se montrer digne de sa mémoire. Avec le crépuscule de ce 14 mai 1610, un « incroyable silence interrompu de soupirs » descend sur le palais du Louvre. Dans son lit, désespérément seule, Marie mesure sans doute davantage la perte qu'elle vient de subir. L'homme qui a partagé sa vie pendant dix années, entrecoupées de tempêtes et d'embellies, l'homme épousé sans amour, qui l'a tellement trompée, mais qui savait si bien l'entourer de sa rude et chaude affection, cet homme, le roi, l'a quittée à jamais.

Comme on aimerait qu'elle puisse entendre, Marie, chuchoté à son oreille, le pathétique *Adieu de l'âme du roi de France et de Navarre Henri le Grand*, que composera bientôt cette demoiselle de Gournay, que Montaigne appelait sa « fille d'alliance » :

« O reine, que parmi toutes les dames du monde, qui me désiraient sans m'espérer, j'avais élue pour ma compagne, afin de te rendre mère d'une plantureuse race, des plus puissants et des plus augustes rois qui portent couronne, est-ce toi, qu'à si grand regret je viens d'abandonner, seule épouse d'un seul époux, pleine de beauté, de chasteté, de jeunesse, de pleurs et d'enfants du plus illustre sang de la terre ? [...]

« Désormais, tu es roi, reine, et père et mère, et tout ainsi que tu commences à représenter la prudence des deux en la conduite des affaires, avise d'en représenter aussi la constance en ta consolation. J'ai bien fait, j'ai régné, j'ai vaincu, j'ai triomphé. Que me restait-il que de passer à Dieu, pour te mettre à même de conduire sagement mon fils en ma place, et du royaume et de la gloire que je possédais ? »

Le 15 mai 1610, dans l'aube blafarde du premier jour du règne de Louis XIII, la régente a convoqué toutes les chambres du parlement au couvent des Grands-Augustins, pour un lit de justice. Encouragée par ses ministres, Marie de Médicis décide d'y accompagner son fils. Le jeune roi – il n'a que huit ans et demi – a passé la nuit dans la chambre de sa mère, parce qu'il lui « venait des songes ». Mais, vers dix heures, c'est le visage serein qu'il traverse le Pont-Neuf sur une haquenée blanche, « intrépide », entouré par ses hauts dignitaires. La reine s'avance ensuite, comme ensevelie sous les voiles de son deuil.

Deux présidents et quatre conseillers accueillent les souverains à l'entrée de la salle des réunions. Une estrade a été hâtivement aménagée dans l'un des angles. Au pied des marches, Marie fait une profonde révérence devant son fils. Les pairs laïcs et ecclésiastiques se tiennent debout – sauf le vieux duc de Mayenne, qui souffre de la goutte. Puis, sur les degrés du trône où prend place Louis XIII, les grands s'installent, non sans quelques démêlés de préséance. Cependant, personne ne dispute les premiers rangs au prince de Conti ni au petit duc d'Enghien – le fils du comte de Soissons. En dessous, se placent le duc de Guise, le connétable de Montmorency, les ducs de Montbazon et de Sully. Plus bas encore, les maréchaux de France.

La régente, à peine assise à côté de son fils, se relève pour parler. Elle découvre son visage, boursouflé par le chagrin : « Messieurs, ayant plu à Dieu, par un si malheureux accident, retirer à soi notre bon roi, Monseigneur... » À ces mots, Marie s'interrompt. Des sanglots étouffent sa voix. Elle parvient pourtant à achever : « Je vous amène ici le roi mon fils, pour vous prier tous d'en avoir le soin que vous êtes obligés, pour ce que vous devez à la mémoire du père, à vous-mêmes et à votre pays. Je désire qu'en la conduite de ses affaires, il suive vos bons avis et conseils, je vous prie de les lui donner tels que vous aviserez en vos consciences pour le mieux. »

La reine redescend, soutenue par ses chevaliers, Châteauvieux et Concini. On la supplie de demeurer. Elle s'en défend d'abord, puis elle finit par céder. L'enfant-roi ânonne un bref discours appris par cœur. Il espère que Dieu lui fera la grâce d'imiter les vertus de son père et de suivre les conseils de ses bons serviteurs... Dans le tumulte général, personne ne l'écoute. Pour la seconde fois, Marie de Médicis fait mine de sortir, afin que le parlement puisse délibérer. Mais le Premier président de Harlay lui répond qu'il ne reste plus qu'à publier l'arrêt de la veille. Elle se rassoit donc, pour entendre le discours du chancelier de Sillery qui réaffirme la volonté de Henri IV de confier la régence à la reine. Achille de Harlay prononcera ensuite un vibrant hommage du défunt monarque et de son épouse. Il compare celle-ci aux autres régentes de l'Histoire, comme Bethsabée, mère de Salomon, et surtout Blanche de Castille.

Par ce lit de justice, la monarchie capétienne franchit une étape sur la voie de l'absolutisme. À première vue pourtant, le parlement sort renforcé de cette séance. Si Marie de Médicis est régente, n'est-ce pas parce qu'il l'a légalement investie ? En réalité, quelques heures seulement après son avènement, c'est bien le nouveau roi qui a fait acte de justicier suprême.

En confiant la régence à sa mère, il impose sa volonté. Dès le trépas de son père, Louis XIII assume ainsi la plénitude de la puissance royale, « le mort saisissant le vif ». Le sacre cesse d'être la cérémonie inaugurale du règne. Le droit dynastique et héréditaire triomphe définitivement. D'autre part, les décisions d'un lit de justice sont irrévocables. S'y opposer équivaut à un crime de lèse-majesté. On perçoit toute l'astuce de Marie de Médicis : la légitimité de sa régence est dorénavant inattaquable.

Peu de jours après le sacre et l'assassinat, Marie de Médicis fera publier par Jean Leclerc un « petit journal » – une gravure naïve en taille-douce destinée au public populaire. La reine y est dessinée à genoux, dans le chœur de Saint-Denis. À ses côtés, le dauphin soutient la couronne posée sur la tête de sa mère. Le message est clair : la source du pouvoir de la régente réside en la personne de son fils. Cependant, aucune allusion n'est faite à Henri IV. Marie ordonnera que l'on corrige cet oubli. Pour le deuxième tirage de ce « petit journal », l'artiste a gratté malhabilement la plaque de cuivre : le buste du roi apparaît en arrière-plan dans une tribune.

Beaucoup d'historiens – d'autant moins favorables à la Florentine qu'ils encensent le Vert-Galant – accusent, en termes plus ou moins voilés, la reine d'avoir trempé dans le meurtre de son mari. Le plus illustre défenseur de cette thèse aux relents xénophobes sera Jules Michelet qui écrit, dans son *Histoire de France* : « Le roi fut tué à quatre heures. [...] À six heures et demie, on avait proclamé l'étrangère (qui parlait encore italien), l'Autrichienne, petite-nièce de Charles Quint et cousine de Philippe II. Et l'ennemi gouvernait au Louvre. »

À l'époque même, des « rumeurs sinistres » circulent. Les *Économies royales* – rédigées en un temps où Sully en veut à Marie de Médicis de sa disgrâce – insinuent la culpabilité de Concini, avec à tout le moins l'assentiment tacite de la reine.

Si l'on se cantonne aux faits, il apparaît que la régente n'a aucunement agi comme si elle avait quelque chose à cacher. De son propre chef, elle fait interroger le régicide par les présidents Jeannin et de Loménie, par Claude de Bullion et par l'archevêque d'Aix, tous les quatre connus pour leur incorruptibilité. Marie indique aux juges qu'elle tient à ce que la vérité entière soit dévoilée. Et ce sont les magistrats eux-mêmes qui interviendront pour accélérer la procédure. « On le laissa voir et parler à beaucoup de gens, souligne le résident toscan en parlant de Ravaillac. On paraissait même désirer qu'il parlât. »

Le régicide a-t-il été manipulé ? En 1611, les bavardages d'une certaine Jacqueline d'Escoman, ancienne dame de compagnie de Henriette d'Entraigues, jetteront les soupçons sur la favorite et sur le duc d'Épernon. On voit mal – à supposer que cette piste soit crédible – ce qui aurait incité Marie de Médicis à soutenir un plan ourdi au profit du clan de Verneuil. D'ailleurs, jusqu'à son supplice – le 27 mai 1610 –, Ravaillac ne cessera de répéter : « Il n'y a que moi qui l'aie fait. » Pourquoi ne pas ajouter foi aux dires de ce malheureux ? Catholique fanatique, il imaginait que le Béarnais, tyran apostat, s'apprêtait à combattre le Saint-Père. Aussi a-t-il cru accomplir un geste agréable à Dieu, et recueillir les palmes du martyre...

Tandis que le cœur de Henri IV, légué aux jésuites du collège de La Flèche, y est escorté par le fidèle La Varenne, le prince de Conti et six cents cavaliers, son corps embaumé est étendu dans une chambre mortuaire de son palais, veillé par des gentilshommes, des moines et des hérauts d'armes. Les obsèques n'auront lieu que le 30 juin, et la reine n'y assistera pas, suivant l'usage capétien. D'une fenêtre de sa chambre, elle regarde le convoi funèbre s'ébranler en direction de Saint-Denis.

Un témoin unique dénoncera le « peu de douleur » qu'elle aurait laissé transparaître en cette circonstance. *A contrario*, de nombreux mémoires insistent sur sa souffrance bien visible. L'Estoile, par exemple, se fait l'écho des « plaintes, cris, pleurs et gémissements extraordinaires », qui font vibrer les murailles séculaires du Louvre. La veuve inconsolable passe une semaine sans presque dormir. Selon la coutume de la maison de France, son appartement est entièrement tendu d'étoffe noire, y compris les parquets, les meubles et les miroirs. Des broderies d'argent, figurant des larmes et des crânes, en sont les seules fantaisies. Durant quarante jours, Marie reste cloîtrée, ne recevant que ses intimes et ses conseillers. Lorsqu'au terme de cette retraite, le Vénitien Foscarini sera enfin admis en sa présence, il s'avouera impressionné à la vue de la veuve de Henri IV, « un peu soulevée de terre, avec un habit très lugubre, sous un grand baldaquin de drap noir ». Puis le digne ambassadeur dépeint « toute la pièce décorée de la même couleur, de haut en bas, avec peu de lumière et une mélancolie peu ordinaire, deux lits très proches, l'un garni de violet pour le roi [Louis dort souvent chez sa mère], l'autre de noir pour la reine ».

Au lendemain du drame, Marie de Médicis et Sully ont pleuré dans les bras l'un de l'autre. En juin, la reine se confie, nostalgique, à l'ambassadeur Andrea Cioli, qu'elle connaît depuis longtemps : « Tu étais à mon mariage et au début de mon bonheur, et maintenant tu es à la fin. » Il y a une pudeur délicate dans cette phrase, rien de l'outrance « italienne » que certains auteurs reprochent parfois à Marie de Médicis. Ce sont les mêmes, d'ailleurs, qui stigmatiseront, quelques pages plus loin, la froideur « autrichienne » de l'insensible Florentine...

La correspondance privée de la reine n'est pas moins émouvante. En juillet, elle écrit à son confident de jeunesse, Virginio Orsini : « Je suis tellement affligée et déplaisante de la perte que j'ai faite de la mort du roi Monseigneur que, si je n'étais assurée de la grâce de Dieu, je ne sais comment j'aurais la vertu et la force de supporter la grande douleur que je ressens. »

« Ma douleur et désolation sont telles que je ne puis encore recevoir aucune consolation », assure-t-elle à sa sœur, la duchesse de Mantoue. Ou encore à la duchesse de Bouillon : « Je me trouve tellement outrée de douleur, qu'en cette extrême affliction j'ai tout besoin de la consolation de mes bons amis. Vous participerez avec moi à cette désolation. »

Le 3 juillet 1610, la régente reparaît en public, à l'occasion d'un service religieux à Notre-Dame. Si elle observera pendant deux années les strictes exigences du grand deuil – s'interdisant fêtes et divertissements – et si elle se vêtira désormais de noir, Marie renoue assez vite avec ses promenades au grand air. Depuis ses tendres années, l'équitation reste l'un de ses exercices de prédilection. Elle réserve sa première visite à la reine Margot, qui lui sert une collation somptueuse dans sa maison d'Issy. Au retour, la jeune reine – elle n'a guère que trente-sept ans –, prise d'une soudaine soif de liberté, galope « avec grâce et habileté » jusqu'à l'entrée du faubourg. La chronique assure qu'une pauvresse, l'apercevant environnée de ses gardes, aurait soupiré : « Plût à Dieu, Madame, qu'on eût aussi bien gardé notre pauvre roi, nous n'en serions pas là où nous en sommes. » Le mythe du règne du bon roi Henri est déjà en marche. En 1614, *La décade historique* de Baptiste Legrain décrira cet âge d'or où « le paysan mangeait son pain en repos et couplait sans défiance ses bœufs à la charrue, l'agneau se jouait en liberté dans le pré... ».

Si elle recouvre une certaine joie de vivre, Marie de Médicis n'en conserve pas moins une blessure secrète. Elle se rouvrira encore en mai 1611, lors de la célébration de l'anniversaire du décès de Henri IV. La reine est victime d'un malaise – dont rien ne nous permet d'affirmer qu'il est simulé. Et elle doit garder la chambre pendant deux jours. *Le zèle de la reine et la piété des Français sur le bout de l'an du roi*, opuscule de circonstance, oppose cette lassitude passagère à l'activité débordante de la régente depuis son accession au pouvoir : « Cette chaste princesse [...] n'a pu si tôt exhaler ses plaintes, parce que les grandes douleurs sont muettes, et que les grandes charges comme la sienne désirent plutôt une prudence pour gouverner une monarchie, qu'une passion pour pleurer un monarque. »

MARIE DE MÉDICIS

La réaction de Marie de Médicis devant le malheur qui la frappe est en effet complexe. Certes, son désarroi n'est pas feint. Elle a perdu celui qu'elle nommera, jusqu'à sa propre mort, « le roi Monseigneur ». Mais, pour la première fois de son existence, la voilà affranchie de toute sujétion masculine, maîtresse de son destin. Aussi, une part d'elle-même – qu'elle refoule sans doute largement – se réjouit-elle de ce malheur. Combien a-t-elle de revanches à prendre ! Le sang Médicis – celui de Laurent le Magnifique et de la régente Catherine – lui donne un appétit effréné de pouvoir.

« Bien qu'il y en eût lors de très belles dans la cour et principalement Mademoiselle d'Urfé, depuis duchesse de Crouy, et Mademoiselle de Bains, toutes deux filles de la reine et dans la fleur de l'âge, rien n'égalait la reine, qui était sans doute beaucoup plus belle que du temps du feu roi, comme si son sang se fût renouvelé depuis qu'elle avait l'autorité. » À ce passage des *Mémoires* du marquis de Fontenay-Mareuil, répond une note du nonce Ubaldini, dont l'onction ecclésiastique ne s'accorde guère avec une majesté trop sévère : « La reine se conduit mal, elle cajole peu ces gens qui ont été habitués par leurs monarques, et en particulier par le feu roi, à être traités de façon très affable. Elle parle peu, s'épanche beaucoup moins que le voudraient les coutumes et les nécessités d'ici. »

Rompant avec les manières patelines du Vert-Galant, Marie de Médicis annonce déjà son petit-fils, Louis XIV, le Roi-Soleil...

X

UNE RÉGENTE EXEMPLAIRE

Parmi toutes les dames illustres de l'Histoire de France, la régente s'efforcera de ressembler à la reine Blanche, la mère de Louis IX. D'abord, parce que la dynastie des Bourbons, par-delà les Valois, se rattache directement au bienheureux monarque. Sans doute Marie cherche-t-elle aussi à éviter la comparaison avec sa devancière immédiate, Catherine de Médicis, de fâcheuse mémoire. Partisane, enfin, d'un rapprochement avec l'Espagne, elle voit, dans cette princesse de Castille devenue régente de France, un exemple aussi lointain qu'éminent.

Quinze jours après la disparition de Henri IV, le portrait de Philippe VI de Valois est remplacé, à l'extrémité de la grande galerie du Louvre, par celui de Saint Louis. Il plairait à la reine que son fils aîné imite « les vertus, la vaillance et la dévotion de ce saint roi, aussi bien qu'il [est] héritier de son royaume ». Et elle prend soin d'ajouter : « Comme de notre part, nous désirons suivre et imiter les recommandables vertus de la reine Blanche de Castille, sa mère. » Le 15 juillet 1610, un seigneur de Sainte-Hélène et du Gauchat, lieutenant au bailliage du Chalonnais en Bourgogne, résume l'espérance commune, dans une plaquette truffée de citations latines, grecques et bibliques : « Que faut-il maintenant attendre, en la nation française, naturellement courtoise et affectionnée à son prince, du successeur de Henri le Grand ? Sinon qu'élevé et nourri sous le soin et vigilance de Votre Majesté, plus que maternelle et royale, ainsi que son grand aïeul, aussi délaissé en bas âge, par la sage conduite et régence de la reine Blanche sa mère, devint un roi Saint Louis. »

Cependant, jusqu'alors couverte par l'ombre immense du Vert-Galant, Marie de Médicis saura-t-elle diriger le royaume ? En ce siècle misogyne, certains en doutent, se permettant de lui adresser —

anonymement – des *Remontrances très humbles [...] pour la conservation de l'État pendant la minorité du roi son fils*. À vrai dire, Marie de Médicis se contente d'agir, avouant avec délices qu'elle « se passionne pour les grandes affaires [qu'elle a] sur les bras ». Le secrétaire de l'ambassade de Toscane, Scipione Ammirato, reste ébahi devant cette énergie trop longtemps contenue : « La reine n'a pas une heure de repos, car, outre le conseil d'État qui a lieu trois fois par semaine, le mardi, le jeudi et le samedi, auquel elle assiste toujours, il y a encore ceux de la Guerre et des Finances, où elle se trouve aussi quelquefois. Dès le matin, elle est à peine levée que sont déjà auprès d'elle les princes et les ministres. En somme, on peut dire qu'elle ne se repose que quand elle dort, ce qu'elle fait beaucoup moins qu'auparavant, et véritablement au grand étonnement de tous. »

Car en dépit des prophètes de mauvais augure, la régente a su préserver l'ordre public. Et à la stupéfaction de beaucoup, elle poursuit, dans ses lignes principales, la politique du Béarnais. On discerne presque du mimétisme dans son attitude : « La reine est devenue toute différente, remarque d'Alincourt. Elle paraît bien être le roi. Elle est pleine de gravité, elle s'occupe personnellement des affaires, donne des audiences et elle a, toutefois, fermé l'entrée à toutes protestations des princes. »

Les ministres de Henri IV – les « barbons » – ont été reconduits dans leurs fonctions. Sully lui-même – malgré son étrange défection du 14 mai – a repris sa place au gouvernement. Quant au vénérable Nicolas de Neufville de Villeroy – chargé des Affaires étrangères depuis le règne de Charles IX –, le plus favorable à Madrid et au catholicisme, il est aussi le plus écouté de la régente. C'est lui qui a conseillé de « ne changer rien aux personnes ni aux choses, laissant chacun en sa charge et autorité, et observant les mêmes règlements et le même ordre qui avait été si prudemment établi par notre bon maître, et observé par ses principaux ministres ».

La manœuvre de Marie de Médicis est adroite. En s'affirmant comme la continuatrice de son royal époux, en conservant ses plus fidèles ministres et ses alliances extérieures, elle parviendra mieux à faire admettre à la minorité protestante du royaume l'abandon d'une politique agressive à l'encontre des Habsbourg. D'ailleurs, dès le 22 mai 1610, les clauses de l'édit de Nantes ont été reconduites.

Reste à mater la turbulence des grands. Deux princes du sang, comme on se souvient, sont éloignés de Paris au moment de la proclamation de la régence. Le comte de Soissons apprend la nouvelle à Saint-Cloud, où la reine lui a envoyé un messager l'invitant à regagner la cour. Sa fureur est d'autant plus démonstrative qu'il entend monnayer fort cher son ralliement. Son entrée dans la capitale sera une inutile cavalcade, comme l'explique plaisamment Bassompierre, dans son *Journal de ma vie* : « Le mardi 18e [de mai], Monsieur le comte arriva avec quelque deux cents chevaux de ses serviteurs et amis ramassés. Mais comme il trouva toutes les affaires faites, ce fut à lui à se soumettre à la reine, qui ne laissa pas de lui donner le gouvernement de Normandie, que possédait le roi, étant dauphin. » En outre, le comte de Soissons recevra cinquante mille écus de pension, la survivance du Dauphiné, et d'autres bénéfices. En contrepartie – et c'est là l'essentiel – il renonce à la lieutenance générale du royaume.

La régente reprend ici la tactique employée jadis par Henri IV vis-à-vis des chefs de la Ligue. Elle achète, à prix d'argent, la soumission de ses concurrents. Que pourrait-elle faire d'autre ? Sinon risquer de rallumer la guerre civile, plus ruineuse encore. Jean-Baptiste Matthieu, dans son *Éloge historial* – que nous avons déjà cité au premier chapitre de ce livre –, exprime ce réalisme politique en termes poétiques : « L'argent qui produit la paix se doit semer sans regret. [...] Tout l'excès de la libéralité ne peut égaler, en dix ans, les ruines que fait en six mois une armée de reîtres. »

Le prince de Condé, à l'annonce des événements parisiens, quitte Milan le 9 juin. Appréhendant sans doute de traverser la France – et aussi pour récupérer son épouse –, il fait un crochet par Bruxelles. Le 16 juillet, à Senlis, quinze cents gentilshommes se portent à sa rencontre ! Ce nombre illustre dans quelle situation incertaine se débat la régente. Il y a là Guise, d'Épernon, Montbazon, Bellegarde, mais également des huguenots, comme Sully et Bouillon. De son côté, le comte de Soissons a rassemblé des troupes contre son cousin. Marie de Médicis, pour parer à toute éventualité et tenir en respect les deux factions, fait armer les milices bourgeoises.

Condé n'a pas tort d'être inquiet. Durant son exil, n'a-t-il pas été jusqu'à remettre en cause la validité du divorce de Henri IV et, considérant dès lors que le dauphin n'était qu'un bâtard, revendiquer le trône pour lui-même ? Mais maintenant que le Vert-Galant n'est plus là pour lui enlever son épouse, il est tout prêt à composer. Marie de Médicis ne souhaite rien d'autre, et elle va l'accueillir comme le Fils prodigue. Elle lui offre non seulement le comté de Clermont, mais aussi l'hôtel de Gondi, une pension de deux cent mille livres, entre autres gratifications. Le 22 juillet 1610, c'est un prince de Condé domestiqué qui, devant le parlement, vient chanter les louanges de la régente...

MARIE DE MÉDICIS

Diviser pour régner : telle sera la méthode constante de la Florentine. Et, certes, elle prend un plaisir évident à replonger dans des imbroglios dignes des cours italiennes. Avec ses ministres, Marie s'emploie à attiser la discorde entre les clans de la cour. Si elle s'appuie davantage sur les Guises, catholiques, elle s'entendra à souffler le chaud et le froid, alternant les gratifications et les menaces. Le conseil d'État où, en principe, doivent se traiter les affaires d'importance, se transforme en une vaste assemblée délibérative, « conseil de mine et de faste », selon Sully. Les grands ont ainsi la vaine gloire de participer à la gestion des affaires, mais les véritables décisions sont arrêtées ailleurs. La régente prend en effet l'habitude de tenir des colloques privés – « conseils secrets cachés » ou « conseils de la petite écritoire ». N'y sont conviés que les ministres et quelques privilégiés qu'elle écoute « à l'oreille ». Parmi eux, on retrouve l'avocat Dolé, le médecin de la reine, Duret, ou encore le père Cotton, le confesseur jésuite de Henri IV. Et, bien entendu, Leonora Galigaï et son époux, Concino Concini.

Ce caractère informel des structures de décision fera prétendre à certains historiens que Marie de Médicis admettait au gouvernement du royaume le nonce du pape et l'ambassadeur d'Espagne – calomnie lancée par Sully ! Qu'elle les ait l'un et l'autre consultés, on ne saurait le nier, mais cela n'est jamais allé plus loin. Ainsi, lorsque le représentant de Philippe III lui suggère de renoncer à l'expédition de Juliers, il est vertement rabroué : « Ne parlez pas de cela, je n'abandonnerai jamais les alliés de la couronne de France. »

Pourtant, Henri IV y a-t-il jamais cru lui-même, à ce « grand dessein » pour lequel il était sur le point de mettre l'Europe à feu et à sang ? Peu de jours avant sa disparition, il confiait encore à Bassompierre, qui devait aller prêter main-forte au duc de Savoie : « Je ne sais ce que c'est, Bassompierre, mais je ne me puis persuader que j'aille en Allemagne, et le cœur ne me dit point que tu ailles aussi en Italie... »

A peine réchappée de trois quarts de siècle de guerres de Religion, la France n'aurait sans doute rien eu à gagner en se lançant de nouveau à l'assaut du mirage italien, comme au temps de Louis XII ou de François Iᵉʳ. Marie de Médicis fait-elle cette analyse ? Toujours est-il que ses sympathies pour l'Espagne des Habsbourg – la puissance dominante pour quelques décennies encore – rendent à ses yeux l'affrontement téméraire. La perspective de l'Histoire lui donnera raison. Et l'on peut se féliciter, à cet égard, que le poignard de Ravaillac ait retenu la France au bord du précipice.

Une grande partie de l'armée du Dauphiné est donc licenciée. Toutefois, dix mille hommes, stationnés en Champagne, sont envoyés à la rescousse des protestants qui assiègent Juliers. Le 1er septembre 1610, la place capitule, sans combattre. Marie de Médicis rappelle sans tarder son contingent. Elle a tenu les promesses de Henri IV. L'honneur du royaume est sauf.

Au lendemain de cette victoire facile, le sacre de Louis XIII va rétablir pour quelques jours une apparence de concorde de tous les grands autour du trône. Il convient pour Marie de Médicis – à l'exemple de Blanche de Castille – de renforcer ainsi la légitimité de son fils. Henriette d'Entraigues elle-même, revenue au Louvre grâce à la mansuétude de son ancienne rivale, ne songe plus à discuter le droit du jeune monarque à régner.

« Tu verras ce que tu ne vis jamais, et ce que je ne me soucie plus de voir », déclare la régente à Andrea Cioli, avec un accent de mélancolie. Son couronnement à elle n'a-t-il pas été le signe précurseur d'une tragédie ? Le 2 octobre 1610 – dix ans après son départ de Florence, ou dix siècles... –, Marie prend, avec son fils et tous leurs courtisans, le chemin de Reims. On fait une halte de quelques jours chez la reine, au château de Montceaux-en-Brie. Malgré une température hivernale, de nombreux Parisiens ont fait le voyage. Des curieux se hissent sur le toit de la cathédrale et brisent des vitraux pour apercevoir quelques bribes de l'antique cérémonial. Le soir de ce 17 octobre, Louis XIII – espiègle malgré sa fatigue – dira à sa mère qu'il est prêt à recommencer... « pour un autre royaume ».

A Reims, l'outrecuidant Concini n'a pas cessé d'attirer l'attention sur sa personne, haussant le ton, exigeant à tout propos la préséance. Il est vrai que son ascension a été fulgurante. Le 26 juillet, Marie de Médicis l'a nommé conseiller d'État et des Finances. Un mois après, Leonora achète pour elle et son mari la terre et le marquisat d'Ancre, moyennant trois cent trente mille livres prêtées par la régente. L'aventurier obtient ensuite les gouvernements de Péronne, Roye et Montdidier, sur la frontière de Picardie. Enfin, le 27 septembre, Concini prête serment en qualité de Premier gentilhomme du roi, ce qui lui donne le droit d'entrer à cheval au Louvre. En appel des lettres que lui adresse le grand-duc de Toscane, il exigera désormais le prédicat d'Illustrissime.

Déjà, « Conchine » attire sur lui les jalousies qui entraîneront sa perte, sept années plus tard. On chuchote même que le marquis d'Ancre a remplacé le roi dans le lit de la Florentine. Ne possède-t-il pas une maison près du Louvre ? Une passerelle de bois, jetée par-dessus le fossé, la relie directement au palais. Les Parisiens, d'un air entendu, la surnomment « le pont d'amour ». L'on se répète la repartie du comte du Lude, au lever de la reine : « Un navire à l'ancre n'a pas besoin de voile. » Et chacun susurre ce refrain à la mode :

> *« Si la reine allait avoir*
> *Un poupon dans le ventre*
> *Il serait bien noir*
> *Car il serait d'encre. »*

Assurément, ces racontars n'ont aucun fondement. Marie de Médicis est bien trop dévote, elle nourrit une trop haute idée de sa fonction pour se souiller avec un Concini dont elle déteste au fond les manières de débauché. De son côté, l'Italien se plaît à laisser planer l'équivoque. Il renoue ostensiblement les aiguillettes de son haut-de-chausses lorsqu'il sort de chez la reine. En fait, ce n'est là que de l'esbroufe : souffrant d'une double hernie, il semble que Concini soit devenu pratiquement impuissant. De quoi Richelieu infère que « la vertu ne faisait aucune partie de sa chasteté ».

À y regarder de plus près, l'attitude de la régente s'inscrit d'ailleurs dans la pure tradition capétienne du « favori », rempart entre le souverain et ses sujets – en particulier sa haute noblesse –, et chargé de l'impopularité des décisions royales. De la sorte, l'Italien, dont la clairvoyance politique a souvent été méconnue, appartient-il à cette lignée de « créatures » qui, de d'Épernon – le « demi-roi » de Henri III – à Mazarin, passera par Sully, Luynes et Richelieu.

Mais en ces derniers mois de 1610, les largesses dispensées à Concini réveillent la gourmandise des grands. En signe de mécontentement, ceux-ci abandonnent un à un la cour, et tous exigent d'être grassement payés pour y reparaître. L'une des dépêches de Scipione Ammirato l'expose sans détour : « Le duc de Nevers [...] demande, paraît-il, à Sa Majesté une bonne somme pour payer ses dettes. On ne sait si on la lui donnera. Mais il n'est pas étonnant qu'il s'émeuve à ce sujet, car il n'a rien eu et l'on a donné à tout le monde... »

Cette fois, Marie décide de ne pas céder. Elle parvient d'abord à se concilier les Guises – qui lui restent les plus fidèles. Le 19 décembre, le duc de Guise et son oncle Mayenne, vétéran de la Ligue, assurent la reine du loyalisme absolu de leur famille. Dès lors, le « front des princes » se désagrège. Le 23 décembre, le comte de Soissons vient présenter ses excuses à la régente. La semaine suivante, Condé regagne Paris à son tour, sans mot dire.

Ainsi, au terme de cette année terrible, le *Mercure français* est en droit de dresser un bilan positif de l'action de Marie de Médicis : « Dieu, en la perte déplorable que les Français ont faite de leur grand roi, leur a conservé la reine son épouse, qui par sa prudence durant la minorité du roi, maintient toute la France en paix, et la fait fleurir, continuant les desseins du feu roi, chassant les donneurs d'avis, cassant les édits faits à la foule du peuple, et gagnant par bienfaits ceux qui, sous prétexte de mécontentement, pourraient altérer la paix, dont elle mérite non seulement le nom de mère du roi, mais aussi celui de mère de l'État. »

Sans cesse, pourtant, la tranquillité de la régente est troublée par des querelles renaissantes. Le 3 janvier 1611, le grand écuyer Bellegarde défie Concini dans le cabinet même du roi, sur la question de savoir lequel d'entre eux couchera le plus près du jeune Louis XIII. Marie fait arrêter Bellegarde, mais ne peut mettre la main sur l'Italien, qui s'est sauvé. Les deux hommes se réconcilient le lendemain, sous l'égide du comte de Soissons. Armistice fragile, qui ne tarde pas à voler en éclats, provoquant bien d'autres controverses et d'autres scandales...

L'insatiable Condé exige maintenant huit cent mille livres supplémentaires. Le 5 janvier, Marie de Médicis lui en concède six cent mille, payables en trois ans. Le même jour, afin de récompenser le duc de Guise de son soutien récent, elle lui fait épouser la veuve du duc de Montpensier, son amie Henriette-Catherine de Joyeuse, qu'elle dote magnifiquement. Les chefs des deux clans sont satisfaits, pour un temps. C'est alors que les seconds rôles entrent en scène. Le comte de Soissons réclame pour son fils la main de Marie de Bourbon, fille unique du duc de Montpensier, la plus riche héritière du royaume. La reine n'aura garde de la lui accorder. Mademoiselle de Montpensier, d'abord fiancée au premier duc d'Orléans, sera finalement unie à Gaston, l'autre frère de Louis XIII.

L'incident le plus anodin sert de prétexte à des affrontements entre ces princes à l'ombrageuse stupidité. Ainsi, le 11 janvier, les « carrossiers » – c'est-à-dire les cochers – de Conti et de son frère Soissons échangent quelques fortes paroles rue Saint-Honoré. La dispute monte des valets aux maîtres. La régente, avertie de l'esclandre, dépêche le duc de Guise chez Conti afin d'apaiser son courroux. Hélas, le conciliateur défile par mégarde, avec une trentaine de spadassins, sous les fenêtres du comte de Soissons. Ce dernier rugit qu'on est venu le narguer ! Il appelle Condé à la rescousse. Flanqués de deux cents bretteurs, l'oncle et le neveu patrouillent bruyamment aux environs de l'hôtel de Guise, défendu par un millier de gentilshommes ! La reine, assurée du soutien de la population parisienne, reçoit les protagonistes au Louvre. Elle écoute leurs doléances et, au terme de trois jours de palabres, parvient encore à dénouer la crise.

MARIE DE MÉDICIS

Cependant, les luttes d'influence ne se limitent pas aux seuls princes. De sourdes intrigues agitent l'ensemble du gouvernement. Sully est en butte à un faisceau d'attaques convergentes. Déjà, le roi défunt se méfiait de son principal conseiller, soupçonnant « la netteté de ses mains ». Sans l'expédition de Juliers, il lui aurait sans doute retiré la surintendance des Finances. A plusieurs reprises d'ailleurs, Sully avait été « ressuscité » par Marie de Médicis, reconnaissante pour ses bons offices en matière conjugale.

Belliciste convaincu, inspirateur du fameux « grand dessein » européen de Henri IV, le sévère huguenot ne peut admettre la politique d'accommodement avec l'Espagne, incarnée aujourd'hui par Villeroy. Les deux ministres s'injurient en plein conseil. Mais Sully est également contesté dans son propre camp par le duc de Bouillon, qui lui dispute la direction du parti réformé. Bouffi d'orgueil, le favori déchu ne supporte pas longtemps d'être ainsi malmené. Arguant des dépenses excessives de la régente – il n'était pas si regardant avec les maîtresses du Vert-Galant –, Sully fait mine de quitter la cour. Il rentre toutefois sur les instances de la reine, avant de démissionner, le 26 janvier 1611. Sa lettre à la régente – qu'il fait éditer pour la circonstance – suinte d'une modestie aussi hypocrite que vengeresse : « Un autre, moins fidèle que moi, remplirait toute la France de ses plaintes, mais ma dévotion perpétuelle envers le lieu de ma naissance, envers mon roi, tient ma langue muette, et me fait plutôt chercher en mon incapacité seule qu'en toute autre considération, la cause d'un si grand changement. [...] Faites, ô dieux, que la fortune de ce royaume demeure toujours en bon état, que je ne la voie jamais renverser, et qu'elle n'ait pas sujet de me regretter. »

Contrairement à ses allégations, Sully tentera, dès le printemps suivant, d'intéresser ses coreligionnaires, réunis en mai à Saumur, à sa rancœur personnelle. Marie a deviné sa perfidie. Le 22 avril, elle le rappelle en vain à ses devoirs : « Comme je veux croire que vous avez toujours pour principale visée de bien faire pour le service du roi Monsieur mon fils, partout où vous irez, je m'en remets à vous d'en user comme vous le jugerez pour le mieux. » Le danger est bien réel. La religion « prétendue réformée », pratiquée par près d'un dixième de la population – dont six familles ducales –, est encore une puissance dans le royaume. Fort heureusement, l'assemblée protestante réagit avec prudence. D'ailleurs, Marie de Médicis a pris soin de se ménager le soutien du duc de Bouillon, en lui versant un généreux pot-de-vin. Aussi, le 24 juillet 1611, la régente – qui s'est « levée durant trois jours de fort bon matin pour être au conseil pour travailler aux cahiers de ceux de la religion » – proroge-t-elle de cinq années l'octroi de cent cinquante places de sûreté aux huguenots. Elle use également de la méthode qui a déjà réussi avec les grands, en augmentant de quinze mille écus la somme allouée aux traitements des pasteurs, à condition que ceux-ci soient soumis au choix de la reine.

Alors qu'elle commence seulement à goûter une relative quiétude, Marie de Médicis est frappée par une série de deuils qui vont la toucher comme reine, comme femme et comme mère. C'est d'abord la disparition de sa sœur, la duchesse de Mantoue. Leonora lui apprend la triste nouvelle au matin du 22 septembre 1611. Marie fond en larmes, disant qu'en trois années, elle a perdu les personnes qui lui étaient les plus chères : le grand-duc Ferdinand, le roi son mari, et maintenant sa sœur. La régente perd ensuite, avec le duc de Mayenne – le « patriarche » de la maison de Guise –, un médiateur irremplaçable entre les partis. La série noire se poursuit, le 13 octobre, avec le décès de l'épouse de Philippe III d'Espagne, Marguerite d'Autriche, cousine germaine de Marie de Médicis. Mais ne voilà-t-il pas que l'ambassadeur de Florence, l'inventif Matteo Botti, imagine de remarier la veuve de Henri IV avec le Roi Catholique ! La régente n'a aucune envie d'aliéner son indépendance, si récemment acquise. Aussi se moque-t-elle aimablement du diplomate, en insinuant « que ce serait là une très grande et très belle aventure pour qui saurait y réussir ».

L'épreuve la plus terrible reste à advenir. Les frères et sœurs de Louis XIII ont continué d'être élevés à Saint-Germain-en-Laye. Or, la reine, soucieuse pour leur santé, a décidé de les installer plus près d'elle, dans cet ancien palais du Luxembourg qu'elle vient d'acquérir. Elle est donc partie les chercher, lorsque, dans la nuit du 16 au 17 novembre 1611, elle recueille le dernier souffle de l'éphémère duc d'Orléans. Depuis des mois, Marie était préoccupée par la maladie de son deuxième fils. Elle interrogeait les médecins, suggérant parfois de poser des bandages ou d'appliquer des cautères. Jusqu'à l'ultime instant, elle est demeurée au chevet de l'agonisant que secouaient d'effrayantes convulsions.

Le lendemain, c'est avec des phrases très simples que la reine confie sa peine au duc d'Épernon : « Comme je voyais qu'il avait duré jusque-là, je commençais à espérer qu'il échapperait avec le temps, qui me semblait le fortifier. Néanmoins, le mal est tout à coup survenu si grand qu'il n'a pas eu la force d'y résister. Il a été très bien secouru, car outre le soin qu'ont eu ceux qui étaient près de lui à Saint-Germain, je m'y suis trouvée moi-même et l'ai assisté tant que la douleur me le permit. » Puis elle fait effort pour adoucir son chagrin, en songeant à son autre fils, Louis XIII, auquel elle se doit tout entière : « Le roi Henri IV ne faisait pas état qu'il dût vivre, connaissant bien qu'il n'était de la forte et robuste complexion dont est, grâce à Dieu, le roi Monsieur mon fils. »

Dans un sonnet pathétique, Malherbe compatit au désespoir de sa « belle merveille d'Étrurie » :

> « *Consolez-vous, Madame, apaisez votre plainte ;*
> *La France, à qui vos yeux tiennent lieu de soleil,*
> *Ne dormira jamais d'un paisible sommeil*
> *Tant que sur votre front la douleur sera peinte.* »

Dans le domaine de la politique étrangère, la régente a rompu son alliance hasardeuse avec le duc de Savoie, renonçant à l'aventure italienne, mais sans obtenir de compensation de l'Espagne. Cependant, le roi Philippe III confirme bientôt son désir de voir se réaliser une double union entre les deux dynasties. On raconte qu'avant de mourir, la reine d'Espagne, Marguerite, a prophétisé : « La reine de France est venue comme moi du sang d'Autriche, elle par sa mère qui fut fille de l'empereur Ferdinand, et moi par mon père, son fils. Le ciel qui nous a mariées en même temps, et nous a rendues mères en même mois, elle du dauphin, et moi de l'infante, propose de nous allier encore plus étroitement. »

Le jeune Louis XIII épouserait donc l'infante Anne, tandis que le prince des Asturies – le futur Philippe IV – convolerait avec « Madame », la princesse Élisabeth. Marie de Médicis remercie Dieu et se déclare déjà amoureuse d'Anne, impatiente de l'accueillir comme sa fille. Le dauphin et l'infante sont nés la même semaine, en septembre 1601. Dès lors, leur mariage a paru comme allant de soi. Pour le pape, il scellerait la réconciliation des deux grandes monarchies rivales. Le futur Louis XIII a d'abord été éduqué dans cette perspective, et l'on se souvient des propos graveleux du Vert-Galant, proposant à son fils de trois ans de faire « un petit enfant à l'infante ». Par la suite, son « grand dessein » avait détourné Henri IV de ce projet. Cependant, en fin de compte, le Béarnais aurait-il accepté que Louis se contente d'une Lorraine, d'une Allemande – ou comme lui d'une Italienne –, alors qu'il pouvait épouser la première princesse de l'univers ? De même, quelle humiliation pour la France si l'infante avait été donnée à un vulgaire archiduc d'Autriche ou à un prince de Savoie ! En renouant avec les mariages espagnols, Marie de Médicis se replace ainsi dans la plus évidente logique matrimoniale.

Cela étant, la régente comprend la nécessité de faire accepter son initiative par les grands. Aussi attend-elle d'être assez forte pour leur imposer ses vues. C'est dans les derniers jours de 1611 – la période où l'on fixe le budget des pensions – qu'elle prend le risque d'inviter tous les princes à la cour. Aucun ne se dérobe, mais aucun non plus ne vient seul... Et ce sont bientôt plus de six mille gentilshommes qui font résonner le pavé de Paris. Il y a des rixes et des bagarres. Toutefois, Marie de Médicis a pris ses précautions, en convoquant également plusieurs compagnies de gens d'armes et de chevau-légers. « Tous ces grands, confirme l'ambassadeur vénitien, sont venus ici par ordre de la reine, qui, peu à peu, en les prenant à part, leur insinue la nouvelle de la conclusion des mariages espagnols, en se proposant de les leur faire approuver dans une réunion solennelle. »

Le 26 janvier 1612, le chancelier de Sillery lit la déclaration royale, au nom de la régente. Tous les ministres, les princes du sang, les principaux officiers de la cour écoutent en silence. Seul le comte de Soissons a un moment d'impatience. Il se tourne vers Condé : « Mon frère, que vous semble-t-il de cette façon de conseil ? Voyez-vous le beau cas que l'on fait de nous et comme on nous traite ! » Mais la réflexion se perd au milieu des marques unanimes d'approbation. En réalité, les princes ont été placés devant le fait accompli. Leur pente naturelle ne tardera pas à les faire retomber dans la désobéissance. Et si les Guises, traditionnellement proches de Madrid, soutiennent la reine, ni Soissons ni Condé ne sont prêts à s'incliner... sans trouver dans l'affaire quelque bénéfice personnel.

Pour convaincre l'opinion populaire, encore réticente, du caractère irréversible de ses décisions, et entraîner un courant d'enthousiasme en leur faveur, la régente – en authentique Médicis – va orchestrer une « campagne médiatique », au moyen de démonstrations solennelles, de grands spectacles et de divertissements. Ainsi, quelques jours après la séance plénière du conseil, l'ambassadeur d'Espagne rencontre-t-il « par hasard » la princesse Élisabeth, en se rendant à l'audience de la reine. Don Inigo de Cardenas s'agenouille devant Madame, lui baise la main avec respect et la salue du titre d'Altesse.

Cela ne saurait, bien entendu, suffire au comte de Soissons, qui recommence à s'agiter. Il exige maintenant de vérifier les dépenses de l'année écoulée. La régente l'autorise à venir consulter les registres au Louvre, sous le contrôle du gouvernement. Soissons s'emporte. N'est-il pas prince du sang, et donc cotuteur du roi ! « Et si la reine est régente, je ne sais pas de quelle manière elle l'est, car je ne sache pas que les états généraux se soient réunis pour l'élire ; je ne sache pas que le roi Henri ait laissé des instructions par testament, et encore moins que le Parlement ait autorité pour l'élire ; je sais fort bien le contraire. Et si cependant Sa Majesté prétend être régente en vertu des testaments d'autres rois, qu'elle regarde comment se gouvernait l'État à l'époque de ces rois, quand rien, absolument rien ne se décidait et ne se faisait jamais sans le conseil des princes et officiers de la couronne. »

Sur ce, Soissons et Condé quittent ensemble la capitale. Ils promettent de n'avoir désormais qu'une volonté et de se tenir « étroitement unis contre quiconque chercherait à abaisser l'autorité qui leur est due en tant que princes du sang ». Aussi, refuseront-ils de signer les contrats des mariages espagnols et ne prendront-ils nulle part aux fêtes prévues par la reine !

Abandonnant les deux Bourbons à leur fâcherie, Marie de Médicis continue de réaliser le plan qu'elle s'est tracé. Le deuxième acte a lieu l'après-midi du 25 mars, dans le cadre prestigieux de la galerie du Louvre. Pour cette journée, la cour a suspendu son deuil, et l'on ne voit que pierreries et clinquants. D'innombrables chevaliers, seigneurs et nobles dames, le chancelier, les quatre secrétaires d'État, presque tout le conseil, une foule de prélats et de maréchaux, tous sont superbement parés. En présence du roi et de la régente, de la reine Marguerite, des princesses de Condé, de Guise et de Nevers, de plusieurs princes, pairs et ducs, don Inigo de Cardenas met le genou en terre devant Madame, vêtue à l'espagnole, d'une robe d'argent garnie d'or. Puis, humblement, le chapeau à la main, le fier représentant de Philippe III reconnaît la fille aînée de Henri IV comme sa future souveraine. Un frisson de fierté et d'allégresse parcourt l'assistance.

Cet apparat n'est rien, cependant, en comparaison du carrousel qui, durant trois jours, du 5 au 7 avril, va métamorphoser la place Royale – notre actuelle place des Vosges – en une contrée de légendes, peuplée de chevaliers moyenâgeux, de dieux antiques, de magiciennes et de géants. Deux mille figurants, quatre mille chevaux, vingt machines mouvantes participent à cette féerie. Alors qu'approche le terme de sa deuxième année de deuil, Marie de Médicis semble prise d'une furieuse envie de vivre et de s'amuser. L'aimable Bassompierre le révèle, dans son *Journal de ma vie* : « La reine [qui] n'osait faire des assemblées, et toutefois se voulait réjouir, nous commanda, à Monsieur de Vendôme, Monsieur de Chevreuse et à moi, de lui faire des ballets tous les dimanches ; ce que nous fîmes, partageant les frais entre nous trois. Le premier se dansa en la chambre de Madame la princesse de Conti, qui donna à souper à la reine où il n'y avait que les dames mandées, et des princes comme Messieurs de Guise, de Nevers, de Reims, et quelques seigneurs particuliers, à le voir danser. Et au sortir du Louvre, nous l'allions ensuite danser à la ville. »

C'est le même Bassompierre – sous le pseudonyme de Lysandre – qui interprétera l'un des cinq « chevaliers de la Gloire », désignés par la reine pour défendre le fabuleux « château de la Félicité », édifié au centre de la place Royale. Les quatre autres « tenants » seront les ducs de Guise, de Nevers et de Joinville, ainsi que le baron de La Châtaigneraie. La reine n'a jamais oublié qu'à Neuilly, ce véritable preux a risqué sa vie pour elle. Des tribunes – pouvant, dit-on, contenir quatre-vingt mille spectateurs – courent à l'entour de l'immense champ clos où les plus illustres seigneurs du royaume vont jouter et tournoyer, travestis en héros imaginaires. C'est d'abord en l'honneur de la reine mère que ces Amadis, ces Galaor, ces Argante, ces Polidamant ou ces Euridamas, chevaliers du Soleil, du Lys ou de la Fidélité, rompent des lances. Aux yeux de Marie de Médicis, ce fastueux spectacle constitue comme un second couronnement, une nouvelle consécration. Il s'agit aussi d'un formidable outil de propagande. Les intermèdes littéraires qui ponctuent le carrousel, chantent les louanges de la régente et célèbrent l'amitié franco-espagnole :

« *La France à l'Espagne s'allie*
Leur discorde est ensevelie
Et tous leurs orages finis. [...]
À ce coup, la France est guérie
Peuples fatalement sauvés
Payez les vœux que vous devez
À la sagesse de Marie. »

Le deuxième soir du carrousel, après que les « tenants » ont vaillamment repoussé leurs « assaillants » aux chevaux caparaçonnés d'or, de velours et de soie, tous se réconcilient pour défiler en somptueux costumes à travers les quartiers de la ville : « La reine, précise le *Mercure français*, [désirait] que la vue de toutes ces magnificences ne fût particulière à ceux qui avaient eu la commodité d'avoir place en la place Royale, et que tout le peuple en eût aussi de la réjouissance. »

Tous les Parisiens ont allumé des lanternes à leurs fenêtres. Marie et son fils, escortés d'une troupe de cavaliers, d'hommes en armes et de porteurs de flambeaux, circulent dans les rues au milieu de l'applaudissement continuel et des acclamations d'un peuple innombrable, en liesse. L'entrée triomphale que Henri IV lui a refusée en 1601, et que le destin lui a volée deux années auparavant, Marie de Médicis, régente et mère du roi, peut enfin la savourer.

XI

MAINTENIR LA PAIX

Après l'indéniable succès du carrousel de la place Royale, Condé et Soissons, de plus en plus isolés, sont obligés de tirer les conséquences de leur défaite. Jamais Marie de Médicis n'a été aussi populaire, et leur absence de la cour laisse le champ libre au clan Guise. Par l'entremise de Concini, ils concluent, le 23 mai 1612, le pacte de Montigny. Ils consentent à ratifier les traités de mariage. En contrepartie, la régente accepte de ne plus rien décider sans leur accord, et leur promet à chacun une place de sûreté. Le 31 mai, les deux princes du sang regagnent Paris, environnés d'un parti de huit cents cavaliers.

La reine, impatiente de voir les cousins rebelles tenir leurs engagements, les fait venir à Fontainebleau. Les contrats sont lus en petit conseil. Mais les princes temporisent. Ils signeront plus tard, au cours de la cérémonie officielle. En attendant, Soissons redemande Mademoiselle de Montpensier pour le duc d'Enghien. Quant à Condé, il se verrait bien connétable, à la mort de son beau-père Montmorency. Dans les deux cas, Marie de Médicis se déclare incompétente. Les tuteurs de Mademoiselle de Montpensier ne veulent pas d'un tel mariage. Et seul Louis XIII, après sa majorité, pourra pourvoir aux offices de sa maison.

Le 13 août 1612, le roi et la reine régente assistent incognito, sur le pont Notre-Dame, au défilé des cent cinquante mulets tout enharnachés et des cent cinquante cavaliers du duc de Pastrana, ambassadeur extraordinaire de Sa Majesté Catholique. La signature du contrat de mariage entre la princesse Élisabeth et l'infant Philippe a lieu douze jours plus tard, à l'occasion de la Saint-Louis, alors fête chômée. Ce jour-là, en fin d'après-midi, la régente, son fils, ses filles Élisabeth et Christine, la reine Marguerite, les princes et les princesses du sang, les maréchaux, les ministres, le nonce, l'ambassadeur de Toscane, et quelques grands seigneurs, se rassemblent dans la chambre du roi. Marie de Médicis a tenu à cette réunion « privée », sans ordre établi, afin d'éviter les éternelles chicanes de protocole. Les cardinaux, néanmoins, ne voulant céder le pas aux princes du sang, n'ont point paru. Après l'arrivée du duc de Pastrana, de don Inigo de Cardenas et de quelques autres hidalgos, Villeroy, au milieu d'un cercle de princes et de princesses, donne lecture du document. Puis chacun – y compris Condé et Soissons – vient apposer son paraphe.

Des fêtes fastueuses seront organisées ensuite en l'honneur de Pastrana. Le bal que donne la reine Marguerite, le 26 août, en constitue le point d'orgue. La reine, dont le deuil s'est terminé en mai, n'en apparaît pas moins habillée de noir, avec « une chaîne de grosses perles sur sa robe, un fil de perles pour collier, et deux grosses perles en poire pour pendants d'oreille ». Louis et sa sœur, scintillant de pierreries, portent des vêtements en camaïeu de vert, aux broderies d'or. Quant à la vieille Margot, sa robe de drap d'argent est semée de diamants disposés en forme de roses.

Quelques jours plus tard, une dépêche de Madrid annonce que le contrat entre Louis XIII et l'infante Anne a été signé le 22 août. Même si les clauses de cette double union ne prévoient pas d'alliance politique, Marie de Médicis vient de remporter l'un des enjeux essentiels de sa régence. Les publicistes – après la reine – saluent dans cet événement la garantie d'« une paix plus grande que celle que les Romains virent naître sous l'empire d'Auguste ». Thomas Pelletier, dans *L'éjouissance des Français*, applaudit à cette alliance « si avantageuse à ces deux grands monarques, qu'assis dans leur trône, ils régneront d'autant plus pacifiques et absolus ». En outre, ces mariages vont produire, à long terme, des conséquences extrêmement bénéfiques. C'est d'abord grâce à la détermination de la Florentine qu'un de ses descendants, Philippe, duc d'Anjou, pourra coiffer la couronne d'Espagne, à l'orée du XVIIIe siècle. Et si la France est aujourd'hui en république, un Bourbon, Juan Carlos Ier, règne toujours au-delà des Pyrénées.

Dans l'immédiat, Charles-Emmanuel de Savoie, dont le fils aîné devait se marier avec la princesse Élisabeth, est fort irrité contre la France. Aussi a-t-il entamé des pourparlers avec l'Angleterre, autant pour aboutir à un résultat concret que pour envenimer les relations entre Londres et Paris. Le duc propose l'une de ses filles à l'intention de Henry, prince de Galles, tandis qu'une princesse anglaise épouserait Victor-Amédée, prince de Piémont. Philippe III et Marie de Médicis réagissent, en offrant chacun leur deuxième fille à l'héritier du trône d'Angleterre ! Sur ce « marché aux fiancées », le roi Jacques Ier opte, en juin 1612, pour le mariage français. Cette alliance avec une puissance hérétique n'est pas du goût du nonce Ubaldini. Mais, contrairement à la légende qui voudrait que Marie ait fait allégeance à Rome, le diplomate avoue : « À chaque audience, je rends mes instances plus nombreuses et plus pressantes auprès de la reine pour rompre le mariage d'Angleterre, mais sans résultat, tant vaut auprès d'elle l'avis de ses ministres et du conseil. »

Le grand perdant de ces tractations complexes est le malheureux duc de Savoie. Non seulement sa fille n'épousera pas le prince de Galles, mais la sœur de ce dernier, la princesse Élisabeth d'Angleterre, est destinée à un protestant, l'Électeur Palatin. Cependant, Charles-Emmanuel Ier ne renonce pas encore. Christine de France, au lieu d'être reine d'Angleterre, ne pourrait-elle devenir duchesse de Savoie, en remplacement de sa sœur aînée Élisabeth ? Marie de Médicis, que les intrigues du Savoisien ont offensée, repousse la suggestion avec dédain. Dès lors, les Anglais, qui savent la partie gagnée, font grimper les enchères. Christine, pour coiffer la couronne outre-Manche, devra apporter deux millions sept cent mille livres – alors que la dot exigée par l'Espagne pour sa sœur aînée, Élisabeth, n'était que d'un million et demi !

La disparition subite du prince de Galles va remettre en cause ce frêle édifice. Le frère du défunt, Charles, n'a que douze ans. C'est pourquoi Jacques Ier suspend sa décision. Les choses traîneront ainsi jusqu'en 1617. Marie de Médicis, ayant alors quitté le pouvoir, ne participera pas aux nouvelles discussions qui aboutiront au mariage de Christine avec le prince de Piémont. C'est la plus jeune sœur de celle-ci, Henriette-Marie, qui épousera, en fin de compte, le futur roi Charles Ier d'Angleterre.

Certes, la régente est sans doute redevable de ses excellents résultats diplomatiques à la longue expérience de Villeroy. « La reine ne remue pas une feuille sans lui », note le résident florentin. Pour sa part, la tante de Marie de Médicis, grande-duchesse douairière de Toscane, se permet de suggérer que « les heureux succès de la couronne devaient être attribués bien plutôt à la pure et vraie grâce de Dieu qu'à la sagacité de la reine ». Celle-ci, à qui l'on rapporte cette méchanceté, exige des excuses. L'affaire se calmera seulement après que la grande-duchesse aura démenti le propos dans une lettre. Étrange sort qui semble s'attacher à Marie de Médicis ! Affublée par la postérité des pires défauts

– faiblesse, imprudence ou sottise –, même les aspects positifs de son action lui sont déniés. Les historiens, trop partiaux, auraient peut-être dû méditer cette réflexion de Bassompierre à Concini : « Monsieur, je ne crois pas que les ministres fassent tant d'effort sur son esprit que sa propre inclination. »

Assurée sur le plan international, la régente semble mieux armée, au déclin de l'été 1612, pour tenir aux grands la dragée haute. Et d'abord, elle ne se montre guère pressée de satisfaire aux exigences souscrites en son nom à Montigny. Soissons et Condé réclament leurs places de sûreté. Le prince veut le Château-Trompette, la citadelle de Bordeaux. Le comte, déjà gouverneur de Normandie, lorgne vers Quillebeuf, à l'embouchure de la Seine. Marie y envoie aussitôt une garnison de suisses. Le comte de Soissons s'abîme en récriminations, lorsqu'il meurt, le 31 octobre 1612, terrassé par la variole – on disait alors la « petite vérole ». La reine profite de l'aubaine pour récupérer le gouvernement de Normandie et diminuer d'un tiers la pension reversée au petit duc d'Enghien. Le clan Bourbon est décapité. Le prince de Condé, trop impulsif, manque singulièrement d'envergure, et le prince de Conti, « n'est pas au nombre des vivants » – selon l'expression de Scipione Ammirato. C'est tout l'équilibre des factions de la cour qui est remis en cause. La situation est d'autant plus dangereuse que les nobles protestants – furieux de l'alliance espagnole – brandissent l'étendard de la révolte. Or, la reine est en froid avec ses ministres. Enfin, le duc de Guise et le grand écuyer de Bellegarde – eux aussi « malcontents » – se sont retirés dans leurs gouvernements respectifs de Provence et de Bourgogne. À peine connu le décès du comte de Soissons, le duc de Guise galope vers Paris, où il arrive le 29 décembre 1612. C'est dans cette ambiance très tendue qu'une semaine plus tard, son frère, le chevalier de Guise, tue le vieux baron de Luz, un fidèle de la régente, au cours d'un simulacre de duel.

« La reine fut extraordinairement courroucée », rapporte Bassompierre. Mais laissons-le poursuivre, car son récit – extrait du *Journal de ma vie* – dépeint Marie de Médicis exerçant son métier de régente, tirant les ficelles enchevêtrées de toutes les cabales : « J'allai en même temps au Louvre, écrit donc l'ancien compagnon du Vert-Galant, où je la trouvai pleurant, ayant envoyé quérir les princes et les ministres, pour tenir conseil sur cette affaire qu'elle avait infiniment à cœur. Elle me dit lors : "Vous voyez, Bassompierre, en quelle façon on s'adresse à moi, et le brave procédé de tuer un vieil homme sans défense, ni sans dire gare. Mais ce sont des tours de la maison." [...] Alors le conseil fut assemblé dans l'entresol, où j'aidai à descendre la reine, me rencontrant près d'elle. On murmura fort de cette action, et chacun fut scandalisé de ce que l'on vint dire qu'il y avait grand nombre de noblesse assemblée à l'hôtel de Guise, et que Monsieur de Guise devait venir trouver la reine bien accompagné... »

Suivant l'opinion unanime, la reine envoie Châteauvieux chez le duc de Guise pour obtenir sa soumission. Autour de la table, chacun s'exprime librement. L'avocat Dolé suggère : « Madame, demandez aussi avis en cas que, contre votre commandement, Monsieur de Guise vienne vous trouver, ce que vous aurez à faire. » Le duc de Bouillon repartit « qu'il n'aurait garde de le faire, mais en cas qu'il le fît, qu'il le faudrait arrêter ». À son retour, le chevalier d'honneur rapporte que le comte de La Rochefoucauld, parmi trois ou quatre, a fait mine de résister. « Alors, on anima la reine contre lui, qui, moins que les autres, étant maître de la garde-robe du roi, devait avoir fait refus d'obéir. Et sur cela, il fut résolu de le chasser de la cour. »

Cependant, Bassompierre entreprend bientôt de réconcilier la régente et le duc de Guise. Ce dernier fait demander quand il pourra rencontrer Marie de Médicis. « Qu'il vienne à l'entrée de la nuit, répond-elle, et sans se faire accompagner. » Bassompierre poursuit : « Il parla à la reine avec tant de soumissions et de respects qu'il la remit un peu. Mais Madame de Guise sa mère, venant voir la reine après qu'elle fût retirée, lui parla si haut qu'elle la fâcha de nouveau... »

Les ducs de Nevers et de Mayenne, profitant de l'éclipse des Guises, redemandent la capitainerie du Château-Trompette en faveur de Condé. Bassompierre raconte toujours : « La reine, surprise de cette harangue, rougit d'abord, puis ne leur répondit autre chose, sinon qu'elle y aviserait. Et comme ils lui suppliaient très humblement, par une réponse absolue, de tirer Monsieur le Prince de l'impatience où il était en cette attente, elle leur redit qu'elle y aviserait, et se leva du siège où elle était dans le cabinet du conseil, et s'en vint au sien, pleine de colère et de dépit. Et après avoir un peu rêvé, se tournant devers ces messieurs, qui l'avaient suivie, leur dit : "Je sais une affaire d'amour de Bassompierre qu'il ne pense pas que je sache et qui le mettrait bien en peine s'il le savait." Monsieur de Nevers lui dit : "Madame, il lui faut dire." Puis, me faisant signe, il me dit : "La reine a à vous dire quelque chose." Et la reine ayant dit : "Non, non, je ne lui dirai pas", cela me mit en peine et me fit instamment supplier la reine de me le vouloir dire. Alors elle s'en alla à la seconde fenêtre de son cabinet, et me dit : "Ce n'est pas pour cela que je vous veux parler, mais pour vous demander si Monsieur de Guise ne vous parle plus du retour du comte de La Rochefoucauld." Je lui dis : "Madame, il y a trois jours qu'il ne m'en a parlé, et lors il me pria de n'en faire plus d'instance à Votre Majesté, me disant qu'il ferait cette affaire-là par le moyen de Monsieur le Prince [...]."

« Lors, la reine ne se peut tenir de jeter quatre ou cinq larmes, se tournant devers la fenêtre, pour n'être aperçue pleurer. Et, ce que je n'avais jamais vu, elles ne coulèrent point comme quand on a accoutumé de pleurer, mais se dardèrent hors des yeux sans descendre sur les joues. Elle me dit ensuite : "Ah ! Bassompierre, ces méchants m'ont fait quitter ces princes [de Guise] et les mépriser, m'ont fait aussi abandonner et négliger les ministres, et puis me voyant dénuée d'assistance, veulent empiéter mon autorité, et me ruiner. Mais si je puis, je les en empêcherai bien." [...] Cela dit, elle retourna avec une telle gaieté et riant devers la compagnie, que l'on n'eût su juger qu'elle eût aucune tristesse, ni qu'elle eût pleuré. »

Par crainte d'avoir à faire face à l'opposition unie des grands, Marie de Médicis choisit de se réconcilier avec le duc de Guise. Elle lui offre cent mille écus, une abbaye pour sa sœur, le pardon pour son frère et pour La Rochefoucauld. La régente se rapproche également du duc d'Épernon et renoue avec les « barbons ». Le 13 janvier, au terme de cette partie de chassés-croisés aux intérêts hermétiques, Marie de Médicis semble presque s'en délecter : « Voici peut-être la plus grande et la plus pénible journée que j'ai eu de ma vie, et m'assure que c'est une comédie où il y a eu *molto intrigue*, et à la fin, c'est toute paix et toute réjouissance. »

Toutefois, la cupidité des grands coûte cher au trésor royal : sept millions de livres de pensions en 1610, quatre millions de livres en 1611, cinq millions l'année suivante... L'intendant des finances Isaac Arnauld s'écrie en plein conseil : « Les pensions ont atteint un chiffre tel qu'il faudrait avoir des Indes orientales pour y subvenir ! » À ce rythme, les réserves amassées par Sully à la Bastille – d'ailleurs sur-évaluées – vont vite s'épuiser. Richelieu, dans ses *Mémoires*, écrit élégamment : « Les présents que la reine fit aux grands au commencement de sa régence, par le conseil du président Jeannin, étourdirent la grosse faim de leur avarice et de leur ambition, mais elle ne fut pas pour cela éteinte... »

La régente elle-même a plus que doublé le budget de sa maison, qui est passé à huit cent vingt mille livres par an – soit environ cinq pour cent des recettes publiques. Il est vrai qu'elle assume désormais les charges du chef de l'État. En vertu de son contrat de mariage, Marie de Médicis devenue veuve bénéficie des revenus d'un douaire, « pour en jouir sa vie durant, soit qu'elle veuille demeurer au royaume de France ou se retirer ailleurs ». Des lettres patentes du 25 juillet 1611 ont défini la quinzaine de domaines constituant cet apanage : les duchés de Bourbonnais et d'Auvergne, les comtés de la Marche, de Forez, de Nantes et de Clermont, la châtellenie de Guérande. Afin d'accroître ses rentrées d'argent, la régente acquiert de nouveaux fiefs – Saint-Jean-les-Deux-Jumeaux, Carentan et Saint-Lô, Alençon... Entre divers expédients et pots-de-vin, elle a transformé une gratification exceptionnelle de cent mille livres, que lui avait accordée Henri IV sur la recette des impôts indirects – les « cinq grosses fermes » –, en un revenu régulier. Par ailleurs, elle ponctionne soixante-douze mille livres chaque année, sur les « traites foraines et domaniales ».

En dépit de ces artifices, le déficit des comptes de la régente continue de se creuser, pour atteindre en 1614 la somme colossale d'un million de livres. C'est que Marie doit non seulement rembourser ses dettes, contractées au temps du défunt roi, mais aussi financer les constructions qu'elle a entreprises, à Montceaux, mais surtout pour son palais du Luxembourg dont nous aurons à reparler. Toujours excessivement libérale, la régente déverse sans compter une manne sur ceux qui ont l'heur de lui plaire : au hasard, six mille livres à son médecin, quinze mille à un cardinal, vingt mille à Sillery, ou encore neuf mille à sa femme de chambre ! Enfin, Marie n'a pas abandonné sa passion des bijoux. Elle dissipe pour sa parure au moins cent mille livres annuellement – un huitième de son budget. C'est pourquoi, bien souvent, la régente doit requérir de ses ministres des sommes complémentaires, de la main à main, « pour nos affaires pressées et secrètes, dont nous ne voulons être fait plus ample mention et déclaration ».

Alors qu'un équilibre – certes précaire – a été rétabli à la cour, c'est de nouveau le théâtre extérieur qui préoccupe la régente. Son neveu François II, duc de Mantoue, s'est éteint prématurément, le 22 décembre 1612, quelques mois après son père. De son mariage avec Marguerite de Savoie, il ne laissera qu'une fille, Marie, âgée de quatre ans. Mantoue, soumis à la loi salique, échoit au frère du défunt – le cardinal Ferdinand de Gonzague. Cependant, la petite Marie conserve des droits sur le marquisat de Montferrat, l'autre possession paternelle. Il n'en fallait pas davantage pour que le grand-père de l'enfant, le téméraire Charles-Emmanuel de Savoie, n'attaque le Montferrat à l'improviste, en avril 1613.

Marie de Médicis réagit avec une ardeur nouvelle. Sans trop s'inquiéter de la position de Madrid dans ce conflit, elle considère comme de son devoir de secourir son neveu Ferdinand. D'ailleurs, le 5 mai, le gouverneur espagnol de Milan fait savoir à la régente qu'il combattra le duc de Savoie si celui-ci empiète sur son territoire. De leur côté, les « barbons », soutenus par les Guises, arguant du manque d'argent, prônent l'attentisme. Quoique très attachée à la paix, Marie de Médicis souhaite une intervention de la France. Ne serait-ce pas également le moyen de détourner la noblesse turbulente de ses querelles intestines ? Et de fait, le 29 mai 1613, à Fontainebleau, le prince de Condé, oubliant ses griefs, vient se jeter aux pieds de la reine. Le lendemain, il soutiendra, au conseil, une ligne de fermeté. On décide la levée de vingt mille fantassins et de deux mille cavaliers. Ils seront répartis en trois armées, commandées par le maréchal de Lesdiguières, le chevalier de Guise et le duc de Bellegarde. Ainsi, ces deux derniers, partisans de la neutralité, sont-ils impliqués malgré eux dans l'opération.

Marie de Médicis adopte, pour l'occasion, une tonalité martiale : « Je ne ferai jamais rien indigne de la réputation de cette couronne. On me verra aussi résolue dans les armées que la reine Blanche. Elle y mena son fils Saint Louis, j'y porterai le mien ; il est plus petit que le sien, et je suis plus forte qu'elle. »

« Madame, je suis bien aise, il faut faire la guerre », lui rétorque le petit roi qui, à onze ans, ne rêve que d'assauts héroïques.

Dès le début de l'été de 1613, un accommodement entre le duc de Savoie et le gouverneur espagnol de Milan rend superflue l'intervention française. Aussi, lorsque le comte de Fiesco part combattre en l'Italie, la reine lui déclare en riant « que s'il ne tombait pas de cheval, elle ne pensait pas qu'il eût une autre façon de verser son sang ». De même, elle dit au jeune Parabelle : « Allez, mais je crois qu'il y aura aussi peu de guerre qu'ici. » En un sens, Marie de Médicis se trompe. Si le fracas des armes s'éteint au-delà des Alpes, les discordes civiles renaissent à l'intérieur des frontières. Condé se regimbe de nouveau, sous le prétexte que l'Espagne a joué la France dans l'affaire du Montferrat. La régente supporte de moins en moins les insolences du premier prince du sang. Le petit Louis XIII lui-même déteste les façons brutales de ce cousin qui néglige trop souvent de le saluer et s'emporte en sa présence : « Voilà Monsieur le Prince qui gourmande la reine ma mère, dit-il un jour à Sillery. Il ne le faut pas endurer, je ne le veux pas. »

Concini, qui s'est avisé de s'aboucher avec Condé, a encouru, durant quelques semaines, la défaveur de la reine. « Il fait l'entendu, et ne bouge d'avec une cabale qui m'est entièrement contraire et opposée, s'écrie-t-elle, furieuse. Je l'apprendrai à m'obéir, et si ce n'était sa femme, je l'aurais déjà mis en un lieu dont il ne sortirait pas quand il voudrait ! »

Le nonce est obligé de constater : « Le marquis d'Ancre et sa femme ont perdu de la faveur de Sa Majesté, laquelle dit très libéralement qu'elle ne veut pas les ruiner, puisqu'ils sont ses créatures, mais qu'elle ne les remettra jamais plus à la place d'autrefois, et surtout qu'elle ne veut pas qu'ils se mêlent des choses de l'État. » Mais, clairvoyant, il conclut : « Avec tout cela, je ne peux croire qu'ils ne reviennent pas dans leur faveur ancienne. »

En juillet 1613, Condé quitte le conseil et la cour. Le duc de Vendôme et Henri de Lorraine – le nouveau duc de Mayenne, que certains auteurs nomment faussement duc du Maine – ne tardent pas à imiter son exemple. Ils se retirent dans leurs gouvernements, le premier en Bretagne, le second à Soissons. Marie passe le mois suivant dans son château de Montceaux. Seuls les Guises y sont invités. En contradiction avec l'étiquette, les princesses prennent leurs repas à la table de la reine. Habilement, Concini se rapproche du duc de Guise et regagne ainsi l'amitié de la reine. Pendant ce temps, Condé hésite sur la conduite à tenir, lorsqu'il est atteint par la variole. La reine, oubliant leur différend, lui rend visite durant sa convalescence, et fait preuve à son égard d'une réelle humanité. A grand renfort de petites manœuvres – selon son habitude –, Marie de Médicis parvient à se réconcilier les princes, et à les maintenir dans une relative soumission.

Le complet retour en grâce du marquis d'Ancre met le feu aux poudres. Le 19 novembre 1613, Concini est investi de la dignité de maréchal, vacante à la suite du décès de Guillaume de Fervacques. Cette décision imprudente de la régente scandalise toute la noblesse. Et cela d'autant mieux que, sous prétexte d'austérité, de nombreuses pensions sont supprimées. Dans le Montferrat aussi, la situation recommence à se dégrader. Le duc de Mantoue, confronté à la connivence de la Savoie et de l'Espagne, requiert l'aide de la France. Mais par crainte de mettre en péril ses accords matrimoniaux avec Madrid, la reine décide de rester coite.

Condé se retire de nouveau de la cour, le 13 janvier 1614. D'autres « malcontents » – les ducs de Nevers, de Longueville et de Mayenne, le maréchal de Bouillon – imitent son mauvais exemple. Une fois encore, Marie de Médicis ne peut compter que sur ses amis Guises, et sur le duc d'Épernon. Quant à César de Vendôme – qui a maintenant dix-huit ans – il est retenu presque prisonnier au Louvre, dans une chambre murée aux fenêtres grillagées. Avant leur fuite précipitée, les grands sont convenus d'une liste de revendications. Officiellement, la régence de Marie de Médicis doit s'achever en septembre 1614, avec le treizième anniversaire du roi. Si elle veut demeurer au pouvoir, elle devra donc en passer par les exigences des princes : Condé se verrait reconnaître la lieutenance générale du royaume, la politique pro-espagnole serait mise entre parenthèses, et les états généraux convoqués.

La régente cherche à renouer le dialogue. Mais les rebelles montrent les dents. Condé quitte le Berry pour rejoindre, à Sedan, le maréchal de Bouillon et ses autres complices. Vers le 15 février, le duc de Nevers s'empare de vive force de la citadelle de Mézières. Se rendant compte de la gravité de son acte, il adresse à la reine une lettre d'excuses embarrassée. Marie de Médicis entre alors dans une colère épouvantable. Elle ordonne à tous les gouverneurs de fermer leurs portes aux princes insurgés. Par l'entremise du comte de Béthune, le frère de Sully, elle s'assure de la bienveillance des protestants. Enfin, elle rassemble toutes les troupes disponibles, et les met en état d'alerte.

Le 19 février 1614, Condé fait porter à la régente une missive, datée de Mézières, où sont récapitulés ses reproches et ceux de ses amis. Ce n'est pas un factieux qui s'exprime, mais le « lieutenant général de Sa Majesté et protecteur de l'État contre les mauvais conseillers ». Le texte, verbeux et confus, alterne maladroitement protestations de loyauté et menaces à peine voilées. Dans sa réponse du 27 février, Marie de Médicis adopte un ton plus direct, dépouillé des fioritures du langage diplomatique. Elle va droit au fait, défend le bilan de sa régence, sans toutefois dissimuler ses erreurs. Puis, elle tend une main loyale à son adversaire : « Les plaintes que vous faites, des désordres que vous attribuez à ceux qui servent le roi auprès de moi, s'adressent plus à moi qu'à eux. C'est un artifice que l'on use à poste, pour donner aux sujets du roi une mauvaise odeur et impression de mes actions. [...]

« Je commencerai donc par vous dire, mon neveu, que vous et toute la France, êtes obligés, quoi que vous puissiez dire et publier au contraire, de reconnaître et confesser que le royaume a, par la singulière grâce de Dieu et l'assistance que j'ai reçue des gens de bien, joui en ma régence, contre l'opinion commune, d'un repos général et plus entier que nous n'eussions osé espérer, après avoir perdu le feu roi Monseigneur. [...] Car chacun a su et vu quelles ont été mes peines, mes combats et mes continuels travaux, pour maintenir la tranquillité publique, qui est encore maintenant enviée, et trop rudement et ouvertement assaillie par ceux qui devraient moins le faire. [...]

« J'avoue librement avoir quelquefois eu recours à des moyens peu convenables à la dignité du roi mondit Sieur et fils, pour contenir et retenir en devoir les auteurs de telles traverses. Mais je l'ai fait pour éviter pis. Ce qui a été souvent aussi mal reconnu, qu'il est à présent mal interprété par ceux mêmes qui en ont profité. C'est la cause principale des dépenses que vous nommez prodigalités, que la nécessité du royaume a extorquées de moi, contre ma propre volonté, et qui n'eussent eu lieu si vous m'eussiez aussi assidûment fortifiée de votre assistance. [...]

« Partant, je vous convie derechef et conjure, par l'intérêt que vous avez au bien de ce royaume, de vous rendre auprès du roi au plus tôt, et devant que les maux qu'engendrent votre éloignement et le chemin que vous avez ouvert, prennent plus profonde racine. Vous y trouverez la place qui vous y est due, elle vous est réservée entière avec soin et affection, par le roi mondit Sieur et fils, comme par moi. »

Des plumes stipendiées, sous autant de pseudonymes cocasses, s'échangent satires et libelles. Ainsi, Jacques Bonhomme, paysan du Beauvaisis, s'en prend-il au Crocheteur de la Samaritaine, tandis que maître Guillaume, Jean Joufflu, Alexandre le Forgeron, Turlupin le Souffreteux ou la Bohémienne Dame Friquette, laissent éclater leur colère à l'encontre de l'un ou de l'autre camp. L'un de ces pamphlets donnera la parole à *La France courroucée sur la lettre de Monsieur le Prince*. Mais la reine en personne saurait parler de semblable manière à ses « enfants turbulents » :

« Leurs déportements me pourraient-ils bien dépouiller d'un titre si vénérable, si délicieux que celui de mère ? Non, certes ! Je veux, parmi une si raisonnable passion, laisser les armes de la colère et répondre à celui qui est enfant de la maison, qui parle pour tous les autres [Condé]. Prendrais-je le glaive contre mes chers enfants ? Non, ce serait me navrer, me déchirer moi-même dans les entrailles. Je n'y veux apporter que patience, discrétion, justice. [...] Les plus heureuses victoires parmi les chrétiens sont celles qui épandent le moins de sang. »

Les états généraux semblent à Marie de Médicis la seule instance susceptible de proroger légalement ses pouvoirs. Aussi ne fait-elle aucune difficulté pour déférer à ce vœu des grands. Hérités du Moyen Âge, les états généraux rassemblent des délégués des trois ordres du royaume – clergé, noblesse, tiers état – appelés à se prononcer sur des questions essentielles. Or, Marie n'ignore pas l'attachement de la population à la monarchie, aussi bien que l'impopularité des princes.

La crise n'est pas pour autant résolue. Le 29 février 1614, le duc de Vendôme s'échappe de Paris. Il rallie la Bretagne et entre lui aussi en dissidence. La régente, par précaution, concentre des troupes en Champagne, face à Condé et à Bouillon, qui recrutent six mille soudards allemands. Afin de financer une guerre éventuelle, Marie de Médicis obtient de la cour des Comptes l'autorisation de retirer un million de livres du trésor de la Bastille. La reine, néanmoins, continue de privilégier l'arme de la négociation. « En somme, confie-t-elle, réaliste, au résident florentin Matteo Bartolini, ils ne veulent rien d'autre que leur intérêt particulier. » Des pourparlers s'engagent, le 8 avril, à Soissons, où les chefs de la révolte se sont retranchés. Cependant, plusieurs provinces s'embrasent. La duchesse de Nevers s'empare de la place de Nevers par la ruse. Dans le Poitou, Soubise, le frère du duc de Rohan, lève deux régiments protestants. L'heure est grave et chacun s'attend à l'explosion. À Paris, la régente passe ses soldats en revue, en compagnie d'un Louis XIII casqué et cuirassé. Des messes sont dites jour et nuit. Et, dans toutes les églises de la capitale, le Saint Sacrement reste exposé.

Soudain, c'est le miracle. Le 14 avril 1614, Condé et ses amis cèdent sur le principal point d'achoppement des discussions. Ils acceptent que l'armée royale demeure sur le pied de guerre. En revanche, la reine confirme la réunion prochaine des états généraux et l'ajournement des mariages espagnols. Les tractations vont encore se poursuivre durant un long mois, sur un plan officiel, avec le président Jeannin, mais également en sous-main, avec Concini, qui s'emploie à diviser les princes, en servant l'intérêt de la reine comme le sien propre. Les partisans d'un conflit ouvert, menés par Villeroy et le duc de Guise, s'impatientent des tergiversations des princes et de leur évidente mauvaise volonté. De son côté, Marie de Médicis sait que les « malcontents » recherchent d'abord des compensations personnelles. Au prince de Condé, on laisse entrevoir la place d'Amboise.

C'est alors que le jeune roi intervient, d'une manière assez inopportune, au cours d'une réunion des ministres. Se tournant vers sa mère, il lui dit de ne pas donner Amboise à son cousin : « S'il veut s'accorder, qu'il s'accorde », ajoute-t-il.

« – Sire, qui vous donne ce conseil ? interroge la reine, interloquée. Celui-là ne désire ni votre bien, ni celui du royaume. »

« – Ma mère, reprend l'enfant, ne lui donnez cette place en aucune façon. Et que le prince fasse ce qui lui plaît. » Puis il sort du cabinet.

A douze ans et demi, Louis XIII vient de manifester pour la première fois une volonté politique. Inutile de dire que Marie de Médicis n'en tiendra aucun compte. D'ailleurs, les Parisiens font mine de se soulever lorsque le bruit court que le duc de Guise, investi de la lieutenance générale, va partir en campagne. Les souvenirs de la Ligue ne sont pas si lointains, ni les désordres des princes de la maison de Lorraine... La régente entend profiter de ce mouvement – si elle ne l'a pas inspiré. Le 5 mai, elle fait tenir un conseil plénier, élargi au Premier président du

Parlement, à celui de la chambre des Comptes, au prévôt des marchands, aux principaux officiers de la couronne et à d'autres conseillers d'État. Tous préconisent la conciliation. Le lendemain, dans sa dépêche au grand-duc de Toscane, Matteo Bartolini rendra cet hommage mérité à la régente : « Une immense compassion est due à la reine qui, dans cette négociation si importante, a été, on peut le dire, trompée par tous et a pu reconnaître qu'elle n'a personne à qui se fier, parce qu'un chacun l'a conseillée suivant son intérêt particulier. Mais elle pourra toujours dire qu'elle a fait un accord que les Français eux-mêmes ont non seulement approuvé, mais encore voulu. »

Le 15 mai 1614, le traité de Sainte-Menehould distribue charges, gouvernements et pensions, avec une telle prodigalité, que des esprits chagrins s'élèvent contre cette « paix malotrue ». La reine est obligée de retirer encore un demi-million de livres de la Bastille pour étancher la soif du premier prince du sang. En outre, une clause secrète assure à celui-ci la possession tant convoitée d'Amboise. Sur le fond, la Florentine a remporté la victoire. Le duc de Nevers restitue Mézières. L'armée des princes est licenciée. Mais, avant tout, Condé a renoncé à empêcher les mariages espagnols. À cet égard, le traité de Sainte-Menehould cultive un flou délicieux : « La reine régente a écrit à Monseigneur le Prince sur ce sujet, lettres dont il a reçu contentement. Ainsi n'est besoin d'en faire mention en cet article. » Pas un mot de plus...

Après de telles faveurs, dispensées sans compter, Marie doit songer à réaliser quelques économies. Ainsi, le 15 juin, les baptêmes du petit duc d'Anjou et de la plus jeune sœur du roi sont-ils célébrés en privé, sans beaucoup de faste, dans la chapelle de la Reine, au Louvre. Le garçon, âgé d'un peu plus de six ans, est appelé Gaston – une nouveauté dans la famille de France –, en hommage à Gaston Phœbus, le brillant comte de Foix, ancêtre des souverains de cette Navarre disputée par l'Espagne. La reine y adjoint Jean-Baptiste, en l'honneur du saint protecteur de Florence. Quant à la princesse de quatre ans et demi, elle recevra les prénoms de Henriette et de Marie, ceux de son regretté père et de sa mère.

Entre-temps, l'impénitent prince de Condé, loin de revenir à la cour, s'est empressé de gagner le Poitou, où il recommence ses brigues. Cette fois, la riposte de Marie est véhémente. Sur son ordre, trois mille suisses s'acheminent déjà vers la Bretagne, afin de réduire le duc de Vendôme qui, malgré le traité, n'a pas baissé la tête. La régente les fait rallier Orléans. De cette façon, ils menaceront aussi bien Vendôme que Condé. Le samedi 5 juillet, Louis XIII, sa mère et sa sœur aînée quittent Paris. Trois jours plus tard, ils sont à Orléans. La régente veut montrer le roi à ses sujets. Ne l'accuse-t-on pas de l'étouffer, de l'abrutir, d'être une mère abusive, de lui confisquer sa couronne ? Comme si, à peine sorti de l'enfance, il pouvait déjà gouverner la France ! Eh bien, le voici, ce jeune prince, caracolant dans les rues d'Orléans, monté sur un petit cheval richement caparaçonné. Les Français lui crient leur enthousiasme, et leurs acclamations rejaillissent sur la régente.

Des scènes identiques ont lieu à Chambord, puis à Blois. Le 19 juillet, à Tours, Marie de Médicis écrit au marquis d'Ancre : « Je vous ai mandé notre arrivée dans cette ville et je vous dirai que les peuples font paraître tant d'allégresse et de joie de voir le roi et moi, que nous avons tout sujet d'en demeurer bien contents, voyant aussi toute la noblesse accourir de tous côtés pour témoigner sa fidélité et obéissance en notre endroit. » Plus de cinq mille gentilshommes affluent de partout pour escorter le cortège royal. Les ducs de Guise et d'Épernon, enivrés par cet enthousiasme, encouragent la régente à pousser jusqu'à Bordeaux, et là, échanger la princesse Élisabeth, la future reine d'Espagne, contre l'infante Anne. Mais les ministres craignent de provoquer les protestants, nombreux dans le sud-ouest, ou les princes. Pourtant, Condé erre, presque seul, comme une âme en peine.

La Florentine, sans dévoiler ses intentions, gagne Poitiers qui se livre à des démonstrations de loyalisme envers Leurs Majestés, comme le rapporte le *Mercure français* : « Tous les habitants voulant faire reconnaître leurs affections être toutes royales, allèrent au-devant d'elles en armes. Le corps de ville les reçut à l'entrée de la ville sous de riches ciels, et les conduisirent jusques à la grande église. Bref, on n'y faisait que cantiques de louanges en leur honneur, et toutes ces humeurs poitevines qui avaient tant été émues se calmèrent en les voyant. »

À la surprise générale, Marie de Médicis décide alors de remonter vers Angers et Nantes, où doivent se tenir les États de Bretagne. Le 12 août, le roi et sa mère sont accueillis dans l'ancienne capitale ducale par des transports de joie. Certes, Vendôme a déposé les armes, mais il hésite encore à paraître devant le roi. Il ne s'y résoudra que deux semaines plus tard. Louis XIII lui laissera son gouvernement et ses charges, avec ce pardon hautain : « Sachez que le plus grand honneur que vous ayez au monde, c'est d'être mon frère... »

De retour à Paris, le 16 septembre 1614, le jeune monarque peut admirer, au-dessus de la porte Saint-Jacques, un grand tableau représentant un navire de haute mer. Louis est assis à la proue, vêtu de ses habits royaux, et la régente tient le gouvernail, insensible aux flots et aux tempêtes. Une chorale, accompagnée de luths et de violes, entonne alors une « ode choriambique tétramère catalectique », œuvre d'un certain Maudhuit :

> « *Peuple, accourez hâtivement, voici la reine bien près,*
> *C'est celle-là par qui le trouble et le malheur, qui semblaient*
> *Nous menacer d'horrible guerre et désastre, ont cessé.*
> *D'elle la paix, d'elle la joie, d'elle procède tous biens.*
> *Vive le roi, vive le roi, vive la reine sans fin.*
>
> *Tel que jadis hors de la mer, Neptune haut se montrant,*
> *Fit demeurer l'onde et le vent, fit la bourrasque arrêter.*
> *Ainsi la reine, en se faisant voir au milieu du danger,*
> *Par le savoir, et le pouvoir, et la valeur, l'a dompté.*
> *Vive le roi, vive le roi, vive la reine sans fin...* »

XII

LE MARIAGE DE LOUIS XIII

Le 15 septembre 1614, Marie de Médicis s'est contentée d'une entrée discrète dans la capitale, la veille de celle de son fils, afin que le jeune monarque soit l'unique objet de la vénération populaire. À quelques jours de la majorité de Louis XIII, la régente a compris la nécessité pour elle de retremper son autorité – sans cesse battue en brèche depuis la mort de Henri IV – au feu de la légitimité réaffirmée du roi.

Le « voyage armé », qui a conduit le roi et sa mère du Val-de-Loire à la Bretagne, a été un coup de génie. Les folliculaires s'en donnent à cœur joie pour célébrer la concorde retrouvée. Ce ne sont que *Cantique de la paix dédié aux amoureux d'icelle, Remerciement à la reine régente, mère du roi [...] pour la bienvenue de la paix,* ou encore *Hymne de la paix, chantée par toute la France, par les laboureurs, vignerons et autres paysans qui l'habitent, pour l'assurance qu'ils ont maintenant de paisiblement recueillir les fruits de leurs labeurs...*

Le prince de Condé – repentant, mais non sans quelque appréhension – arrive à Paris le 29 septembre, au milieu d'une indifférence lourde d'hostilité. La reine, cependant, le reçoit bien. Deux jours plus tard, Louis XIII tient son premier conseil. Très solennellement, Marie de Médicis se transporte chez son fils, escortée de ses ministres : « Il y a quatre ans que j'ai gouverné votre royaume, lui dit-elle. Ces seigneurs que vous voyez m'y ont assistée et se sont rendus soigneusement auprès de moi en toutes occasions. Il n'en sera pas de même ci-après, car nous viendrons vous voir tous les matins pour parler de vos affaires. »

Le roi confirme les dispositions de l'édit de Nantes, ainsi que les ordonnances prohibant les duels et les blasphèmes, souvent réitérées, mais jamais appliquées. Puis, il évoque « l'heureuse administration de notre royaume pendant notre minorité sous la régence et sage conduite de la reine notre très honorée dame et mère », pour la « louer et remercier ».

Le lendemain, 2 octobre 1614, Louis XIII, revêtu d'étoffes d'or et couvert de pierreries, est accueilli par l'ancienne régente, dans la cour de mai du palais de Justice, au pied de l'escalier d'honneur. Ensemble, ils entendent la messe à la Sainte-Chapelle, avant de gagner la grande chambre du Parlement. Comme les fois précédentes, le roi prend place sur un trône constellé de fleurs de lys, dressé dans un angle. Marie siège à sa droite, légèrement plus bas, avant les princes du sang, les ducs et pairs, les maréchaux et les cardinaux. Lorsque le silence s'impose enfin, la reine vient ployer un genou devant son fils. Le *Mercure français* ajoute : « [Elle] dit en trois ou quatre périodes qu'elle rendait louange à Dieu de ce qu'il lui avait donné la grâce d'avoir élevé le roi son fils jusques à sa majorité, et maintenu la paix en ses états. Qu'étant majeur, elle lui avait remis la conduite et le gouvernement de son royaume, exhortant un chacun par la mémoire du roi Henri le Grand, à continuer la fidélité et le devoir qu'ils lui devaient comme à leur roi. »
Louis, la voix haute et ferme, remercie sa mère pour son bon gouvernement et pour la sagesse de son administration. Puis il déclare assumer lui-même le pouvoir, pour s'empresser aussitôt de préciser, à l'adresse de Marie de Médicis : « Madame, je vous remercie de tant de peines que vous avez prises pour moi. Je vous prie de continuer et de gouverner et commander comme vous avez fait par ci-devant. Je veux et entends que vous soyez obéie en tout et partout, et qu'après moi et en mon absence, vous soyez chef de mon conseil. »
La reine se lève, salue le roi et retourne à sa place. Le chancelier de Sillery prend alors la parole, afin de résumer les orientations décidées la veille en conseil. L'arrêt est adopté à l'unanimité. Le Premier président et l'avocat général Servin font maintenant assaut de flatteries à l'égard de la reine. Mieux qu'aucune régente avant elle, Marie de Médicis a eu la prudence de surmonter toutes les difficultés. Elle a fait prévaloir l'autorité royale contre les troubles – à ce moment, Condé murmure... Elle a maintenu la paix avec les voisins, sauvegardé l'indépendance de la France. À l'issue de cette interminable séance, les canons de l'Arsenal tonnent pour marquer le début des festivités. Puis, toute la nuit, les Parisiens vont danser dans les crépitements des feux de joie, tandis que des guinguettes distribuent gratuitement du saucisson, des pâtisseries et des cruches de vin...

De nombreux députés aux états généraux, désirant prendre part à ces réjouissances, ont commencé à affluer vers la capitale. Marie de Médicis s'est assurée de leur docilité. Son périple à grand spectacle en province, avec le roi, ne préfigure-t-il pas nos modernes tournées électorales ? Par ailleurs, la reine a pesé sur le scrutin sans beaucoup de vergogne, multipliant les promesses de gratifications et de privilèges. Au bailli de Rouen, par exemple, elle prescrit de ne laisser élire que des « personnes reconnues être de longue main portées au bien ». Elle sait, toutefois, préserver les apparences. En août 1614, elle rappelle au maréchal de Boisdauphin, qui n'apprécie pas l'un des candidats de la noblesse en Anjou : « Il ne serait pas à propos d'employer l'autorité du roi Monsieur mon fils, ni son nom, pour l'empêcher en façon quelconque, car la liberté y doit demeurer entière. Et ceux qui y voudraient trouver à redire seraient bien aises d'avoir cette occasion de mettre en avant qu'elle aurait été empêchée... »

Deux tiers des députés roturiers sont ainsi des officiers du roi. Vingt à trente pour cent des clercs et des nobles tiennent des charges qu'ils doivent au souverain. Ce brillant résultat est à porter au crédit de l'habileté de la régente, comme le confirme Matteo Bartolini : « Les choses s'étant passées de cette manière, selon la bonne et droite intention de la reine, on ne peut faire, sur l'issue des événements, un autre jugement si ce n'est que tout se passera pour le mieux et qu'on tirera de ces états le fruit qu'en espèrent tous les gens de bien. »

Condé s'aperçoit-il du piège dans lequel il s'est lui-même enfermé ? Ces états généraux, qui devaient condamner les erreurs de la régence, vont au contraire consolider le pouvoir de la Florentine. Aussi, le prince se dit-il prêt maintenant à renoncer à leur réunion, contre un peu plus d'argent. La reine, elle, n'a pas peur. Elle profite des inquiétudes de son pusillanime neveu pour lui interdire de prononcer aucun discours au cours des sessions. Et Condé, pour une fois, va lui obéir.

Ajournés à plusieurs reprises, les états généraux auraient dû se tenir à Sens. La reine décide finalement de les réunir à Paris, où elle pourra mieux les contrôler. Un jeûne général de trois jours précède la procession inaugurale, qui a lieu au matin du 26 octobre 1614, du couvent des Grands-Augustins – là même où a été proclamée la régence – jusqu'à Notre-Dame. En tête, chemine une horde de mendiants, loqueteux et estropiés, selon la coutume. Puis, à cheval, les gentilshommes des maisons royales ouvrent la route aux délégués du tiers état. Ceux-ci sont à pied, quatre par quatre, tous habillés de noir. Comme les autres députés, ils tiennent en main un grand cierge de cire jaune. La noblesse arrive ensuite – chapeaux à l'espagnole et manteaux de cour – richement parée et l'épée au côté. Les ecclésiastiques leur emboîtent le pas. D'abord les simples prêtres, en soutane et bonnet carré, puis les abbés de Cîteaux et de Clairvaux, les évêques et archevêques, en costume violet, avec leur rochet et leur camail. Les cardinaux de Sourdis, de La Rochefoucauld et de Bonzi, enveloppés de leur grande chape rouge et couverts de leur chapeau romain, occupent le rang le plus honorable, le plus proche du Saint Sacrement que l'évêque de Paris, Henri de Gondi, offre à la vénération des fidèles, à couvert d'un poêle de drap d'or.

Sous un autre dais, Louis XIII s'avance, le visage empreint de gravité. Ses vêtements blancs contrastent avec les voiles de deuil de sa mère. L'air recueilli, Marie de Médicis s'appuie d'une main sur son écuyer, et donne l'autre à son nouveau chevalier d'honneur, le commandeur de Sillery. Sa traîne est portée par l'inébranlable marquise de Guercheville. Madame – la princesse Élisabeth –, les princesses du sang royal, les duchesses et les dames de la cour l'accompagnent. Enfin, cent gentilshommes séparent ces hauts personnages du cortège des magistrats, très dignes, et du corps de la ville, en robe et chaperon mi-partis rouge et bleu. Au centre de la nef de la cathédrale, la famille royale trônera sous un dais de velours violet parsemé de lys d'or, pour écouter le cardinal de Sourdis, prêchant sur le thème : *Deum timete, regem honorificate* : Craignez Dieu et honorez le roi...

L'ouverture solennelle des états généraux, le lendemain, se fait dans une anarchie extrême. On a restauré, pour la circonstance, la grande salle de l'hôtel du Petit-Bourbon – démoli par Louis XIV, il s'élevait entre l'actuelle colonnade du Louvre et Saint-Germain-l'Auxerrois. En dépit de fortes barrières, le public envahit le parterre réservé aux députés et aux officiels. Ce ne sont alors que clameurs, réclamations et disputes. Évêques et conseillers d'État échangent gifles et coups de poing. Lorsque le roi apparaît, à une heure de l'après-midi, le calme est loin d'être rétabli. Aussi, le grand maître des cérémonies, d'une voix tonnante, doit-il ordonner le silence et faire mettre chapeau bas à cette foule bruyante et disparate.

Isolé sous son baldaquin, avec sa mère à sa droite, et à gauche son petit frère Gaston, Louis XIII balbutie quelques mots, avant de passer la parole à son chancelier qui, durant une heure et demie, marmonne d'une voix basse et monocorde. À travers le brouhaha général, on devine qu'il félicite la régente de son action passée, qu'il lui souhaite de réussir sa nouvelle mission de chef du conseil. Les états généraux devront rédiger des cahiers de doléances. Le roi s'engage à écouter leurs suggestions et à en tenir compte.

L'orateur du clergé, Simon de Marquemont, archevêque de Lyon et primat des Gaules, fait preuve d'une éloquence plus apprêtée. Les yeux fixés sur le roi, il enroule, à l'intention de la reine, les volutes d'une infinie louange : « Au coucher déplorable de ce soleil [Henri IV], cette auguste princesse votre mère, par sa magnanimité, étonna le malheur, détourna l'orage, et dissipa tous les nuages et les brouillards qui, en d'autres minorités, avaient troublé et obscurci le ciel de cet État, qu'elle a depuis maintenu en paix et tranquillité au dedans, en a conservé et accru la réputation au dehors. » La courageuse régente est comparée à Déborah, la prophétesse de la Bible : « Une veuve gouverne heureusement les peuples, une veuve envoie les armées, une veuve choisit les capitaines, une veuve marche en campagne, une veuve ordonne les triomphes... »

À la suite de l'archevêque de Lyon, le baron du Pont-Saint-Pierre, au nom de la noblesse, prononce un discours ampoulé, bourrelé de références à l'Antiquité. Il en perd le fil, mélange ses feuillets, déclenchant les rires de l'assemblée. Mais, à l'instar du prélat, il ne ménage pas ses flatteries à l'égard de Marie de Médicis. Le prévôt des marchands, Robert Miron, qui exprime la voix du tiers état après celles des deux ordres privilégiés, s'adresse au monarque à genoux sur un carreau de velours. Il débute par l'indispensable éloge de Marie de Médicis : « Les bons et salutaires conseils de la reine ne vous défaudront pas, puisqu'ils n'ont jamais manqué à la France, pendant le cours de sa régence très heureuse, où elle a comme fixé le calme au milieu de nous, qui sommes tenus, Sire, lui en rendre un très humble remerciement. »

Cependant, Miron se fait bientôt plus sévère. Il condamne les exactions des hommes d'armes, les abus des financiers, les exemptions d'impôts abusives, les pensions exorbitantes dispensées aux grands, l'impunité des favoris. Le réquisitoire est implacable. Toutefois, la reine ne saurait être coupable, sinon d'une trop grande libéralité : « Qui croira ce paradoxe, trop véritable néanmoins, que les vertus aient engendré les vices, et que l'excès de la bonté, facilité, et clémence de Votre Majesté, ait causé, par importunité, l'audace, l'impunité et l'impiété, et à leur suite, une infinité de maux, une contravention publique à toutes ordonnances divines et humaines, et enfin un dévoiement général de toutes règles, en tous les ordres et professions de ce royaume ? »

Il est plus de six heures. C'est dans la pénombre du crépuscule que le chancelier lève la séance, au milieu d'un désordre indescriptible. Chacun a le sentiment d'avoir vécu une journée historique. Pourtant, rien de vraiment concret ne sortira de ces états généraux, les derniers de l'Ancien Régime, avant ceux de 1789. Les discussions, confuses, vont se prolonger durant près de quatre mois. Le couvent des Grands-

Augustins abrite les trois ordres ensemble. Mais ils délibèrent et votent séparément. Le tiers se heurte au clergé sur la question de l'autonomie du pouvoir royal vis-à-vis de toute autorité spirituelle. La vénalité des offices – c'est-à-dire la vente des charges publiques par l'État – est condamnée par la noblesse, alors qu'elle constitue le vecteur principal d'ascension de la bourgeoisie. Les privilégiés, eux, ne sont nullement prêts à payer des impôts. Dès lors, la reine fait figure d'arbitre entre ces forces politiques et sociales antagonistes. Aussi peut-elle se limiter à des réformes de façade. Elle instaure ainsi un conseil des Finances dont les princes du sang sont membres de droit. Tout en conservant les leviers de commande, la reine mère associe les grands à sa gestion, et les rend complices d'éventuels abus.

On en est là des palabres interminables des états généraux, quand une incartade de Condé permet à Marie de Médicis de détourner l'attention. Un certain Marsillac, gentilhomme du prince, est démasqué par celui-ci comme un agent de la reine. Condé le renvoie aussitôt, après lui avoir promis la bastonnade. Marie de Médicis prend Marsillac sous son aile, et le nomme capitaine des gardes de son fils. Mais voici que, le 5 février 1615, le transfuge est roué de coups par des laquais à la solde de Condé.

Le lendemain, à la sortie du conseil, Condé revendique fièrement son forfait. Un procès-verbal de l'affaire, dressé pour le cardinal de Sourdis, restitue l'acrimonieux dialogue du prince et de la reine : « Sa Majesté lui répliqua qu'elle ne le pouvait croire, que l'action était trop honteuse pour sortir de lui. Mondit Seigneur le Prince repartit que le feu roi son Seigneur ne traitait pas ainsi les princes du sang. Sa Majesté répondit que les princes du sang ne faisaient de telles actions et qu'elle savait bien comment ledit roi s'y comportait. [...] Le roi [Louis XIII] voulant parler, la reine l'arrêta et dit audit Seigneur Prince : "Prince, vous me pardonnerez ; c'est une grande effronterie de soutenir que vous avez fait cela devant le roi." – "Comment appeler effronté un prince du sang", répondit-il, et dit à la reine : "Ni votre animosité, ni votre colère ne m'empêchera de servir le roi", paroles qu'il proféra se retirant d'auprès de Sa Majesté. Lors le roi dit : "Ha, Madame, vous m'avez fait grand tort de m'avoir empêché de parler", et en regardant à son côté, dit : "Si j'eusse eu mon épée, je la lui eusse passée au travers du corps." »

Le langage inconséquent de cet étourdi de Condé tranche avec le flegme et le sang-froid de la reine. Le jeune Louis XIII, pour sa part, n'admet pas que l'on manque de respect envers celle à qui il a remis le gouvernement du royaume. Mais son impatience mal contenue laisse augurer un caractère ombrageux, et des conflits prochains. Condé – « venu en nausée à toute la cour » – se résoudra à faire amende honorable. La reine l'écoute avec bénignité. Puis elle ajoute, non sans malice, que s'il devait bâtonner tous ceux qui disent du mal de lui, le nombre en serait vraiment trop grand !

Divertis un moment par les mésaventures du premier prince du sang, les Parisiens trouvent désormais fort ennuyeux d'avoir à nourrir tous ces députés dont les débats ne mènent à rien. Les cahiers de doléances, hâtivement bâclés, sont présentés au roi le 23 février 1615, au cours d'une séance assez semblable à celle du 27 octobre précédent. Même décor, même bousculade... à tel point que Marie de Médicis menace de quitter la salle. Le baron de Senecey et le prévôt Miron tressent à la reine des lauriers – sans doute sincères – pour l'excellent gouvernement de sa régence et pour les mariages conclus avec l'Espagne. Ils espèrent qu'elle continuera à se comporter suivant l'exemple du passé, pour le bien du roi et du royaume. Mais avant eux, le clergé a parlé par la bouche du jeune évêque de Luçon. A vingt-neuf ans, Armand-Jean du Plessis de Richelieu, issu de la petite noblesse poitevine, connaît son premier rendez-vous avec l'Histoire. Ambitieux et calculateur, il a décidé de se servir de la reine pour parvenir au pouvoir. Aussi est-ce d'abord à Marie de Médicis qu'il destine sa harangue, à elle qui « a heureusement conduit le vaisseau de l'État dans le port de la paix » :

« Toute la France se reconnaît, Madame, obligée à vous départir tous les honneurs qui s'accordaient anciennement aux conservateurs de la paix, du repos et de la tranquillité publique. Elle s'y reconnaît obligée, non seulement à cause qu'avec tant de merveilles, vous nous avez jusqu'à cette heure conservés au repos que les armes invincibles de ce grand Henri nous ont acquis ; mais en outre parce que vous avez voulu comme attacher pour jamais la paix à cet État du plus doux et du plus fort lien qui se puisse imaginer, étreignant par les liens sacrés d'un double mariage – dont nous souhaitons et requérons l'accomplissement –, les deux plus grands royaumes du monde [...]. Vous avez beaucoup fait, Madame ; mais il n'en faut pas demeurer là. En la voie de l'honneur et de la gloire, ne s'avancer et ne s'élever pas, c'est reculer et déchoir. »

Trois semaines après la dissolution des états généraux, des nuées, des bosquets, des fleurs et des ruisseaux artificiels remplaceront les bancs des députés dans la salle du Petit-Bourbon. Et les gracieux pas de danse de nymphes somptueusement costumées succéderont aux effets de manche des austères représentants. « Il faut bien que ma fille donne une fête au public avant son départ pour l'Espagne, et que les Parisiens se souviennent d'une princesse que la France va perdre », a déclaré Marie de Médicis. Ainsi, le 19 mars 1615, le ballet de *L'Africaine ou le triomphe de Minerve* est-il l'adieu magnifique de la princesse Élisabeth, la première sœur de Louis XIII, qui s'en ira bientôt régner à Madrid. La Nuit, vêtue de noir et d'argent, constellée d'astres d'or, coiffée de nuages, ouvre la scène. La jeune princesse apparaît, costumée en Pallas, sur un char étincelant. Mais l'indispensable Malherbe, une fois encore, encense la reine mère, sa généreuse bienfaitrice :

> « *Grand chef-d'œuvre des cieux, merveille d'Étrurie,*
> *Cher astre des Français, ô divine Marie*
> *Dont la gloire nous force à te faire la cour,*
> *Quel heur te promettront nos fidèles oracles*
> *Qui soit un juste prix du moindre des miracles*
> *Que ton règne adorable enfante chaque jour ?* »

Dans la nuit du 24 au 25 mars 1615, la reine Margot s'éteint, à l'âge de soixante-deux ans. Sa disparition sonne, peut-être mieux que tout autre événement, la fin de la Renaissance et le début du Grand Siècle. Toujours galante – en dépit de ses charmes fanés –, la dernière des Valois entretenait autour d'elle une petite cour de beaux esprits et de gens de lettres. Le misogyne Richelieu lui rendra ce rare hommage : « Elle parlait mieux que femme de son temps, et écrivait plus élégamment que la condition ordinaire de son sexe ne portait. »

Débordant d'affection pour les enfants de Henri IV – les fils et les filles qu'elle n'avait pu lui donner... –, Marguerite lègue toute sa fortune au jeune Louis XIII. En contrepartie, Marie de Médicis s'est engagée à régler les dettes de la défunte, comme l'explique plaisamment Malherbe dans l'une de ses lettres : « La reine a dit qu'elle veut payer ce que légitimement elle devra, et que si elle ne le faisait, elle aurait peur qu'elle ne la vînt tourmenter de nuit. Elle fait cas que les dettes n'iront qu'à quatre cent mille livres, mais l'on tient qu'elle doit plus de deux cent mille écus. Ce matin, la chambre de la reine était si pleine de ses créanciers que l'on ne s'y pouvait tourner... »

Le pouvoir de la mère du roi est sorti renforcé de l'épreuve des états généraux, dans laquelle le malhabile Condé a essuyé un revers de plus. Le prince tente pourtant de ressaisir l'avantage, en se rapprochant du Parlement. Depuis qu'elle a été sollicitée, en mai 1610, pour conférer la régence à Marie de Médicis, la cour souveraine se sent des velléités de gouverner. Le 28 mars, elle invite les grands à lui énoncer leurs griefs. Condé, pour sa part, se promène à pied dans les rues de Paris, participe dévotement aux processions, serre des mains, pénètre chez les boutiquiers pour prêter l'oreille à leurs doléances. Il clame tout haut qu'il faut examiner les comptes de l'État et châtier les prévaricateurs. Le procureur général Molé fait redouter à la reine « un incendie dont les cendres seraient longues à s'éteindre ».

« – Quoi le peuple remuera ? interroge Marie.

« – Non, Madame, mais nous craignons un changement de son affection et la désolation des grandes compagnies du royaume qui exercent la justice qui fait régner les rois. »

En vérité, la reine n'accorde qu'une attention distraite aux gesticulations des trop ambitieux magistrats. Quant à Condé, il déserte le conseil, où l'influence du chancelier de Sillery et du maréchal d'Ancre est, pour l'heure, prépondérante. Marie s'aperçoit-elle, d'autre part, que son fils grandit ? Grisée par la puissance suprême, peut-être ne réfléchit-elle pas qu'il lui faudra un jour l'abdiquer... L'ambassadeur vénitien souligne, dans l'une de ses dépêches : « On ne donne pas au roi une connaissance complète de toutes les affaires. On s'emploie avec beaucoup de zèle à le tenir le moins possible occupé aux choses du gouvernement, bien qu'on fasse en apparence le contraire afin de ne point mécontenter tous ceux qui s'exclament toujours de ce fait étrange. On le laisse perdre son temps en une foule d'exercices puérils, en plaisirs d'oiseaux, de chiens, en une foule de petites choses [...]. Tous ceux qui l'assistent dépendent absolument de sa mère, qui les choisit de capacité médiocre, d'esprit modéré, pour qu'ils ne suscitent point chez le roi des pensées trop vives. Il faut qu'il reste vis-à-vis d'elle dans l'obéissance ; et le respect qu'il lui porte est fort grand. C'est ce qui fait que l'autorité de la reine vient à se conserver et à se rendre de plus en plus grande. »

Pour autant, l'analyse du diplomate est-elle tout à fait pertinente ? Il est probable qu'elle s'inspire des bruits, des racontars, des feuilles suscitées par les princes pour noircir la reine. Tout au contraire, le Toscan Scipione Ammirato n'a-t-il pas noté, dès le 25 mai 1610, au sujet de Louis XIII : « On veut le faire devenir un homme, et comme il a en sa compagnie beaucoup de petits enfants de son âge, on veut les enlever d'autour de lui, ce qui, au commencement, lui paraîtra fort déplaisant, étant accoutumé à s'amuser avec eux. »

Par ailleurs, un document brut comme le *Journal* de Héroard infirme quelque peu l'image d'un roi maintenu « enfant enfantissime » par une mère dénaturée. Ainsi, à la date du 17 mars 1615 – le jour même où l'ambassadeur vénitien rédige sa lettre –, le médecin note : « Mardi. Eveillé à sept heures et un quart après minuit, doucement. Prie Dieu. À huit déjeuné. Va en la galerie où il se joue pour le mauvais temps. Va chez la reine, à la chapelle de son antichambre, au conseil. À onze heures et demie, dîné. Retourne au conseil. À douze heures et demie, va par la galerie aux Tuileries. Revient à deux et demie au conseil. À quatre heures et trois quarts, au cabinet des livres. À cinq et demie, chez la reine. À six et demie, soupé... Va chez la reine. Revient à huit heures trois quarts. S'endort à neuf et demie, jusques à sept après minuit. » C'est là – on en conviendra – un emploi du temps bien rempli pour un prince de treize ans ! En fait de puérilités, il assiste à trois conseils, s'entretient à trois reprises avec sa mère et trouve encore le temps de visiter sa bibliothèque. Henri IV, qui ne consacrait que ses matinées à ses devoirs de roi, ne faisait guère mieux.

Le 21 mai 1615, le prince de Condé quitte Paris, à la suite de l'un de ses fréquents coups de tête. Quelque temps auparavant, il a exposé ses revendications à Marie de Médicis. Il voulait être traité en prince du sang, recevoir quelque argent, et enfin se séparer de son épouse, la belle Charlotte de Montmorency, qui naguère avait rendu fou le Vert-Galant. La reine n'a cédé que sur les deux premiers points. D'abord satisfait, Condé a retrouvé ensuite son humeur ombrageuse, d'où son départ impromptu.

Le lendemain, 22 mai, quarante conseillers du Parlement font irruption en plein conseil, pour présenter une note écrite, véritable réquisitoire contre le pouvoir en place. Tous les reproches y arrivent pêle-mêle, non sans injustice ni exagération. Où sont passés les millions de la Bastille ? Et pourquoi gorger des étrangers de places et de charges ? Les ministres, incompétents, se vautrent dans la concussion et le gaspillage. L'opinion publique est trahie. D'ailleurs, a-t-on jamais enquêté sur les responsables secrets de l'assassinat de Henri IV ? Et ces mariages espagnols, qui bouleversent les alliances traditionnelles de la France... Ce discours enflammé se teinte au passage d'antisémitisme, lorsqu'il est question de faire « recherche de toutes nouvelles sortes de gens infâmes qui se sont coulés à Paris dans les maisons des grands et près de votre cour depuis peu d'années, comme analphabètes, juifs, magiciens et empoisonneurs, ennemis du nom chrétien et s'efforçant d'établir une synagogue à Paris ».

Louis, interloqué, balbutie quelques mots inintelligibles. Mais la reine, indignée, est prise d'un des accès de colère les plus violents de son existence. Sont-ce donc là les grâces qu'on lui rend pour les veilles,

les tribulations, le soin constant qu'elle a endurés, durant le temps de sa régence et ensuite, pour conserver le repos et la paix du royaume ? Sans doute a-t-elle fait des dépenses. Mais n'était-ce pas nécessaire, en raison de la nature des circonstances ? Elle a jugé plus utile de verser l'or que le sang et les vies de ses sujets.

Le *Mercure français* relate la diatribe, en des termes si vivants que l'on croit entendre la reine, le visage empourpré, étouffant de fureur : « Que le roi avait grande occasion d'être offensé du Parlement, lequel contre ses défenses avait touché aux affaires de son État. Que le Parlement voulait se mêler de réformer et de disposer du gouvernement et des finances, et qu'elle n'était point si peu clairvoyante qu'elle ne reconnût bien que l'on attaquait sa régence que tous les ordres de ce royaume assemblés en corps d'État, et le Parlement même, avaient louée. Que l'on ne pouvait parler du gouvernement et administration des affaires du royaume sans la toucher et parler d'elle. Qu'elle était bien avertie que ces remontrances n'avaient pas été trouvées bonnes ni approuvées par tous ceux du Parlement, et qu'il y avait six présidents tant présents qu'absents, qui y avaient résisté, mais que six ou sept tant présidents que conseillers en avaient été les promoteurs. Qu'à l'avenir, le roi ne l'endurerait plus. Qu'elle voulait que chacun sût, et pouvait le dire haut, qu'il n'y eût jamais en France régence plus heureuse que la sienne. »

Concini, qui se tient derrière les fauteuils du roi et de la reine, tend à cette dernière un pamphlet, intitulé *La Cassandre française*, qui augure les pires calamités si Louis XIII épouse Anne d'Autriche. Au Premier président, Marie lance, accusatrice à son tour : « On souffre de vendre des libelles diffamatoires contre l'honneur du roi et le mien, sans en faire justice. Tenez, voyez ce livre intitulé *La Cassandre* ! » L'autre, embarrassé, hasarde de pâles excuses. La reine a beau jeu, après cela, de laisser à ses ministres le soin de réfuter plus calmement – mais avec sévérité – les allégations portées contre eux. Le Parlement ne devrait pas s'ingérer dans les affaires de l'État, mais se contenter d'administrer la justice ! Puis les grands seigneurs présents interviennent eux aussi, blessants.

Après cet épisode passionnel, la tension, curieusement, va très vite retomber. Les magistrats, loin de vouloir ébranler la monarchie, se soucient avant tout de préserver l'indépendance de leurs charges, mise en cause par la noblesse lors des états généraux. La reine – dont c'est également l'intérêt – sait les rassurer. Et le parlement suspend aussitôt ses remontrances...

MARIE DE MÉDICIS

Forte de ce succès en politique intérieure, Marie de Médicis marque aussi des points sur la scène internationale. Le marquis de Rambouillet, qu'elle a envoyé en mission diplomatique pour apaiser les troubles renaissants du duché de Mantoue, parvient à restaurer, avec le traité d'Asti, la paix en Italie du Nord. Dès lors, la marge de manœuvre de Condé se réduit à l'extrême. Il envisage de regagner Paris, mais la reine fait converger des troupes vers la capitale. Aussi, le prince s'établit-il près de Creil, où il mène une existence de gentilhomme campagnard. Cela ne l'empêche pas de soudoyer des pamphlétaires, et de tisser les fils enchevêtrés de mille et un complots.

Alors que s'annonce le torride été de 1615, Marie de Médicis peut enfin songer à son grand voyage vers la frontière des Pyrénées, où l'on livrera la princesse Élisabeth aux Espagnols, en échange de l'infante Anne, destinée à ceindre la couronne des lys. Des écrivaillons dûment rétribués, répondant aux plumes mercenaires de Condé, l'encouragent à se mettre en route sans plus tarder, comme ce Fleureuce Rivaut, ancien précepteur du roi : « Sus donc, courageuse princesse, il faut doubler le cap de Bonne-Espérance, rien ne pourra jamais s'opposer à vos généreuses résolutions, qui ne succombe sous les lois de votre invincible génie. »

Le 15 juillet, passant outre à plusieurs refus de la chambre des Comptes, la reine retire en personne quatre cent mille écus du fameux trésor de la Bastille, afin de financer sa chevauchée nuptiale. Quarante charrettes sont nécessaires pour déménager une pareille somme ! Aux frais ordinaires d'un tel voyage, il faut ajouter la solde des quinze cents fantassins et des trois mille arquebusiers chargés de protéger la famille royale et la cour. Car Condé menace encore de faire des siennes. Ce n'est pas faute, cependant, que Marie de Médicis ait redoublé d'efforts pour se le concilier. Elle lui a envoyé des émissaires aussi prestigieux que Villeroy, Pontchartrain, Sillery, et même le maréchal d'Ancre. Le 27 juillet, le prince a rompu le contact, par une lettre comminatoire. En outre, trois ou quatre mille huguenots, sous la conduite du duc de Rohan, battent la campagne entre Poitou et Pays basque, laissant peser une hypothèque inquiétante sur la sécurité des illustres voyageurs.

Le maréchal de Boisdauphin se voit confier la défense de Paris. Par crainte d'un éventuel coup de main en l'absence du roi, seulement sept portes de la capitale, puissamment gardées, demeureront ouvertes. Des détachements patrouilleront dans toute l'Ile-de-France, l'œil aux aguets. Pour faire face à ces dépenses supplémentaires, Marie doit se résoudre à sortir encore un million trois cent mille livres de la Bastille, où désormais il ne reste plus rien. En proie pendant cinq jours à des fièvres intestinales – pour avoir bu « à la glace » et mangé des fruits à l'excès –, la reine ne donnera pas l'ordre du départ avant le 17 août. Auparavant, elle a vénéré la châsse de sainte Geneviève, la patronne de Paris. Elle a également expédié à tous les gouverneurs une lettre de mise en garde contre Condé. Le prince vient en effet d'écrire à son cousin Louis XIII qu'il allait prendre les armes pour l'affranchir de ses conseillers dangereux.

Un savoureux petit livret, daté de cette même année 1615, prétend donner l'*Avis du doyen des valets de pied de la cour, à ses camarades, sur le voyage de Bayonne, ensemble comme ils doivent se comporter* : « Il n'y a que tenir, camarades, c'est à ce coup que nous battrons aux champs, l'air en dût-il crever, et pleuvoir des cailloux sur nos têtes, la mer dût-elle couvrir la terre de ses vagues menaçantes, la terre s'ouvrir de crainte et d'épouvante par le son et furie des foudres et grondants tonnerres, l'enfer vomir toute sa rage et malice ! [...] Qui eût jamais cru, après tant de contestations, tant de chicaneries et remises, que nous eussions été au voyage. Je jure ma foi que je ne m'y attendais plus. Toutefois, je me suis toujours persuadé que jamais on ne pourrait vaincre la reine en sa première résolution, d'accomplir les choses qui s'étaient tant solennellement commencées. »

Ainsi donc, en ce 17 août 1615, toute la cour – sans omettre les ambassadeurs –, accompagnée d'une suite nombreuse et d'une forte troupe, prend joyeusement le chemin de la Guyenne. Comme à l'accoutumée, Marie a auprès d'elle sa chère Leonora, la princesse de Conti et la duchesse douairière de Guise. Pour éviter les trop pénibles chaleurs, on part très tôt chaque matin, parfois avant le lever du jour, et l'on s'arrête lorsque la canicule devient intolérable. Dans des régions éprouvées par la sécheresse, les approvisionnements s'avéreront difficiles, et les soldats de l'escorte ne résisteront pas toujours à la tentation de la rapine et du pillage.

Condé fait de nouvelles propositions, mais pour Marie, il n'est plus de temps à perdre en discussions oiseuses. S'ils désirent se joindre à elle, le prince et ses affidés seront les bienvenus. En attendant, « qu'ils écrivent tout ce qu'ils voudront, autant en emporte le vent » ! Après Orléans, la caravane royale passe par Blois, puis Amboise, dont le nouveau gouverneur est Charles d'Albert de Luynes. Le petit gentilhomme provençal, confident de Louis XIII, n'a pas fini de faire parler de lui. Le 31 août, Poitiers est atteint. Parcourir une telle distance en moins de quinze jours tient alors du record ! Malheureusement, la petite Madame contracte la variole. Marie de Médicis hésite à mander de Paris sa deuxième fille, Christine. En cas de malheur, la fillette de six ans ferait une épouse de remplacement convenable pour le prince des Asturies. Cependant, trois semaines suffisent à Élisabeth pour recouvrer la santé. C'est alors que la reine est atteinte d'une fluxion de poitrine et d'un érysipèle au bras ! On quittera finalement Poitiers le 28 septembre, après y avoir été immobilisé presque un mois.

Le séjour à Angoulême se prolongera trois jours, car la reine balance sur le chemin à suivre pour rejoindre Bordeaux. Certes, la route de Libourne est la plus directe, mais le bruit court que Rohan y aurait dressé une embuscade, avec six mille parpaillots. Marie se résout donc à rallier Bourg, près du confluent de la Dordogne, d'où l'on s'embarquera pour remonter la Gironde. C'est ainsi que le 7 octobre, à cinq heures du soir, Louis XIII, sa mère, sa sœur et leur innombrable cohorte découvrent, par le fleuve, la métropole aquitaine. Un auteur anonyme s'extasie de cette *Heureuse arrivée du roi dans Bordeaux* : « Car combien de contradictions ont-ils eu à déloger de Paris ? Combien de craintes et frayeurs leur a-t-on mis devant les yeux ? Combien de menaces leur a-t-on fait ? Mais tout cela n'a pu aucunement ébranler leur courage invincible et leur constante résolution... »

Marie de Médicis, si près du but qu'elle s'est fixé, « ne peut tenir les larmes de joie et de contentement qu'elle reçut, soit pour être arrivée avec ses enfants sains et saufs au port tant désiré, soit aussi pour voir la beauté de la ville, et la grande multitude de gens qui s'étaient assemblés au port, quoique ce fut en temps de vendanges ». Mais si l'on veut rentrer à Paris avant le cœur de l'hiver, il n'y a pas un jour à perdre. L'opinion aussi attend cette conclusion heureuse avec impatience. Selon une procédure alambiquée, il a été convenu qu'Anne d'Autriche épousera par procuration Louis XIII à Burgos, tandis qu'à Bordeaux, Élisabeth sera unie de la même manière à l'infant Philippe. Ensuite, les deux princesses seront échangées sur la Bidassoa, le fleuve qui sépare la France de l'Espagne.

Le 18 octobre 1615, Madame, entourée du roi et de la reine, s'avance dans la nef de la cathédrale Saint-André, tapissée de tentures d'or et de soie. Au milieu des tenues éclatantes, Marie de Médicis tranche dans ses vêtements sombres. Ses seuls bijoux sont une croix de diamants d'une grande valeur, et « une chaîne de perles à trois rangées, dont la moindre valait six cents écus » – sans doute son fameux « carcan ». La duchesse de Nevers tient l'extrémité de son grand voile. À ses archers qui l'escortent, elle a fait confectionner des hoquetons – des casaques de velours noir – ornés d'une devise et d'un emblème nouveaux. L'aigle couronnée protégeant ses petits s'est métamorphosée en une aigle pacifique qui porte un rameau d'olivier. *Nec fulmina desunt* : les foudroyants malheurs ne lui manquent pas...

« La reine commençait à s'apercevoir qu'elle allait perdre, pour ne plus jamais l'avoir auprès d'elle, cette fille qu'elle aimait si tendrement. Et elle montrait bien sa maternelle et particulière affection pour elle, en étouffant les sentiments qui l'agitaient. » Le Florentin Bartolini explique ainsi le contentement mêlé de tristesse que la reine montrera au cours de ces premières noces bordelaises. Le 20 octobre, la princesse d'Espagne fait ses adieux officiels à la foule des courtisans et des notables. Après le déjeuner, Élisabeth se rend chez la reine, avec son frère. Ils demeureront ensemble plus de deux heures. Puis, dans la soirée, Marie de Médicis ramène sa fille jusqu'à son logis. Elles s'étreignent pour la dernière fois, se laissant aller à pleurer sans retenue. La reine ne veut pas faire durer davantage une scène aussi déchirante. Elle sort brusquement. De retour dans sa chambre, elle s'y enferme pour ne point donner sa douleur en spectacle.

Un mois plus tard, dans la matinée du 21 novembre 1615, la nouvelle reine régnante, Anne d'Autriche, fera son entrée à Bordeaux. Quelques jours auparavant, sa belle-mère lui a adressé, par le truchement de Luynes, une chaleureuse lettre de bienvenue. La réception de l'infante a lieu dans la salle des gardes de l'archevêché. La reine mère descend les marches de l'estrade où elle est assise, pour accueillir sa bru et la conduire en une chaire disposée à son côté. Elle s'extasie sur la beauté de la jeune reine, et l'embrasse « à la française » avec une affection non feinte. Elle l'assure ensuite « que jamais elle n'a mis le pied en lieu où elle eût plus de pouvoir qu'en ce royaume ». Elle ajoute, à l'intention de l'ambassadeur espagnol, qu'elle prendra soin de la nouvelle reine comme de sa propre fille. Quelques instants après, les deux princesses retrouvent Louis XIII dans la grande salle. Tous trois, solennellement, vont siéger sous un baldaquin : le roi au milieu, Marie de Médicis à sa droite, Anne d'Autriche à sa gauche.

Le mariage est célébré – ou plutôt confirmé, puisqu'il y a eu la cérémonie de Burgos – le 25 novembre 1615, dans la même cathédrale Saint-André. En dépit de l'âge encore tendre des époux – ils viennent, rappelons-le, d'avoir quatorze ans –, Marie de Médicis tient à ce que l'union soit consommée le soir même : « Mon fils, dit-elle à Louis XIII gaillardement, ce n'est pas tout d'être marié, il faut que vous veniez voir la reine votre femme, qui vous attend. » Flanquée des nourrices, du gouverneur du roi, de son médecin, du maître de la garde-robe et du premier valet de chambre, la reine mère conduit l'adolescent, fort intimidé, jusqu'à la couche de sa femme. À cette dernière, la veuve du Vert-Galant tient à mettre les points sur les i : « Ma fille, voici votre mari que je vous amène. Recevez-le auprès de vous, et l'aimez bien, je vous prie. »

Puis elle chuchote quelques mots à l'oreille du roi, avant de s'éclipser avec sa suite. On peut s'interroger ici sur les motivations profondes de Marie de Médicis. Sans doute a-t-elle voulu rendre indissoluble cet hymen tant désiré. Moins consciemment, est-ce le souvenir de sa propre nuit de noces qu'elle veut exorciser ? Cette nuit de Lyon où un Henri IV égrillard a pris d'assaut sa virginité, sans se tracasser de ses appréhensions ni de sa pudeur.

XIII

LA CONFÉRENCE DE LOUDUN

Les festivités grandioses du mariage de Leurs Majestés, suivies des préparatifs du départ, vont occuper jusqu'au 17 décembre 1615. C'est donc pendant la mauvaise saison que l'on remontera vers Paris. Autant l'été précédent a été suffocant, autant cet hiver sera rigoureux. Le médecin juif de la reine, Montalto, et son avocat, Dolé, mourront en route. Marie aurait voulu éviter les désagréments d'un pareil voyage, mais il n'est pas question d'attendre le printemps en Guyenne. Condé et Rohan continuent l'un et l'autre de s'agiter. Le Bourbon séditieux s'est d'abord emparé de Château-Thierry, d'Épernay et de Châlons. Bientôt délogé par le maréchal de Boisdauphin, Condé a trouvé refuge au sud de la Loire, où il se comporte en pays conquis, réquisitionnant des vivres et levant les tailles à son profit. Quant aux protestants, leur assemblée, réunie à Grenoble, s'est transportée à Nîmes sans autorisation royale. Quelques-uns d'entre eux – en particulier le duc de Rohan – se livrent à des escarmouches.

Les instructions de la reine mère sont claires. Il faut se garder le plus possible d'accrochages sérieux, et mener contre les révoltés une guerre fictive. Or, le 6 janvier 1616, le duc de Guise surprend à Saint-Maixent deux mille fantassins de Condé qu'il disperse sans trop de ménagements. Parmi les loyalistes, Guise représente en effet – ainsi que Sillery – le parti de la fermeté. Marie de Médicis, qui cherche à se raccommoder avec son neveu rebelle, disgracie, le 13 janvier, son chevalier d'honneur, le commandeur de Sillery, le frère du chancelier. Condé entend le message. Dès le lendemain, des pourparlers s'ouvrent à Niort, sous les auspices de deux modérés, Villeroy et le maréchal de Brissac. Le 10 février, c'est à Loudun qu'une conférence doit jeter les bases d'une paix définitive. Mais en privilégiant – une fois de plus – la politique du compromis, la reine favorise la surenchère des princes. L'intérêt de chacun d'eux est d'être présent à la table des négociations, d'où tomberont bien quelques miettes. Le duc de Vendôme est le premier à rejoindre Condé. Après quoi les désertions à la cour vont *crescendo*.

Marie de Médicis s'installe à Tours en attendant le début de la conférence. Le 29 janvier 1616, elle préside une séance du conseil, dans l'hôtel de La Bourdaisière, lorsqu'une aventure très spectaculaire manque d'avoir des conséquences fatales. Un mince opuscule, imprimé en fort gros caractères, relate cet *Étrange et véritable accident arrivé en la ville de Tours, où la reine courait danger de sa vie, sans le marquis de Rouillac et Monsieur de Vignolles* : « Sa Majesté ayant fait assembler le conseil, où étaient Messieurs le comte de Soissons et duc de Guise, Monsieur d'Épernon, Messeigneurs le chancelier [Sillery], de Villeroy et autres seigneurs conseillers d'État, [...] le plancher de la chambre où le conseil se tenait commença à fondre vers la cheminée, et petit à petit la ruine croissait au lieu où étaient Messieurs le comte de Soissons, d'Épernon, de Villeroy, Bassompierre, [...] et plus d'une vingtaine de seigneurs de qualité. Elle les emporta avec elle dans une salle basse. [...] L'un criait : "Où est la reine ?", un autre : "Où est Monsieur le comte de Soissons ?", l'autre : "Où est Monsieur d'Épernon ?", et tous l'épée haute. Chacun parlait selon son sens et son affection, et pendant cette grande rumeur, la reine se fût vue seule abandonnée et en grand péril de sa vie, si le marquis de Rouillac, le premier, ne fût couru à elle, et après lui Monsieur de Vignolles... »

Sur l'air des *Pèlerins de saint Jacques*, la chanson des *Aventures du retour de Bordeaux à Tours* met en musique cet accident cocasse :

> « *L'État penchant en sa perte*
> *Vit sa sépulture ouverte*
> *Quand un plancher s'ébranla,*
> *Et sous les pieds de la reine*
> *Toute la France trembla.*
> *Quelle aventure cruelle,*
> *Quand la reine devant elle*
> *Sa chambre vit s'enfoncer !* »

Avec la présence d'esprit qui la caractérise, Marie de Médicis a crié : « Sauvez Villeroy ! » C'est lui, en effet, qui doit diriger la délégation du gouvernement à Loudun. Le ministre, relevé presque indemne d'un amas de solives, de briques et de plâtras, aura d'ailleurs le loisir de se remettre de ses émotions. La conférence ne s'ouvrira, avec retard, que le 21 février 1616. Dans l'intervalle, Marie a pris des mesures de précaution contre une éventuelle perfidie de Condé. Elle a fait venir des canons d'Orléans, et lever des soldats en Suisse et en Hollande. Grâce à elle, le roi dispose de quarante mille hommes. Cependant, les desseins de la souveraine ne sont nullement agressifs, comme l'a déjà compris Matteo Bartolini, dans une dépêche du 27 décembre précédent : « La paix se fera. On en a grand besoin, les choses étant arrivées à tel point que les soldats des deux armées ruinent tout le pays, comme si la guerre était déclarée. La plus grande courtoisie qu'ils usent est de mettre à pied et de déshabiller tous ceux qu'ils trouvent. Ils violent les filles jusque dans les églises, et les lient ensuite aux arbres comme pâture aux corbeaux. Ils remplissent les oreilles et le nez des hommes de poudre, et y mettent ensuite le feu. D'autres, ils les jettent dans l'huile ou les enfouissent à moitié dans la terre. Sur le chemin, nous avons vu toutes les maisons envahies par les soldats... »

La première phase de la conférence de Loudun porte sur de généreux principes. On convient de rechercher les éventuels complices de Ravaillac, de maintenir les prérogatives des cours souveraines, tout en supprimant la vénalité des offices. L'Église gallicane verra son autorité renforcée, les alliances traditionnelles de la France seront confirmées... Lorsqu'est évoquée l'interdiction de conférer des charges à des étrangers, même naturalisés, la reine fait répondre que le roi se conformera à cette prescription, « dans les mêmes termes et les mêmes conditions que ses prédécesseurs » – lesquels n'ont jamais manqué d'y contrevenir !

Marie de Médicis est assez fine pour savoir que ce programme n'est qu'un paravent, derrière lequel les princes cachent leurs véritables revendications : des places, et surtout de l'argent. Ainsi donc, le 14 mars, les conversations sérieuses s'entament, après le retour des représentants du roi. Elles ont lieu dans l'hôtel de la comtesse douairière de Soissons, Anne de Montafié. Autour d'elle, bruissent les dames les plus intrigantes de la cour, la maréchale d'Ancre, la duchesse de Guise, la princesse de Conti, au grand dam d'un mémorialiste comme Fontenay-Mareuil, pour qui les femmes « étant ordinairement ambitieuses et vaines, et ne se trouvant pas assez considérées tant que les choses demeurent dans l'ordre, [...] font le plus souvent tout ce qu'elles peuvent pour le troubler ».

Condé réclame le gouvernement du Berry, à la place de celui de la Guyenne, et... deux millions quatre cent mille livres ! Le duc de

MARIE DE MÉDICIS

Mayenne récupérera la Guyenne, une gratification de neuf cent mille livres, et trois cents hommes pour sa citadelle de Soissons. Le duc de Bouillon, quant à lui, n'avance aucun chiffre. Mais il veut être connétable – le vieux Montmorency est mort en 1614 – et percevoir la recette de l'impôt du taillon, un complément de la taille. Longueville revendique la citadelle d'Amiens, qui est tenue par Concini depuis 1611. Le très vertueux Sully – qu'on voit réapparaître – accepte de céder le Poitou à son coreligionnaire Rohan, si toutefois on lui verse la même somme qu'à Condé. Le duc de Vendôme, lui, voudrait recouvrer le château de Nantes. Enfin, la comtesse de Soissons demande pour son fils, âgé de douze ans, la Normandie ou, à défaut, la Guyenne.

Villeroy, circonvenu par les princes et jaloux de l'influence du maréchal d'Ancre auprès de la reine, accepte tout en bloc. Le 26 mars 1616, Marie de Médicis confirme la plupart des concessions de son ministre. Elle refuse seulement de dépouiller Concini d'Amiens, et de donner Nantes au duc de Vendôme. Le mois d'avril se passe à discuter sur ces deux points. Marie reste inébranlable, et Villeroy, malade, ne peut faire prévaloir les conditions des princes.

De son côté, Concini, pour ne pas apparaître comme un obstacle à la paix, propose de faire raser la citadelle d'Amiens à ses frais, ou de la céder sans compensation. En fait, le maréchal d'Ancre recevra Caen et le gouvernement de Haute-Normandie. Condé renonce maintenant à exiger Nantes pour le duc de Vendôme. Le 3 mai 1616, lui et ses alliés approuvent le traité de Loudun. La reine le ratifie cinq jours plus tard. Plus de six millions de livres sont ainsi distribués aux factieux. La reine pousse la complaisance jusqu'à rembourser les frais de leur rébellion ! Le premier prince du sang obtient le droit exorbitant de contresigner les arrêts du conseil. Cependant, l'habile Villeroy montre à la reine les limites de ce privilège : « S'il reste en province, il n'aura rien à signer. S'il vient à Paris, c'est-à-dire en votre pouvoir, vous n'avez pas à craindre de mettre une plume dans la main d'un homme dont vous tiendrez le bras. »

Marie de Médicis, son fils Louis XIII, et la jeune reine Anne, font leur entrée solennelle à Paris, le 16 mai 1616. La paix est restaurée, et le peuple manifeste sa joie. À Notre-Dame, la foule chante le *Te Deum* avec une ferveur particulière. La reine mère, quant à elle, est allée rendre grâces à Saint-Victor, son église préférée – à l'emplacement de l'actuelle faculté de Jussieu. Puis, elle a visité le chantier de son palais du Luxembourg. Pour lui souhaiter la bienvenue, les maçons l'ont régalée d'un concert de hautbois.

Au sommet du pouvoir, deux partis vont désormais s'affronter. Le premier est dirigé par les « maréchaux d'Ancre » – Concini et Leonora –, le second par le prince de Condé, accessoirement par Villeroy. Le 30 mai, la Galigaï obtient le renvoi du chancelier de Sillery. Il est remplacé par Guillaume du Vair, le Premier président au Parlement de Provence. Cet « aigle de l'éloquence », qui avait accueilli Marie à son arrivée en France, se montrera un ministre docile. De la même façon, le président Jeannin abandonne sa charge de contrôleur des Finances, au profit de Claude Barbin, un ancien courtier de banque, surintendant de la maison de la reine. Enfin, le secrétaire d'État aux Affaires étrangères, Puisieux, s'efface devant un dénommé Claude Mangot, président du parlement de Bordeaux, tout dévoué à Concini. Villeroy, qui affirme être propriétaire de cette charge, obtient finalement une indemnité de quatre cent mille livres, dont trois cent mille payées par Mangot. Le reste est prélevé sur la cassette de la reine.

Ainsi, tandis que se dessine l'esquisse d'un « gouvernement Concini », Marie de Médicis – toujours soucieuse de préserver un certain équilibre – exhorte Condé à revenir siéger au conseil. Mais le prince ne semble guère enthousiaste. Le 15 juin 1616, il prend possession de son gouvernement du Berry, et argue de sa santé médiocre pour demeurer en province. Cependant, la reine mère multiplie les preuves de sa bonne volonté. À Poitiers, les officiers fidèles à Condé sont rétablis dans leurs prérogatives. Le 26 juin, elle libère le comte d'Auvergne, oublié depuis onze ans à la Bastille.

Le premier prince du sang veut ménager ses effets. Dans les derniers jours du mois de juillet, sans prévenir, le voici qui se présente aux portes de la capitale. Habile plutôt que modeste, il refuse tout cérémonial, et se rend directement au Louvre. Marie lui accorde un entretien long et cordial. Louis l'assure de la sincérité de son affection. Mais Condé ne reste pas longtemps discret. Dès le lendemain, son hôtel devient le point de mire de tout Paris. Grands seigneurs, ministres, conseillers et officiers municipaux viennent protester de leur zèle. La tête lui en tourne. Il s'adresse aux ambassadeurs avec les accents d'un chef d'État : « Je suis venu appelé par le peuple, désiré par la noblesse, prié par de nombreux princes. Je suis la troisième personne du royaume. Et puisque d'autres n'ont aucun sens de son bien, puisque le roi est encore – on peut le dire – en minorité, c'est à moi qu'il appartient de penser à y pourvoir. »

Suivant sa méthode et son tempérament, Condé n'agit qu'avec lâcheté et déloyauté. Il tentera, par exemple, de détacher la reine de son fils. Le prince et l'ancienne régente ne devraient-ils pas devenir des alliés, en prévision du jour où Louis XIII, véritablement majeur, dédaignera sa mère ? En un sens, le fourbe n'est pas si mauvais prophète.

Pourtant, Marie refuse de l'écouter. Elle lui répond « qu'il pouvait être sûr d'elle ; que quant au roi son fils et à elle-même, personne n'avait à entrer dans leurs rapports, et cela d'autant plus qu'elle n'avait d'autre pensée, ni d'autre souci que le bien du roi et du royaume, d'autres occupations que de le maintenir en paix ». Condé réplique avec ironie que la reine ne dit pas tout ce qu'elle a l'intention de faire.

En cet été de 1616, le premier prince du sang parle en maître incontesté. C'est alors qu'au début d'août, le duc de Longueville ranime les braises de la guerre civile. Non content d'avoir enlevé Amiens à Concini, il s'avise maintenant d'occuper Péronne, alors que le maréchal séjourne en Normandie. Face à cette rébellion caractérisée, Marie de Médicis se déclare favorable à une intervention militaire. Condé, lui, propose de n'envoyer qu'un détachement symbolique, commandé par le comte d'Auvergne et le duc de Bouillon, afin d'entamer des discussions. En réalité, le geste de Longueville est révélateur de l'exaspération des princes. Pénétrés qu'ils sont de la supériorité de leur naissance et de leur race, comment pourraient-ils supporter cet Italien vaniteux et cynique qui leur dispute les faveurs de la reine ? Car les manigances éhontées du maréchal d'Ancre font apparaître encore plus crûment leurs propres bassesses, en leur arrachant leur masque de noblesse factice. Sous le regard de Concini, les grands ne valent guère mieux que les gentilshommes de sa garde personnelle, ceux qu'il surnomme avec morgue ses *coglioni a mille franchi* – ses « couillons à mille francs ».

Éliminer le maréchal d'Ancre : tel est le projet autour duquel se cristallise bientôt l'union sacrée. De la sorte, le prince de Condé, le duc de Guise et les autres peuvent oublier leurs différends. Durant la deuxième quinzaine d'août, les princes conspirateurs – Mayenne, Vendôme, Guise, Condé... – vont se réunir à plusieurs reprises chez le duc de Bouillon. On se met d'accord pour assassiner Concini et la Galigaï de nuit, dès que le maréchal sera rentré à Paris. Ensuite, Bouillon, soutenu par Condé, propose d'enlever Marie de Médicis et de la claquemurer dans un couvent à Moulins. Ainsi, le roi sera-t-il contraint d'exécuter les volontés des princes. Un gouvernement collégial aristocratique administrera le royaume, comme à l'époque des Francs. Mais Bouillon va plus loin. Il exhume la vieille question de la nullité du remariage de Henri IV. Si on parvenait à la démontrer, Louis XIII serait déchu. Et le trône reviendrait à Condé...

« Tous ne répondirent que du silence et du chapeau », poursuit Richelieu dans ses *Mémoires*. Le duc de Guise est seul à condamner vigoureusement une entreprise qui relèverait de la haute trahison : « Il dit qu'il y avait grande différence de se prendre au maréchal d'Ancre, homme de néant, l'opprobre et la haine de la France et la ruine des affaires du roi, ou perdre le respect qu'on devait à la reine mère du roi, et faire entreprise contre sa personne. »

Quoique d'un naturel peu suspicieux, Marie de Médicis n'est pas sans recueillir quelque écho de ce qui se trame : « Plusieurs m'avertissent du mal, se plaint-elle, et pas un ne m'enseigne le remède. Je fais tout ce qui humainement se peut faire pour le bien de l'État, et il ne plaît point à Dieu de bénir mes travaux ni aux hommes de reconnaître mes bonnes intentions. » Après Sully, c'est au tour du fidèle Bassompierre de mettre en garde la souveraine : « Tous s'étonnent de votre léthargie, cela ôte le courage de vos serviteurs et le donne aux autres pour s'enrôler chez Condé. »

Cependant, Marie lui rétorque : « Le temps fera voir que c'était faussement qu'on croyait que je dormais... » En effet, la reine mère a dissimulé une caisse de soieries remplie d'armes dans un réduit attenant à son cabinet. Elle est prête à faire capturer les fauteurs de troubles en plein conseil ! Pourtant, la couardise de Condé va lui faciliter la tâche. Le duc de Guise, fâché de la tournure des événements, décide de se retirer du complot. Le prince prend peur. Et si Guise déballait toute l'affaire à Marie de Médicis ? Afin de prévenir ce danger imaginaire, c'est Condé en personne qui, le 30 août, vient confesser sa faute ! Il dénonce ses complices, implore le pardon de la reine et l'accable sous les protestations de fidélité ! Mais si elle le désire, il continuera de participer aux conciliabules. Il la tiendra ainsi au courant.

Le soir même, une nouvelle séance secrète se tient chez le duc de Bouillon. Celui-ci récapitule son plan. Et il conclut, se tournant vers le prince : « Ce sera le véritable moyen de vous mettre la couronne sur la tête. » Condé fait machine arrière. L'attentat contre Concini ne doit pas avoir lieu. Ce n'était qu'un moyen de faire pression sur la reine, pour l'amener à destituer son favori. Apprenant par une autre source qu'on y a discuté du meurtre de Concini et de sa propre éviction, la reine, furieuse, décide de faire arrêter sans plus attendre les chefs de la conjuration. Dans la journée du 31 août, elle rassemble un conseil de guerre, avec Leonora, Barbin, Mangot, mais également Richelieu. En effet, l'évêque de Luçon a réussi à se concilier les bonnes grâces de Concini. En outre, il est parent de la comtesse de Guercheville, qui a vanté ses mérites à la reine mère. Nommé grand aumônier d'Anne d'Autriche, il s'est déjà vu confier plusieurs missions délicates, et se tient désormais sur les marches du trône...

MARIE DE MÉDICIS

Le 1ᵉʳ septembre, bien avant l'aube, Marie de Médicis convoque chez elle Créqui, colonel des gardes françaises, et Bassompierre, qui commande aux suisses. Ce dernier, dans son *Journal de ma vie*, a laissé un compte rendu haut en couleurs de cette page d'Histoire. « À trois heures du matin, commence-t-il, je fus éveillé par un gentilhomme servant de la reine, qui me vint dire de sa part que je la vinsse trouver seul, et déguisé, au Louvre. »

La reine accueille le compagnon du Vert-Galant dans sa chambre, en jupe et bonnet de nuit, flanquée de Mangot et de Barbin. Elle lui lance : « Vous ne savez pas pourquoi je vous ai envoyé quérir si matin, Bassompierre ?

— Madame, je sais bien pourquoi ce n'est pas », répond l'autre, jamais en peine d'une allusion grivoise.

Au bout d'une demi-heure, la reine entre dans son cabinet. Elle dévoile enfin ses batteries : « Je veux prendre prisonniers Monsieur le Prince, Messieurs de Vendôme, de Mayenne et de Bouillon. Je désire que les suisses soient près d'ici à onze heures du matin, comme j'irai vers les Tuileries, pour, si je suis forcée par le peuple de quitter Paris, me retirer avec eux à Mantes. J'ai mes pierreries dans un paquet et quarante mille écus en or que voilà. Et j'emmènerai mes enfants avec moi, si – ce que Dieu ne veuille et que je ne pense pas – j'y suis forcée, étant toute résolue de me soumettre plutôt à quelque péril et inconvénient que ce soit, que de perdre mon autorité et de laisser périr celle du roi... »

Vers huit heures, Condé arrive pour assister au conseil des Finances. Par une fenêtre de son appartement, la reine observe la meute des solliciteurs qui lui remettent des placets : « Voilà maintenant le roi de France, murmure-t-elle. Mais sa royauté sera celle de la fève, elle ne durera pas longtemps. » Au sortir du conseil, Condé rencontre Louis XIII. L'air enjoué, ce dernier lui dit qu'il s'apprête à aller chasser, puis il entre dans le cabinet de sa mère en riant. Comment le prince soupçonnerait-il son innocent cousin de lui tendre un piège ? Pourtant, le roi vient de distribuer lui-même des hallebardes aux suisses, au cas où Condé résisterait... Quelques instants plus tard, le premier prince du sang est fait prisonnier par le marquis de Thémines, qui recevra en récompense la dignité de maréchal.

« Bon, voilà ce fils de putain pris ! » se réjouit Louis XIII. Transféré à la Bastille, et ensuite à Vincennes, Condé y séjournera en compagnie de son épouse qui, volontairement, viendra partager sa captivité. De leur réconciliation, naîtra un fils, le Grand Condé, futur vainqueur de Rocroi.

MARIE DE MÉDICIS

Par crainte de connaître le sort funeste de son père, assassiné par Henri III, le duc de Guise s'enfuit de Paris en direction de ses fiefs de Thiérache. Les autres princes échappent également à la nasse. Ils se regroupent à Soissons, chez le duc de Mayenne, suivis par plusieurs centaines de parents, d'alliés et de clients, chassés de Paris. Marie de Médicis regrette avant tout la défection du duc de Guise, son plus constant soutien à travers les vicissitudes de la régence. Pour reconquérir son amitié, elle se dit prête à lui confier le commandement de l'armée royale. Son fils recevrait également le gouvernement de Lyon, son frère le cardinal, l'intendance des Finances. Mais le duc décline ces offres généreuses. Néanmoins, personne ne semble vouloir en arriver à l'affrontement. La reine dispose de dix mille soldats, placés sous les ordres du comte d'Auvergne. Aussi les princes trouvent-ils plus sage de négocier. Le 24 septembre, le duc de Guise est reçu à la cour, en qualité de porte-parole de ses pairs. Un armistice – qui ne règle rien – est conclu le 6 octobre. En fait, chaque camp cherche à temporiser, en renforçant ses positions. Seul l'impétueux duc de Nevers entend mener le combat envers et contre tout, et surprendre Reims.

Concini, enfin rentré de Normandie, ressaisit les affaires en main. Il se réconcilie avec Guise, qui regagne la capitale. Le maréchal d'Ancre décide d'en finir avec l'indiscipline des princes. Le 25 novembre 1616, du Vair, partisan de la modération, doit donner les Sceaux à Mangot. Les Affaires étrangères et la Guerre échoient alors à Richelieu. Quant à Villeroy, il prend – à soixante-quinze ans – une retraite méritée. Et parce qu'elle en a assez des jérémiades des grands, Marie de Médicis publie la liste des gratifications qu'elle leur a accordées depuis 1610. Les chiffres sont éloquents. L'addition s'élève à près de dix millions de livres ! Le prince de Condé, à lui seul, a touché plus de trois millions et demi ! Il est vrai que Henri IV, en son temps, avait acheté la fidélité des Ligueurs trente-deux millions de livres.

Dans les premières semaines de 1617, le duc de Nevers renforce ses garnisons de Rethel et de Mézières. Le 31 janvier, il rejoint, à Soissons, les ducs de Vendôme et de Bouillon. Dans une lettre adressée au roi, il réfute en bloc toutes les accusations portées à l'encontre des grands. C'est Concini qui met au pillage les finances de l'État. C'est le maréchal d'Ancre, et lui seul, le responsable des malheurs de la France.

Tandis que les rebelles relèvent leurs remparts, recrutent des mercenaires, achètent des munitions et des approvisionnements, trois armées royales, sous l'impulsion de Richelieu, se mettent en branle. La première, commandée par le duc de Guise, attaque, en Champagne, les places du duc de Nevers. Le 1ᵉʳ mars, Richecourt est enlevée. Le 29 mars, Château-Porcien, puis Rethel. Dans le Nivernais et le Berry, le maréchal de Montigny, à la tête de la deuxième armée, ramène à résipiscence la duchesse de Nevers. Quant à la troisième armée du comte d'Auvergne, elle pacifie d'abord le Perche et le Maine, soulevés par le duc de Mayenne. Elle remonte ensuite vers le nord. Le 2 avril, le comte d'Auvergne prend Pierrefonds. Dix jours plus tard, il met le siège devant Soissons. Selon les prévisions du ministre-évêque, le duc de Guise, après s'être rendu maître de Mézières, fera sa jonction avec le comte d'Auvergne sous les murs de Soissons. Tout devrait donc être réglé pour les premiers jours de mai.

Mais c'est à ce moment-là que Louis XIII, ordonnant l'assassinat de Concini, va faire cause commune avec les insurgés, et trahir ainsi la monarchie.

XIV

L'ASSASSINAT DE CONCINI

« Vous avez raison de désirer que nos ans soient égaux, car la fin de ma vie sera le commencement de vos peines. Vous avez pleuré de ce que je fouettais votre fils avec un peu de sévérité ; mais quelque jour, vous pleurerez beaucoup plus du mal qu'il aura, ou de celui que vous recevrez vous-même. Mes maîtresses vous ont souvent déplu, mais difficilement éviterez-vous d'être un jour maltraitée par celles qui posséderont son esprit ; d'une chose, je vous puis assurer, c'est qu'étant de l'humeur que je vous connais, en prévoyant celle dont il sera, vous entière, pour ne pas dire têtue, et lui opiniâtre, vous aurez sûrement maille à départir ensemble. »

Tel est l'avertissement prophétique que Henri IV aurait adressé à son épouse, peu de temps avant sa mort. Ces paroles sont citées dans les *Mémoires* de Richelieu. Même si l'on peut imaginer que le cardinal a bénéficié des confidences de la reine, ce discours tient davantage de la prosopopée que du document historique. Il n'empêche que l'analyse est pertinente. Dès le 26 octobre 1610, le Florentin Bartolini la formulait en des termes équivalents : « Les spéculatifs, qui connaissent la nature et la complexion de ce roi [Louis XIII], prétendent que, dans quatre ou cinq ans, la reine restera sans aucune autorité auprès de son fils et en voici la raison : c'est que le roi est vif, emporté, volontaire, et il ne serait pas impossible que, poussé par des princes ou d'autres qui se trouveront autour de lui et qui déplairont à la reine, il ne veuille gouverner lui-même... »

Beaucoup d'auteurs ont affirmé que Marie de Médicis considérait son fils aîné comme un sot, à cause peut-être de son physique ingrat – un nez bourbonien, un menton proéminent, une bouche toujours entrouverte –, ou de son léger bégaiement. En réalité, nous l'avons vu, la reine est une mère attentive à ses enfants – et même aux bâtards de son mari, dont elle surveille l'éducation. Veulent-ils danser un ballet à Saint-Germain ? La reine s'occupe des décors, règle la mise en scène et envoie les invitations. Ses lettres sont remplies de promesses de cadeaux, de bijoux ou de coffrets « avec quelques petites besognes dedans ». Lorsque l'un ou l'autre tombe malade, elle redouble de conseils auprès de Madame de Montglat et des médecins, à moins qu'elle ne paye elle-même de sa personne. Un jour, par exemple, le petit duc d'Anjou rechigne à recevoir un clystère. Sa mère cherche à le raisonner... dans un dialogue préfigurant Feydeau !

« C'est simplement un bouillon à prendre par derrière, et pour la peine vous aurez un *crochetein* d'argent.

– Je sais ce que c'est que votre bouillon par derrière, réplique l'enfant, et je n'ai que faire de vos crocheteins. »

Pourtant, le prince se laisse convaincre. Et Marie conclut fièrement : « Si je n'eusse été présente, on n'en fût jamais venu à bout. »

On n'a pas manqué de prétendre aussi que la reine préférait son dernier fils, Gaston, à Louis XIII. Il est vrai que la vivacité du futur duc d'Orléans, si différente de la morosité de son frère, attire sur lui la sympathie. Mais Marie de Médicis – comme d'ailleurs les courtisans – pouvait-elle se comporter avec le roi de la même manière qu'avec un prince cadet ? Nécessairement, ses rapports avec Louis sont empreints de protocole et de respect, d'autant plus que le jeune monarque est très imbu de sa prérogative. Après tout, la reine n'y peut rien, si son fils se montre inapte aux affaires, s'il a « l'esprit trop faible, trop peu de jugement, que sa santé n'est pas assez forte ». En 1625, un diplomate étranger remarquera encore : « Le cardinal [Richelieu] se désespère que le roi, entièrement adonné à la chasse, déteste tout autre discours qui demanderait un peu d'application. »

Faut-il en incriminer l'éducation que le roi a reçue ? Sans aucun doute. Dauphin, on a vu comment cet « enfant gâté », entouré d'égards excessifs, était ensuite fouetté pour des peccadilles. Ainsi se forgera-t-il, pour le restant de sa vie, une humeur instable, alternant colère et mélancolie. Ses précepteurs ne l'attacheront guère à l'étude – mais en cela, il ne se différencie guère des autres grands seigneurs de l'époque. Par la suite, son accession prématurée au trône rendra illusoire tout effort sérieux d'instruction. Comment réprimander l'élève indocile, sans offenser Sa Majesté Très-Chrétienne ? À cause de cela, Louis XIII – malgré toutes les qualités qui feront de lui un grand monarque – restera un monarque dur et tranchant, mais tout à la fois paresseux et volontaire, jaloux de son autorité et le jouet de ses favoris.

MARIE DE MÉDICIS

Le premier de ces hommes qui marqueront l'existence du fils du Vert-Galant, est Charles d'Albert de Luynes. Personnage falot, à l'intelligence médiocre mais à l'ambition démesurée, il a su s'insinuer dans l'intimité du jeune souverain dont il a été nommé, en 1611, « maître du cabinet des oiseaux ». Compagnon de jeux et de chasse – bien qu'il ait dépassé la trentaine –, Luynes aura le soin de n'inquiéter personne, en demeurant longtemps dans l'ombre...

À partir de 1615, cependant, Marie de Médicis commence à s'interroger sur la place envahissante que prend le grand fauconnier – ainsi que ses deux frères – dans l'amitié du roi. Celui-ci a décidé d'attribuer à Luynes le gouvernement d'Amboise, repris à Condé. Les grands sont unanimes à condamner une telle faveur, accordée à un individu d'aussi obscure noblesse. La reine mère déclare « les choses étant venues à tel point qu'il fallait nécessairement que Luynes ou elle s'en allassent ». Luynes sera cependant sauvé grâce à l'esprit de conciliation de la Florentine. Il obtiendra même un peu plus tard un appartement au Louvre, relié par un escalier dérobé à la chambre de Louis XIII. Ainsi, le favori sera-t-il mieux à même de modeler l'âme de l'adolescent royal, cultivant en lui le soupçon que sa mère est la maîtresse du maréchal d'Ancre. Le roi y songeait déjà, puisqu'il avait été fouetté naguère pour en avoir seulement évoqué l'hypothèse. Après l'assassinat de Concini, l'idée que la reine a fauté avec le « coyon » ne lui aura pas quitté l'esprit.

Luynes s'efforcera d'abord de fausser toute communication entre Louis et sa mère. Au lendemain de la paix de Loudun, au printemps de 1616, Marie de Médicis, lasse des cabales perpétuelles, songe réellement à se retirer. Dûment chapitré par Luynes – qui ne se sent pas encore prêt à assumer le pouvoir –, Louis assure sa mère qu'il est satisfait d'elle, et la persuade de reconsidérer sa décision. En réalité, il enrage de ne pas régner par lui-même, au point de souffrir, en novembre, de crises nerveuses. Les *Mémoires* du maréchal d'Estrées confirment que « le roi, dans sa maladie, avait eu dessein de s'éloigner de la reine mère et d'aller à Compiègne, ne doutant pas que ce duc [Mayenne] et les autres princes qui étaient avec lui ne l'y vinssent trouver ».

La reine sent bien que son fils ne lui révèle pas toute la vérité. « Elle se résolut de prévenir le mal par une retraite volontaire, de laisser à d'autres la gloire du gouvernement », écrira Richelieu avec emphase. Marie négocie l'acquisition de la principauté italienne de Mirandole, où elle pourrait jouir d'une retraite paisible. Puis, devant l'opposition de l'Espagne, elle demande au pape Paul V l'usufruit du duché de Ferrare. Les pourparlers sont sur le point d'aboutir, avant la chute de Concini.

MARIE DE MÉDICIS

Si on peut lui reprocher son tempérament impétueux, son intransigeance majestueuse, Marie de Médicis a généralement fait preuve de franchise. Face à des adversaires passés maîtres dans l'art de la cautèle, comme Henriette d'Entraigues hier, comme Luynes aujourd'hui – ou comme demain Richelieu –, cette qualité se transforme en inconvénient. Au cours des derniers mois de 1616, la reine aimerait rétablir le dialogue avec son fils. Alors que celui-ci atteint ses quinze ans, elle manifeste sa volonté de s'appuyer davantage sur lui. Elle l'invite ainsi à « disposer de son mouvement des charges qui viendraient à vaquer et d'en gratifier les personnes dont la fidélité et l'affection lui étaient connues ; que si entre autres, il voulait récompenser les soins que Monsieur de Luynes apportait auprès de lui par de nouveaux bienfaits, il n'avait qu'à commander ».

Or, Charles d'Albert de Luynes est non seulement un caractère hypocrite, mais aussi un pleutre et un indécis. L'empire qu'il s'est créé sur le roi lui ouvre des perspectives de grandeur, comme des inimitiés qui ne sont pas sans l'effrayer. On peut le découvrir dans les *Mémoires* de Fontenay-Mareuil : « Quand il venait à regarder comment et qu'il fallait pour cela se défaire du maréchal d'Ancre, et séparer le roi de la reine sa mère, la grandeur de l'entreprise et les hasards qu'il y aurait à courir l'étonnaient tellement qu'il ne pouvait s'y résoudre. »

Il s'agit en effet d'une partie très hasardeuse. En janvier 1617, alors qu'une nouvelle guerre civile menace, Marie de Médicis – sans doute afin de tester son fils – propose de nouveau de quitter le pouvoir. Puisque les princes coalisés prétendent libérer Louis XIII de sa tutelle, elle préfère partir de son propre mouvement. L'entretien a lieu en présence de Barbin, Mangot et Luynes. Marie met en avant son âge, le poids des charges, la nécessité enfin pour le roi de régner seul, tout au moins à l'issue d'une période transitoire de quelques mois. Louis demeure muet. Luynes répond à sa place. Avec sa faconde méridionale, il adjure la reine de demeurer à son poste. Le roi lui conserve son appui et toute son estime. Il sera toujours temps d'étudier la question, plus tard...

Le silence de son fils a été, pour Marie de Médicis, plus éloquent que les captieuses assurances du favori. Louis XIII dissimule un appétit que seul l'exercice de l'autorité suprême pourra assouvir. Et cela d'autant plus que Luynes continue son lent travail de sape : « En même temps qu'il donnait au roi de mauvaises impressions contre le maréchal d'Ancre, rapporte Richelieu, il faisait le même contre la reine, donnant jalousie au roi du pouvoir absolu qu'elle aurait lorsqu'elle serait venue à bout des grands du royaume, qui étaient réduits jusqu'à l'extrémité. » Dans ses *Mémoires*, le duc de Rohan précise, au détriment de la reine :

« Il fut aisé de lui persuader [au roi] que le maréchal d'Ancre se voulait autoriser à son préjudice, et que la reine mère y consentait, afin de gouverner l'État comme durant sa minorité ; car l'insolence, qui accompagne toujours une extrême faveur, était grande au maréchal d'Ancre, et le mépris de la reine mère envers son fils trop apparent. »

Pour égarer les soupçons, Louis XIII affecte de « faire l'enfant ». Il se contente de chasser ou de danser des ballets, sans s'intéresser à la marche de l'État. Chaque jour, il rend ponctuellement ses trois visites à sa mère, avec une feinte soumission. De son côté, Luynes adresse à la reine des lettres anonymes où elle est invitée « à faire, sans plus de remise, agir le roi au maniement de ses affaires, que c'était chose qu'il désirait, bien qu'il n'en fît aucun semblant ».

Pendant ce temps, le maréchal d'Ancre triomphe dans la démesure. Tandis que ses armées écrasent la rébellion des grands, lui rêve de la connétablie. Il ne déambule plus qu'entouré d'une escorte de quarante gentilshommes, de douze soldats et d'une nuée de courtisans. Au demeurant, Concini n'est pas sanguinaire. Aucun pendu n'est attaché aux potences qu'il a fait dresser dans Paris. Ce ne sont là que façons de matamore. Son gouvernement est efficace, et son action – somme toute – sert la monarchie. Pourtant, comment le roi ne le détesterait-il pas ? De toute la France, des voix s'élèvent pour supplier ce jeune homme de quinze ans d'en finir avec l'arrogance du « coyon », afin qu'il gouverne enfin sans partage et qu'il rende au royaume la paix et la prospérité. Or, au Louvre, le vrai roi, c'est Concini. N'ose-t-il pas rester couvert devant Louis XIII, s'asseoir dans son fauteuil ? Et bien d'autres outrages, plus graves encore, que Luynes évoque à demi mot...

Mais le roi n'est pas le seul à haïr l'Italien, et cette détestation universelle éclabousse aussi Marie de Médicis. Un prédicateur jésuite n'évoque-t-il pas, dans un sermon, un royaume imaginaire où, pour achever les troubles, il serait temps « de jeter la déesse dans la mer avec une ancre d'or au col » ? La duchesse de La Force annonce à son mari : « Les choses vont très mal à la cour. Le peuple de Paris est tellement mutiné et envenimé contre le maréchal d'Ancre que cela se passe jusqu'à la reine mère. » Les prières du nonce Guido Bentivoglio procèdent du même point de vue : « Dieu veuille que la perte du maréchal n'entraîne pas celle de la reine, qui est bonne et a de bonnes intentions... » Et jusqu'à la Galigaï, qui presse son mari de repasser les Alpes, tant que cela est encore possible. Devant son refus obstiné, elle se lamente et prédit à la souveraine : « Madame, souvenez-vous qu'il se perdra et en se perdant il vous perdra, et moi, quant et quant... »

MARIE DE MÉDICIS

Dans le cadre intime du conseil restreint qu'il réunit chaque soir, avec Luynes et quelques fidèles, avant de s'endormir, Louis laisse libre cours à sa rancœur. Or, Concini, de retour de son gouvernement de Caen, le 17 avril 1617, hausse le ton. Il claironne qu'il va se venger de ses ennemis, de tous ces indiscrets conseillers du roi. Luynes force le trait à l'usage du jeune monarque : le maréchal s'apprêterait à le retenir captif dans son propre palais, peut-être pire encore ! Que faire, sinon prévenir les agissements de l'Italien ? Il faut le décréter d'arrestation. Et s'il résiste, le tuer.

« [Luynes], qui regardait plus à ses intérêts particuliers qu'à ceux de son maître, comme font tous les favoris, ne voulant rien hasarder, prit la voie la plus courte pour s'en délivrer tout d'un coup, et la plus désobligeante pour la reine mère, afin que le roi, croyant qu'elle ne lui pardonnerait jamais, se portât de lui-même à s'en séparer, et à la tenir éloignée. » Ainsi – comme le discerne finement Fontenay-Mareuil – le grand fauconnier fera d'une pierre deux coups. Concini sera éliminé, et la reine mère neutralisée pour longtemps...

L'opération, tenue strictement secrète, a été fixée au dimanche 23 avril. À la suite d'un contretemps, elle n'aura lieu que le lendemain. Alors que le maréchal d'Ancre franchit à pied le pont-levis du Louvre, le marquis de Vitry et ses sbires lui déchargent leurs pistolets en pleine face, avant de le larder de coups d'épées et de dagues. Le cadavre est entièrement dépouillé de ses vêtements et de ses bijoux. Louis XIII, apprenant la nouvelle, apparaît à une fenêtre, soulevé par ses partisans. À la foule qui l'acclame, il ne sait que répéter : « Merci ! Grand merci à vous ! À cette heure, je suis roi ! »

Marie de Médicis, alertée par ce tumulte, demande à sa femme de chambre de s'informer. Depuis la cour, Vitry lui crie que « le maréchal est mort, pour avoir voulu résister au commandement du roi ». La servante, très pâle, répète la phrase à sa maîtresse. « Je me puis vanter d'avoir été femme du plus grand roi du monde, se serait alors exclamée la reine. J'ai régné sept ans, et je n'attends plus qu'une couronne au ciel. »

« Cette tragédie devait être jouée dedans le Louvre, et à la face de la reine mère » écrit Michel de Marillac, dans sa *Relation exacte de la mort du maréchal d'Ancre*. En cette matinée du lundi 24 avril 1617, la destinée de Marie de Médicis vient de vaciller. Échevelée, elle arpente son cabinet à grandes enjambées, se frappant les mains. De la surprise à l'émotion, elle sombre ensuite dans la douleur. La duchesse de Guise, la princesse de Conti, la marquise de Guercheville, ses confidentes de toujours sont là. Aucune n'ose briser le silence. Puis tout soudain, comme un serviteur s'enquiert du moyen d'avertir Leonora, la reine explose de fureur. Elle hurle « qu'elle avait bien d'autres choses à penser, et que si on ne pouvait lui dire la nouvelle, qu'on la lui chantât » ! Le malheureux valet s'esquive, mais il réapparaît bientôt, de la part de la Galigaï qui implore la protection de sa royale amie. Dans la panique de l'instant, la réponse fuse, implacable : « Qu'on ne lui parle plus de ces gens-là ! Elle le leur avait bien dit. Il y avait longtemps qu'ils eussent dû être en Italie. »

Le soir précédent, n'a-t-elle pas encore confié au maréchal qu'elle voyait bien que le roi ne l'aimait pas et qu'il fallait qu'il songe à se retirer ? D'abord, Marie de Médicis se préoccupe de son propre sort. Il lui importe de rencontrer son fils au plus vite. Elle saura bien toucher son cœur, l'arracher aux influences pernicieuses qui l'accaparent, le reconquérir. Elle lui dépêche à deux reprises son premier écuyer. Le roi l'éconduit. À quinze ans, Louis XIII s'amuse à régner. Il a convoqué les anciens ministres de son père – les « barbons » –, oubliant qu'ils demeuraient, un an auparavant, les conseillers de sa mère.

Luynes lui tient la plume pour rédiger une adresse aux gouverneurs de province, dans laquelle le roi s'excuse de l'attentat qui vient d'être commis en son nom : « Je ne doute point que dans le cours des affaires qui se sont passées depuis la mort du roi Monseigneur et père – que Dieu absolve –, vous n'ayez facilement remarqué comme le maréchal d'Ancre et sa femme, abusant de mon bas âge, et du pouvoir qu'ils se sont acquis de longue main sur l'esprit de la reine Madame ma mère, ont projeté d'usurper toute l'autorité, disposer absolument des affaires de mon État, et m'ôter le moyen d'en prendre connaissance, dessein qu'ils ont poussé si avant qu'il ne m'est jusques ici resté que le seul nom de roi. [...] Ensuite j'ai [...] supplié la reine madite Dame et mère, de trouver bon que je prenne désormais en main le gouvernail de mon État, afin d'essayer à le relever de l'extrémité où les mauvais conseils dont elle s'est servie, l'ont précipité. »

Le plaidoyer maladroit de Louis XIII n'épargne pas la reine mère. Certes, il ne la juge pas coupable, sinon d'avoir été mal « gouvernée ». Mais il la fait passer ainsi pour une femme stupide, malléable, influençable à l'extrême. Pour l'heure, Marie de Médicis brûle ses dernières cartouches. Sur ses instances, la princesse de Conti rencontre Luynes, dont le triomphe n'est guère modeste. Puis Louis XIII consent à la recevoir, mais pour lui confirmer seulement qu'il n'a rien à dire à sa mère. La vieille marquise de Guercheville, très respectée du roi, va se jeter à genoux sur son passage. Louis la relève, en ajoutant que si la reine ne l'a pas traité en fils, « il la traiterait néanmoins toujours comme mère ». Un nouvel émissaire, le ministre Barbin, n'a pas davantage de succès : « Le roi lui répondit qu'il était trop empêché pour cette heure-là, que ce serait pour une autre fois, et qu'elle s'assurât qu'il l'honorerait toujours comme sa mère, mais puisque Dieu l'avait fait naître roi, il était résolu dorénavant de régner, et de faire sa charge. »

Pas une minute, cependant, Marie de Médicis n'envisage de se révolter. Sans doute est-elle lasse, ou se sent-elle trop écrasée par la fatalité. Elle a, en tout cas, recouvré tout son calme. Lorsque l'ordre est donné aux gardes de la reine de céder la place à ceux du roi, elle leur enjoint elle-même de déposer leurs armes et leurs hoquetons. « Laissez leur faire, ils ne sauraient nous faire rien de pis », dit-elle pour rasséréner ses demoiselles d'honneur. Au prévôt des marchands qui réussit à s'introduire chez elle, la reine déchue se contentera de recommander la loyauté : « Laissez-moi en repos, je vous en prie, et faites tout ce que le roi vous commandera. »

Dans l'après-midi, deux des trois portes de l'appartement de la reine sont murées, ses fenêtres grillagées, tandis que les suisses démolissent à coups de hache la passerelle – le fameux « pont d'amour » – qui permettait d'accéder directement au jardin du bord de l'eau. En effet, Marie avait cédé à sa belle-fille Anne d'Autriche les cinq pièces qu'elle occupait au deuxième étage du palais, pour un appartement plus modeste au rez-de-chaussée. Dorénavant, elle ne pourra pas fuir par la Seine ! « On a bien tort de penser que je m'en aille ! », soupire la reine captive.

Durant les semaines suivantes, elle va être soumise à une surveillance stricte et tatillonne, sans souci d'offenser sa dignité. On perquisitionne dans sa chambre. On retourne ses coffres par crainte qu'ils ne contiennent de la poudre, et l'on fouille même sous son lit. Ses dames et ses officiers doivent la servir en présence de deux archers du roi. Enfin, malgré les prières de sa mère, Louis reste inflexible : ni son frère, ni ses sœurs, ni Anne d'Autriche, ne sont autorisés à venir la consoler. Et lorsque Matteo Bartolini, profitant d'un corridor secret, apparaît devant la recluse au soir de la journée terrible, il trouve une femme désespérée, en larmes, et déjà prête à l'exil. D'ailleurs, n'a-t-elle pas, quelques jours auparavant, rêvé d'une telle déchéance ?

Concini a été discrètement inhumé à Saint-Germain-l'Auxerrois. Au matin du 25 avril, une meute déchaînée envahit l'église et déterre les restes du maréchal, avant de lui faire subir les pires outrages. Certains iront, paraît-il, jusqu'à faire cuire des lambeaux de chair pour les manger ! De ses fenêtres, Marie de Médicis entend la rumeur de la populace qui, dans ses imprécations, associe le nom de Florentine à celui du « coyon ».

Leonora, de son côté, a été enfermée dans une pièce, au dernier étage du palais du Louvre – la même sans doute que pour Condé, quelques mois auparavant. Sa seule pensée, à l'instant de son arrestation, a été ce cri du cœur pour son amie la reine : « Pauvre femme, je l'ai *perdoue* ! » Le 28 avril, Leonora sera conduite à la Bastille. Les interrogatoires commenceront le lendemain. Luynes, à qui Louis XIII a promis la fortune des « maréchaux d'Ancre », a besoin d'une sentence capitale. Or, les accusations de tripotages financiers et de trafics d'influence ne sauraient y suffire. Ne vaudrait-il pas mieux convaincre la Galigaï de certaines pratiques occultes, alors punies de mort ? Le 2 mai 1617, l'ambassadeur de Venise rapporte : « La vie [de la maréchale d'Ancre] apparaît fort sinistre, et l'on découvre qu'il est possible de la convaincre de sorcellerie. Toutefois, si ce délit venait à être reconnu et puni, cela rejaillirait sur la réputation de la reine mère en raison des faveurs extraordinaires qu'elle lui accorda et qui sont très mal interprétées. »

Le procès de la « magicienne étrangère » – pour reprendre le titre d'une tragédie du temps – se déroulera du 22 mai au 7 juillet 1617. Sur le plan pécuniaire, le tribunal met en relief la collusion de Leonora avec Marie de Médicis. Un dossier marqué *Promesse di dinari della Majesta della regina* – « Promesses d'argent de Sa Majesté la reine » – apporte l'illustration des opérations discrètes que la dame d'atour menait au profit de sa maîtresse. Concernant les affaires publiques, Leonora a pu influer le choix de certains ministres, mais elle ne s'est guère préoccupée des problèmes de gouvernement. Les juges ne parviennent pas non plus à démontrer qu'elle ait entretenu des relations coupables avec des puissances étrangères, ni qu'elle ait été impliquée dans le meurtre de Henri IV.

En somme, il n'y a là rien que de très ordinaire – au regard de ce que pratiquaient les entourages princiers. Les arguments prouvant que l'Italienne s'est adonnée aux « arts magiques et inconnus » ne seront guère plus décisifs. Pour soigner ses crises névrotiques, Leonora, dont la piété est sincère, a eu recours à des exorcismes et à des prières – ce qui n'est pas condamné par l'Église ! Elle aurait aussi sacrifié des pigeons et des coqs. Plus grave encore, elle a été soignée par un médecin juif – comme la reine – et sa bibliothèque renferme des ouvrages en caractères hébraïques…

En revanche, les témoignages des proches contredisent formellement les allégations selon lesquelles Marie de Médicis aurait été envoûtée par la Galigaï. Assurément, Ludovici, le secrétaire italien de Concini, confirme « le grand pouvoir que la maréchale avait sur la reine ». Mais il précise que, si Leonora obtenait « la plupart de ce qu'elle voulait », la reine n'a pas manqué de lui « refuser plusieurs choses ». Quant à l'origine de cette influence, Ludovici « croit que cela procédait de la longue connaissance et longue familiarité que ladite maréchale a eues, dès l'âge de dix ou douze ans, avec ladite dame reine ».

Andrea de Lizza, l'aumônier de la Galigaï, dépose dans le même sens : « Il ne s'est jamais aperçu et n'a ouï dire qu'elle eût usé d'aucuns sortilèges, et croit que cela procédait de la grande et longue familiarité qu'elle a eue avec ladite dame reine, dès sa jeunesse, et du grand soin qu'elle a eu d'elle. Qu'elle a fait ce qu'elle a pu, par ses conseils, pour lui faire avoir une grande autorité [...]. Que ladite maréchale a un esprit qui a beaucoup de pouvoir sur les esprits faibles. Qu'outre ce, elle est d'une humeur plaisante et bouffonnesque. Que ladite dame reine mère étant à Florence, resserrée comme est la coutume des lieux, ladite maréchale s'entretenait ordinairement, lui faisant passer le temps et lui servait de conseil. »

Leonora elle-même s'insurge contre les délirantes calomnies dont on la charge : « S'il était possible qu'on inventât tant de méchancetés sur elle ! Et la dame reine mère, sage comme elle est, elle ne l'eût tant souffert près d'elle si elle eût été si méchante comme on dit en cela. »

« La reine mère, sage comme elle est... » À aucun instant, Leonora ne prononcera la phrase apocryphe qui traîne dans d'innombrables ouvrages historiques : « Mon pouvoir sur la reine n'était que le pouvoir d'une femme d'esprit sur une balourde... »

Malgré l'inconsistance de l'accusation, et au mépris de toute équité, Leonora Dori, dite Galigaï, veuve de Concino Concini, maréchal d'Ancre, est condamnée, le 8 juillet 1617 – pour crime « de lèse-majesté divine et humaine » –, à avoir la tête tranchée en place de Grève. Ses restes seront brûlés et réduits en cendres. Alors que sa compagne d'enfance monte à l'échafaud avec une fermeté qui lui vaut l'admiration de tous, Marie de Médicis est déjà loin de Paris. En apprenant l'exécution, la reine – écrit Arnaud d'Andilly – se serait frappée la cuisse, avec ces mots pour tout éloge funèbre : « La pauvre femme ! Elle est cause de son malheur et du mien, son mari est plus coupable qu'elle. Si elle m'eût crue, elle ne serait pas où elle est... »

On accusera volontiers la reine d'avoir abandonné sa « sœur de lait ». Dans le contexte de l'époque, que pouvait-elle faire d'autre ? Sans doute n'est-ce pas de gaieté de cœur qu'elle a laissé Leonora marcher au supplice, quand on sait par ailleurs le souci qu'elle aura toujours de protéger ses serviteurs. Sept ans plus tard, elle adressera cette lettre de recommandation à son neveu, le grand-duc de Toscane, en faveur du

« comte de La Penna, fils du défunt maréchal d'Ancre ». Elle prouve qu'elle Marie n'a pas oublié tout à fait la malheureuse Galigaï : « Il va donc à Florence, écrira-t-elle, et comme votre sujet désire se présenter à vous qui êtes son prince naturel, pour vous supplier de l'avoir agréable et l'honorer de votre bienveillance, dont il essaiera de se rendre digne par sa fidélité et ses services. L'amitié que j'ai portée à sa mère me fait vous prier de le voir de bon œil... »

Victime des maléfices d'une sorcière, Marie de Médicis sort réhabilitée de l'aventure, même si la ficelle est trop visible. Selon cette version édulcorée, Louis XIII ne s'est pas dressé contre sa mère. Il l'a, au contraire, délivrée des forces qui enténébraient sa volonté. N'est-elle pas après tout qu'une faible femme ? Aujourd'hui, tout est rentré dans l'ordre. La reine fera quelque temps retraite en province pour méditer sur cette malencontre. Mais elle reviendra. Le *Récit véritable* résume ainsi l'heureux épilogue : « La simplicité du sexe avait été surprise et trompée par la subtilité de ces âmes détestables. Cela était excusable à une femme, autant qu'il serait punissable en un homme. Et c'était chose grandement pitoyable d'avoir vu cette princesse si possédée par des personnes de rien. »

La réclusion de Marie de Médicis a été progressivement adoucie. Des pourparlers s'engagent par l'entremise de l'évêque de Luçon, le nouvel homme de confiance de la reine. Les sœurs du roi peuvent revoir leur mère. Le premier écuyer, Bressieux, puis Villesavin, le secrétaire aux commandements, reprennent leur office. Par contre, Luynes s'oppose farouchement à ce que Louis XIII rencontre la reine. Le favori a trop peur que le roi succombe à un revirement sentimental. C'est donc Richelieu qui, le 1er mai 1617, présente, par écrit, les cinq propositions de Marie de Médicis à son fils. Elle consent à quitter le Louvre. Elle sera revêtue de l'autorité royale dans sa nouvelle résidence. Elle percevra l'intégralité de ses revenus. Elle gardera auprès d'elle ses deux filles non mariées, Christine et Henriette-Marie – âgées respectivement de onze et huit ans. Enfin, la reine souhaite que le roi lui accorde une entrevue le jour de son départ. Louis souscrit à toutes ces requêtes, hormis pour ce qui concerne ses sœurs. En revanche, Marie de Médicis pourra se faire accompagner d'une partie de ses gardes personnels. Et elle s'installera au château de Blois, moins délabré que celui de Moulins, dont il avait d'abord été question.

La reine brusque les événements. Elle décide de s'en aller dès le mercredi 3 mai, veille de l'Ascension. Ce matin-là, les archers ont cessé d'interdire l'entrée de son appartement. Et toute la cour vient se presser autour d'elle : « Si mes actions ont déplu au roi, déclare-t-elle avec une grande dignité, elles me déplaisent à moi-même, mais il verra un jour, j'en suis sûre, qu'elles lui ont été utiles. Il y a longtemps que je lui demandais de me décharger enfin du soin de ses affaires. »

Personne ne veut manquer le rendez-vous historique. C'est le roi qui, en début d'après-midi, pénètre le premier dans l'antichambre de sa mère. Il est accompagné par son frère Gaston, par Joinville, Bassompierre, et par les « barbons ». L'inévitable Luynes le tient par la main. Le jeune monarque, simplement vêtu de blanc et d'un feutre noir, apparaît « intrépide et ne manifestant aucune émotion », selon l'ambassadeur vénitien. Par contraste, Marie de Médicis fait son entrée le visage désolé. Louis, chapeau bas, se dirige vers elle. Chacun des termes des deux allocutions a été mûrement pesé par Richelieu comme par Luynes :

« Madame, commence le roi, je viens ici pour vous dire adieu et vous assurer que j'aurai soin de vous comme de ma mère. J'ai désiré de vous soulager de la peine que vous preniez à mes affaires. Il est temps que vous vous reposiez et que je m'en mêle. C'est ma résolution de ne plus souffrir qu'un autre que moi commande en mon royaume. Je suis roi, à présent. [...] Vous aurez de mes nouvelles étant arrivée à Blois. Adieu, Madame, aimez-moi et je vous serai bon fils. »

Marie répond, sans chercher à retenir ses larmes : « Monsieur, je suis très navrée de n'avoir gouverné votre État pendant ma régence et mon administration plus à votre gré que je n'ai fait, vous assurant que j'y ai néanmoins apporté la peine et le soin qu'il m'a été possible, et vous supplie de me tenir toujours pour votre très humble et très obéissante mère et servante. » Puis, bousculant le protocole, elle entraîne son fils dans l'embrasure d'une fenêtre. Toujours en pleurs, elle demande que le ministre Barbin – que le roi a jeté à la Bastille en dépit de sa probité exemplaire – puisse reprendre ses fonctions d'intendant de sa maison : « Je m'en vais, je vous supplie d'une grâce en partant, que je veux me promettre que vous ne me refuserez pas, qui est de me rendre Barbin, mon intendant. »

Louis garde le silence. La reine insiste encore : « Ne me refusez point cette seule prière que je vous fais... Peut-être est-ce la dernière que je vous ferai jamais. » Mais comme le roi fait mine de s'éloigner, Marie de Médicis s'écrie : « Or sus ! », se dirige vers son fils et l'embrasse. Louis s'incline et quitte la pièce. Luynes s'attarde quelques instants auprès de la reine, qui renouvelle ses doléances et lui glisse : « Vous savez bien, Monsieur de Luynes, que je vous ai toujours aimé. Tenez-moi toujours aux bonnes grâces du roi. »

MARIE DE MÉDICIS

Mais Louis XIII rappelle son favori à l'ordre avec humeur. D'un pas ferme, au bras de Bressieux, Marie de Médicis quitte son appartement. La foule est tellement compacte dans la cour du Louvre que les gardes de la reine, sous les ordres de Monsieur de Presles, doivent lui frayer un chemin jusqu'à son carrosse. Richelieu décrit la scène dans ses *Mémoires* : « Elle sortit du Louvre simplement vêtue, accompagnée de ses domestiques qui portaient la tristesse peinte sur leur visage. Et il n'y avait guère personne qui eût si peu de sentiment des choses humaines, que la face de cette pompe quasi funèbre n'émût à compassion. Voir une grande princesse, peu de jours auparavant commandant absolument à ce grand royaume, abandonner son trône et passer, non secrètement et à la faveur des ténèbres de la nuit cachant son désastre, mais publiquement, en plein jour, à la vue de tout son peuple, par le milieu de sa ville capitale, comme en montre pour sortir de son empire, était une chose si étrange qu'elle ne pouvait être vue sans étonnement. »

La comtesse de Soissons et les duchesses de Guise et de Longueville prennent place aux côtés de l'exilée, mais elles l'abandonneront à Bourg-la-Reine. Après la voiture qui transporte les bagages, viennent Mesdames de Guercheville et de Bressieux. Enfin, un carrosse plus modeste ferme la marche. Il abrite l'évêque de Chartres, Philippe Hurault, et Armand-Jean du Plessis de Richelieu, évêque de Luçon et chef du conseil de la reine mère. Il pleut, et l'imposant convoi, trompettes sonnantes, environné d'un détachement de chevau-légers, franchit maintenant le Pont-Neuf. Depuis la galerie du bord de l'eau, Louis XIII le regarde disparaître du côté de la rue Dauphine. Puis il saute à cheval, tout joyeux, pour s'en aller chasser à Vincennes.

Si l'on en croit le *Journal* d'Arnauld d'Andilly, le souverain ne vibre pas, en cette circonstance, à l'unisson de ses sujets : « Tout le peuple témoigna être fort triste et plusieurs pleurèrent. La pluie qui avait cessé depuis la mort du maréchal, recommença ce jour-là, et il plut le lendemain, jeudi 4, toute la journée. » Et jusqu'au Florentin Bartolini qui, gagné par la morosité ambiante, augure sombrement de l'avenir : « Peut-être le roi aura-t-il à se repentir un jour d'être parti d'auprès de la reine mère ! Et peut-être que ce qu'on a insinué devoir lui être fait par sa mère lui sera fait par d'autres... »

XV

LA CHÂTELAINE DE BLOIS

On le devine, l'ancienne régente ne comptait pourtant pas que des adulateurs. Tant il est vrai aussi que la revanche des obscurs consiste souvent à railler les puissants d'hier. « L'aversion qu'on avait contre son gouvernement était si obstinée, se souviendra Richelieu, que le peuple ne s'abstint pas de plusieurs paroles irrespectueuses en la voyant passer, lesquelles lui étaient d'autant plus sensibles que ces traits rouvraient et ensanglantaient la blessure dont son cœur était entamé. »

Orléans réserve néanmoins à Marie de Médicis un accueil chaleureux. La cité ecclésiastique acclame en elle la protectrice de la foi catholique. À Blois, la réception est moins cordiale. Les bourgeois de la ville appréhendent les mille et un désagréments que le séjour prolongé d'une si haute princesse ne manquera pas de leur procurer. Les harangues et les cérémonies protocolaires sont vite expédiées. La reine se cloître dans sa nouvelle résidence. Elle occupera l'aile occidentale du château – aujourd'hui remplacée par le pavillon de Mansart. Le bâtiment François Ier, quoique plus agréable, reste en effet ensanglanté par l'assassinat du Balafré. Pour rendre la vieille demeure confortable, Louis XIII ne lésine pas. Les vitres cassées sont remplacées, les peintures refaites de fond en comble. Neuf chariots transportent meubles et tapisseries depuis le Louvre, tandis qu'une annexe, avec un cabinet et une garde-robe, est édifiée en toute hâte.

La reine mère conserve ses revenus et ses apanages. De la sorte, elle dispose des ressources suffisantes pour entretenir une maison prestigieuse et de nombreux domestiques. C'est une véritable cour qui s'installe avec elle sur les bords de la Loire. Paré du titre de chef du conseil, l'évêque de Luçon y occupe la première place. Dans ce gouvernement parallèle, siègent également Bressieux et Villesavin. L'aumônier de la reine, Bonzi, voit son influence limitée par Richelieu. À l'instar d'un monarque régnant, Marie de Médicis a son sceau, ses officiers, ses gardes du corps, ses courriers. Louis XIII a détaché à son service une demi-douzaine de suisses, avec leur capitaine. La reine leur a choisi un uniforme noir, rehaussé de bandes d'argent et d'or.

À Blois, l'existence s'organise, tranquille et morne. Marie, férue de jardinage, plante des orangers, des jasmins et des myrtes. Elle fait construire une serre et acheter des boutures de rosiers. Elle a appelé de Paris ses chanteurs et ses musiciens, dont les luths et les violons agrémentent repas et promenades. Certains soirs, ils se produisent dans un concert ou un ballet, avec le renfort d'artistes blésois. Mais la reine apprécie également les instruments populaires. Aussi convie-t-elle volontiers des joueurs de hautbois ou de musette. De temps à autre, des comédiens itinérants – comme le célèbre Tabarin – viennent se produire au château. Marie monte d'ailleurs son propre théâtre, pour lequel elle commande à l'écrivain Boisrobert une traduction de la pièce à succès de l'Italien Giambattista Guarini, *Il pastor fido – Le berger fidèle*.

Généreuse comme il se doit, la Majesté exilée répand ses libéralités sur les rares visiteurs qui ont le droit de venir la saluer, sans oublier, bien sûr, les pauvres et les nécessiteux des environs. Elle pose la première pierre de l'église des Minimes, qu'elle finance de ses deniers. Par ailleurs, elle versera une redevance à la paroisse Saint-Nicolas, voisine du château, afin que les cloches ne sonnent pas avant dix heures du matin ! Dans un autre domaine, les joyaux n'ont pas cessé de fasciner la reine. Elle fera ainsi l'acquisition d'une horloge constellée de diamants.

Persuadée que sa disgrâce ne saurait s'éterniser, Marie de Médicis croit utile de rassurer son fils sur sa parfaite obéissance : « Il vous a été de ma part rapporté en toutes rencontres de mes bonnes intentions à vous donner le contentement que vous pouvez désirer de mes actions et déportements. » L'ambassadeur de Venise confirme, le 30 mai 1617, la sage conduite de la proscrite : « Elle montre à l'accoutumée une grande sérénité d'esprit et de pensée, jouissant seulement de la conversation de ses dames avec lesquelles elle se lie plus familièrement que ce qui convient à sa gravité. Elle s'étudie surtout à s'abstenir de tout ce qui pourrait faire soupçonner qu'elle veut dominer. »

La reine mère ne manque pas non plus de flatter la nouvelle étoile de la cour. Dès le 14 mai, c'est au profit de Luynes qu'elle se démet de la capitainerie de la Bastille. Elle espère ainsi – sans succès d'ailleurs – accélérer la délivrance de Barbin, suppliant « le roi de se souvenir de la promesse qu'il lui a faite en partant de Paris de le mettre en liberté ». Tout au long de cette première année de relégation, les lettres de la Florentine à son fils et à Luynes ne sont que démonstrations de loyauté et de dévouement, remerciements empressés, déférentes prières.

Très différent est le ton des pamphlets et des libelles qui traînent dans les ruisseaux de la capitale. *Le roi hors de page* – soi-disant écrit par Louis XIII lui-même, le 23 avril 1617 – compare Marie à sa cousine Catherine de Médicis, « cette étrangère et marâtre » dont le fils, Henri III, « par une maligne et consultée résolution, avait été abaissé et rendu novice aux affaires de son État, énervé et ramolli dans les débauches et vicieux exercices, non par une inclination naturelle, mais par une maternelle et affectée nourriture ».

Le polémiste anonyme place ensuite sous la plume supposée de Louis XIII un réquisitoire, aussi injuste qu'implacable, contre la régence de sa mère : « Depuis la mort de feu le roi mon père, [l'État] a été manié par gens factieux, étrangers et ignorants, que vous-même, pour battre en ruine mon légitime pouvoir, y avez introduit un triumvirat dont vous faites la première des trois personnes, et les deux autres au scandale de tout mon royaume et à votre honte – bien que vils, abjects et tirés de l'ordure et des plus puantes latrines de Florence –, ont bien l'audace de se rendre compagnons de vos conseils, et égaux à vous en pouvoir... »

La reine répondra indirectement à ces accusations, dans un manifeste sur la *Restauration de l'État*, œuvre de Mathieu de Morgues – abbé de Saint-Germain et ancien prédicateur de la reine Margot –, qui se montrera, pendant plus de vingt ans, son avocat acharné : « Or, puisque la cause de nos malheurs est cessée en ces deux victimes d'expiation [les Concini], et que toutes nos discordes civiles sont noyées et éteintes dans leur sang, nous avons sujet d'espérer, Sire, que nous verrons, sous la douceur de votre empire, toutes choses tellement rétablies. »

Car, en dépit de ses lénitives assurances, Marie de Médicis est impatiente de quitter sa quiétude provinciale. Ses agents, dans l'Europe entière, lui permettent de demeurer en contact avec l'Espagne, la Savoie ou l'Italie. Par des voies détournées, elle adresse des messages secrets aux grands – dont Louis XIII a acheté la tranquillité. Et elle s'emploie à retisser son réseau d'influence. La reine « ne s'occupe qu'à tâcher de se faire des créatures qui puissent la tirer de sa captivité », écrira Brienne dans ses *Mémoires*.

Louis XIII réagit en faisant renforcer la surveillance autour de sa mère. Les entrées et les sorties de Blois sont strictement contrôlées. D'ailleurs, presque plus personne n'ose rendre visite à la proscrite. La vieille duchesse de Guise aura néanmoins ce courage. Son amitié pour la reine lui fait également oublier son vœu de ne jamais revoir le château où son mari a trouvé la mort. Mais la vindicte de Luynes va bientôt s'abattre sur Richelieu. En accompagnant Marie de Médicis dans son exil, l'ancien ministre du maréchal d'Ancre a juré au roi « d'empêcher toute cabale, menée et monopole », ou au moins de l'en prévenir. Or, c'est tout le contraire qui se passe ! Dans ses lettres chiffrées – où la reine est désignée par « CXIII » et lui-même par « 123 » – l'évêque reste muet sur les manigances de la cour de Blois.

Aussi, le 8 juin 1617, Louis XIII somme sa mère de se séparer de Monsieur de Luçon. La reine « le remercie de sa bonne volonté et le prie d'avoir agréable qu'il demeure auprès d'elle ». Cependant, Richelieu, prévenant les foudres du roi, se retire prudemment dans son diocèse, sans même prendre congé de sa protectrice. Celle-ci – en proie à une telle colère qu'on doit la saigner – s'insurge auprès de Luynes : « Cela me fait croire que l'on ne se méfie pas de lui, mais de moi, puisque l'on croit qu'il y ait personne au monde qui soit capable de me détourner de l'affection que j'ai témoignée au service du roi par toutes mes actions, et particulièrement depuis que je suis ici, où j'ai fait une vie aussi innocente comme si j'eusse été en fort bas âge. »

Louis XIII restera inflexible, sans mesurer l'erreur qu'il a commise en éloignant Richelieu. Désormais, Marie de Médicis, poussée à l'exaspération, s'appuiera en effet sur ses conseillers les moins modérés. D'autant plus que de nouvelles offenses viennent sans cesse froisser son orgueil. Ainsi, le gouverneur de son fils Gaston est-il remplacé, avant qu'elle ait eu son mot à dire. De la même manière, le mariage de sa fille Christine avec le prince de Piémont, Victor-Amédée de Savoie, est négocié sans qu'on lui demande son avis : « La reine tint ce traitement plus cruel qu'aucun qu'elle eût reçu jusqu'alors, note Richelieu, lui étant fait en chose si intime comme lui était Madame, sa fille. » Lorsque le colonel d'Ornano lui apportera le contrat à signer, Marie de Médicis le recevra en pleurant, d'émotion, mais aussi de dépit.

Un certain Rossi survient bientôt à Blois, chargé par Luynes d'épier les faits et gestes de la reine. À force de brimades, le favori voudrait extorquer à celle-ci une déclaration où elle confesserait les erreurs supposées de ses sept années de régence. Marie a opposé une fin de non-recevoir au baron de Modène, cousin de Luynes. Ce dernier va donc utiliser le malheureux Barbin comme instrument de chantage. À l'automne de 1617, l'ancien intendant, toujours embastillé, parvient à communiquer secrètement avec sa maîtresse. En réalité, Luynes a soudoyé le valet de chambre de Barbin, qui lui fait lire toutes les missives envoyées ou reçues. On n'y trouve rien de très blâmable, sinon que Barbin encourage la reine à revenir en grâce par tous les moyens.

Dans les premiers jours de 1618, l'un des frères de Luynes, Cadenet, vient offrir à Marie de Médicis, pour ses étrennes, une cassette enrichie de diamants, de la part du roi. Comme le coffret est orné du portrait de son fils, la reine soupire qu'elle aimerait le contempler, non pas en image, mais réellement. Au Louvre, on commence à craindre que les larmes de la Florentine ne parviennent plus très longtemps à étouffer sa rancœur. D'autre part, l'opinion publique, versatile, s'apitoie sur les conditions d'existence, de moins en moins convenables, que Louis XIII réserve à sa mère : « La faveur de tout le monde se tourne vers elle, atteste Richelieu, Sa Majesté s'accroît par la calamité, et les grands qui lui avaient été le plus contraires, et ceux-là mêmes qui touchaient de plus près le sieur de Luynes, soit d'intérêt, soit d'alliance, ont pitié d'elle, et font dessein de la faire retourner auprès du roi pour y tenir le même rang qu'elle y avait auparavant. »

Le propre beau-père de Luynes, le duc de Montbazon, estime que Marie de Médicis devrait faire une réapparition à grand fracas. Bien entendu, son gendre voit autrement les choses. Au début d'avril 1618, Luynes met sous les yeux du roi les fameuses lettres échangées par Barbin et la reine. Louis XIII, qui ignorait cette correspondance, entre dans une fureur soigneusement attisée par les propos alarmistes de son favori. Barbin sera honteusement traîné en justice et condamné au bannissement. La reine mère a beau exiger d'être jugée elle-même devant le Parlement, rien n'y fait. Le roi aggravera même la peine de Barbin en détention à perpétuité.

Le 7 avril 1618, Louis XIII a ordonné à Richelieu de quitter Luçon pour sortir du royaume. Le futur cardinal, obéissant, s'installe à Avignon. Mais, à Blois, la nasse se referme sur la reine mère. Des troupes y sont envoyées en renfort. Des cavaliers interdisent à la prisonnière de franchir les limites de la ville. Dorénavant, les itinéraires de ses moindres déplacements sont soumis à d'humiliants contrôles. En outre, il faut une autorisation expresse du roi pour l'approcher. Le baron de Modène revient une seconde fois. Il se fait menaçant : si elle ne renonce pas à ses intrigues, en particulier avec l'évêque de Luçon, Marie de Médicis sera expulsée vers Florence. Les proches de la reine l'incitent à secouer ce joug insupportable. Les plus exaltés sont Bonzi – l'évêque de Béziers –, Jacques d'Apchon de Chanteloube – gentilhomme auvergnat qui deviendra oratorien –, et surtout Ludovico Ruccellaï. Ce prêtre mondain, infatué et bavard, fils d'un banquier florentin, voue un culte baroque à la princesse vieillissante. Celle-ci s'esclaffe lorsque son nouveau favori lui propose de fuir ensemble à Rome ! Et le nonce Bentivoglio – sans toutefois suspecter la vertu de la veuve du Vert-Galant – déplore la pernicieuse emprise de ce « chevalier d'amour », de cet abbé de cape et d'épée : « Le pire est que toutes les femmes sont femmes, et les reines quelquefois plus femmes que les autres... »

Marie de Médicis semble de moins en moins résignée ! Déjà, du temps de Henri IV, la patience ne passait pas pour sa qualité principale. Elle, une reine sacrée et couronnée, ne saurait être longtemps insultée sans relever la tête. Elle se plaint de plus en plus haut des rigueurs de son séjour à Blois. Mérite-t-elle une telle ingratitude, après avoir, pendant sa régence, enduré « tant de veilles, tant de travaux, tant de chaleurs, tant de froidures, tant d'ennuis, tant de soucis, tant de médisances, tant de calomnies et tant d'impostures » ?

A l'automne de 1618, Marie clame qu'elle est bel et bien prisonnière, et qu'elle craint même pour sa sécurité. Ne pourrait-elle au moins aller faire ses dévotions dans quelques lieux saints du voisinage ? Louis XIII et Luynes décident de desserrer un peu l'étau. Le 31 octobre 1618, le roi adresse une missive autographe à sa mère, pour l'autoriser à voyager où bon lui semblera. « J'ai reçu tant de lettres du roi, et j'en reçois enfin une de mon fils ! » s'écrie théâtralement la reine.

En contrepartie, elle consent à signer un acte de soumission que le nouveau confesseur jésuite du roi, le père Arnoux, est venu lui présenter. « Devant Dieu et ses anges », la reine y affirme sa volonté de consacrer tous ses efforts au bien du royaume et de son fils. Elle se refusera à toute intrigue, et attendra, pour regagner Paris, un signe du roi, « désirant, non seulement en cela, mais en toutes autres choses, observer religieusement ses commandements ».

C'est Luynes qui a dicté cette « déclaration de repentance » – comme nous dirions aujourd'hui. Marie de Médicis a d'ailleurs pris la précaution d'obtenir de son propre confesseur, le père Suffren, l'absolution pour le cas où elle devrait violer ce serment prononcé sous la contrainte. Depuis plusieurs mois, le duc d'Épernon, gouverneur de Metz – mais également de la Saintonge et de l'Augoumois –, prête une oreille complaisante aux échos venant de Blois. Lieutenant général des armées royales, n'est-il pas le bras militaire du parti catholique, dont Marie de Médicis incarne, en quelque sorte, le symbole ? N'a-t-il pas bien servi la régente dans les heures difficiles de mai 1610 ? D'autre part, d'Épernon déteste Luynes qui a refusé à l'un de ses fils le chapeau de cardinal. Les contacts se nouent par l'entremise du fantasque Ruccellaï et de Vincenzi, l'ancien homme de confiance de Concini. Dans une lettre que Vincenzi porte à Metz, cousue dans ses vêtements, la reine mère implore l'aide de d'Épernon, au nom de la mémoire du défunt Henri IV.

Au commencement de 1619, les événements se précipitent. D'Épernon achète des armes en Allemagne, qu'il expédie clandestinement vers l'ouest de la France, par voie de mer. Puis il demande au roi la permission de gagner Angoulême, le siège de son autre gouvernement. Le 11 janvier, Louis XIII lui enjoint de demeurer à Metz, sous le prétexte que la guerre vient de s'allumer dans le Saint-Empire. Trois semaines plus tard, désobéissant à son souverain, le vieux ligueur se met en route. À Vichy, il lui écrit que l'agitation protestante en Aunis requiert son intervention. Néanmoins, aux frontières de l'Angoumois, à Confolens, d'Épernon pique vers le nord. Il va s'installer à Loches.

Pendant ce temps, Marie de Médicis reste dans l'expectative. Certes, depuis Metz, Ruccellaï lui a adressé une missive avec tous les détails de l'opération, les dates et lieux de rendez-vous, mais le page chargé de la porter à Blois s'est avisé de trahir ! Il s'est rendu au Louvre pour vendre la lettre à Luynes. Par chance, le transfuge a été intercepté par un fidèle de la reine mère, le conseiller Ollier, qui lui verse trois cents écus. Le secret a été sauvegardé, mais le précieux billet n'arrivera jamais à destination.

Sans nouvelles de d'Épernon, l'exilée de Blois se prend à désespérer. D'autant plus qu'elle reçoit une lettre de son fils lui annonçant qu'il viendra bientôt lui rendre visite avec Luynes. Or, elle a toutes les raisons de penser que le favori songe à la conduire chez lui à Amboise, où sa réclusion deviendrait plus sévère encore. Enfin, le 21 février 1619, un gentilhomme arrive au galop depuis Confolens. Il prévient Marie de Médicis que le duc atteindra Loches le lendemain même. La reine ne met dans la confidence que le comte de Brenne, son premier écuyer, les deux exempts de sa garde et sa femme de chambre italienne. On s'interroge. N'est-ce pas une provocation, un piège tendu par Luynes pour mieux justifier à l'avenir une séquestration plus rigoureuse ? La reine décide cependant de tenter la chance.

Dans la soirée du 22 février, Brenne fait poster un carrosse au débouché du pont de Blois, sur la rive gauche de la Loire. À minuit, le secrétaire de d'Épernon, Duplessis-Bauzonnière, est admis dans la chambre de la reine. Il confirme que le duc est bien à Loches, avec une suite de cent vingt cavaliers. Tout est prêt. Des échelles ont été déroulées jusqu'au pied du château. Vers six heures du matin, alors qu'il fait encore nuit noire, Marie de Médicis, seulement accompagnée de Brenne et de Duplessis-Bauzonnière, enjambe l'appui de sa fenêtre qui domine la terrasse occidentale du château et pose le pied sur le premier barreau. La reine a presque quarante-six ans – ce qui à l'époque est déjà respectable – et son embonpoint s'est accru avec l'âge. En outre, elle est encombrée de ses effets et de ses bijoux. Cette descente, d'ailleurs, n'est pas une mince affaire ! Braver, sur des échelles de cordes, dans l'obscurité, un dénivelé de quarante mètres – soit une douzaine d'étages – refroidirait plus d'un courage.

Marie manque de lâcher prise, glisse dangereusement. Au premier palier, la voilà plus morte que vive. C'est donc roulée dans un paquet de manteaux soigneusement ficelé que ses chevaliers servants vont lui faire atteindre sans plus d'encombre le bas des fossés, dont la pente est heureusement adoucie par les éboulis du mur de soutènement. À coup sûr, Sa Majesté n'a jamais été confrontée à une situation « aussi contraire à sa dignité qu'à son humeur », dira-t-elle plus tard. Dans son émoi, la reine égare une cassette de pierreries. L'une de ses suivantes la découvrira au petit matin, dans l'herbe du talus. Pour l'instant, la fugitive n'a pas une minute à perdre. En hâte, elle enlève son harnachement et se dirige vers le pont de Blois. Elle a recouvré toute son ardeur. Rassérénée, elle marche d'un pas alerte. N'est-elle débarrassée de ses chaînes ? Les braves gens qui la croisent, appuyée ainsi sur les bras de deux gentilshommes, soupçonnant quelque aventure galante, lui lancent de grasses plaisanteries. La reine, joyeuse, rit à son tour et chuchote à Duplessis : « Ils me prennent pour une bonne dame... »

Quelques heures après cette rocambolesque escapade, Marie de Médicis, réfugiée à Loches auprès du duc d'Épernon, écrira au roi, d'une plume triomphante : « Monsieur mon fils. J'ai laissé opprimer longtemps mon honneur et ma liberté, et ai supporté de fortes appréhensions de ma vie, et ce qui m'était plus sensible, c'était la privation de votre vue. [...] Étant à mon grand regret informée du manifeste péril où sont vos affaires – s'il n'est bientôt su et connu de vous –, je me suis résolue de me mettre en lieu sûr, afin qu'étant libre, je vous puisse faire entendre ce qui m'était impossible dans la puissance de ceux qui vous le cachent... »

À la cour, la nouvelle de l'évasion de la reine provoque une stupeur mêlée d'inquiétude, comme le relate l'ambassadeur vénitien : « Les jeux, les rires et les danses qui se déroulaient dans l'allégresse générale furent, en un moment, remplacés par la tristesse et par des pensées on ne peut plus troublées, dans l'esprit de Luynes plus encore que dans celui de tout autre. » Louis XIII simule la surprise : « Comment, ma mère s'échappe, juste au moment où j'allais la voir, alors qu'elle s'est tant plainte de notre séparation ? »

Officiellement, le roi veut accréditer la thèse de l'enlèvement. La reine est sortie de Blois, puis le duc d'Épernon s'est emparée traîtreusement de sa personne. C'est donc maintenant qu'elle est prisonnière ! Cette fiction n'est guère convaincante, d'autant que la « captive » multiplie les appels et les lettres de justification. Elle qui, naguère, les combattait, tente maintenant de rameuter les « malcontents ». Elle envoie pour cela des courriers à plusieurs gouverneurs de provinces : Mayenne à Bordeaux, d'Alincourt à Lyon, Bellegarde en Bourgogne, ou Montmorency en Languedoc. Sans davantage de succès, elle écrit à Sully, à Lesdiguières, au maréchal de Souvré, aux ministres, à son nouveau gendre le prince de Piémont, à sa fille Christine, et même à la reine régnante, Anne d'Autriche !

On a l'impression qu'après avoir été trop longtemps bâillonnée, la Florentine se sent le besoin de hurler à la face du monde. Mais c'est d'abord à Louis XIII qu'elle veut exprimer son juste ressentiment. Le 1er mars 1619, de Confolens, elle lui adresse une deuxième lettre. Elle y évoque les « persécutions [qu'elle a] souffertes depuis deux ans ». Mais elle ajoute, magnanime : « Je ne me suis point tant aimée moi-même que j'ai voulu troubler votre repos d'aucune plainte. » C'est seulement pour avertir le roi des périls qui le menacent qu'elle a dû quitter Blois, où « on n'avait pas même laissé de liberté à [ses] pensées ».

Louis est décidé à en découdre. Au conseil, les avis sont partagés. Les « barbons » préconisent la prudence. Les grands – Guise, Mayenne, Vendôme, Longueville –, oubliant leurs incartades récentes, font assaut de loyauté pour soutenir la fermeté du roi. Il faut frapper les mauvais conseillers de la reine mère, mais aussi son allié, le duc d'Épernon ! Luynes, quoique d'un naturel timoré, penche également pour la manière forte, tout en recommandant l'ouverture simultanée de négociations. Ainsi donc, tandis que l'on enrôle en hâte trente mille fantassins et six mille cavaliers, le comte de Béthune est dépêché vers la reine mère en mission de conciliation. Trois armées royales sont sur le pied de guerre. L'une, en Champagne, fait face au duc de Bouillon et au prince Charles de Lorraine. La deuxième, sous les ordres de Mayenne, est stationnée en Guyenne. Enfin, le maréchal de Schomberg, le seul militaire de valeur dont dispose Louis XIII, a investi Blois avec un troisième corps. Et il s'approche à petites étapes du Poitou et de la Saintonge.

MARIE DE MÉDICIS

Le roi prend l'heureuse initiative de rappeler Richelieu de son exil comtadin. Auprès de Marie de Médicis, l'évêque de Luçon va contrebalancer la pernicieuse influence de Ruccellaï. Ce dernier suggère en effet de passer à l'offensive. Le royaume se débat alors dans les difficultés économiques, et les oppositions à la dictature de Luynes sont variées. Quant aux grands, il suffirait d'y mettre le prix pour les amadouer. D'Épernon est moins optimiste que le « chevalier d'amour ». Il sait que le loyalisme monarchique est un sentiment puissant, contre lequel il n'est pas aisé de lutter. Pour financer les troupes de d'Épernon, la reine mère a été obligée de mettre en gage son fameux « carcan ». Au demeurant, elle, qu'on imagine inféodée à Madrid et à Rome, serait incapable de fédérer les huguenots ou les catholiques de tendance gallicane.

Il n'est pas sûr, d'ailleurs, que Marie de Médicis poursuive un but très précis. Avant toute chose, il lui déplaît de ne pas être reconnue pour ce qu'elle est. Elle attend du roi qu'il la restaure dans sa dignité de reine mère et d'ancienne régente. Sa vraie place se situe à la cour, au côté du monarque, et non pas au fond d'un misérable château du Val de Loire. Elle nourrit d'autre part une haine inexpiable pour Luynes, qui est à l'origine de sa disgrâce et qui s'est emparé de l'esprit de Louis XIII.

Flanquée de deux cents gentilshommes « très lestes », la reine rebelle s'est établie à Angoulême, dans la demeure familiale de l'écrivain Guez de Balzac. Après tout, le roi ne lui a-t-il pas donné le droit de voyager librement ? La marquise de Guercheville l'a rejointe, ainsi que beaucoup de ses serviteurs. C'est l'une des qualités de Marie de Médicis d'avoir su éveiller cette sorte de dévouement et d'amitié indestructibles. Quant aux pamphlétaires, ils ne manquent pas de souligner qu'Angoulême est la patrie de Ravaillac. En termes de moins en moins voilés, ils accusent d'Épernon d'avoir organisé l'assassinat de Henri IV, avec la complicité de la Florentine.

Les pourparlers avec le comte de Béthune vont se poursuivre durant tout le printemps, entrecoupés, sur le terrain, d'escarmouches sans importance. Lors la première entrevue, Marie de Médicis se lance dans une harangue violente, mais elle s'interrompt bientôt, car elle a tant de plaintes qu'il lui faudrait s'y reprendre à plusieurs fois ! L'envoyé royal s'effarouche de la véhémence de la reine. Il écrit à son maître qu'il ne saura entendre de tels propos : « Écoutez-les au contraire, répond Louis XIII, et rapportez-les-moi, tout en disant que le respect vous empêchera de me les rapporter... »

MARIE DE MÉDICIS

Ses colloques avec Béthune ne suffiront pas à dompter la reine mère, toujours atteinte de fièvre épistolaire. Avant le début des négociations, le 10 mars 1619, elle a écrit au chancelier de Sillery, au garde des Sceaux du Vair et au président Jeannin, « bons et anciens conseillers serviteurs du roi et de la couronne ». Le même jour, elle s'adresse de nouveau à son fils, l'exhortant à suspendre la guerre, qu'il prépare « contre les lois de Dieu, du monde et de la nature » :

« Je vous prie très humblement, Monsieur mon fils, d'arrêter un peu vos pensées et de considérer ce que l'on vous fait faire... » Si elle devait jamais se défendre, Marie ne s'y résoudrait que pour conserver sa vie et épargner au roi « le regret de [l']avoir laissée opprimer ». Mais ce sont surtout les proches de Louis XIII – et singulièrement Luynes – qui excitent le courroux de la Florentine : « Ceux qui, dédaignant tous les offices d'amitié et de bienveillance que, pour votre considération, je leur ai faits, hasardant l'État et troublant la tranquillité, ne croyant bâtir l'avantage de leur fortune que sur mes entières ruines. »

La reine mère reprendra la plume le 20 mars, pour remercier le roi des bons offices du comte de Béthune. Puis encore huit jours plus tard. Dans cette dernière lettre à son fils, Marie lui livre franchement les causes de son amertume. L'un des maux les plus difficiles à supporter pour elle est « de passer dans [son] esprit – par l'artifice de ceux qui [l'] approchent et qui [lui] déguisent la vérité – pour une factieuse et une criminelle » : « Toutes ces impressions qu'on vous a données à mon désavantage, n'ont été fondées de ma part que sur la liberté que j'ai cherchée, et qu'il est naturel à tout le monde de désirer. Et plus encore à une personne de ma qualité, qu'il n'est pas ordinaire de voir réduite à un semblable changement de fortune. »

C'est l'arrivée de Richelieu à Angoulême, le 27 mars, qui va permettre de débloquer la situation. Partisan résolu de l'apaisement, l'homme d'Église parviendra à convaincre la reine mère. Il est aidé dans cette tâche par Pierre de Bérulle, le fondateur de l'Oratoire, dont nous aurons à reparler. Le sort des armes ne laisse pas, d'ailleurs, d'être préoccupant. Dans le nord, les habitants de Boulogne-sur-Mer ont chassé de leurs murs le lieutenant du duc d'Épernon. Le 12 avril, au prix de quelques victimes, le maréchal de Schomberg force l'abbaye d'Uzerche. Il ramène ensuite à l'obéissance le gouvernement du Limousin, et manque de se faire livrer la citadelle d'Angoulême. Une semaine auparavant, Marie de Médicis a adjuré son fils : « Je ne cesserai jamais de vous supplier très humblement de vouloir recevoir la sincérité de mes intentions de reconnaître qu'il n'y a personne au monde qui puisse avoir plus de passion ni plus d'intérêt que moi à la prospérité de votre règne. [...] Tournez les yeux au repos de vos peuples, et aux divers malheurs que la guerre attire bien souvent sur les plus puissantes et absolues monarchies. »

Le cardinal de La Rochefoucauld quitte Paris, le 9 avril 1619, afin de traiter les détails de la réconciliation avec la reine mère. Ainsi, le dernier jour du même mois, la paix d'Angoulême met-elle fin à la première guerre de la Mère et du Fils – selon l'expression de Richelieu. Une guerre où presque aucun coup d'arquebuse n'a été tiré... Le 9 mai, Marie de Mécidis fait chanter un *Te Deum*. Elle ne pouvait qu'accepter des conditions aussi inespérées ! Si elle renonce en effet à son gouvernement de Normandie, elle reçoit en échange celui de l'Anjou. Pour sa sécurité personnelle, elle détiendra Angers, Chinon et les Ponts-de-Cé, même si elle déclare ne vouloir d'autres places fortes « que dans le cœur du roi ». En outre, elle conserve toutes ses charges, dignités et revenus. Louis XIII règle ses dettes à hauteur d'un million huit cent mille livres. D'Épernon – que Marie a refusé de désavouer, malgré les instances de Luynes – est pardonné. Barbin, enfin, recouvre sa liberté.

Le 12 mai, dans une lettre à la grande-duchesse de Toscane, Marie de Médicis peut à bon droit se féliciter d'une telle issue : « Le roi Monsieur mon fils a reconnu que je n'ai désiré, sortant de Blois, que la prospérité de son règne et ma liberté particulière. C'est pourquoi il me l'a accordée, et ayant délibéré de poser les armes, a donné la paix à tous ses sujets, et à moi assurant d'un plus favorable traitement, de quoi je me suis contentée sans chercher autre avantage. »

La reine mère fait assaut d'amabilité à l'égard de son fils, sans plus paraître désormais aussi pressée de le rencontrer. Une indisposition la maintient plusieurs jours au lit. Le 4 juin 1619, elle informe Louis du rétablissement de sa santé : « Je n'ai pu toutefois vous écrire depuis sept ou huit jours à cause de mon indisposition, mais à cette heure que je me porte mieux [...]. Au surplus, je vous conjure prendre la peine, s'il vous plaît, de me mander en quel lieu je puis espérer l'honneur de vous voir, et vous assurer que je m'y rendrai sans crainte et sans délai, et que vivante et mourante je n'aurai jamais plus grande passion que de vous faire connaître par toutes sortes d'obéissance, que je suis, Monsieur mon fils, Votre très humble et très affectionnée mère et sujette, Marie. »

En avant-coureur, Victor-Amédée de Savoie vient saluer sa belle-mère à Angoulême. Il est accompagné de son plus jeune frère, Thomas de Carignan. Marie de Médicis éblouit les deux princes à grand renfort de réceptions brillantes et de ballets. Conquis, le prince de Piémont déclare galamment que, si l'image de la Majesté disparaissait du monde, il conviendrait de la remplacer par le portrait de la reine. Pour expliquer à son gendre son départ de Blois, Marie de Médicis trouve cette formule qui pourrait n'être pas trop à son avantage : « Même une bête veut être libre ! »

Pour ce qui concerne Luynes, la reine mère a compris qu'elle serait impuissante à le détacher de son fils. Sans doute a-t-elle fait un raisonnement analogue à celui de l'ambassadeur vénitien : « Plus il le verra menacé, plus il le voudra défendre, imitant sa mère qui, plus elle voyait le maréchal d'Ancre persécuté, plus elle l'assistait de son autorité. » Aussi Marie lance-t-elle à Victor-Amédée, qui lui conseille de s'accommoder avec le favori : « Ah ! s'il plaît tant au roi, qu'il le garde ! »

En vérité, c'est Ludovico Ruccellaï qui représente l'ultime pomme de discorde. L'extravagant personnage enchevêtre sans cesse de nouvelles intrigues. N'a-t-il pas conseillé à Marie de Médicis de se retrancher dans le port de Brouage, après avoir rompu avec d'Épernon ? Ou encore n'a-t-il pas songé à la remarier avec... le roi Jacques Ier d'Angleterre ? La reine mère ne sait comment s'en défaire, lorsqu'un incident dramatique lui en fournit le prétexte. À la suite de ragots colportés par Ruccellaï, le fils du maréchal de Thémines, le 8 juillet, tue le frère aîné de Richelieu au cours d'un duel. Le « chevalier d'amour » est aussitôt chassé d'Angoulême.

Le 17 juillet, Louis XIII – qui s'est avancé en Touraine – propose à sa mère de regagner le Louvre avec son « très affectionné fils » : « Je ne demande pas seulement une bonne intelligence avec vous, mais je désire que vous veniez, avec une entière confiance, reprendre votre place en ma cour aussi bien que vous l'avez dans mon cœur. Ce sera pour y séjourner autant qu'il vous plaira, et n'en point partir si vous l'avez agréable. » Auparavant, il souhaite la rencontrer dès que possible : « Acheminez-vous de par-deçà, je vous supplie au plus tôt, et me donnez ce contentement que nous retournions ensemble à Paris. »

Richelieu, débarrassé – mais à quel prix... – de l'importun Ruccellaï, a moins de mal à hâter les retrouvailles, comme il le rappelle dans ses *Mémoires* : « La reine m'envoya à Tours pour préparer son entrevue avec le roi. Elle n'eut pas peu de peine à se résoudre à ce voyage. Le traitement qu'elle avait reçu, la continuation qu'il lui semblait voir de mauvaise volonté envers elle, la crainte de s'en aller mettre en la puissance de ses ennemis, la tenaient en une grande irrésolution si elle devait aller voir le roi. »

Marie de Médicis consentira finalement à quitter Angoulême le 29 août, non sans avoir obtenu une indemnité de six cent mille livres pour ses frais de déplacement. Avant de partir, elle offre à d'Épernon un magnifique diamant en forme de cœur, d'une valeur de cent mille livres. Elle précise au duc qu'il ne devra pas s'en séparer, afin de se souvenir toujours du service qu'il lui a rendu. La reine mère est escortée jusqu'à Poitiers par un millier de chevau-légers. La chaleur étouffante rappelle les tourments du voyage de Bordeaux. Cette fois-ci, heureusement, la distance est moins longue. À partir de Châtellerault, le carrosse de Marie sera escorté par le grand écuyer Bellegarde, ainsi que par de nombreux nobles. Des prélats et d'autres ecclésiastiques, sous la houlette de Henri de Gondi, évêque de Paris et premier cardinal de Retz, iront la saluer à Sainte-Maure.

Enfin, dès le 4 septembre, le cortège approchera de Tours. Luynes, que Louis XIII vient de créer duc et pair, se porte à la rencontre de sa rivale, environné par trois cents cavaliers. Le favori se précipite à ses genoux et la noie sous un flot de compliments. Marie l'interrompt. Tout en le louant de sa bonne volonté, elle laisse entendre qu'elle n'est pas dupe : « Or sus, laissez donc les belles paroles et donnez-m'en de bonnes, car de toute façon je sais que vous avez été toujours un homme de bien et que le roi mon fils n'a jamais été en meilleures mains. C'est pourquoi il a raison de vous aimer et je vous aime aussi de bon cœur. Je ne veux plus me souvenir de tout ce qui s'est passé, comme si je n'avais jamais été éloignée de mon fils. »

C'est à deux lieues de Tours, au château de Couzières, près de Montbazon – chez le beau-père de Luynes –, qu'a été organisée l'entrevue de Louis et de sa mère. Le 5 septembre 1619, dans la matinée, une foule considérable envahit les jardins. Tous les arbres de la grande allée où doit avoir lieu la rencontre sont surchargés de grappes humaines. Ecuyers, gentilshommes, officiers de la cour, ont grimpé dans leurs branches, curieux d'assister à cette scène historique. Marie de Médicis, environnée de princesses et de grandes dames, s'avance au bras des comtes de Brenne et de Béthune. Les membres de sa maison la suivent, avec en tête son nouveau chancelier, Monsieur de Luçon. Mais laissons la parole à un témoin oculaire, le comte de Béthune : « Le roi survint, lequel la surprit ainsi comme la reine pensait le moins à son arrivée. Elle approche du roi et dit haut et clair : "Je ne me soucie plus de mourir, puisque j'ai vu le roi mon fils." Elle le salue : "Monsieur mon fils, que vous vous êtes fait grand depuis que je ne vous ai vu !" Le roi répond : "Je suis toujours cru [j'ai grandi], Madame, pour votre service."

« Et sur ces paroles, Leurs Majestés s'entrebaisent amoureusement, et ne furent point faites ces douces accolades ni ces amoureux baisers, sans une grande quantité de larmes qui se versèrent de part et d'autre, et principalement du côté de la reine mère, qui eut plus de larmes en cette royale entrevue que de discours et paroles. Car sitôt qu'elle aperçut le roi venir à elle, elle demeura comme ravie sans pouvoir parler et sans langue. [...] Après toutes ces salutades, accolades et baisers, le roi prit la reine sa mère par dessous les bras, et la conduisit jusques dans un cabinet, où Leurs Majestés entrèrent ensemblement, et y demeurèrent ensemble l'espace presque d'une heure. »

Selon d'autres sources, Marie de Médicis aurait embrassé son fils à trois reprises : sur la bouche puis sur chaque joue. Ensuite, Louis XIII lui aurait déclaré, avec un formidable aplomb : « Soyez la bienvenue, ma mère. J'ai déplaisir de ne pas vous avoir vue plus tôt, car je vous ai toujours attendue. »

La princesse Christine – qui vient d'épouser Victor-Amédée de Savoie – reste « comme stupide » en voyant la reine. Quant à sa jeune sœur Henriette-Marie, âgée de dix ans, elle s'élance vers sa mère en riant et en pleurant. Puis elle s'empare de ses mains, sans plus vouloir les lâcher. « Je suis en vérité si ravie que je ne me reconnais point », balbutie la Florentine, au comble de l'émotion. « Mais, Madame, lui répond le galant Bellegarde, c'est toujours la même grâce, la même majesté. Il n'y a rien de changé, ce sont là des perfections qui vous sont essentielles. » L'ambassadeur de Venise précise que la reine mère, depuis son départ en exil, a épaissi, et que ses joues tombent davantage : « Toutefois, ajoute-t-il, elle a toujours une certaine délicatesse de chair, et elle se maintient dans son habituelle dignité. En somme, elle est plus majestueuse que belle. »

C'est au milieu des vivats d'une foule très dense que Louis et Marie se frayent un chemin jusqu'au château. La conversation reprendra dans l'après-midi. Ainsi, quatre mois après le traité d'Angoulême – alors que « la France se croyait déjà allumée de la guerre, et crevassée de séditions intestines » –, la concorde semble enfin scellée sur des bases solides.

XVI

LA DRÔLERIE DES PONTS-DE-CÉ

Réhabilitée, pardonnée, absoute, Marie de Médicis ne s'estime pas satisfaite. L'entrevue de Couzières l'a confortée dans l'impression que son fils n'est qu'un pantin couronné, dont le tout-puissant duc de Luynes tire les ficelles. Jamais elle ne peut parler au roi en tête-à-tête, sans que le favori, ou l'un de ses frères, ne vienne s'interposer ! D'autre part, il n'est pas question qu'elle retrouve son siège au conseil. Quant à la jeune reine Anne, elle prend le pas sur sa belle-mère, avec une arrogance intolérable. Aussi la Florentine décide-t-elle – plutôt que d'affronter à Paris les embûches d'une cour hostile – de prendre immédiatement possession du gouvernement que lui a garanti le traité d'Angoulême. Louis XIII, quoique un peu surpris, donne des ordres pour qu'Angers lui réserve « tout ce qui est requis au devoir d'un peuple qui chérit la mère de son roi ». Cependant, il prend la précaution de faire vider les magasins de la citadelle de toutes armes et munitions...

Marie de Médicis quitte donc Tours le 12 octobre 1619, escortée d'une suite prestigieuse de gentilshommes, ainsi que de nombreuses princesses et nobles dames. Elle a donné, en pleurant, un baiser d'adieu à sa fille Christine, qui va gagner le Piémont avec son mari. Le lendemain, la reine mère dort à Chinon. Pour accomplir un vœu, elle fait ses dévotions au sanctuaire de Notre-Dame des Ardillers, près de Saumur. La « joyeuse entrée » que les Angevins vont lui offrir, le 16 octobre, ne manquera pas de lui rappeler les magnificences d'Avignon ou de Lyon, lorsque, dix-neuf années auparavant, elle découvrait la France.

Le maréchal de Boisdauphin – qui a vendu sa charge de gouverneur d'Angers, moyennant trois cent mille livres payées par le roi –, vient au-devant de celle qui doit lui succéder. Quinze cents cavaliers se rangent de part et d'autre de la route. Dans un champ, à faible distance des faubourgs, six mille bourgeois en armes forment cinq bataillons, disposés en échiquier. De là, une double haie de douze cents mousquetaires se déploie jusqu'à la porte de la cité. Marie de Médicis y sera accueillie par une harangue du sergent-major, des feux de joie, des acclamations et le fracas d'une « agréable escopetterie ».

Les rues et les places d'Angers ont été ornementées de banderoles, de blasons, d'emblèmes et de devises. Aux fenêtres, pendent les plus belles tapisseries. Quatre grands arcs de triomphe sont dédiés à la Félicité, à la Concorde, à l'Abondance et à la Piété. Soulignant allégories et figures mythologiques, on peut y déchiffrer une pléthore d'inscriptions et d'anagrammes, en français, latin et grec, et même en espagnol et en hébreu ! À la première station, le maire, François Lanier, assisté de ses échevins et de ses conseillers, offre à Marie de Médicis, dans un sac de velours, une clef d'argent doré. La souveraine « fait une démonstration d'être fort contente de tant de soumissions » – pour reprendre l'expression désuète du *Mercure français*. Le peuple, touché par son visage riant, « remplit l'air d'un cri continuel de "Vive le roi et de la reine sa mère !" ».

Sous un poêle de velours violet semé de lys d'or et porté par quatre échevins, la litière de Marie de Médicis, précédée par des archers et le maire à cheval, fait halte maintenant devant le « corps de justice ». Aux yeux du président Ayrault, la reine ne saurait se distinguer de son fils : « Par le saint nom sacré et vénérable de mère que vous avez sur lui, qui fait que nous vous réputons tous deux une même personne, composés pour le corps d'un même être, d'un même sang, et pour l'esprit de mêmes vœux, mêmes affections, même intérêt commun et réciproque, fondé dedans les lois de la nature au bien de cet État. » Et si Louis XIII est renommé pour sa justice, c'est parce que « vous l'avez si bien nourri et exercé pendant votre régence, et lui avez tellement fait sucer le lait de cette vertu qui vous est naturelle ».

Marie de Médicis semble presque divinisée ! En réalité, la Renaissance, en redécouvrant le paganisme antique, l'a en même temps dépouillé de toute connotation religieuse. Les anciens Immortels en sont réduits à n'être plus que les symboles des vertus et des passions humaines. Ainsi, une statue de Junon, mère de Mars, présente-t-elle les traits de la reine, « la pique en main, le corselet sur le dos, et ceinte d'un rinceau d'olive ». Et sur la frise du troisième arc de triomphe, des vers grecs composent ce péan à la mère du roi : « Belle déesse, soyez la bienvenue, conservez cette ville en bonne concorde et félicité, faites que lorsque nos fruits seront mûrs, on les puisse apporter en sûreté des champs en nos maisons, entretenez-nous en la paix, afin que celui qui a labouré et cultivé puisse en recueillir les moissons. »

Au demeurant, la procession est bientôt ponctuée par un *Te Deum*. Sous un dais, devant le grand autel de la cathédrale Saint-Maurice, la reine s'agenouille pour réciter ses prières, tandis que les chants, la musique et les orgues emplissent les voûtes de leur harmonie. Revenant ensuite, malgré son titre, aux affaires temporelles, l'arc de la Piété – à quatre colonnes d'ordre composite –, dressé au Pilori, rappellera que le domaine de l'ancienne régente est d'abord celui de la politique. « Deux figures coupées en profil » y évoquent la mémoire de Hermengarde, épouse de Louis le Débonnaire, et de Louise de Savoie, la mère de François Ier, la première et la dernière princesses à avoir gouverné l'Anjou. Une ultime anagramme latine rappelle à la reine le souhait essentiel de ses nouveaux sujets :

Maria de Medicis semper augusta
Per me meis dat Deus pacis auguria

Marie de Médicis toujours auguste
Par moi, Dieu donne aux miens un présage de paix.

Une semaine plus tard, des naumachies sur la Maine, au pied du château, clôturent brillamment le cycle des réjouissances. Des capitaines, arborant les costumes « de diverses et barbares nations », se lancent à l'abordage de trois vaisseaux français, peints aux armes et chiffres de la reine. Le combat naval s'achève par le tir de deux mille fusées, d'un nombre infini de pétards, « et semblables artifices de Vulcain ».

Marie de Médicis établit sa résidence dans le plus bel hôtel d'Angers, le logis Barrault, demeure au XVe siècle d'un trésorier de Bretagne, et où César Borgia et Marie Stuart ont séjourné avant elle. Certes, le « gouvernement » de la reine ne constitue pas une principauté indépendante. Cependant, Marie de Médicis est investie, au cœur de la France, d'une autorité indiscutable. Le clan de l'évêque de Luçon y détiendra les principaux leviers de commande.

L'une des clauses de la paix d'Angoulême prévoyait la libération de Condé. Il a été convenu que cette grâce serait présentée comme le résultat de l'intercession de la reine mère. Le 19 octobre 1619, le prince quitte la forteresse de Vincennes où il était détenu depuis plus de trois ans. Cependant, le venimeux duc de Luynes persuade l'ancien prisonnier que Marie de Médicis s'est opposée farouchement à sa délivrance.

Il réussit même à convaincre Louis XIII de signer, le 9 novembre, une déclaration blessante pour la mère du roi. On y lit en effet : « M'étant informé des occasions sur lesquelles on avait prétexté sa détention [celle de Condé], j'ai trouvé qu'il n'y avait autre sujet, sinon les artifices et mauvais desseins de ceux qui voulaient joindre la ruine de mon État à celle de mon cousin. » La reine réagit à ce camouflet – qui dénigre l'une des mesures les plus utiles de sa régence – par une violente lettre de protestation. Le 24 décembre 1619, Louis n'est pas loin de s'excuser de sa maladresse. Et il conclut humblement par cette mise au point : « Vous n'êtes nullement intéressée en ladite déclaration. »

Ce différend n'est que l'un des signes du refroidissement des relations entre Angers et Paris. À la fin de novembre, le roi a prié une nouvelle fois sa mère de le rejoindre au Louvre. Marie a répondu qu'en dépit des promesses, ses dettes n'étaient toujours pas réglées et qu'elle était à court d'argent. Elle a déploré ensuite que « ceux qui l'avaient assistée et servie n'avaient point été remis dans les charges dont ils avaient été dépossédés à son sujet ». Certes, Barbin a été tiré de son cachot et expulsé hors du royaume. Mais le fils de d'Épernon, La Valette, se voit contesté son gouvernement de Metz. Par ailleurs, aucun des protégés de la reine n'a été retenu lors de la récente promotion de chevaliers du Saint-Esprit. Quant à retourner dans l'appartement où elle a été séquestrée durant huit jours, la reine éprouve, à cette seule idée, un invincible « dégoût ».

Dans les premières semaines de 1620, Louis XIII, impatienté par les faux-fuyants de sa mère, s'avance jusqu'à Orléans afin de l'intimider. Affectant d'être inquiète, la Florentine laisse entendre qu'elle considère ce déplacement intempestif du roi comme une menace pour sa propre sécurité. Louis n'insiste pas. Il rentre à Paris où couve la tempête. Les grands, les uns après les autres, abandonnent la cour. Le duc de Mayenne, le premier, rejoint son gouvernement de Guyenne. Puis le jeune comte de Soissons – conduit par sa mère – se rend à Angers pour prendre la reine à témoin de l'offense qui lui a été faite. Condé ne lui a-t-il pas disputé le privilège de présenter la serviette, pendant le dîner du roi ? Marie de Médicis reçoit ce « troisième fils » avec effusion. Elle parle même de lui donner sa plus jeune fille, Henriette-Marie, en mariage.

L'ancienne régente, depuis qu'elle a été chassée du pouvoir, apparaît désormais comme le recours des « malcontents ». L'outrecuidance du duc de Luynes – comme naguère celle de Concini – sert de prétexte à cette nouvelle levée de boucliers. « Tout le mal vient de ce que le roi ne veut pas être roi, cette couronne est une abbaye vacante », se lamente le nonce Bentivoglio. Le favori vient d'échanger son gouvernement de Normandie contre la Picardie, avec les places de Calais, de Boulogne et d'Amiens. Duc et pair, le nobliau provençal ambitionne de devenir connétable et garde des Sceaux. Sa femme est déjà surintendante de la maison de la reine Anne. Ses frères vont devenir ducs de Chaulnes et de Luxembourg.

Les séditieux contrôlent plus de la moitié du royaume : le duc de Longueville en Normandie, le duc de Vendôme en Bretagne, la Saintonge avec d'Épernon, le Bas-Poitou protestant du duc de Rohan, la Guyenne du duc de Mayenne, le Languedoc avec Montmorency, à Metz La Valette, et Bouillon à Sedan. Tous ces grands seigneurs révoltés se drapent de l'étendard de la reine mère. Pourtant, celle-ci hésite encore à prendre les armes contre son fils. Il faut préciser que son chancelier, Richelieu lui-même a du mal à se déterminer. L'évêque de Luçon songe avant tout à sa carrière personnelle. Il rêve d'être cardinal et de jouer de nouveau un rôle politique. Or, Luynes – en maître fourbe – lui a laissé espérer son soutien. D'un autre côté, Richelieu a quelques comptes à régler avec le duc, qui l'a diffamé dans l'affaire du prince de Condé.

Louis XIII et son favori n'ignorent pas que la reine mère, et son gouvernement d'Anjou, se situent au centre stratégique de la conjuration. C'est pourquoi les médiateurs – Bellegarde, le cardinal du Perron, le président Jeannin – vont et viennent, sans relâche, du Louvre au logis Barrault. Richelieu ne tarde pas d'ailleurs à embrasser tout à fait la cause royale. Le 3 juillet 1620 – devant Marie de Médicis et toute sa cour rassemblée –, il stigmatise « l'insatiable cruauté » des princes : « Ce sont envieux de fortune, qui s'emparent de votre nom pour leurs intérêts particuliers, et non pour l'avancement de Votre Majesté. Leurs désirs sont de faire comme les architectes qui se servent de l'échafaud pour monter sur leurs bâtiments, et y étant, d'un coup de pied, le renversent par terre. Ce leur est un sûr bouclier que votre personne, ce leur est un assuré rempart que votre autorité, et le titre de mère du roi, qui dignement vous est attribué, favorise leur prétexte. »

Le même jour, le nonce adresse à la reine une lettre aux semblables accents : « Il n'y a personne, Madame, qui sache mieux que Votre Majesté de quelle nature sont les guerres civiles, combien peu de pouvoir ont de les terminer ceux en la puissance desquels il a été de les commencer, combien elles sont pernicieuses aux vainqueurs et aux vaincus tous ensemble, et avec quelle sorte de sévérité Dieu est accoutumé de châtier ceux qui en sont les auteurs, et les peuples entiers. »

MARIE DE MÉDICIS

Marie de Médicis est probablement sur le point de basculer dans le camp de la conciliation. Mais c'est à ce moment-là que le bouillonnant Louis XIII, ardent à exercer ses talents de sabreur, décide de marcher sur la Normandie où Longueville a levé des troupes. Qui aurait cru que ce roi bègue, indécis, influençable, allait se révéler indomptable sur les champs de bataille ? Avant de se mettre en route, martial, il lance : « Ma conscience ne me reproche aucun manque de piété à l'égard de la reine ma mère, ni de justice à l'égard de mon peuple, ni de bienfaits à l'égard des grands que j'ai comblés. Par conséquent, j'en ai décidé. Allons ! »

Ainsi donc, Louis XIII part en campagne, le 7 juillet 1620, à la tête d'une armée de sept mille hommes. Rouen, puis Caen, se soumettent sans coup férir à son autorité. La Florentine tente de reprendre le dialogue, en publiant un mémoire sur la réorganisation de l'État. Les favoris, propose-t-elle, ne devraient posséder ni forces ni places, sauf « en petit nombre et de petite conséquence, que, étant marques de faveur, elles en puissent être fondement de puissance redoutable à l'État ». Mais l'heure n'est plus aux discussions.

Le 25 juillet, à L'Aigle, le roi apprend que sa mère est sortie d'Angers avec plusieurs princes et seigneurs, douze cents cavaliers, six mille fantassins et six canons. La Flèche est tombée. Marie de Médicis s'est ensuite avancée jusqu'à La Suze, dans l'intention d'investir Le Mans. Malgré l'évidence, dans sa *Déclaration monitoriale*, par laquelle, le 28 juillet, il somme les rebelles de se soumettre sous peine de crime de lèse-majesté, Louis XIII prendra grand soin de disculper la reine : « Pour ce qu'ils ont estimé que la personne de notre dite Dame et mère pouvait, par son respect, mieux déguiser et plus fermement appuyer leurs desseins, il n'y a force d'artifice dont ils ne se soient servis pour jeter des défiances en son esprit, altérer ses bonnes intentions et lui faire croire qu'on l'offensait si on ne lui donnait une autorité absolue en notre royaume. [...] Aussi en croyons-nous son cœur entièrement aliéné, et son âme du tout innocente. [...] Nous ne voulons employer [nos armes] que pour la délivrer de ceux qui à notre préjudice et de notre royaume, captivent son esprit et ses volontés. »

Il est vrai que l'attitude de Marie de Médicis n'est guère agressive. De retour à Angers, sans doute ne reste-t-elle pas insensible aux conseils de Richelieu qui n'a jamais rompu le contact avec Luynes – qu'il informe peut-être discrètement. Ce dernier écrit à l'évêque, parlant du roi : « Ses bras sont tellement ouverts pour la reine sa mère qu'il fera le crucifix jusqu'à ce qu'elle vienne... »

MARIE DE MÉDICIS

Louis n'aura pas très longtemps à souffrir. La « seconde guerre de la Mère et du Fils va se terminer dès le 7 août 1620, par un accrochage au passage de la Loire, à quelques kilomètres au sud d'Angers. Cette « drôlerie des Ponts-de-Cé » – comme s'en souviendra l'Histoire – coûtera tout de même la vie de cinq à six cents hommes, tués au combat ou noyés. Marie de Médicis a donné au comte de Saint-Aignan, qui commande la garnison des Ponts-de-Cé, l'ordre de défendre la place sans attaquer le roi. Le duc de Retz, furieux d'en être ainsi réduit à parer les coups, disparaît avec les siens. Saint-Aignan, qui ne dispose plus que de deux mille fantassins, cent cavaliers et trois canons, face à une armée royale deux fois supérieure, résistera près de trois heures avant d'être fait prisonnier. Le duc de Vendôme, qui combattait à ses côtés, s'est enfui en traversant le fleuve à la nage. Il est arrivé au logis Barrault, pantelant d'émotion : « Madame, je voudrais être mort ! » a-t-il dit à la reine pour se faire pardonner de ne pas l'être.

Le lendemain, les pourparlers reprennent. À la reine qui hésitait à s'enfuir vers le sud, pour rejoindre les princes, Richelieu a tenu ce langage : « Vous êtes, Madame, maintenant libre de traiter avec le roi. Si vous passez la Loire, vous ne le serez plus. La paix ou la guerre alors sera en la disposition des grands qui auront les armes au poing sous votre nom, et qui ne seront [pas] si faciles à contenter que vous croyez. »

Un nouveau traité, signé le 10 août 1620, réaffirme les stipulations de la paix d'Angoulême. La reine est solennellement proclamée innocente. Les rebelles sont amnistiés, réintégrés dans tous leurs offices et emplois. Marie reçoit trois cent mille livres au comptant, afin d'effacer ses dettes les plus criardes. Une somme identique lui sera versée à l'échéance d'un an. Mais le véritable gagnant est l'évêque de Luçon. Louis XIII a promis de lui obtenir le chapeau rouge tant convoité.

Onze mois se sont écoulés depuis l'entrevue de Couzières. Louis XIII et Marie de Médicis se retrouvent au château de Brissac, près d'Angers, le 13 août 1620. Charles de Cossé-Brissac – qui doit à la régente son titre ducal – a organisé pour elle des fêtes somptueuses. Depuis lors, ses descendants ont conservé en l'état la « chambre Judith » – du prénom de la duchesse de l'époque – où le tête-à-tête aurait eu lieu. Cependant, selon certains auteurs, la cérémonie aurait été des plus brèves. La reine mère serait arrivée en litière, et son fils à cheval. À une quarantaine de pas, ils auraient mis tous les deux pied à terre, pour marcher l'un vers l'autre. Dans une ambiance glaciale, ils se seraient embrassés, échangeant quelques banalités, avant de repartir chacun de son côté. En réalité, Marie est invitée à passer les troupes royales en revue. Le roi fait lire ensuite une déclaration, où il réaffirme sa mère « innocente de toutes choses qui pourraient être advenues pendant les derniers mouvements ».

Sur les conseils de Richelieu, Marie de Médicis va suivre son fils à Poitiers, afin de consolider leur bonne intelligence. Elle pousse la complaisance jusqu'à se rendre au chevet du duc de Luynes malade. Puis, tandis que Louis continue vers Bordeaux et le Béarn, la reine mère remonte vers le nord en compagnie de sa belle-fille. Anne d'Autriche a été investie de la régence, en l'absence de son époux, et elle dirige le conseil d'une manière ostentatoire. Aussi Marie préfère-t-elle s'arrêter à Fontainebleau, pendant que l'on termine de redécorer son appartement du Louvre. C'est dans ce cadre, qui lui rappelle les scènes dramatiques du printemps de 1617, qu'elle reviendra vivre, en novembre 1620, quelques jours après le retour de Louis XIII.

Ces trois années d'exil, de combats et d'intrigues ont singulièrement marqué Marie de Médicis. Elle a vieilli, au physique comme au moral. À Poitiers, l'ambassadeur Contarini a « trouvé cette reine très changée depuis l'année passée, avec un visage assombri par mille funestes et ennuyeuses pensées ». Bernée par les grands, qui ont tenté de la manipuler pour fomenter leur révolte, la Florentine est bien résolue dorénavant à demeurer sagement auprès de son fils, et à régler sa conduite suivant les avis du très perspicace évêque de Luçon.

« Tout réussit à merveille pour les relations entre le roi et la reine. J'avoue que j'avais beaucoup d'espérances à ce sujet, mais elles ont été dépassées », s'extasie le père Suffren, sans doute excessivement naïf. En réalité, si elle partage l'intimité de Louis XIII, qu'elle a toute liberté d'approcher, Marie de Médicis sait combien elle reste surveillée, et suspectée.

« Ses anciens soupçons ne sont pas encore effacés... » confirmera bientôt le nonce Corsini, au sujet des sentiments du roi pour sa mère. Aussi celle-ci se conduit-elle avec une prudence extrême, flattant à tout propos le favori de son fils. Même si, par la plume de Mathieu de Morgues, elle distille ce style de *Vérités chrétiennes au roi très chrétien* : « Croyez, Sire, qu'il y a beaucoup plus de favoris ingrats que de mères sans amour pour leurs enfants... »

En décembre 1620, Marie de Médicis consent à être la marraine du fils de Luynes, à l'occasion d'un baptême assez fastueux pour être celui d'un dauphin. Le fauconnier devenu grand seigneur gravit alors les ultimes échelons de sa splendeur fugace. Trois mois plus tard, le roi lui envoie l'épée de connétable. Au mois d'août 1621, Luynes remplace du Vair au poste de garde des Sceaux. On chuchote même que le présomptueux Charles d'Albert, non content d'être duc et pair, rêve maintenant de se tailler un fabuleux royaume d'Austrasie, autour de Metz, de Toul et de Verdun.

Contrainte de composer avec Luynes, Marie de Médicis est moins endurante vis-à-vis des créatures du favori. Ainsi croise-t-elle le fer avec le « chevalier d'amour », devenu le sigisbée de la duchesse de Luynes. Ruccellaï, il est vrai, brocarde ouvertement celle qui a été son idole. Entre autres vilenies, n'a-t-il pas fait représenter à la cour un ballet où « une princesse tombée dans la plus grande déchéance » adopte des postures humiliantes pour la reine mère ? Au comble de l'exaspération, Marie décourage les efforts d'apaisement du président Jeannin, « avec des soupirs, des lamentations et des plaintes pitoyables, comme s'il se fût agi de son honneur et de sa vie ». Elle déclare au roi que s'il ne chasse pas Ruccellaï, elle le fera « périr sous le bâton ». Nullement effarouché, l'abbé renonce à ses manières efféminées et mellifues, pour répliquer qu'il fera « manger à cette princesse sans esprit et sans moyens, jusqu'au dernier de ses diamants ».

En imposant prématurément – à partir de 1617 – le rétablissement du culte catholique au Béarn, Louis XIII a relancé l'agitation religieuse, que l'habile politique de tolérance de sa mère avait su contenir. À cet égard, la chute de Marie de Médicis sonne le glas d'une application pacifique de l'édit de Nantes. Or, en ce printemps de 1621, c'est le Midi huguenot tout entier qui laisse éclater sa colère. Louis, qui n'aime rien tant que chasser ou faire la guerre, voit surtout là une chance exceptionnelle d'éprouver la bravoure de ses dix-neuf ans.

Le 18 avril 1621, le roi et sa mère quittent ensemble Fontainebleau. Sans doute, Luynes n'a pas voulu prendre le risque de laisser derrière lui celle qui pourrait devenir l'âme d'une nouvelle sédition. Cependant, Marie de Médicis, hôte de Richelieu au prieuré de Coussay, près de Poitiers, ne fait qu'une courte apparition au siège de Saint-Jean-d'Angély. Après la capitulation de la place, le 21 juin, elle invoque sa lassitude pour retourner auprès de son cher évêque, qui la reçoit dans le château familial de Richelieu, à mi-chemin entre Tours et Poitiers. Le reste de la campagne ne fait que démontrer l'impéritie de Luynes. Après son échec devant Montauban, ce piètre connétable n'a plus qu'à succomber misérablement aux assauts de la « fièvre pourprée », – la scarlatine – le 14 décembre 1621.

Si « la reine n'eut pas sujet d'avoir beaucoup d'affliction de sa mort »

MARIE DE MÉDICIS

– selon le mot de Richelieu –, Louis a tôt fait de honnir la mémoire de son malheureux ami, auquel il n'a pas pardonné ses revers militaires. Devant Louis de Marillac, qui lui présente les condoléances de la Florentine, l'inconstant monarque critique son favori défunt, avant de louer la longue patience de sa mère. Il déclare « que, pour l'avenir, le désir de la reine était accompli, que jamais il ne tâtera plus de favori, ni de connétable, qu'il agira par lui-même pour les affaires de son État, ainsi qu'il commence à le faire ». Il écrit à Marie de Médicis, un peu plus tard : « L'affection que j'ai pour vous, plus forte que tout autre ressentiment, ne souffre pas que mon esprit demeure davantage en ces tristes pensées. »

Chacun s'attend à un rapide retour en grâce de la reine mère. Néanmoins, elle a beau lui suggérer de se servir « des bons et salutaires conseils de ceux qui affectionnent véritablement [son] bien », Louis XIII continue obstinément de se refuser à la rappeler au pouvoir. Le 29 décembre 1621, dans son rapport à Richelieu, Marillac explique pourquoi : « Le roi aime la reine sa mère, mais il la craint. Ce qu'il refusera de lui donner d'autorité sera par jalousie de la sienne, et non par faute d'estime et de bon naturel. » Au cardinal de Retz, venu sonder les intentions du jeune souverain, celui-ci répondra avec humeur : « Point de conseil ! »

Pour ses étrennes de 1622, Marie de Médicis envoie à son fils une image de Saint Louis en or, enrichie de diamants et de perles, d'une valeur de trente mille livres. « Je l'accompagne de mon cœur que je vous donne tout entier, et des plus ardentes prières que je fais à Dieu », a-t-elle ajouté de sa propre main. Le roi remercie sa mère par des pendants d'oreilles très précieux. Il l'assure de son affection, mais confirme à Puisieux, le 10 janvier, qu'il ne souhaite pas que la reine siège de nouveau au conseil. De son côté, le nonce note dans un rapport : « Le roi a toujours peur qu'elle ne veuille le conduire comme au temps de Concini ; il ne se livrera que quand il sera persuadé qu'elle ne veut autre chose que le voir tenir lui-même les rênes du gouvernement d'une main ferme. »

Persévérante, Marie adresse un billet à Louis en le félicitant de « vouloir régner ». L'évêque de Luçon, par contre, piaffe d'impatience. Il redoute les ambitions de Condé et des autres grands. Aussi, orchestre-t-il un concert de libelles où le retour aux affaires de la veuve de Henri IV est présenté comme la panacée aux épreuves du temps. C'est, par exemple, François Fancan, auteur à gages de *La France convalescente*, qui suggère cette recette : « Pour composer son conseil, le roi s'aidera du discernement que la reine mère a acquis à l'école de son époux, et qui lui a permis de ne jamais se tromper dans le choix des hommes. » Dans *La vertu triomphante de la fortune*, il est souligné que « toutes les mères de nos rois ont assisté l'État de leurs sages et fidèles conseils ». Enfin, le *Discours à la reine mère du roi* s'adresse à Marie de Médicis, en ces termes : « Nous avons à espérer que vous contribuerez au salut du royaume tout ce qu'il y a de force, de sens et d'expérience en votre esprit. [...] Sa Majesté [le roi] n'ignore pas aussi que vous n'avez à porter envie à aucun, ni de biens, ni d'honneurs, et que nul autre intérêt ne vous peut toucher que celui-là seul qui regarde la conservation de sa personne et la grandeur de son État. »

Délivré de l'envahissante sollicitude du duc de Luynes, Louis XIII a la velléité de gouverner lui-même, sans en posséder ni le goût véritable, ni les moyens. Villeroy et du Vair ont quitté ce monde. Jeannin est trop âgé, de même que Sillery, réapparu à la cour avec son fils Puisieux, un caractère faible et vénal. Bassompierre, pressenti pour être le nouvel homme fort de la monarchie, se récuse en clamant son loyalisme : « Un bon roi n'a pour favori que sa mère et ses frères, et, s'il doit absolument en avoir un, c'est à lui de le choisir. On n'a jamais vu un prince prendre des favoris par arrêt de son conseil. »

Or Louis XIII est bien incapable de se passer d'un mentor. Dans de telles conditions, l'ancienne régente ne peut que recouvrer son influence. En vérité, le jeune souverain se méfie d'abord de Richelieu, qu'il associe encore aux vexations de Concini. L'évêque aura donc l'intelligence de s'effacer – provisoirement – derrière la figure emblématique de la reine. Le 31 janvier 1622 – quelques jours après qu'il est rentré à Paris –, le roi accepte d'admettre sa mère à certains conseils. Celle-ci n'y disposera toutefois que d'une voix consultative. C'est là une première étape. Adroitement, la Florentine s'accommode de cette demi-mesure, comme l'explique plaisamment Richelieu : « Elle reconnut bien qu'on était en garde d'elle, qu'on ne lui faisait voir que la montre de la boutique et qu'elle n'entrait point au magasin. Mais elle ne fit pas mine de le reconnaître, espérant de surmonter ces difficultés par sa bonne conduite. »

Quotidiennement, Richelieu et Marie de Médicis travaillent dossiers et interventions. Les ministres sont bientôt obligés de constater avec quelle discrétion et quelle compétence la reine défend les intérêts de son fils. Le 28 février 1622, l'ambassadeur de Florence écrit au grand-duc Ferdinand II : « La reine mère s'immisce chaque jour un peu plus dans la confiance de son fils, et il y a deux jours, ils sont restés seuls ensemble une bonne heure dans le cabinet de la reine. Et comme le prince de Condé voulait se mêler à leur conversation, le roi lui dit : "Mon cousin, je vous prie d'aller à la comédie, car pour moi, je passerai le temps avec la reine ma mère." Cela ne plaît pas au prince, et ce fut la première fois, après quatre ans et neuf mois, que la reine a pu parler avec une entière commodité, sans l'intervention de personne. » Et le Toscan en conclut : « Il est très certain qu'il n'y a plus de mésintelligence entre la reine mère et son fils. »

Face à cette réhabilitation éclatante de sa rivale, Condé s'acharne – sans succès – à la discréditer. Il va partout répétant cette fable – qui traversera les siècles – comme quoi Marie de Médicis serait sotte et indolente. D'ailleurs, ne se lève-t-elle pas trop tard pour être vraiment utile à la couronne ? La reine lui rétorque vertement qu'elle sera toujours éveillée aux heures qui plairont à son fils. « Et qu'elle tiendrait à grande grâce qu'il fît rompre les portes, si par négligence des siens, elle n'étaient ouvertes. »

Une harangue faite au roi par la reine mère – bien que sûrement apocryphe – illustre tout à fait l'état d'esprit de la Florentine, en ces premiers mois incertains de son retour en grâce. Ce pamphlet vaut en outre pour ses qualités littéraires : « Je ne saurais avoir pour moi de plus douce vengeance que de n'en désirer point. [...] Et vous, Monsieur mon fils, [...] si vous me laissez ce seul contentement qui me reste, de vivre auprès de vous, je n'aurai plus de plus célèbres pensées que de prier [Dieu] afin que vos conseils fassent refleurir votre autorité dedans et dehors le royaume, votre courage vos armes, et vous votre justice. »

Cependant, le prince de Condé n'a pas perdu toute influence sur son cousin. Il l'entraîne dans d'interminables chasses. Et Louis est sans doute troublé par la personnalité ambiguë de Condé, qui ne saurait cacher son goût pour le sexe fort. Aussi le roi se laisse-t-il aisément convaincre, lorsque ce mauvais génie lui fait sentir de nouveau l'odeur de la poudre. Les protestants, en effet, n'ont pas cessé de s'agiter en Languedoc et en Poitou. Louis XIII brûle de saisir sa revanche. Au conseil, Marie de Médicis prône la négociation. Ce qui permettrait à la France d'appuyer, en Suisse, ses alliés grisons que menacent les Habsbourg. On peut lire, dans les *Mémoires* de Richelieu, cette analyse – qui est aussi celle de l'évêque : « Son opinion fut qu'avant de s'engager en une guerre contre les huguenots, il fallait considérer si elle était juste, si elle était possible, et l'avantage qu'on pourrait en tirer. »

L'objectif réel de Condé est de soustraire Louis XIII à l'emprise de sa mère. C'est pourquoi il importe qu'elle demeure au Louvre. Marie de

Médicis entrevoit le piège : « Elle prévoit bien, écrit Richelieu, [...] que si on se passait d'elle dix mois, on s'accoutumerait à s'en passer toujours, l'on lui susciterait tous les jours de nouvelles calomnies, d'autant plus hardies qu'elle ne serait pas sur les lieux pour se défendre. »

De son côté, Condé multiplie les brigues pour empêcher la reine mère de suivre l'armée. Usant de cette même franchise quelque peu impétueuse avec laquelle elle tenait tête jadis au Vert-Galant, Marie résout « de s'en éclaircir avec lui, et de lui en faire des reproches ». Sa tirade, transcrite au style indirect dans les *Mémoires* de Richelieu, couvre une trentaine de lignes, imprimées en fins caractères. En voici les meilleurs morceaux. On y entend souffler le courroux formidable de la reine : « Elle lui dit donc que, contre ses promesses, il ne laissait pas de continuer à lui faire mal. Qu'il détournait le roi souvent de la voir. Qu'il l'avait voulu empêcher de le suivre. [...] Qu'on lui rapportait ces choses de si divers endroits qu'elle était obligée de les croire. [...] Qu'elle n'était pas insensible, et que, par la grâce de Dieu, elle ne manquait pas d'esprit pour connaître les choses qui se passaient. Qu'elle savait de lui assez de choses qui lui pourraient nuire auprès du roi, si elles venaient à ses oreilles. [...] Qu'elle ne lui dit pas ces choses-là pour lui faire peine, mais pour le changer, et lui montrer que, si elle était vindicative, elle pourrait autant dire de vérités à l'encontre de lui, comme on inventait contre elle de calomnies. »

Le premier prince du sang ne brille pas par son courage. Il ploie sous la tornade florentine. Il prie la reine « d'oublier le passé, et de croire qu'à l'avenir, elle aurait en lui un serviteur très fidèle ». En dépit de cette explication tumultueuse, Louis XIII, convaincu par Condé, précipite son départ, « contre l'avis de sa mère, qui désirait prudemment qu'il se préparât avec plus de loisir ». Le 21 mars 1622, les troupes royales quittent la capitale en direction du sud. Marie de Médicis n'a pas été conviée à accompagner l'expédition. Elle va pourtant se lancer dans une sorte de course-poursuite qui la mènera d'abord jusqu'à Nantes. Le 16 mai, elle atteint Fontenay-le-Comte. Le roi est déjà reparti. La reine ne peut qu'exprimer « le déplaisir de n'être pas auprès de lui ». Le 25 mai, elle arrive à Cognac. Louis, qui vole de victoire en victoire, s'excuse en lui écrivant « qu'il n'avait rien tant à ménager que le temps ».

Épuisée par cette inutile partie de cache-cache, Marie de Médicis renonce à rattraper son fils. Ce dernier a déjà enlevé la vieille bastide de Sainte-Foy-la-Grande, sur la Dordogne, lorsque cette lettre lui parvient de sa mère : « Si j'apprends que je puisse vous encore trouver près de Sainte-Foy, je continuerai à marcher le plus diligemment qu'il me sera possible pour m'y rendre. Mais si la réduction prompte de cette place en votre obéissance vous fait passer outre, je crois que vous aurez agréable qu'au lieu de consumer le temps à faire un fort long chemin qui serait inutile parce que je ne pourrais vous joindre, je l'emploie à aller à Pougues pour prendre les eaux. »

Tandis que Louis XIII ensanglante les provinces méridionales, avec une rage qui semble ranimer les guerres de Religion, la reine gagne donc la tranquille station thermale du Nivernais. De loin, elle s'inquiète de ces opérations menées tambour battant, au plus torride de l'été : « Je vous conjure de tout mon cœur d'avoir soin de vous, écrit-elle maternellement au roi le 14 juillet, et vous souvenir que vous marchez en une saison fort fâcheuse et en des provinces chaudes et incommodes. Ce qui me fait vous conjurer encore une fois d'avoir soin de votre personne. »

Le traité de Montpellier, signé le 18 octobre 1622, instaure une paix boiteuse. Les réformés se voient confirmés les privilèges spirituels de l'édit de Nantes. Mais toute assemblée politique leur est désormais prohibée, et ils ne conservent que deux places de sûreté : La Rochelle et Montauban. De leur côté, les catholiques les plus intransigeants déplorent que le roi n'ait pas profité de l'occasion pour extirper l'hérésie.

Les deux principaux bénéficiaires de cette campagne sont Richelieu et Marie de Médicis. Au premier, est enfin décernée la pourpre cardinalice. C'est là le résultat des efforts inlassables de la Florentine. – « Je ne vois jamais la reine mère sans qu'elle ne me fasse de nouvelles instances pour ce Luçon », se plaignait déjà le nonce en décembre 1620. C'est à Lyon, où Marie est allée attendre son fils, que l'évêque de Luçon reçoit le chapeau rouge, le 5 septembre 1622.

« Cette écarlate sur ma tête me fera toujours penser à répandre mon sang pour votre service », déclare noblement le nouveau prince de l'Église à sa protectrice. Quant à cette dernière, plusieurs de ses ennemis ont été éliminés. Henri de Gondi, cardinal de Retz, qui s'opposait à elle au conseil, est mort, ainsi que l'infâme Ruccellaï. Condé, furieux de la clémence de son cousin à l'égard des parpaillots, va pèleriner en Italie. La reine pourra bientôt se féliciter de cette nouvelle conjoncture, dans une lettre à la grande-duchesse douairière Christine : « Ma tante, maintenant que ceux qui essayaient principalement d'empêcher les bonnes inclinations du roi Monsieur mon fils envers moi ne sont plus, j'en reçois tous les jours des témoignages d'affection qui font connaître à tout le monde un bon naturel. »

Car Louis XIII, tout auréolé des lauriers de la gloire, a été accueilli

MARIE DE MÉDICIS

par Marie de Médicis et Anne d'Autriche, dans la capitale des Gaules, le 6 décembre 1622 : « Il fit de grandes caresses à la reine sa mère, témoigne Richelieu, vécut avec elle avec familiarité, lui témoigna confiance, s'ouvrit à elle des desseins qu'il avait reconnus en Monsieur le Prince... »

À son béjaune de fils, qui découvre la fausseté de son cousin Condé, la Florentine – pour s'être de long temps frottée à des hypocrites – se permet de faire cette petite leçon de morale politique, que rapporte le cardinal : « Elle ne s'étonnait pas des artifices de Monsieur le Prince, mais bien de ce que le roi n'avait pas laissé d'avoir quelque créance en lui. Qu'il fallait juger des sentiments des personnes, non par leurs paroles mais par leurs véritables intérêts. [...] En un mot qu'une reine mère n'est rien que par la grandeur de son fils. [...] Que pour elle, elle lui rendrait [à Condé] toujours le bien pour le mal, pourvu que sa mauvaise volonté ne puisse avoir effet que contre elle, et non pas contre lui [le roi]. »

XVII

LES SPLENDEURS DU LUXEMBOURG

« JAMAIS le roi n'a rendu plus d'honneur à la reine sa mère qu'à présent », constate le duc de La Force, dans une lettre à sa femme, le 23 janvier 1623. Louis XIII se montre en effet attentif aux propositions de Marie de Médicis, elle-même conseillée – dans la pénombre – par Richelieu. Sur le plan international, les Habsbourg ont profité de ce que le souverain français guerroyait contre ses sujets réformés, pour envahir la Valteline, cette haute vallée de l'Adda – depuis lors italienne –, qui relie le Tyrol autrichien à la Lombardie espagnole. Les Grisons sont écrasés et dépossédés. Plusieurs ministres semblent partisans d'une contre-offensive militaire. Pourtant, le roi s'en remet au point de vue de sa mère, laquelle préconise le recours à la voie diplomatique, assorti de mesures d'intimidation à l'encontre de Madrid et de Vienne.

De retour dans sa capitale, Louis XIII se désintéresse de la gestion quotidienne des affaires. Aussi, le pouvoir devient-il le théâtre de sombres luttes d'influence. Les Brulart – Sillery et son fils Puisieux – parviennent à faire nommer le marquis de La Vieuville surintendant des Finances, et à obtenir la disgrâce du maréchal de Schomberg. Par tous les moyens, ils cherchent à déconsidérer celle qui incarne le clan adverse, Marie de Médicis – et à travers elle, le cardinal. Ce dernier, dans ses *Mémoires*, couronne le menu détail de leurs embûches par cet hommage : « Le lecteur jugera qu'en telles occasions, il ne fallait pas un moindre courage que celui de la reine, ni un moindre naturel que celui d'une mère passionnée, pour passer par dessus des difficultés si épineuses. »

Les médisances n'épargnent pas non plus la jeune reine Anne. Et la Florentine doit s'entremettre afin de réconcilier son fils et sa bru, comme le raconte encore Richelieu : « [Louis] vient un matin, avec un visage tout interdit, éveiller la reine sa mère pour lui conter ses douleurs. » La reine mère, le voyant ému, lui recommande la discrétion. Elle lui propose de parler à Anne d'Autriche : « Le roi en témoigna une joie extraordinaire, et confessa que tout ce qu'il avait fait était pour la porter d'elle-même à s'offrir de lui faire cet office. Elle le pria, sur cet avis, de prendre garde que ce ne fût un dessein de l'empêcher d'avoir des enfants, ce qui était entièrement nécessaire, et pour la sûreté de sa personne, et pour la sûreté de ses États. Elle parle, selon sa commission, à la reine sa fille, qui la remercie de ses avis, et lui promet de régler ses actions sur ses conseils. Elle les fait parler tous deux ensemble, l'affaire se termine heureusement et au gré des deux parties. Elle leur témoigne à tous deux qu'elle ne souhaite rien plus infiniment que de voir leurs cœurs aussi étroitement unis que leurs personnes. »

Même si le cardinal rédige alors ces lignes dans un but apologétique, elles contrebattent les accusations selon lesquelles Marie de Médicis, désireuse de voir régner son cher Gaston, aurait été ravie que Louis XIII reste infécond ! Bien au contraire, la reine suggère au souverain de différer le mariage – prévu de longue date – de son frère cadet avec Mademoiselle de Montpensier, insistant que « la première chose à laquelle il devait penser était d'avoir lui-même des enfants ».

La stratégie matrimoniale reste d'ailleurs l'une des préoccupations majeures de celle qu'on surnommera « la mère de trois rois ». En mars 1623, le prince de Galles traverse la France incognito, dans un élan romantique pour presser ses fiançailles avec l'une des sœurs de Philippe IV, en lui déclarant sa flamme : « La reine, écrit Richelieu, reçoit un déplaisir sanglant de voir que notre négligence et mauvaise conduite font perdre à la France l'occasion de se fortifier par ce mariage, et donnent lieu à l'Espagne de s'accroître à nos dépens. » En fin de compte, le futur Charles Ier, rebuté par les atermoiements de l'Escurial, va tourner de nouveau ses regards vers le Louvre. Et la princesse Henriette-Marie de France deviendra – pas pour son bonheur – reine de Grande-Bretagne.

La Vieuville, gestionnaire médiocre mais appliqué, a entrepris de mettre de l'ordre dans les comptes du royaume. Ce faisant, il révèle incidemment les malversations de Sillery et de Puisieux ! Le scandale entraîne le renvoi des deux coupables, le 1er janvier 1624. La route paraît désormais dégagée devant les pas du cardinal. Pourtant, Louis XIII lui garde encore du ressentiment. Il désigne La Vieuville en qualité de principal ministre. Marie de Médicis, mécontente, boude les séances du conseil. La Vieuville, conscient de ses insuffisances, s'aperçoit bientôt qu'il ne saurait suffire à la tâche. Aussi implore-t-il le concours de la reine mère. Celle-ci pose comme condition l'entrée de Richelieu au gouvernement. La Vieuville fera preuve de clairvoyance en lui déclarant : « Madame, vous voulez une chose qui causera infailliblement ma ruine. Et je ne sais si Votre Majesté ne se repentira pas un jour d'avoir tant avancé un homme qu'elle ne connaît pas bien encore. »

La reine ne tient pas compte de cet avertissement. Et le roi cède à ses prières : « J'ai choisi un de vos serviteurs, lui dit-il, pour montrer que notre réconciliation est réelle et définitive. » Ainsi, le 29 avril 1624, Richelieu siège-t-il pour la première fois au conseil. Louis XIII s'en méfie toujours – et peut-être davantage de Marie de Médicis –, puisqu'il ne lui a confié aucune attribution précise. Le prélat ne pourra traiter aucun dossier chez lui, ni recevoir les ambassadeurs. Cependant, Richelieu ne tarde pas à faire ses preuves. Il s'attaque à la question de la Valteline et fulmine contre l'Espagne, accusée d'aspirer à la domination universelle. Au commencement d'août 1624, « l'Homme rouge » devient principal ministre. Il le restera jusqu'à sa mort, dix-huit années plus tard. La Florentine exulte. Sans se rendre compte qu'elle pourrait bien devenir un jour la victime de sa propre créature...

Le lustre qui va de 1624 à 1629 consacrera l'apogée de Marie de Médicis. Elle gouverne, en parfaite symbiose avec son fils et Richelieu. Ce dernier, loin de s'affronter à la reine mère, met en œuvre avec efficacité et talent les desseins esquissés pendant la régence. À l'intérieur, il promeut une politique catholique et un ambitieux programme de réformes. Tandis qu'à l'extérieur, sont maintenues l'alliance et une paix exigeante avec l'Espagne.

La seconde épouse du Vert-Galant n'a jamais beaucoup aimé le Louvre, depuis qu'il lui est apparu, en février 1601, sombre et lugubre, tout enserré dans sa gangue moyenâgeuse. Assurément, elle a fini par s'approprier les lieux. Elle a redécoré ses appartements avec magnificence, à la mode de Florence. Mais trop de fantômes hantent désormais la vieille forteresse, ceux de Henri IV, de Concini, de Leonora... Déjà, au lendemain du mariage de Louis XIII, la reine mère a abandonné à la nouvelle souveraine son bel appartement, pour se réfugier au rez-de-chaussée. Dans son esprit, il ne s'agissait là que d'un pis-aller. Car la Florentine rêve d'une demeure bien à elle, qui pérenniserait l'éclat de sa régence. Un reflet de la suprématie culturelle du Prince, selon l'exemple des cités italiennes.

« Le mardi 27 [septembre 1611], l'hôtel de Luxembourg acheté par la reine trente mille écus », note sobrement Pierre de L'Estoile dans son

Journal. Cette noble résidence, construite par un président de la cour des Monnaies sous Henri II, en bordure de la rue de Vaugirard, appartient alors au duc de Piney-Luxembourg. Elle s'élève dans un faubourg Saint-Germain encore champêtre, très prisé des riches Italiens. Mais si l'endroit a séduit Marie de Médicis, c'est d'abord pour l'air sain que l'on y respire ! En effet, un vaste parc de huit hectares jouxte le bâtiment. Naguère, le dauphin s'est amusé à y lâcher ses chiens à la poursuite des marcassins et des lièvres.

L'acte de vente, signé devant notaire le 2 avril 1612, est ratifié le 16 du même mois par la reine. Au cours des années suivantes, celle-ci va s'évertuer à arrondir son domaine. Les acquisitions ne se feront pas toujours sans obstacle. Car les monarques « tout-puissants » ne maniaient pas le droit d'expropriation avec la dextérité de nos édiles républicains ! Si Marie peut mettre la main sur les maisons Tournemire et Lambert de la Marche, le jardin Arnauld, ou encore la ferme de l'Hôtel-Dieu, elle se heurte à la mauvaise volonté des Biencourt, possesseurs de la maison Champrenard, située au débouché de la rue de Tournon. Elle devra débourser vingt-sept mille livres – soit le triple de la somme initiale – pour convaincre ces récalcitrants, le 18 juillet 1613. Quant aux chartreux, dont les jardins du monastère empiètent, à l'ouest, sur les confins du parc, ils feront longtemps la sourde oreille. Du bout des lèvres, les cénobites consentiront seulement, au commencement de 1617, à un échange de terrain. La dernière parcelle enclavée ne disparaîtra pas avant 1624.

Avec vingt-quatre hectares d'un seul tenant, les jardins du Luxembourg couvrent à cette date la même superficie qu'aujourd'hui, mais dans des limites différentes. Dès 1612, la régente y a planté deux mille ormes, son arbre de prédilection. Selon la tradition, trois d'entre eux subsisteraient encore... Les parterres sont l'œuvre de Nicolas Descamps, « jardinier ordinaire de [la] maison et hôtel du Luxembourg », secondé par Boutin et Boyceau. Le fontainier Thomas Francini se voit confier la réalisation des pièces d'eau. Ses descendants créeront les bassins de Versailles. Pour fournir en eau le Luxembourg, la reine fait franchir la vallée de la Bièvre au spectaculaire aqueduc d'Arcueil. Ce sont les sources de Rungis, récemment captées, qui viennent ainsi déverser leur onde pure dans tous les quartiers de la capitale. Quant à la fontaine Médicis, elle a été remontée à son emplacement actuel sous le Second Empire, lors du percement de la rue du même nom.

Marie de Médicis se contente d'abord d'utiliser le Petit-Luxembourg

– ainsi nommera-t-on l'hôtel du duc de Piney – comme villégiature pour la belle saison. Dans les pièces inutilisées, elle installe un atelier de broderies orientales, où travaillent des jeunes filles turques converties au christianisme. Ce bâtiment primitif ne sera jamais démoli. Il est devenu la résidence officielle du président du Sénat. Très tôt, cependant, la reine mère songe à le flanquer d'un édifice plus considérable. Ainsi, écrit-elle, dès le 6 octobre 1611, à la grande-duchesse de Toscane : « Étant en volonté de faire bâtir et accommoder une maison à Paris pour me loger, et voulant en quelque chose me régler sur la forme et modèle du palais de Pitti, lequel j'ai toujours estimé pour l'ordre de son architecture et grandes commodités qui y sont, je vous fais celle-ci pour vous dire que j'aurai à singulier plaisir que vous m'en fassiez le plan en son entier, avec les élévations et perspectives de bâtiments, tant du côté de devant ledit palais qu'en derrière d'icelui du côté des terrasses, vous priant de me les envoyer à la première occasion... »

La reine tient à ajouter de sa propre main : « Ma tante, vous me ferez bien plaisir de m'envoyer les desseins du palais de Pitti, dont je me veux servir pour l'ordre et l'ornement de ma maison. »

Mais elle ne se borne pas à cette lettre. Six jours plus tard, elle envoie à Florence l'un des deux frères Métezeau, architectes du roi, pour veiller à « une entière intelligence du modèle [...] et des mesures et proportions de toutes les pièces ». Le projet présenté par les Métezeau n'aura pas l'heur de plaire à la reine. Elle se tourne donc vers Salomon de Brosse, qu'elle a déjà employé à Montceaux-en-Brie. Héritier d'une dynastie de bâtisseurs, de Brosse a assisté son grand-père maternel, Jacques Ier Androuet du Cerceau, au château de Verneuil. C'est un architecte en vogue. Malgré cela, ses plans seront soumis à la ratification d'un jury international. Marie de Médicis en a fait envoyer des copies aux meilleurs spécialistes européens et à quelques princes au goût confirmé. Le verdict est presque unanime pour approuver le projet.

En vérité, Salomon de Brosse n'empruntera au palais Pitti que les bossages de la façade. Il s'inscrit bien davantage dans la tradition des châteaux et des palais édifiés en France depuis la Renaissance. Le Luxembourg – puisque le nom de « palais Médicis » ne sera jamais adopté – se place ainsi à mi-chemin entre le baroque italianisant et le classicisme louis-quatorzien. La régularité de son ensemble, la fermeté de ses volumes, l'unité de son style, son ornementation délicate, confèrent à ce monument une beauté somptueuse qui, depuis près de quatre siècles, témoigne de la grandeur de son inspiratrice.

MARIE DE MÉDICIS

Selon le contrat que la régente passe avec son architecte, celui-ci recevra des appointements de deux mille quatre cents livres par an. Le 2 avril 1615, Marie de Médicis scelle, avec une truelle d'argent, la première pierre, dans laquelle sont enchâssées cinq médailles commémoratives. Toutefois – et malgré trois adjudications infructueuses – aucun entrepreneur n'accepte de se lancer dans l'aventure, pour les sept cent cinquante mille livres prévues au devis initial. De Brosse sera donc contraint de conduire lui-même le chantier. La maçonnerie est sous-traitée à Charles Biterne, un maître réputé, la charpente à Pierre Scellier, la couverture à Étienne Regnauld.

La présence, dans les sous-sols, de carrières désaffectées va nécessiter de délicats travaux de consolidation. Au moment de l'assassinat du maréchal d'Ancre, le gros œuvre est loin d'être fini. L'exil de Marie de Médicis a pour conséquence l'interruption quasi complète des travaux. Ils ne reprendront qu'au cours de l'été de 1620. Tous ces contretemps – on l'imagine – ne sont pas sans répercussion sur le coût de la construction. En 1622, il ne reste plus un liard des sommes allouées. Or, la reine mère s'impatiente. Elle exige que son palais soit habitable avant l'automne ! Richelieu, qui supervise l'opération, accuse de Brosse de détournements de fonds. Enfin, au terme d'expertises, de sommations, de procès – et de nouveaux retards –, l'entreprise générale est cédée, le 24 mars 1624, à Marin de La Vallée. Celui-ci terminera en quelques mois l'aile ouest du palais. Mais Salomon de Brosse, mort en 1626, n'admirera jamais la réalisation de son chef-d'œuvre. C'est à son successeur Jacques Lemercier – un protégé de Richelieu – que reviendra ce privilège, cinq années plus tard.

De bien d'autres façons, Marie de Médicis a embelli Paris. La vieille cité ligueuse a toujours affectionné une reine si fidèle au catholicisme. Et l'on peut affirmer que, grâce à elle, la monarchie s'est vraiment réconciliée avec sa capitale. Durant sa régence, Marie de Médicis y a encouragé l'installation de nouveaux ordres religieux. Plusieurs cloîtres – carmes ou filles du Calvaire – se serreront auprès du Luxembourg, sous l'aile tutélaire de la Florentine. En cela, cette dernière suit l'exemple de la reine Margot qui – en dépit de son libertinage – entretenait à sa porte une communauté d'augustins déchaux.

Marie a également mené à terme les projets de son époux défunt : la réfection de l'Hôtel de Ville, le Pont-Neuf, la place Dauphine et la place Royale, le développement du Marais... Le 23 août 1614, une statue équestre de Henri IV est érigée sur son ordre, à la pointe de l'île de la Cité. Cette œuvre magistrale, commandée depuis huit ans au

Florentin Jean Bologne, a été achevée par Tacca et Pierre de Franqueville. Coulée en Toscane, transportée par mer, elle a traversé la Méditerranée, franchi le détroit de Gibraltar, affronté les flots de l'Atlantique et de la Manche, fait naufrage, avant de manquer de s'échouer sur un banc de sable des berges de la Seine ! Fondu à la Révolution française, ce bronze de six tonnes sera remplacé à l'identique par Louis XVIII.

Vers 1616, la régente transforme le chemin de Chaillot – de l'actuelle place de la Concorde à celle de l'Alma – en une promenade plantée d'ormes, d'inspiration italienne. Ce « cours la Reine » est bientôt fréquenté par les badauds, les cavaliers et les attelages. À partir de 1614, la régente amorce également le lotissement de l'île Saint-Louis qu'elle fait relier à la rive droite. Le « pont Marie » – contrairement à ce que l'on pourrait imaginer – n'a pas été baptisé ainsi en son honneur, mais pour immortaliser son constructeur, Jean-Christophe Marie !

Enfin, c'est surtout le domaine humanitaire qui préoccupe la reine mère. Ainsi fait-elle venir les frères de Saint-Jean de Dieu, afin d'administrer l'hôpital de la Charité, construit à partir de 1613, faubourg Saint-Germain. Mais la fondation, l'année précédente, de « l'hôpital des Pauvres-Enfermés » mérite d'être marquée d'une pierre blanche dans l'histoire de l'assistance sociale. Cette véritable institution, avec ses maisons, son administration, son personnel, poursuit l'ambition de juguler la mendicité oisive, considérée comme mère de tous les vices. Si l'on peut discuter de la pertinence des moyens utilisés – jamais exempts de coercition –, force est néanmoins de constater la rectitude des intentions de Marie de Médicis, sincèrement touchée par le drame de l'indigence. Ainsi, l'hôpital de la Pitié est-il installé sur le terrain d'un ancien jeu de paume, là où s'élève de nos jours la grande mosquée de Paris. Les miséreux accueillis – dont le nombre ne cesse d'augmenter – travaillent au sein de deux ateliers. La reine soutient de ses deniers cet hospice d'un genre nouveau. De même, elle favorisera un second asile – l'hôpital de la Savonnerie – établi sur la colline de Chaillot. Des orphelins démunis y apprennent le métier de tapissier. Une plaque, à l'entrée de la chapelle, rappelait que « la très auguste Marie de Médicis, mère du roi Louis XIII, [...] a établi ce lieu de charité pour être reçus, alimentés, entretenus et instruits, les enfants tirés des hôpitaux des Pauvres-Enfermés, le tout à la gloire de Dieu l'an 1615... ».

Les fiançailles et le mariage par procuration de Henriette-Marie de France avec le jeune roi Charles Ier d'Angleterre constituent une apothéose, au cœur de l'embellie des relations de Louis XIII et de sa mère, la période sans doute la plus heureuse dans l'existence de Marie de Médicis. La cérémonie, célébrée à Notre-Dame, le 11 mai 1625, manifeste une nouvelle fois de quelle manière éclatante la Florentine sait « faire la reine » – selon l'expression éblouie de Henri IV, le jour du sacre de sa femme. Le monarque britannique est protestant. Aussi, comme aux « noces vermeilles » de Marguerite de Valois, a-t-on dressé une estrade devant le porche de la cathédrale. Dans le cortège, la reine mère, escortée par ses deux écuyers, suit sa fille qui avance au bras du roi et de son autre frère Gaston. La « queue » de la robe de Marie est soutenue par la marquise de Guercheville, sa dame d'honneur depuis toujours.

Cinq jours après la cérémonie, le 16 mai, la reine mère convie son fils et la cour à venir admirer, dans la galerie ouest du Luxembourg, la série des vingt-quatre tableaux retraçant la *Vie de Marie de Médicis*, due au pinceau magistral de Pierre-Paul Rubens. La reine vante hautement les qualités de son peintre, « le premier homme du monde dans son art ». Elle assure celui-ci de son enchantement, « maintes et maintes fois de sa propre bouche ». Richelieu, en bon courtisan, renchérit. Il ne peut, dit-il, « se rassasier d'admirer et de regarder » !

Pourtant, les applaudissements convenus des flatteurs n'empêchent pas le public parisien de se montrer décontenancé. Le style généreux du Flamand, qui s'oppose aussi bien aux conventions du maniérisme qu'au rigorisme dévot et au classicisme naissant, surprend. Par ailleurs, le triomphe de Richelieu et l'exil de la reine mère rendront bientôt caduque cette exaltation héroïque. Il faudra attendre le règne de Louis XIV pour qu'en résonne l'écho tardif, avec Le Brun, Lafosse, Coypel ou Watteau.

Les historiens hostiles à la reine – en vertu de sa supposée « balourdise » – n'ont voulu voir en elle, dans le domaine artistique, qu'une froide continuatrice des Médicis. Cependant, ils n'ont pu lui dénier tout à fait son action de mécène. Elle ne l'aurait conduite, toutefois, que par raison d'État, sans passion ni lumière véritable. Certes, Marie considère – à l'exemple de ses ancêtres – que les arts sont l'apanage des princes, un moyen tangible pour eux d'afficher leur gloire et leur puissance. Aussi octroie-t-elle des pensions aux plus brillants talents de son époque. Elle les sélectionne d'ailleurs avec un discernement qui suffirait à démentir sa réputation de béotisme.

Au lendemain de l'assassinat de Henri IV, elle a réalisé son projet de loger, dans la grande galerie des Tuileries flambant neuve, « les meilleurs ouvriers et plus suffisants maîtres qui se peuvent rencontrer tant en peinture, sculpture, orfèvrerie, horlogerie, sculpture, pierreries, qu'autres ». Ainsi, sous son égide, le palais royal est-il devenu un foyer de création et d'échanges. Protectrice des arts, Marie de Médicis sera aussi davantage. On se souvient de l'éducation raffinée qu'elle a reçue à Florence. Comment serait-elle demeurée indifférente à la fréquentation constante des fabuleux trésors de la galerie des Offices ou du palais Pitti ? « La reine aimait peindre et dessinait fort proprement », confirmera d'ailleurs Robert de Piles, le biographe de Rubens. S'il en était besoin...

Parmi les peintres français, la reine mère n'est pas parvenue à découvrir, comme en architecture, une palette d'individus dignes de la servir. Aussi décide-t-elle d'envoyer de jeunes talents – comme le Blésois Jean Mosnier – se perfectionner en Italie. Mais, à l'instar des Valois au siècle précédent, elle s'efforce surtout d'attirer auprès d'elle les étrangers en renom. Ainsi, l'éclectisme bolonais, le baroque romain, le hiératisme nordique ou le colorisme flamand, viendront-ils féconder le génie de la France. Si Guido Reni décline ses avances, si Orazio Gentileschi et Simon Vouet ne font que de brefs séjours à Paris, l'Anversois Frans II Pourbus, invité par la reine dès 1609, l'a peinte couronne en tête, somptueusement parée de son costume de sacre, dans une pose hiératique à contre-courant du baroque alors triomphant. Philippe de Champaigne, quant à lui, quitte son Brabant natal à dix-neuf ans, pour participer à la décoration du Luxembourg, sous la direction du très académique Nicolas Duchesne. Il y croise probablement Nicolas Poussin, à la veille de son départ pour Rome. Champaigne excellera ensuite – on le sait – dans le portrait, d'apparat ou intime. « Premier peintre » de Marie de Médicis, il se révélera le chef de file d'une nouvelle génération d'artistes, annonçant déjà la rigueur du classicisme.

Ici comme en politique, le rôle de Richelieu apparaît non négligeable. Surintendant de la reine mère, esthète lui-même et amateur éclairé, il la conseille avec pertinence. Lorsque le cardinal, revenu aux affaires, n'aura plus guère le loisir de se consacrer à des futilités, le trésorier de la reine, Claude Maugis, abbé de Saint-Ambroise de Bourges, prendra la relève. Fin connaisseur et collectionneur, celui-ci joue en quelque sorte le rôle d'un intendant des Beaux-Arts. C'est lui qui signale notamment Philippe de Champaigne à l'attention de la reine mère, avant de lui suggérer le nom de Rubens.

Presque rien, hélas, ne reste de la décoration intérieure du Luxembourg, telle que l'a voulue Marie de Médicis. On sait que les plafonds étaient rouges, mais que pour les murs, l'or et l'azur dominaient. Ce bleu, où entrait de la poudre de lapis-lazuli, est aujourd'hui perdu. Symbole de fidélité, il séduit la cour et la ville. Anne d'Autriche

MARIE DE MÉDICIS

usera de cette teinte pour son propre appartement, comme aussi la célèbre marquise de Rambouillet, modèle de la préciosité. On sait par ailleurs que les vitres étaient de cristal de roche, enchâssées dans l'argent. Claude Malingre, dans ses *Antiquités de la ville de Paris*, publiées en 1640, évoque la chambre de la reine mère, située dans l'aile ouest. Mais cette description succincte nous laisse sur notre faim : « [Elle est] belle, grande et carrée, enrichie d'une cheminée admirable pour son ouvrage et dorure, garnie de deux gros chenets d'argent. En cette chambre se voit la place du lit, enfermée de balustres dont les piliers sont d'argent. » Grandeur et décadence : le bureau de tabac du Sénat s'est installé là où dormait la veuve du Vert-Galant ! Un petit nombre de panneaux du Luxembourg d'origine, provenant de diverses pièces, ont été réunis dans l'actuelle salle du Livre d'or. Hormis ces vestiges, il ne subsiste que quelques devis d'artisans, les dessins de deux plafonds, des descriptions littéraires.

Du temps de Marie de Médicis, sont exposées, dans le cabinet doré, les œuvres d'artistes florentins exaltant les alliances des Médicis. Le duc de Mantoue a fourni des toiles de Giovanni Baglione, pour le cabinet des Muses. L'ambassadeur du duc suppose la souveraine excessivement pudibonde. Aussi, s'est-il enquis auparavant de ce que lesdites muses « ne soient tout à fait nues, ni trop lascives ». Pourtant, Marie ne s'effarouchera guère, plus tard, devant les exubérances charnelles d'un Rubens !

Car c'est donc, bien entendu, le fascinant ensemble de la *Vie de Marie de Médicis* – conservé de nos jours au musée du Louvre – qui représente la pièce maîtresse du Luxembourg, l'événement artistique majeur de l'époque, celui qui pérennise le souvenir de la reine. Le choix de Pierre-Paul Rubens a pu étonner les contemporains, qui s'attendaient à ce que la reine mère distingue quelque artiste italien. Toutefois, le Flamand a séjourné à Rome et à Gênes. Peintre officiel du duc de Mantoue, on l'a vu assister, en 1600, aux fêtes de Florence. Son goût baroque, formé sur les bords de l'Escaut, s'est donc affiné au contact des grands maîtres du *Cinquecento* et du premier *Seicento* : Titien, Véronèse, les Carrache, le Corrège, ou encore le Caravage. Expressif jusqu'à la violence, ample, fougueux et coloré, son pinceau prolonge l'élan de la Contre-Réforme.

C'est le 22 janvier 1622 que Rubens a signé le contrat en vue de livrer vingt-et-une compositions et trois portraits, retraçant *Les histoires de la vie très illustre et gestes héroïques de ladite Dame reine*. Celle-ci lui a passé également commande d'une série sur la vie de Henri IV, qui aurait fait le pendant avec la sienne. Malheureusement, elle est restée incomplète. Avant l'exil de la reine, Rubens n'en avait exécuté que deux tableaux – on peut les admirer à Florence –, ainsi que plusieurs ébauches. D'ailleurs, Marie avait pressenti le Bolonais Guido Reni pour le remplacer, puis Le Guerchin.

La plupart des toiles sont réalisées dans l'atelier du maître, à Anvers. Avant de quitter la reine mère, Rubens prend deux croquis de son visage, de profil et de face. Dès le 19 mai 1622, le peintre est de retour en France, avec vingt-quatre esquisses, en grisaille, intégralement de sa main. Au moyen d'une pléthore d'allégories mythologiques et de divinités olympiennes à l'opulente nudité, l'artiste a transfiguré les épisodes les plus discutables de l'existence de son modèle. Ainsi, la « drôlerie des Ponts-de-Cé » s'efface devant *La rencontre de Couzières*. Louis XIII y descend du ciel, vers une reine mère assise sur des nuages, tandis que des zéphyrs joufflus soufflent alentour un air doux et plein d'amour.

Avec l'aval de sa cliente, Rubens entreprend l'exécution proprement dite le 3 novembre 1622. Afin de respecter les délais, il ne fait que peindre les figures principales. Ses élèves brossent les décors et les personnages secondaires. *Le couronnement de la reine* et *L'apothéose de Henri IV* sont rapidement terminés. Car Marie de Médicis commence déjà à s'impatienter ! Le 29 mai 1623, Rubens lui présente neuf toiles. La reine les juge « admirablement réussies »... mais elle exige que le reste soit achevé avant le 4 février 1625. Le Flamand effectue de plus longs séjours au Luxembourg, où la Florentine aime, pendant de longues heures, venir le voir étaler ses couleurs. La discussion s'égare parfois sur le terrain politique. En effet, l'infante Isabelle a confié à Rubens une mission d'information, entre diplomatie secrète et espionnage...

En février 1625 – délais tenus – le peintre surveille lui-même l'accrochage de ses vingt-deux tableaux. Puis il prie la reine de poser pour deux portraits – dont l'un est au Louvre, l'autre au Prado, à Madrid. Certes, à presque cinquante-deux ans, le visage de Marie de Médicis est flétri par tant de luttes partisanes et de soucis domestiques. Néanmoins, elle arbore, en dépit de sa silhouette empâtée, l'allure fière et le maintien d'une souveraine à l'apogée de sa majesté.

Certains critiques ont voulu voir, dans le déploiement de faste de cette apothéose picturale, une preuve indiscutable de mégalomanie. La réalité est plus complexe. On a déjà dit que Marie de Médicis avait hérité de ses ancêtres Médicis une conception quasi liturgique de la dignité royale. Sous son impulsion, la vie de cour a recouvré un peu de cette solennité que lui avait fait perdre le trop affable Vert-Galant. Ballets, carrousels, *Te Deum*, cérémonies pompeuses, entrées solennelles, ont jalonné le parcours de la reine, depuis son arrivée en France, en novembre 1600. L'œuvre de Rubens s'avère – à cet égard – des plus réalistes ! Elle traduit cette essence sacrée de la monarchie, que la Florentine, envers et contre tout, n'a cessé d'affirmer. Un demi-siècle après elle, le Roi-Soleil saura poursuivre la voie tracée par sa grand-mère, en la sublimant à travers le grand jeu symbolique de Versailles.

Le 2 juin 1625, Henriette-Marie, « reine de la Grand'Bretagne » – comme l'on commence alors à écrire –, quitte Paris pour son nouveau royaume, escortée par le fringant duc de Buckingham. Après une nuit à Stains, elle retrouvera la compagnie de « la reine sa mère, qui ne la pouvait abandonner de l'œil non plus que du cœur, de la reine régnante, et d'un si grand nombre de princesses, dames et seigneurs, que les carrosses et les chemins semblaient des fourmilières ».

L'arrivée à Amiens, le 7 juin, est à inscrire parmi les joyeuses entrées de Marie de Médicis, même si la reine mère n'est plus, cette fois-ci, l'héroïne principale de la fête. Comme de coutume, ne manquent ni les trompettes, ni les tambours, ni les bourgeois en armes, ni la noblesse hautaine, ni les arcs de triomphes, ni les statues à l'antique, ni les devises latines, ni les blasons, ni les anagrammes, ni les harangues, ni les festins, ni les feux de joie.

Il semble pourtant que l'Histoire adresse à la reine mère – à si peu d'années de sa disgrâce – un clin d'œil cruel. C'est comme si se rejouait la scène première du premier acte, celle où, toute ardente d'illusions, Marie de Médicis descendait à Marseille de sa *Galère royale*. La voilà de nouveau entourée des mêmes acteurs : Bellegarde, Bassompierre, d'Alincourt, la duchesse de Guise... Les trois coups résonneraient-ils de nouveau au théâtre de son existence ?

Mais l'échevin d'Amiens vient soudain lui rappeler que le temps s'est écoulé, inexorable. Certes, il n'a pas les dons d'un Guillaume du Vair – « l'aigle de l'éloquence française » – ou d'un François de Malherbe ! Le brave magistrat confesse qu'il n'a pu trouver trace, dans les archives communales, de la visite d'une reine mère. Gauchement, il s'essaie à la flagornerie : « L'on pourra justement vous appeler comme une autre Cybèle, la Mère des dieux, et dire que de vous, comme du fameux navire qui fut à la conquête de la Toison d'or, sont sortis les plus grands, les plus généreux et les plus illustres princes du monde... »

Puis, sans doute pour se faire pardonner de l'avoir comparée à une vieille coque de noix, l'échevin offrira à Marie de Médicis – ainsi d'ailleurs qu'à Anne d'Autriche – « douze bouteilles d'hypocras blanc et clairet, et grande quantité de boîtes de confitures de toutes sortes et très excellentes ».

Et maintenant, Henriette-Marie rejoint seule le vaisseau qui doit l'emporter, par-delà la Manche, vers un destin aussi implacable que celui de sa mère. Son mari aussi périra de mort violente – mais à la suite d'une révolution –, après quoi elle aura à subir les affres d'un long exil. Marie de Médicis, demeurée à Amiens jusqu'à l'embarquement de sa fille, lui fait parvenir, dès le 15 juin, un texte de plusieurs pages, écrit de sa propre main, assure-t-elle, « afin qu'il vous soit plus cher et que vous fassiez plus d'état de ce qu'il contient pour votre conduite envers Dieu, envers le roi votre mari, ses sujets, vos domestiques et vous-même ».

Si la reine mère l'a recopiée, cette épître n'a pas été composée par elle, mais par Pierre de Bérulle. Maître de la spiritualité française du XVIIe siècle, Bérulle est, en quelque part, le second cardinal de la Florentine, puisque c'est elle qui lui obtiendra le chapeau rouge en 1627. Animateur de ce « parti dévot » que la reine a toujours soutenu, chef de son conseil particulier, il va bientôt s'affronter à Richelieu. Et son échec précipitera la perte de sa protectrice.

L'instruction de la reine mère à sa fille, reine d'Angleterre, porte l'empreinte de ce « siècle des saints » qui est d'abord peut-être celui de Marie de Médicis. Car cette lettre, d'une haute élévation, doit probablement quelque chose à la reine. À coup sûr, elle est le fruit d'une intime intelligence entre elle et l'homme d'Église. Aussi, un tel document prend-il les dimensions d'un testament spirituel. Dès l'abord, la prééminence du divin est soulignée : « Vous n'avez plus sur la terre que Dieu pour père, qui le sera à jamais puisqu'il est éternel. C'est de lui que vous tenez l'être et la vie. C'est lui qui, vous ayant fait naître d'un grand roi, vous met aujourd'hui une couronne sur la tête, vous marie en Angleterre où vous devez croire qu'il veut que vous le serviez et y fassiez votre salut. [...]

« Recevez, ma fille, ces instructions de ma bouche. Commencez et finissez chaque journée en votre oratoire par ces bonnes pensées, et là, en vos prières, prenez résolution de conduire le cours de votre vie selon les lois de Dieu et non selon les vanités du monde qui n'est à chacun de nous qu'un moment, duquel dépend une éternité que vous devez passer ou en paradis avec Dieu, si vous faites bien, ou en enfer avec les esprits malins si vous faites mal.

« Souvenez-vous que vous êtes fille de l'Église, et que c'est la première et principale qualité que vous ayez et que vous aurez jamais. C'est elle qui vous donne entrée au ciel. [...] Rendez grâces à Dieu chaque jour de ce qu'il vous a fait chrétienne et catholique. [...] Vous êtes petite-fille de Saint Louis, je veux que vous receviez de moi, en ce dernier adieu, la même instruction qu'il recevait souvent de sa mère qui lui disait qu'elle aimait mieux le voir mourir que de le voir offenser Dieu, qui est notre tout et notre vie. »

MARIE DE MÉDICIS

Bérulle – et Marie de Médicis – énonce le programme de la Réforme catholique. Au milieu des hérétiques anglicans, la reine de Grande-Bretagne devra être un modèle de piété, de fermeté, mais également de tolérance : « Fréquentez les sacrements, qui sont la vraie nourriture des bonnes âmes, et communiez tous les premiers dimanches des mois, toutes les fêtes de Notre Seigneur Jésus-Christ et celles de sa Sainte Mère, à laquelle je vous exhorte d'avoir une dévotion particulière. [...]

« Ayez soin de protéger, envers le roi votre mari, les catholiques, afin qu'ils ne retombent plus dans la misère d'où ils sont sortis par le bonheur de votre mariage. [...] En vous recommandant ceux-ci, je n'entends pas que vous oubliiez en vos charités et en vos faveurs ceux mêmes qui sont d'une autre religion, car c'est assez qu'ils soient en affliction pour vous obliger à les secourir, [...] en quoi peut-être votre assistance leur donnera sujet de se convertir à Dieu, en sorte qu'un jour ils vous précéderont au royaume des cieux. »

Mais la reine mère ne se cantonne pas aux conseils religieux. À l'usage de sa fille, elle dresse une vision idéaliste des relations matrimoniales, où transparaissent des éléments de sa propre expérience : « Après Dieu et la religion qu'il a établie au monde pour vous donner moyen de la servir et d'opérer votre salut, votre premier devoir, c'est au roi auquel Dieu vous a liée par le sacrement de mariage. Aimez-le comme votre époux, sans que l'amour que vous lui devez diminue le respect, ni le respect l'amour que vous lui devez. Ayez toujours une familiarité respectueuse envers lui, le considérant votre chef. Rendez-vous douce, humble et patiente en ses volontés, mettant votre contentement, non à vous satisfaire mais à le contenter. [...]

« Soyez fidèle et secrète en ce qu'il voudra vous communiquer, c'est ainsi que votre amour doit être réglé et conduit envers lui, amour sincère, humble et fidèle, amour honnête et respectueux. Vous lui devez encore une autre sorte d'amour, c'est un amour chrétien, aimant son âme et son salut, l'aimant pour le ciel et non pas pour la terre. [...] Vous devez faire effort à vous-même en plusieurs choses qui seront peut être difficiles à votre humeur, mais vous êtes obligée de vous oublier pour vous rendre davantage à celui à qui Dieu vous donne et pour lui complaire en ses humeurs et volontés. »

Enfin, le comportement digne et majestueux que Marie de Médicis préconise à sa fille d'adopter, cadre avec les règles de conduite qu'elle s'est imposées à elle-même. La « galanterie » de la cour de Henri IV appartient décidément au passé. L'heure est à une austérité pas toujours dénuée d'hypocrisie : « Pour ce qui est de votre particulier, ma fille, soyez un exemple d'honneur, de vertu et de modestie. Que votre port, votre regard et votre maintien ressentent l'honnêteté, la pudicité, la débonnaireté même, et en un mot la dignité de votre naissance et du rang que vous tenez. [...]

« Comme votre naissance vous rend relevée par dessus les personnes ordinaires, vous la devez aussi être en votre façon de vivre, vous conduisant en sorte que cette retenue, que je vous conseille d'observer, paraisse en vous non forcée mais naturelle. Soyez officieuse et presque respectueuse envers tous, n'offensant jamais personne ni de parole ni d'effet. Faites qu'ils connaissent que l'autorité que vous avez par-dessus eux est pour leur bienfaire et non pour les déprimer ou offenser. Bannissez de votre présence la médisance ou la moquerie, vices ordinaires en la cour des grands, qui diminuent l'affection des sujets envers leur prince. »

XVIII

UNE REINE CATHOLIQUE

Reine catholique, Marie de Médicis s'est affirmée comme telle dès son mariage avec Henri IV. Par le truchement des Guises, des Zamet ou des Gondi, elle a fréquenté des prélats réformateurs, comme le cardinal de Joyeuse – qui la sacre en 1610 –, le cardinal de La Rochefoucauld, ou encore l'évêque *in partibus* de Genève, saint François de Sales. Il est d'ailleurs probable que, sous l'influence de son épouse, le ralliement tactique du Béarnais s'est mué en une conversion plus profonde.

Au terme d'un siècle de tourmentes, l'Église de Rome, régénérée par le concile de Trente, reprend partout l'initiative. En France, l'une des plus belles figures de cette Contre-Réforme sera Pierre de Bérulle – que nous avons déjà rencontré au chapitre précédent. Descendant de parlementaires illustres, il a pourtant choisi de n'être qu'un prêtre ordinaire, refusant plusieurs riches évêchés. En 1604, il crée le premier couvent de carmélites de Paris. Sept ans plus tard, c'est encore Bérulle qui fonde, inspiré par le Florentin saint Philippe Néri, l'œuvre de l'Oratoire, vouée à la formation sacerdotale. Marie de Médicis le soutient, en dépit de la virulente hostilité des jésuites. Ainsi finance-t-elle de ses deniers la construction de l'église de l'Oratoire – devenue aujourd'hui temple protestant –, rue Saint-Honoré, non loin du Louvre.

Au sein de ce « parti dévot », les Marillac constituent une famille influente. En 1607, Louis de Marillac a épousé une certaine Catherine de Médicis, demoiselle d'honneur et lointaine cousine de la reine. Capitaine des gardes, puis maréchal de camp aux Ponts-de-Cé, on l'a vu négocier la réconciliation avec Louis XIII. La reine mère le gratifie plus tard d'un appartement au Luxembourg. Sa fille légitimée, Louise de Marillac – veuve d'Antoine Le Gras, secrétaire des commandements de Marie de Médicis –, sera désignée par saint Vincent de Paul pour diriger la communauté des Filles de la Charité. Quant au demi-frère de Louis, Michel de Marillac, il a songé à devenir chartreux, avant d'être amené à poursuivre une brillante carrière de conseiller d'État. À cet homme qui allie mysticisme et action, auteur d'une traduction des Psaumes et de *L'imitation de Jésus-Christ*, la reine a demandé de présider à l'établissement des carmélites du faubourg Saint-Jacques.

Le retour en grâce de Marie de Médicis marque aussi l'apogée de son engagement catholique. Il est vrai qu'au XVIIe siècle, temporel et spirituel ne se dissocient guère. Toutefois, Pierre de Bérulle se tiendra longtemps à l'abri des manœuvres politiciennes. *A contrario*, il semble qu'au contact de cette grande âme, la reine mère épanouisse sa propre spiritualité. L'infinie charité de Dieu et le néant de l'homme constituent les enseignements de Bérulle, enracinés dans un culte ardent de la Vierge et du Saint Sacrement.

Après la mort de la reine, en 1642, son aumônier, Mathieu de Morgues, révélera qu'elle se confessait chaque vendredi, au cours de deux ou trois heures d'examen de conscience et de « conférence » spirituelle. Elle communiait une vingtaine de fois par an. Le samedi, Marie de Médicis avait coutume de visiter un sanctuaire consacré à la Mère de Dieu. Elle faisait tailler et distribuer dans de nombreuses paroisses de France des statues de la Vierge, en bois enrichies d'or, de diamants et de perles.

Par le truchement de Bérulle, la reine a connu la célèbre Madame Acarie, extatique et stigmatisée, devenue au carmel d'Amiens la bienheureuse sœur Marie de l'Incarnation. Elle a également rencontré d'autres contemplatives – et l'on se souvient au passage de la nonne Passitea que la reine a fait venir de Sienne. En 1628, dans sa préface à la *Vie de sœur Catherine de Jésus* – « publiée par le commandement de la reine mère du roi » –, Bérulle dévoilera cette face cachée de la Florentine, témoignage d'une foi discrète et authentique : « Une des grandeurs plus solides que vous possédez, est la bonté, la piété, la facilité que Dieu vous a données. Ce qui vous dispose à converser volontiers avec les humbles et les petits de la terre, et à chercher souvent en une pauvre cellule le repos qui ne se trouve point dans les Louvres et les palais. »

Certaines phrases révèlent une pieuse intimité entre le fondateur de l'Oratoire et l'ancienne régente. Ainsi, cette invocation à l'Amour de Jésus : « Il est le salut et il nous veut sauver. Ce sont ses vouloirs divins, et ce sont aussi les vôtres, Madame, et vous nous commandez souvent de le demander à Jésus-Christ pour vous. [...] Je l'adore donc, et le supplie par lui-même et par l'amour qu'il porte à sa Très Sainte Mère de laquelle vous portez le nom, qu'il exauce vos vœux, qu'il daigne être lui-même votre vie, votre grandeur, votre félicité, dès à présent et en votre éternité. Et qu'il vous couronne au ciel comme il vous a couronnée en la terre. »

Tant que Bérulle demeurera dans le silence des cloîtres et des sacristies, Richelieu ne verra pas en lui un adversaire. D'ailleurs, en ce milieu des années 1620, alors que Marie de Médicis s'installe dans le somptueux décor de son Luxembourg, le pouvoir suprême est exercé par un « triumvirat » que rien ne semble pouvoir dissocier. Le roi, le cardinal et la reine mère n'ont-ils pas, sur la conduite des affaires, des conceptions parfaitement identiques ?

Si l'évêque de Luçon s'est appuyé sans vergogne sur le parti dévot pour se hisser jusqu'au sommet de l'État, il prétendra, bien des années plus tard, qu'il n'avait cessé de poursuivre trois objectifs : la restauration de l'autorité royale, l'abaissement des huguenots et la lutte contre les Habsbourg. En vérité, ces grandes lignes de force ne se dessineront que peu à peu. La démarche du cardinal sera bien plus empirique. À partir de 1625, son dessein secret est de s'affranchir de la « protection » de la Florentine, sans toutefois lui donner l'éveil. S'il veut asseoir son autorité, il lui faut en effet devenir la « créature » du roi. Mais, pour cela, la reine mère doit disparaître.

En attendant, c'est avec la bénédiction de Marie de Médicis que Richelieu s'exerce à conduire la France d'une poigne de fer. Le 19 août 1626, le jeune comte de Chalais, convaincu d'avoir conspiré contre lui, est exécuté à Nantes. Ses complices, les deux Vendôme, sont jetés en prison, sans que le roi, leur demi-frère, ne sourcille. Le plus jeune, Alexandre, y mourra dans d'obscures circonstances... La reine régnante Anne d'Autriche et Gaston, duc d'Anjou, sont aussi suspectés d'avoir trempé dans le complot. À son turbulent cadet, Louis XIII accorde son pardon. Après quoi Gaston épouse enfin Mademoiselle de Montpensier. Il reçoit le titre de duc d'Orléans et un riche apanage. Quant à Anne, Marie de Médicis lui adresse une semonce, « engageant sa belle-fille à vivre comme les autres reines de France avaient vécu ». Avant peu, les deux femmes vont se retrouver dans une égale exécration de l'Homme rouge.

Richelieu s'attaque maintenant à la noblesse turbulente. À la suite d'un nouvel édit contre les duels, appliqué dans toute sa rigueur, Montmorency-Bouteville et des Chapelles sont décapités le 22 juin 1627, en place de Grève. Quelques jours plus tard, Marie fait don au cardinal du Petit-Luxembourg. Les séances du conseil peuvent ainsi avoir lieu dans la chambre de la reine. Car l'idylle continue, entre la princesse plus que quinquagénaire, et le prélat de douze ans son cadet...

Sans doute convient-il de s'interroger un instant sur la nature exacte de leurs relations. Quelques écrivains, amateurs d'alcôves, en ont fait des amants. Ainsi, Tallemant des Réaux décrit-il complaisamment ces séances de musique où Richelieu se pâmait en écoutant du luth aux pieds de sa maîtresse. En 1803 – l'an XI de la République – un dénommé Denis Mater publiera les *Amours secrètes du cardinal de Richelieu*. L'auteur prétend retranscrire un « manuscrit du XVIe siècle [*sic* !] » : « L'amour, affirme-t-il, plus que toute autre passion, avait allumé entre ces deux personnages remarquables, cette haine qui succéda si rapidement à la plus douce intelligence, et qui causa la perte de Marie de Médicis. »

À vrai dire, l'on voit mal le misogyne Richelieu se livrer aux jeux du corps avec la pudique Florentine – ne serait-ce déjà qu'en raison de leur âge et de la santé chancelante du cardinal ! Au surplus, Marie de Médicis est trop sincèrement croyante pour s'imaginer commettre l'adultère avec un prêtre. Néanmoins, il est indéniable qu'elle éprouve une réelle fascination pour son favori, au point de craindre parfois qu'il ne l'ait envoûtée. Le père Joseph, plus idéaliste, laisse entendre que leur harmonie se fonde sur une foi partagée : « Ils ont des mouvements fort particuliers de se donner tout à Dieu et de se consacrer à sa gloire... »

Or, Richelieu n'est pas Bérulle. En fait, il est probable que son attitude à l'égard de la reine mère relève de la plus impudente imposture. On se souvient des éloges presque ridicules que l'évêque de Luçon lui a décernés lors des états généraux. L'Homme rouge hait les femmes, et il les méprise : « Ces animaux sont étranges, écrit-il. On croit parfois qu'ils ne sont pas capables de grand mal, parce qu'ils ne le sont d'aucun bien ; mais je proteste en ma conscience qu'il n'y a rien qui soit si capable de perdre un État que de mauvais esprits couverts de la faiblesse de leur sexe. »

Il y a sans doute beaucoup de naïveté et de présomption dans le procédé de Richelieu. Pense-t-il véritablement que la Florentine est assez crédule pour se laisser prendre à de si grossiers artifices ? Depuis trente ans qu'elle est adulée par des légions de poètes et de discoureurs, elle a appris à s'en amuser : « Or sus, laissez donc les belles paroles et donnez-m'en de bonnes ! » a-t-elle lancé naguère au duc de Luynes. Toutefois, la reine mère, avec sa largesse proverbiale, comble Richelieu de bienfaits. En dix ans, elle lui donnera plus de deux millions de livres ! Mais le tartufe – quoique très intéressé à établir sa fortune – fait mine de ne rien désirer.

Contrairement à ce que l'on a souvent affirmé, l'étrange partie d'échecs que vont bientôt disputer la reine mère et l'Éminentissime, opposera deux stratèges d'une force comparable, même si l'intelligence du cardinal est plus retorse. Pourtant, l'un comme l'autre sous-estime son adversaire. Peu à peu, à partir de 1627, les camps vont se mettre en place, les antagonismes se préciser. Chacun avancera ses pions, sans être sûr de les contrôler parfaitement. Car jusqu'à la fin, les règles du jeu resteront confuses, les amitiés entrecroisées, et la victoire indécise.

Richelieu a entrepris d'évincer la clientèle traditionnelle de Marie de Médicis. Pour cela, il peuple l'entourage de la reine de ses propres affidés. Deux de ses nièces occuperont le poste de dame d'atour : Nicole de Maillé-Brézé, puis Marie de Vignerot, veuve d'Antoine de Combalet – un neveu de Luynes. Claude Bouthillier – issu d'une famille alliée à Richelieu – est nommé secrétaire des commandements. En septembre 1628, son frère Denis lui succède, tandis que lui-même devient secrétaire d'État. De son côté, Marie de Médicis place également ses fidèles à des postes clefs. Ainsi, Michel de Marillac sera-t-il d'abord promu directeur des Finances, puis garde des Sceaux en 1626.

Pierre de Bérulle, pour sa part, a accompli avec brio plusieurs missions diplomatiques. C'est lui qui a obtenu de Rome la dispense pour le mariage de Henriette-Marie avec Charles Ier d'Angleterre. Il a signé avec l'Espagne le traité de Monzon, qui règle l'affaire de la Valteline à l'avantage de la France, le 5 mars 1626. La reine mère – qui a toujours beaucoup aimé créer des cardinaux – s'avise alors de lui obtenir le chapeau rouge. Le brouillon de la lettre qu'elle adresse au pape Urbain VIII est conservé à la Bibliothèque nationale : « Très Saint-Père, la mort de mon cousin le cardinal de Marquemont [archevêque de Lyon] m'ayant privé d'une personne en qui je me confiais pour sa suffisance et fidélité, j'ai cru que Votre Sainteté m'aidera à réparer cette perte en me donnant part à la première promotion et qu'elle aura agréable la nomination que je lui fais par la présente, écrite de ma propre main, de la personne du R.P. Bérulle – général de la congrégation de l'Oratoire –, comme capable de succéder au défunt et ayant toutes les qualités requises pour bien servir l'Église en cette dignité éminente. Je suis sûre que dans le nombre des places qui sont aujourd'hui à remplir, je recevrai ce témoignage de l'affection de Votre Sainteté. »

Le 30 août 1627, Bérulle recevra en effet la barrette qu'il n'accepte que par « obéissance et soumission ». Pour Richelieu – qui n'a jamais vu dans la dignité cardinalice que le marchepied du pouvoir politique – le fondateur de l'Oratoire devient un rival potentiel. Et d'autant plus dangereux que Bérulle risque de se substituer à lui dans l'esprit de la reine mère.

Quelques semaines auparavant, les Anglais, à l'appel des huguenots qui rêvent d'indépendance, sont descendus dans l'île de Ré. La Rochelle, à l'abri de ses puissants remparts, défie la puissance souveraine. Aussi Louis XIII décide-t-il d'aller en personne détruire ce « nid de guêpes ». Commencé en novembre 1627, le siège s'éternise presque une année. Richelieu, qui a bouclé une cuirasse sur sa soutane flamboyante de prélat, démontre pour l'occasion qu'il est meilleur militaire qu'homme d'Église. Et même si le roi revient quelques semaines à Paris, au printemps de 1628, c'est au cours de ces longs mois passés à faire la guerre ensemble – l'activité préférée de Louis XIII, avec la chasse – que se forge la complicité du monarque et de son ministre.

Marie de Médicis a commis là une faute irréparable en n'accompagnant pas son fils. Sans doute en a-t-elle l'intuition. Elle comprend à coup sûr que le roi lui échappe, et que sa « créature » la trompe. Elle se plaint à Bouthillier « qu'on voulait la faire servir de marotte. » Pour la première fois, elle exprime de l'aigreur dans une lettre adressée à Richelieu. Celui-ci s'en étonne et se confond en excuses. Le 9 mai 1628, la reine reprend la plume pour clore l'incident : « Mon cousin, [...] je vous assurerai encore par celle-ci que chose du monde n'est capable de me diminuer tant soit peu la créance certaine que j'ai de votre affection entière à tout ce qui regarde mon contentement. Il est vrai que je suis un peu colère, mais vous savez que je crois avoir raison quand j'ai fait paraître ma promptitude [...] et vous assure qu'il faut que le [ciel] m'abandonne de tout avant que je perde le souvenir des fidèles services que vous m'avez toujours rendus... »

Rien cependant ne laisse présager la bourrasque prochaine. Durant ses deux séjours à La Rochelle, Louis XIII a eu la délicatesse d'investir sa mère de la régence pour les provinces « en deçà de la Loire ». Le 28 juillet, elle le remercie, avec un ravissement candide, de ce geste qui lui fait souvenir de sa toute-puissance : « L'affection que tout le monde voit que vous me témoignez, et l'honneur que vous me faites, me confiant le soin de vos affaires en votre absence, font que ceux qui attendent des effets de votre bonté, connaissant que mes prières vous sont agréables, ont recours à moi. »

Les huguenots finissent par se rendre, le 28 octobre 1628. Dans une lettre datée du 23 novembre, la reine, sachant son fils sur le chemin du retour, s'enquiert maternellement de sa santé déjà très déficiente : « J'ai si peur que les grandes journées que vous faites ne fassent recommencer votre douleur de pied, que je n'aurai point de bien jusques à ce que je sache qu'elle ne vous a pas repris. » Puis elle lui confirme « avec combien d'applaudissements » les Parisiens ont reçu la nouvelle de sa victoire. Et la Florentine conclut son propos par une formule téméraire, que l'avenir se chargera bientôt d'infirmer : « Vous suppliant de croire qu'en toutes choses, je n'aurai jamais autres sentiments que les vôtres, et que je ne respirerai toute ma vie que ce qui sera de votre contentement et de votre gloire. »

Richelieu, en bon tacticien, a choisi de jouer le roi contre la reine. Il a achevé de persuader Louis XIII qu'en dehors de lui, il n'y aurait point de salut pour le royaume de France. Ce faisant, il a abandonné Marie de Médicis à l'influence de son entourage dévot, et d'abord à celle de son autre cardinal, Bérulle, qui siège désormais au conseil. Si tous les catholiques font l'éloge de Richelieu après la chute de La Rochelle, les plus intolérants se scandalisent néanmoins de la grâce accordée aux hérétiques. Comme au lendemain du traité de Montpellier, d'aucuns préconisent de poursuivre la lutte jusqu'à l'éradication de la minorité protestante. Le cardinal ne trahit-il pas la cause de la vraie foi en retenant son bras ? Mais c'est que l'Homme rouge caresse d'autres projets...

La mort du duc de Mantoue Vincent II, sans héritier direct, le 27 décembre 1627, a relancé les troubles en Italie. Le défunt a légué sa couronne à son cousin, le duc de Nevers, Charles de Gonzague. L'empereur Ferdinand II et le roi Philippe IV d'Espagne, opposés à ce qu'un prince français gouverne les États mantouans, se sont entendus avec la Savoie pour s'en partager les dépouilles. Le vieux duc Charles-Emmanuel Ier investit aussitôt Casale, la capitale du Montferrat. Paris, alors officiellement l'alliée de Madrid, se trouve dans une situation difficile. À plusieurs titres, Marie de Médicis est hostile à une intervention armée. D'abord, elle déteste personnellement le duc de Nevers, qui s'est montré son ennemi durant la régence. Ensuite, l'incorrigible Gaston d'Orléans – veuf depuis peu de Mademoiselle de Montpensier – prétend épouser Marie-Louise de Gonzague, la fille du duc. Or, la reine mère veut remarier son fils avec une princesse Médicis. Enfin – et surtout – l'irruption de la France outre-monts risquerait de déclencher une guerre générale où la France verrait se dresser contre elle la puissance coalisée des Habsbourg. Ce que la reine a toujours cherché à éviter.

Dès lors, un fossé irréductible va se creuser entre Marie de Médicis – appuyée par Bérulle et le parti dévot – et Richelieu. Les deux anciens partenaires, devenus adversaires, raidissent leurs positions. La reine, qui dénonçait l'année précédente les menées espagnoles en Italie et en Allemagne, s'affirme résolument pour maintenir l'alliance des nations catholiques. De son côté, le cardinal rejette toute idée de conciliation et prône une politique agressive.

À peine rentré de La Rochelle, Louis XIII se prend déjà à regretter la fièvre des combats. Aussi réunit-il en hâte son conseil, le 26 décembre 1628, pour lui signifier son intention d'aller lever le siège de Casal. Richelieu soutient l'humeur belliqueuse du souverain. Elle sert trop sa cause : jamais il n'est si proche de lui que dans la chaude promiscuité des camps. Bérulle et Michel de Marillac ont beau alléguer que franchir les Alpes en plein hiver, avec une armée affaiblie, relève de la gageure. À plus long terme, le roi de France doit-il tenter l'aventure d'un embrasement européen, alors que ses sujets gémissent sous le poids des impôts et que les protestants du Midi ne sont pas entièrement assagis ? Au risque, écrira Bérulle, « qu'on donne commencement à une guerre immortelle, parmi les nécessités de l'État et les misères du peuple ».

Richelieu dévoile ici son vrai visage. Celui de l'un de ces esclaves de la chose publique, monstres cyniques et froids, qui aspirent certes au prestige des nations, mais sans se soucier du bonheur des hommes. Aux objections des dévots, il réplique que « si les peuples étaient trop à l'aise, il serait impossible de les contenir dans le devoir. [...] Il les faut comparer aux mulets qui, étant trop accoutumés à la charge, se gâtent par un long repos plus que par le travail ». Puis il prévient que, si l'on fait le choix de la guerre, il faudra pour longtemps « quitter toute pensée de repos, d'épargne et de règlement du dedans du royaume ».

Le 13 janvier 1629, deux jours avant le commencement de la nouvelle campagne, Louis XIII accepte, à la requête de Richelieu, de s'entretenir une heure avec sa mère. Le père Suffren, confesseur de la reine – et maintenant de son fils –, assiste à la réunion, ainsi que le cardinal. Ce dernier expose ce qui sera, au long des treize années à venir, les ressorts de son action. À l'extérieur, il préconise de lutter contre la domination des Habsbourg, dans le but de lui substituer l'hégémonie française. Le ministre n'hésite pas à souligner les défauts du roi – **sa** jalousie, son manque d'esprit de suite, sa sévérité excessive –, avant de se lancer dans un réquisitoire impitoyable contre Marie de Médicis. Il s'en fera l'écho plus tard : « Les changements de la reine venaient de son naturel [...] qui de soi-même était ombrageux et qui, ferme et résolu aux grandes affaires, se blessait aisément pour peu de choses ; ce qu'on ne pouvait éviter, parce qu'il était impossible de prévoir ses désirs. »

Pourtant, à y regarder de près, c'est tout de même un hommage insigne que le prélat, ennemi du beau sexe, se sent obligé de décerner à la reine mère, dont il reconnaît le naturel « ferme et résolu aux grandes affaires ». Henri IV n'avouait-il pas, en son temps, n'avoir « jamais vu femme plus entière et qui plus difficilement se relâchât de ses résolutions » ? Richelieu, assuré de la faveur du monarque, n'a pas craint de blesser la Florentine. Celle-ci se considère – à juste titre – victime d'une odieuse trahison. Sans doute a-t-elle d'ores et déjà résolu de se séparer de ce serviteur infidèle qui – rappelons-le – est toujours surintendant de sa maison. Mais il est probable qu'elle aurait su oublier sa rancœur, si Richelieu n'avait encore accentué ses divergences avec elle et le parti dévot.

Sur le point de partir, le 15 janvier, Louis XIII tient un lit de justice afin de faire enregistrer une grande ordonnance de réformation, conçue par le garde des Sceaux Michel de Marillac. Ce texte ambitieux vise à une uniformisation administrative et judiciaire, assortie de mesures fiscales propres à soulager l'indigence des plus humbles. De la sorte, Marillac contredit les nouvelles priorités de Richelieu auquel il écrira : « Nous faisons grand nombre de choses dont le peuple reçoit de grandes afflictions. [...] Il me semble qu'il est principalement de la gloire du bon gouvernement de penser au soulagement des sujets et aux bons règlements de l'État, qui ne se peuvent faire que par la paix. »

Mais la paix n'est point ce qui préoccupe l'Éminentissime, perdu dans ses rêves de grandeur. C'est pourquoi il va s'employer à saboter ce « code Michau », comme les pamphlétaires nommeront, par dérision, l'ordonnance du malheureux Michel de Marillac. En sous-main, le cardinal lui suscitera tellement d'oppositions qu'elle restera lettre morte.

Pour l'heure, Louis XIII s'enivre de gloire. Ses troupes déferlent sur le Piémont. Le 11 mars 1629, elles bousculent – fait d'armes inespéré – les retranchements du pas de Suse. Le duc de Savoie tourne casaque. Il abandonne ses alliés espagnols pour adhérer à la ligue anti-Habsbourg, au côté de la France, de Venise et même de la Papauté. Louis XIII ne s'endort pas sur ses lauriers. Il repasse aussitôt les Alpes, et va réduire les dernières résistances huguenotes dans les Cévennes et le Vivarais. Le 28 juin 1629, l'édit de grâce d'Alès réaffirme la liberté de conscience, mais il enlève aux protestants tout privilège politique ou militaire. Encore une fois, cette demi-mesure, inspirée par Richelieu, mécontente les dévots. Pour Michel de Marillac, la défaite des hérétiques doit être parachevée, au moyen d'un puissant effort de conversion : « Il me semblerait bien à propos de remplir toutes ces provinces de missionnaires, de récollets, capucins, pères de la Doctrine, Oratoire, jésuites et autres, et qu'un peu de dépense serait bien employée pour les entretenir. » Ce à quoi Richelieu répond qu' « autres sont les intérêts d'État qui lient les princes, et autres les intérêts du salut de nos âmes... ».

Le 13 septembre 1629, le cardinal – qui a prolongé son séjour en Languedoc – regagne Fontainebleau. Le roi l'accueille avec transport tandis que la reine mère lui témoigne « tant de froideur à la vue de tout le monde qu'il n'y eut personne qui n'en fût étonné ». Richelieu joue les innocents et feint la stupéfaction. En réalité, l'orage couvait depuis plusieurs mois. D'autant que le contentieux à l'encontre du cardinal s'est encore aggravé. Les proches de Marie de Médicis « ne voulaient pas seulement lui complaire dans ses passions, mais enchérissaient encore par-dessus pour la mieux flatter » – selon l'élégante expression de Fontenay-Mareuil.

Pendant l'absence de Louis XIII, la reine mère, détentrice de l'autorité royale, a fait interner à Vincennes la princesse Marie de Gonzague, sur le bruit que Gaston projetait de l'épouser secrètement. Or, elle s'est laissé persuader par son entourage que Richelieu souhaitait cette union de la fille du duc de Nevers avec l'héritier présomptif du trône. Gaston, ulcéré, est allé bouder en Lorraine, d'où il ne rentrera que le 18 avril 1630. Soucieuse de dénouer une crise dont elle partage la responsabilité, la reine a promis au fugitif le pardon de son frère : « Vous pouvez en prendre toute assurance sur ce que je vous écris, qui est chose très véritable. Je vous conjure, pour l'amour de moi, qui ne pourrais vivre si je voyais de la division entre deux personnes qui me sont chères comme le roi et vous. »

À Fontainebleau, Marie de Médicis – incapable de dissimuler longtemps son ressentiment – a donc offert à Richelieu un visage de marbre. Du bout des lèvres, elle daigne néanmoins s'enquérir de ses nouvelles : « Je me porte mieux que beaucoup de gens qui sont ici ne voudraient », murmure-t-il avec aigreur.

Par contraste, la reine est tout sucre pour Louis de Marillac, promu maréchal en Languedoc, et pour Bérulle. Ironique, elle lance, comme pour justifier son attitude insultante : « L'estime que je fais d'un cardinal ne diminue pas les sentiments avantageux que j'ai toujours eus pour l'autre ! » Après quoi, elle annonce à Richelieu qu'elle lui retire la surintendance de sa maison. Avec ces mots, en guise d'adieu : « Vous vous abusez si vous me croyez votre esclave... »

MARIE DE MÉDICIS

L'Homme rouge ne manque pas de se plaindre à Louis XIII du mauvais accueil de la reine mère. Le roi promet de s'entremettre... « Servez-vous-en si vous voulez, moi, je ne veux plus le voir ! » déclare la Florentine à son fils. Elle désire ne plus « être obligée de traiter avec cet insolent ailleurs qu'en la présence du roi et dans ses conseils ».

Le lendemain, 14 septembre, Richelieu brandit la menace de se retirer des affaires et de la cour. Devant un tel chantage, Marie de Médicis est soulevée d'indignation. Louis XIII, ému jusqu'aux larmes, prie son ministre de conserver ses fonctions, et qu'« il se déferait plutôt des importunités de la reine sa mère et de celles des cabaleurs ». Pragmatique, la reine se soumet – momentanément – à la volonté de son fils. Elle consent à se raccommoder avec l'Éminentissime. Ce tragédien de talent s'agenouille alors aux pieds de sa protectrice, et pleure d'abondance. « Ce ruisseau qu'il répand si largement quand il lui plaît », plaisante la reine qui ne se fait aucune illusion sur la sincérité de l'Homme rouge.

Cette fausse réconciliation est d'ailleurs endeuillée par la mort subite de Bérulle, le 2 octobre 1629, terrassé par une attaque pendant qu'il célébrait la messe. Marie de Médicis perd avec lui son conseiller le plus remarquable. Bérulle était né trop tard – ou peut-être trop tôt. Dans une Europe en proie aux premiers déchirements des grands États-nations, il rêvait encore à une Chrétienté unie et pacifique. Entraîné presque malgré lui à travers les sombres dédales de la politique, il n'avait rien à opposer à la rouerie d'un Richelieu, sinon ce que ce dernier, avec condescendance, nommera sa « simplicité ».

Bérulle était l'âme du parti dévot. Sa disparition laisse le champ libre à l'Homme rouge. Le 21 novembre 1629, Louis XIII l'élève au rang de « principal ministre d'État ». La terre de Richelieu sera érigée en duché-pairie. Enfin, le frère de l'Éminentissime, Alphonse de Richelieu, ancien chartreux et archevêque d'Aix puis de Lyon, recevra à son tour le chapeau. Marie de Médicis courbe l'échine. Elle restitue la surintendance de sa maison au héros du jour. La faveur de Richelieu est telle que l'ambassadeur de Venise prétend que Gaston d'Orléans va épouser Madame de Combalet, la nièce du cardinal ! Et comme Louis XIII abdiquerait pour terminer ses jours dans un monastère, Richelieu deviendrait ainsi l'oncle tout-puissant de la reine de France !

Pendant ce temps, le duc de Savoie a oublié les engagements du traité de Suse. Les Espagnols et les Impériaux préparent leur revanche. Richelieu se voit donc confier la mission de diriger l'armée d'Italie, avec le grade de « lieutenant général du roi représentant sa personne » – une nouvelle consécration. Louis XIII compte en effet s'attarder à Paris, afin de régler son différend avec Gaston, et s'assurer des bonnes intentions de sa mère. Au demeurant, Marie de Médicis n'a eu garde de désapprouver cette seconde expédition. Au printemps de 1630, lorsque le roi rejoindra enfin son « généralissime », celui-ci aura passé le col du Mont-Cenis sous la neige, pour se rendre maître de Pignerol.

Richelieu, inquiet des réactions de la Florentine, confie à sa nièce, Madame de Combalet : « J'ai bien peur qu'elle ne me canonisera point pour lui prédire la paix, ne voyant pas, à mon grand regret, que les affaires s'y disposent. » Aussi prend-il soin de se tenir informé de ses humeurs. C'est le père Suffren – confesseur indiscret – qui lui écrit, le 7 avril : « La reine mère du roi vit fort doucement. Je viens tout maintenant de l'entretenir selon l'ordinaire des samedis. Ce n'a pas été sans parler de vous, et la porter toujours à reconnaître les obligations que l'Église et la France vous ont, et à oublier toutes les appréhensions du passé. Je n'ai pas en cela beaucoup de peine, son bon naturel ne pouvant choquer de si claires vérités. »

Marie de Médicis aurait-elle renoncé à la lutte ? On est plutôt en droit d'imaginer qu'elle-même n'ignorait rien des bavardages du jésuite. Et qu'elle ne lui a laissé entrevoir, à l'usage de Richelieu, qu'un masque destiné à endormir sa méfiance. Toujours est-il que la reine mère – comme au temps de Luynes – s'empresse de suivre son fils sur le chemin de l'Italie. Anne d'Autriche, Michel de Marillac et les autres ministres l'accompagnent.

Le 11 mai 1630, Richelieu les retrouve à Lyon. Louis XIII l'a chargé de tenir un conseil avec sa mère et son garde des Sceaux. En effet, un envoyé du pape, du nom de Jules Mazarin, lui a communiqué des propositions d'armistice. Le cardinal est d'avis de les rejeter. Marillac, au contraire, préconise une paix immédiate, en invoquant les « misères et afflictions du peuple de France, qui languit sous de très grandes et incroyables pauvretés ». Marie de Médicis va probablement l'approuver. Coup de théâtre, elle se prononce pour la poursuite de la guerre, comme le rapporte Richelieu, dans ses *Mémoires* : « Après que le garde des Sceaux eut lu son avis, la reine dit [...] qu'on ne pouvait faire la paix [...], disant clairement que si on la faisait ainsi, on perdrait la réputation ; qu'elle la désirait passionnément, mais que là où il allait de l'honneur et réputation, qu'il ne se pouvait rien faire. »

La Florentine a-t-elle choisi la politique du pire ? Louis XIII est malade, miné par une tuberculose dont les accès le plongent dans des crises de mélancolie dépressive. Peut-être espère-t-elle le convaincre de renoncer lui-même à son entreprise. Après tout, le roi, encore sans postérité, a-t-il le droit d'exposer sa vie de manière inconsidérée ? D'autre part, dans le cas, prévisible, d'une débâcle militaire, l'Éminentissime en porterait toute la responsabilité. Aussi la reine garde-t-elle ses distances. Tandis que le roi, le 17 mai, s'empare de Chambéry, la capitale de la Savoie, puis de Saluces, Marie prétexte d'une indisposition pour demeurer à Lyon.

En vain, Richelieu lui propose, de la part du roi, un rendez-vous à Grenoble, puis à Vizille. Le 7 juin, elle lui fait cette réponse : « Je suis bien fâchée que je ne puis obéir à ce que le roi Monsieur mon fils désire que je me rende à Grenoble le 15ᵉ de ce mois, mais étant incommodée comme je lui écris, je crois qu'il trouvera bon que je ne me sois pas mise sur les chemins et que je me donne le temps de me guérir. Quand j'arriverais malade au lieu où il serait, il n'aurait point de contentement de me voir. »

Le 14 juin, la « très humble et très affectionnée mère et sujette » s'adresse directement à son fils : « Je ne veux pas demeurer davantage sans vous écrire [...] et vous témoigner combien j'ai de regret que ma santé ne me puisse permettre de vous aller voir et me prive du contentement de vous voir. Vous pouvez juger que, étant partie de Paris pour demeurer plus près de vous que je pourrais, ce ne m'est pas une petite affliction. Toute la consolation que je pouvais recevoir en cela, c'était d'être assurée de votre santé, mais il faut que je vous avoue que j'ai une extrême appréhension que la grande chaleur ne vous incommode et ne vous fasse malade. Au nom de Dieu, je vous conjure de considérer que vous ne devez rien à moi de plus chère que votre conservation, qui importe à tout le monde, et m'est à moi de telle conséquence que vous le pouvez croire, et que je voudrais y contribuer de ma propre vie, puisqu'elle ne dépend que de la [vôtre]. »

Il semble que la reine mère hésite et s'interroge. Comment pourrait-elle accepter d'un cœur léger une guerre qui met aux prises trois de ses enfants : Louis XIII, et ses deux filles, la reine d'Espagne et la duchesse de Savoie ? Ce que nous connaissons d'elle ne nous porte pas à la dépeindre sous les traits d'une calculatrice impassible, remâchant sa vengeance. Marie de Médicis est davantage une femme impulsive, aux colères aussi violentes que rapidement éteintes. « Nos petits dépits ne doivent jamais passer les vingt-quatre heures », se consolait jadis Henri IV. Le 24 juin 1630, le surintendant des finances Claude de Bullion écrit encore à Richelieu : « Elle m'avoua que la cour était terrible, et qu'il y avait des gens artificieux qui ne pensaient qu'à brouiller. Je n'estime pas que la reine puisse jamais être de meilleure humeur qu'elle est pour vous. Je n'estime pas que Marillac ait pouvoir de changer l'esprit de la reine, son épée est trop courte. »

Le même jour, d'ailleurs, Marie de Médicis félicite le cardinal pour les prouesses de ses armées : « Si ceux de Casal continuent à se bien défendre, Spinola n'en aura pas si bon marché qu'il l'eût imaginé ! Je prie Dieu que tout succède à notre contentement et vous avise de faire ce que vous pourrez pour vous conserver. »

En réalité, le sort des armes est en train de tourner. Tandis qu'une épidémie de typhus décime les rangs français, le roi est toujours mal portant. Depuis Grenoble, Michel de Marillac lui adresse un mémoire, le suppliant de ne compromettre ni sa santé ni sa réputation, dans cette guerre « où on s'est étourdiment aventuré ». Louis XIII n'a-t-il pas des tâches plus nobles à accomplir : restaurer les finances, lutter contre les désordres, rétablir la concorde intérieure ? Quant à sa maladie, c'est un avertissement « que Dieu [lui] donne qu'il ne le veut pas en ce lieu-là ».

Sagement le roi renonce à passer en Italie. Le 25 juillet 1630 – n'écoutant pas Richelieu qui lui donne le mauvais conseil de rester –, Louis XIII quitte Saint-Jean-de-Maurienne, où sévit l'épidémie, pour retrouver sa mère et sa femme. Une semaine auparavant, Mantoue est tombée par surprise aux mains des Impériaux. Le maréchal de Toiras, assiégé dans Casal, commence à manquer de vivres et de munitions. Arrivé à Lyon plus mort que vif, le roi est bientôt secoué d'une fièvre incoercible, épuisé par la dysenterie et la tuberculose. Le 30 septembre, ses médecins le considèrent comme perdu. Les prêtres prient déjà pour le repos de son âme. Pendant que son fils agonisant reçoit les derniers sacrements, Marie de Médicis se cache dans un cabinet voisin, de peur de l'impressionner par son chagrin.

Déjà, la cour prépare le nouveau règne. Richelieu, qui a regagné Lyon le 23 août, redoute plus que tout l'avènement de « Gaston Ier ». Ce serait le triomphe du parti dévot, et pour lui la disgrâce assurée, peut-être pire encore... L'Éminentissime sait, par ses espions, qu'un mystérieux conseil a réuni le duc de Guise, Bassompierre et Louis de Marillac, afin de statuer sur son sort. Le premier a opiné pour l'exil, le deuxième pour la prison perpétuelle, le troisième pour la mort. Deux mois plus tard, le terrible Homme rouge appliquera à chacun d'entre eux la même peine qu'il lui réservait. L'incroyable miracle, en effet, se produit. À toute extrémité, l'abcès intestinal qui empoisonnait Louis XIII perce spontanément. Dès lors, la guérison suit son cours. Encore très faible, il semble que le convalescent, harcelé par les deux reines, lâche la vague promesse de se séparer de Richelieu. Car Marie déteste plus que jamais le cardinal, depuis que le roi a failli mourir par sa faute.

Le 13 octobre 1630, des négociations compliquées, menées à la diète de Ratisbonne, aboutissent à un traité qui prévoit l'investiture impériale pour Charles de Gonzague, ainsi que le retrait simultané des Espagnols et des Français. Ces derniers conserveraient toutefois les places fortes de Suse et de Pignerol. Par un coup d'éclat inattendu, Richelieu désavoue ses plénipotentiaires – dont le père Joseph, son confident. En fait, il a donné l'ordre aux maréchaux, quelques jours plus tôt, de rompre la trêve pour marcher sur Casal. La reine mère – qui ignore les manœuvres secrètes de l'Éminentissime – ne peut comprendre ce retard apporté à la paix. Et elle lui exprime sa colère, le 24 octobre, au cours d'un conseil orageux.

Une fois encore, Richelieu a fait preuve d'une habileté supérieure. Certes, les succès arrachés devant Casal permettront à la France de rabaisser l'orgueil de l'Espagne. Mais aussi, pour l'avenir, d'en attiser le ressentiment.

XIX

LA JOURNÉE DES DUPES

En quittant son principal ministre à Roanne, Louis XIII lui conseille de se réconcilier avec la reine mère. Aussi Richelieu décide-t-il de rentrer à Paris en compagnie de Marie de Médicis. Pendant les onze jours du voyage, l'un et l'autre feront assaut d'amabilités, comme en témoignent les *Mémoires* du cardinal : « Il n'y a honneur qu'il ne rende à sa personne, ni soin qu'il ne contribue à ce que tous les siens, chacun selon sa condition, soient logés et traités selon qu'ils le peuvent désirer. »

Sur le bateau qui descend paresseusement la Loire, le prélat se tient à genoux au pied du lit de la Florentine, tandis que celle-ci le nomme avec suavité *amico del cor mio*, ami de mon cœur. À La Charité, Marie communie de la main de sa « créature », mais le jour même, elle écrit à son fils pour lui rappeler sa promesse de le chasser du pouvoir. D'ailleurs, Richelieu ne s'illusionne guère sur les sentiments de son ancienne protectrice. À Auxerre, Louis XIII – bien peu subtilement – lui répète « tout ce que la reine mère avait dit contre lui de plus diabolique, et les inventions dont elle s'était voulu servir pour lui persuader ».

Le climat est lourd, en ce commencement d'automne, alors que la cour retrouve la capitale. Marie s'installe au Luxembourg, et Richelieu auprès d'elle, dans l'ancien hôtel du duc de Piney dont elle lui a fait cadeau. Comme le Louvre est en travaux, Louis XIII prend ses quartiers rue de Tournon, dans l'hôtel des Ambassadeurs-Extraordinaires, naguère propriété des Concini. On chuchote qu'à l'abri des murs du carmel du faubourg Saint-Jacques, la cabale de la reine prépare le dossier d'accusation du cardinal, et rassemble les preuves accablantes de son népotisme et de ses détournements.

MARIE DE MÉDICIS

Au début de novembre 1630, Richelieu adresse une épître solennelle à celle qui paraît conspirer sa perte : « Madame, j'ai su comme mes ennemis, ou plutôt ceux de l'État, non contents de m'avoir décrié auprès de Votre Majesté, veulent encore rendre suspecte la demeure auprès du roi. Comme si je ne l'approchais que pour l'éloigner de vous et pour diviser ce que Dieu et la nature ont joint. J'espère en la divine bonté que leur malice sera reconnue, que mes déportements seront bientôt justifiés, et que mon innocence triomphera de la calomnie. »

Comme de coutume, le cardinal use, envers « la meilleure et la plus grande reine de l'univers », de la plus ridicule flagornerie : « La pourpre que je porte, dont vous m'avez revêtu, écrit-il, perdra son éclat et son lustre, si le rebut de Votre Majesté y imprime de si noires taches. [...] Écrasez, Madame, votre ouvrage et votre créature. [...] Je m'ennuierais partout où Votre Majesté ne serait point et, sans la permission de la voir, je ne veux plus que celle de mourir... »

La réaction de Marie de Médicis ne se fait guère attendre. Et elle vient « crever l'apostume » – selon l'expression de Richelieu. Le dimanche 10 novembre sera l'une de ces pages de l'Histoire de France bâties à la manière d'une tragédie classique. Curieusement, personne ne s'accorde sur la chronologie exacte de cette célèbre « journée des Dupes », maintes fois racontée, et dont Marie de Médicis sera la première et la plus illustre victime. Au moins sept personnes en ont laissé une relation. Pourtant, aucune d'entre elles n'y a assisté. On n'ignore pas non plus que les *Mémoires* de Richelieu ne sont pas l'œuvre directe de l'Éminentissime. La reconstitution est donc hasardeuse. Pour respecter l'unité de temps chère à Boileau, faut-il que le drame se soit déroulé en moins de vingt-quatre heures ? Le dimanche 10 novembre, ou bien le lundi 11 ? Certains auteurs préfèrent répartir les événements sur deux, voire trois jours.

L'intensité dramatique – en accord avec le témoignage des contemporains – nous incite cependant à réunir ces épisodes successifs en une seule « journée des Dupes ». Et nous choisirons de croire Bassompierre lorsqu'il écrit, dans le *Journal de ma vie* : « Le dimanche 10ᵉ [de novembre], veille de la Saint-Martin, le roi étant venu le matin voir la reine sa mère, je lui accompagnai. Ils s'enfermèrent tous deux dans son cabinet... » Marie de Médicis – selon sa manière habituelle d'écarter les importuns – a fait savoir qu'elle prendrait médecine. Le roi a compris qu'elle désire le rencontrer en tête-à-tête. Depuis plusieurs jours en effet, la reine lui rappelle avec insistance sa promesse de congédier le cardinal. Il semble que la veille, à l'issue d'un conseil mouvementé, Marie s'est dressée avec quelque éclat contre Richelieu, et qu'elle lui a retiré une nouvelle fois la surintendance de sa maison. Louis XIII, en arpentant les quelques dizaines de mètres qui séparent la rue de Tournon du Luxembourg, sait-il déjà ce qu'il va répondre à cette mère qu'il craint et qu'il révère ?

Le premier acte de cette tragi-comédie a pour cadre le cabinet de la reine. En dehors de Louis XIII et de Marie de Médicis, il n'y a que trois femmes de chambre, un ou deux valets. Claude de Saint-Simon, premier gentilhomme et favori du roi, assiste à la scène. Son fils, le fameux mémorialiste, se fera l'écho lointain – et peut-être infidèle – des souvenirs paternels. Toutes les portes ont été fermées. Le dialogue s'engage. Louis écoute les récriminations de sa mère. Il sait qu'il est inutile de l'attaquer de front. Peu à peu, Marie s'apaise. Le roi tente de la convaincre de patienter quelques semaines, le temps que s'achève la campagne de Mantoue.

Soudain, l'Homme rouge apparaît, comme surgi de nulle part. On l'a averti, et il est venu plaider sa cause. Mais il s'est heurté à une porte close, pour la première fois. C'est alors qu'il a eu l'idée d'emprunter un escalier ou un couloir dérobé, caché dans un pilier de la chapelle. Des années plus tard, Gaston d'Orléans notera dans ses *Mémoires* : « [La reine] ne se repentait d'autre chose, sinon d'avoir oublié à pousser le verrou de la porte du cabinet, et que, si elle l'eût fermée à double tour, elle ne faisait nul doute que le cardinal n'eût été perdu, présupposant que le roi se serait rendu à ses raisons et prières. »

Pour la suite de notre narration, le récit de Bassompierre – sans doute puisé aux meilleures sources – se révèle aussi le plus coloré : « Monsieur le cardinal y entra, dont le roi fut un peu étonné et dit à la reine : "Tout est perdu, le voici" ; croyant bien qu'il éclaterait. Monsieur le cardinal, qui s'aperçut de cet étonnement, leur dit : "Je m'assure que vous parliez de moi." La reine lui répondit : "Non faisions." Sur quoi, lui, ayant répliqué : "Avouez-le, Madame", elle lui dit que oui, et là-dessus se porta avec grande aigreur contre lui, lui déclarant qu'elle ne se voulait plus servir de lui, et plusieurs autres choses... »

À lire d'autres mémorialistes, la reine, stupéfaite par cette intrusion, aurait d'abord rougi – par ce reste de cette timidité qui ne la quittera jamais. Elle est tellement en colère qu'elle ne peut articuler le moindre mot. Il est vrai que l'effronterie de l'Éminentissime dépasse les bornes ! Assurément, sa dignité de prince de l'Église lui donne certains privilèges. Mais de là à s'introduire subrepticement dans les appartements de la reine douairière de France, pour pointer sur elle, devant le roi son fils, un doigt accusateur.

MARIE DE MÉDICIS

D'ailleurs, Richelieu éprouve bientôt les effets de son impudence. Les emportements de Marie de Médicis sont légendaires. Saint-Simon compare celui-ci à l'océan en furie : « Peu après, la marée commença à monter. Les sécheresses, puis les aigreurs vinrent ; après les reproches et les injures, très assénés, d'ingrat, de perfide et autres gentillesses ; qu'il trompait le roi et trahissait l'État pour sa propre grandeur et des siens. Sans que le roi, comblé de surprise et de colère, pût la faire rentrer en elle-même et arrêter une si étrange tempête. Tant qu'enfin elle le chassa, et lui défendit de se présenter jamais devant elle. »

Le malheureux Richelieu, dont le psychisme mal équilibré le fait verser souvent de l'audace à la mélancolie, se jette en larmes aux pieds de la reine. Il baise le bas de sa robe et la supplie de lui pardonner ses fautes. Marie de Médicis, loin de se calmer, hurle à pleine voix « qu'il était un fourbe qui savait bien jouer la comédie, et que tout ce qu'il faisait n'était que pure momerie et un vrai manège pour la tromper encore une fois ». Comme le roi reste muet, le cardinal, se croyant perdu, quitte la pièce. Quelques minutes plus tard, Louis XIII passe devant lui, dans l'escalier du Luxembourg, sans lui rendre son salut. La Florentine a exigé de son fils qu'il choisisse entre sa mère et un « valet ». Tandis que le roi rejoint son rendez-vous de chasse de Versailles, Richelieu, anéanti, prépare sa fuite.

« Toute la journée, rapporte le résident de Toscane, on crut que le cardinal avait été congédié, et tout un chacun, quand on l'apprit en ville, en manifesta une grande satisfaction. » Les courtisans ont senti le vent. Ils se pressent autour de Michel de Marillac, en qui ils voient le chef du prochain gouvernement. C'est alors, semble-t-il, que Richelieu est informé que Louis XIII désire le voir le soir même à Versailles. N'est-ce pas un piège, à seule fin de le faire arrêter ? Le cardinal de La Valette, l'un de ses derniers fidèles, lui conseille d'y aller : « Qui quitte la partie, perd... »

Marie de Médicis aurait dû prendre cette convocation du roi au sérieux. Le vicomte Luca de Fabroni – un gentilhomme italien qui sera, en exil, son dernier favori – la met en garde. Elle ne devrait crier victoire « qu'elle n'eût mis la dernière main à la disgrâce du cardinal, et qu'elle ne l'eût fait chasser de Paris et de la cour ». De fait, Louis XIII a réfléchi. Rasséréné, loin de la présence écumante de sa mère, il réaffirme, envers et contre tout, sa confiance à son principal ministre. Selon une autre version, c'est Richelieu qui aurait dû plaider sa cause, deux heures durant, au pied du lit royal.

Quoi qu'il en soit, en pleine nuit, le monarque réunit un conseil extraordinaire. Il déclare son intention de mettre fin aux intrigues qui, depuis un an, sont dirigées contre le cardinal. Michel de Marillac est sommé de remettre les Sceaux à Châteauneuf, un ancien ambassadeur, que Marie de Médicis déteste. Le ministre déchu est assigné à résidence dans le village de Glatigny, près de Versailles. Emprisonné à Lisieux, puis à Châteaudun, il y mourra saintement, deux années plus tard. Son frère, le maréchal, qui commande en Italie, est décrété d'arrestation. Louis de Marillac sera décapité, au terme d'un procès inique.

Richelieu a surmonté, sain et sauf, le « grand orage », mais au prix de quelles angoisses ! Ses ennemis sont abattus, le parti dévot démantelé. Il ne reste plus qu'un coup ultime à jouer, pour jeter la reine définitivement hors de l'échiquier. C'est une lutte sans merci qui s'engage. L'Homme rouge ne sera pas tranquille avant que Louis XIII ait scellé leur connivence en lui sacrifiant sa propre mère. Les grands génies de l'Histoire de France sont rarement sympathiques. Richelieu en donne ici la preuve éclatante...

Pour le principe, Louis XIII adjure Marie de Médicis d'oublier ses griefs. Ne pourrait-elle se résoudre à siéger à ses conseils, en marquant seulement une indifférence courtoise à l'endroit du cardinal ? Le roi, qui connaît bien sa mère, pense-t-il sérieusement qu'elle puisse accepter une telle compromission ? Ce serait justifier l'iniquité commise à l'encontre de ses amis Marillac. Or, la Florentine n'abandonne jamais ceux qui la soutiennent loyalement.

Le 18 novembre, le roi confie au surintendant des Finances Bullion, le rôle ingrat de négocier avec sa mère. Il nous reste une relation dialoguée de cette entrevue :

« Vous êtes bien hardi de me venir voir. Ne serez-vous pas criminel ? Vous serez au moins excommunié ! » déclare la reine.

« – Madame, il n'y a personne auprès du roi qui ne soit votre très humble serviteur, et particulièrement Monsieur le cardinal de Richelieu.

« – Et que fait Monsieur le cardinal de Richelieu ?

« – Madame, tous ceux qui viennent d'auprès le roi vous diront qu'il n'est pas reconnaissable à cause de l'affliction dans laquelle il est de votre mécontentement.

« – Je n'en crois rien ! S'il avait de l'affection pour mon service, il n'aurait pas porté le roi à faire ce qu'il a fait, répliqua la reine en pleurant.

« – Madame, je vous supplie de ne pas vous affliger. On pourrait trouver quelque tempérament qui contenterait le roi et Votre Majesté.

« – Et lequel ?

« – Celui, Madame, dont vous-même avez parlé au commencement, à savoir que Monsieur le cardinal ne prenne point part dans vos affaires, et qu'il se trouve dans les conseils du roi avec Votre Majesté.

« – Cela est vrai, mais je suis allée plus avant que je ne le voulais, et il m'est difficile de me rétracter. Ah ! on l'emporte sur moi par bravade et par autorité ! [...]

« – Entre les biens que Votre Majesté a faits au royaume, est celui d'avoir donné au roi Monsieur le cardinal. [...]. J'ai vu Votre Majesté haïr des personnes bien plus avant que Monsieur le cardinal, et néanmoins ces personnes s'étaient soumises à Votre Majesté, vous les avez admises à vos bonnes grâces.

« – Cela est bon quand on se soumet, mais on m'étranglerait plutôt que de me faire faire rien par force ! Et que dites-vous quand celui qui me veut perdre est une créature ?

« – Ce sont des méchants qui, pour attiser le feu, vous tiennent un tel langage, Madame. Monsieur le cardinal n'a d'autre intention que d'user de respect et de très humble service.

« – Il n'est pas nécessaire que je sois aux conseils.

« – Le roi et Monsieur le cardinal jugent le contraire. »

Le département des manuscrits de la Bibliothèque nationale de France possède le compte rendu inédit d'autres négociations, menées sans doute en même temps par le Premier président du Parlement de Paris, Nicolas Le Jay. Ne résistons pas, une fois encore, au plaisir de faire parler Marie de Médicis. Ainsi, lorsque le magistrat allègue le « grand déplaisir » de Richelieu... « Elle repartit : Ne prenez pas garde à cela, car il est plein d'artifice. Il pleure quand il veut, ce sont larmes de crocodile. Il m'a voulu priver des affaires, et a regret d'avoir été découvert. »

« Non, Madame, reprend Nicolas Le Jay, c'est une mauvaise impression qu'on vous a donnée, [...] son courage est franc et généreux. [...] Il n'a point perdu le respect qu'il vous doit, ni le souvenir de vos bienfaits.

« – Il peut bien s'en souvenir, dit-elle, puisqu'il tient de moi plus de neuf cent cinquante mille écus ! »

Finalement, au terme d'un second entretien, Marie de Médicis paraîtra se rendre aux arguments de son interlocuteur.

« Elle dit : J'ai envoyé visiter mon fils et savoir s'il aura agréable que je l'aille voir comme j'en ai volonté, seulement d'y aller et venir en même jour, n'ayant intention que de voir comment il se porte.

« – Madame, il n'en faut pas demeurer là. Mais lui donner le contentement tout entier de ce qu'il désire.

« – Je ne lui en parlerai pas la première, dit-elle, et ne lui dirai rien de cette affaire s'il ne m'en parle.

« – Eh bien, Madame, il vous priera de lui laisser ce sien serviteur qui lui est utile. Le voudriez-vous refuser d'une chose qu'il affectionne pour l'utilité qu'il en a reçue et qu'il en recevra encore ci-après ? [...]

« – Eh bien, Monsieur le Premier président, puisque vous me le conseillez, si le roi mon fils m'en parle, je lui ferai réponse telle qu'il en aura contentement, préférant ses affaires à mes intérêts particuliers. Cela est bien dur, mais je m'y résous. Nous verrons comment il s'y comportera... »

Malgré ces bonnes résolutions, la reine confirme publiquement à son fils, le 19 novembre, à Saint-Germain, qu'elle ne se réconciliera jamais avec Richelieu. Louis XIII en prend acte. Deux jours plus tard, il fait cette mise au point devant une délégation du Parlement : « Vous savez où l'animosité a porté la reine ma mère contre Monsieur le cardinal. Je veux honorer et respecter ma mère, mais je veux assister et protéger le cardinal contre tous. » Quant à Marie, au comble de la fureur, elle répond au pauvre Bullion, venu une deuxième fois pour tenter de la raisonner : « J'aime mieux être damnée que de manquer à lui faire sentir les effets de ma vengeance ! »

De son côté, l'Homme rouge déploie tous ses talents d'histrion. Il n'apparaît plus qu'avec une mine décomposée. Il soupire à qui veut l'entendre que, privé de la faveur de la reine mère, il se consume de douleur. La Florentine se contente de ricaner au nez des émissaires qui lui décrivent les souffrances feintes de son *amico del cor mio* : « Il se change comme il veut ! Après avoir paru gai, en un instant, il semble demi-mort ! »

Marie de Médicis a raison de se méfier. Car son implacable adversaire fourbit ses armes. Il la fait espionner à toute heure du jour. Avec une mesquinerie scrupuleuse, l'Éminentissime recueille ragots et médisances, avant de les moucharder au roi. Un double de son *Journal*, « tiré de la minute écrite de sa propre main », est conservé à la bibliothèque Mazarine. Richelieu y a consigné les plaintes – réelles ou supposées – que la reine mère aurait émises contre lui. On y lit des notes de ce genre, alternant la première et la troisième personne : « Elle a dit à Monsieur le Premier président que Monsieur le cardinal a écrit à Monsieur [Gaston d'Orléans] que, s'il voulait être mal avec elle, il le servirait et lui donnerait tout contentement. »

« Le 21 novembre, elle a dit à Monsieur de Bullion qu'il y avait trois ans qu'elle commençait à connaître que j'avais tout crédit sur l'esprit du roi et que je la méprisais. » Ou encore : « Elle dit à Nogent que Dieu ne payait pas toutes les semaines, mais qu'enfin il payait. D'où elle concluait qu'avec le temps, elle viendrait à bout de son dessein contre le cardinal. » Bref, il s'agit d'un document assez abject, indigne en tout cas de l'image de grandeur que l'Histoire conserve du puissant ministre...

Une apparence de rapprochement a pourtant lieu, le jour de Noël 1630, sous les auspices du père Suffren et du nonce, le cardinal Bagni. Les deux hommes d'Église ont convaincu la reine qu'une princesse chrétienne se doit de pardonner les offenses. Richelieu, les yeux gonflés par les larmes, se tient debout, raide devant la Florentine : « Je n'ai jamais eu l'intention de faire sortir le cardinal d'auprès du roi, ni de l'ôter de ses affaires, mais seulement de ma maison », articule celle-ci avec effort.

« – Votre Majesté a bien dit qu'elle ou moi sortirions de la cour », ose objecter Richelieu.

Suffren se hâte de préciser : « C'est la colère qui a fait tenir ce langage à la reine. »

Marie, une fois encore, a consenti au premier pas. Mais le cardinal sait que rien n'est vraiment réglé, comme le rapportera l'ambassadeur vénitien Contarini : « Richelieu ne pouvait et ne voulait plus se fier à la reine, qui, comme tous les Italiens, conservait en elle les verts rameaux de la haine... »

En contrepartie de sa docilité, Louis XIII a laissé miroiter à sa mère – dont c'est le « principal désir » – la libération des Marillac. Le 27 décembre 1630, elle assiste donc au conseil. Mais bien loin d'y prendre les mesures d'apaisement attendues, Richelieu multiplie les provocations contre la reine mère et son alliée, Anne d'Autriche. L'Éminentissime veut montrer à Marie de Médicis que c'est lui, maintenant, le maître absolu...

Le mois de janvier 1631 se traîne ainsi dans une atmosphère pesante, annonciatrice d'un nouveau coup de tonnerre. Les deux reines, en signe de protestation, n'assistent plus aux spectacles de la cour. Richelieu, pour marquer ses distances, va habiter le somptueux Palais-Cardinal – une aile de l'actuel Palais-Royal – qu'il se fait construire grâce à la générosité de Marie de Médicis et de Louis XIII. C'est là que, le 30 janvier, Gaston d'Orléans, flanqué d'une suite tapageuse, vient l'apostropher. Après tout, le frère du roi n'est-il le seul qui puisse parler avec une telle franchise, sans risquer d'être jeté au fond d'un cachot ? Et n'est-ce pas le devoir d'un fils de relever l'honneur flétri de sa mère ? Il ne peut admettre, en effet, « que, devant sa fortune et toute son élévation à la reine sa bienfaitrice, au lieu de lui en témoigner sa gratitude, ce qu'un homme sage et un fidèle serviteur eût fait, [Richelieu] fût devenu au contraire son plus grand persécuteur, contribuant par ses artifices ordinaires à la noircir dans l'esprit du roi ».

MARIE DE MÉDICIS

Pour conclure, le jeune prince lance à l'Éminentissime que, s'il n'était pas prêtre, il le châtierait autrement. Puis, se méfiant tout de même un peu de la réaction du roi, il galope se réfugier à Orléans. En fait, l'éclat du trop fougueux Gaston va servir le non moins habile cardinal. Celui-ci gémit auprès de son maître des violences dont il est victime. Il insinue que la reine, complice, a offert à Gaston un million de livres en pierreries pour soutenir sa révolte. Ainsi conditionné, Louis XIII perd patience. Les théologiens qu'il consulte ne l'assurent-ils pas que les devoirs d'un monarque envers son peuple l'emportent sur le respect dû à une mère ?

Le 12 février, le roi arrive à Compiègne. Il y a convoqué Marie de Médicis afin de tenter une ultime conciliation. Vautier, le médecin de la reine, le père Suffren, son confesseur, ainsi que le maréchal de Schomberg, s'entremettent pour la déterminer à revenir siéger au conseil. En échange, Richelieu protestera solennellement auprès d'elle de sa bonne volonté et de sa fidélité. Malgré les prières réitérées du roi et de ses proches, Marie reste inébranlable. Il n'est plus question pour elle de prendre place à la même table que le cardinal, ni même de s'engager à ne plus le combattre.

Le 22 février 1631, Louis XIII réunit son conseil. Richelieu, fidèle à sa méthode, se contente de résumer la situation, en « suggérant » discrètement la meilleure issue. Puisqu'en dépit des efforts déployés pour s'accorder avec elle, la reine s'opiniâtre, il se dit prêt à démissionner. Bien sûr, on pourrait également se séparer de l'encombrante princesse. Mais un simple ministre ne saurait préconiser une telle mesure ! C'est au roi seul de statuer sur une aussi grave question...

Louis XIII – persuadé d'avoir pris librement sa décision – décrète donc que sa mère sera exilée de la cour, « afin que, cependant, son esprit eût loisir de se désabuser, et [d'] éloigner d'elle pour toujours ceux qui étaient les auteurs de ses maux, pour les empêcher de les entretenir et de lui en faire de semblables à l'avenir ».

Le lendemain, 23 février, au matin, Louis XIII fait prévenir la reine mère que, mécontent des conseils qu'on lui donne, il se résout à quitter Compiègne sur-le-champ, sans lui faire ses adieux. Il ne la reverra plus jamais. Anne d'Autriche brave l'interdiction de son mari, pour se précipiter dans la chambre de sa belle-mère, et l'embrasser une dernière fois. Marie de Médicis, assise sur son lit, fond en larmes : « Ah ! ma fille, soupire-t-elle. Je suis morte ou prisonnière. Le roi me laissera-t-il ici ? Et que veut-il faire de moi ? »

Les issues du château sont bouclées, les ponts relevés. Huit compagnies de gardes françaises – soit environ quinze cents hommes – prennent position alentour. La « justice » du cardinal s'abat sur les familiers de la reine. La princesse de Conti est expédiée à Eu, où elle mourra d'amertume quelques semaines plus tard. Les duchesses d'Ornano et d'Elbeuf, la connétable de Lesdiguières, sont reléguées sur leurs terres. L'oratorien Chanteloube est placé en garde à vue dans un séminaire de Nantes ; le médecin Vautier et l'abbé de Foix sont embastillés, de même que le maréchal de Bassompierre. L'ancien compère de Henri IV ne retrouvera la liberté que douze années plus tard, à la mort de l'Homme rouge.

Le maréchal d'Estrées a été investi des délicates fonctions de geôlier royal. En termes diplomatiques, il déclare à la reine qu'il a l'ordre de rester désormais auprès d'elle, de veiller sur sa personne au château et au cours de ses petits déplacements. Marie de Médicis est bel et bien prisonnière ! Les jours suivants vont être occupés à discuter du lieu définitif de sa détention. Il ne saurait être question de Blois ou d'Angers, attachés à trop de souvenirs. Quant à Compiègne ou Orléans, ils sont trop proches de Paris. On en revient donc à Moulins, où Louise de Lorraine, la veuve de Henri III, a fermé les yeux...

Si Marie accepte cette retraite, Vautier sera tiré de la Bastille. La reine flaire un traquenard. Moulins est sur la route de l'Italie : le cardinal ne songerait-il pas à la réexpédier de vive force en Toscane ? Elle s'exclame qu'« elle souffrirait les derniers outrages plutôt que d'y consentir, jusqu'à se laisser tirer de son lit toute nue et par les cheveux » ! Pourtant, elle se ravise aussitôt, et écrit le jour même à son fils : « Bien que l'éloignement que vous m'ordonnez [...] soit bien sensible à une mère qui vous a toujours si tendrement aimé, puisqu'il me force à me séparer de vous, voyant néanmoins que vous le désirez, je me suis résolue de vous rendre l'entière obéissance que vous demandez de moi et de me retirer à Moulins, en attendant que Dieu, protecteur de mon innocence, vous ait touché le cœur et faire reconnaître le tort que la séparation d'avec vous me fait, non seulement dans votre royaume, mais aussi par toute la chrétienté. »

Malgré cette apparente résignation, la reine pose certaines conditions à son départ. D'abord, elle a appris – on ignore comment – que la ville de Moulins est « infectée de la maladie contagieuse ». D'autre part, le château « est si fort ruiné qu'il n'y a pas une seule chambre où [elle] puisse loger ». Aussi propose-t-elle de s'installer provisoirement à Nevers. La Florentine chercherait-elle à gagner du temps ? Sans doute espère-t-elle être libérée par Gaston d'Orléans, qui est en train de lever des troupes dans le Poitou et le Limousin. C'est du moins ce que laisse entendre le maréchal d'Estrées, dans une lettre au roi : « Elle ne veut pas sortir, il faut qu'il y ait quelque dessein caché là-dessous. Elle ne veut pas s'éloigner de crainte d'être trop loin si un changement survenait... »

Le 1ᵉʳ mars, Marie de Médicis sollicite un délai supplémentaire. L'altération de ses humeurs, conséquence des émotions récentes, requiert qu'elle prenne une purgation. Or, son cher Vautier lui est nécessaire pour la conservation de sa santé : « Afin, écrit-elle au roi, que me purgeant, je me puisse garantir d'une grande maladie dont je suis menacée à cause des déplaisirs que j'ai reçus et reçois tous les jours de me voir séparée de vous. » Et elle ajoute une phrase magnifique comme on savait les balancer au XVIIᵉ siècle : « J'espère que Dieu me fera la grâce que, revenant à vous, vous ne voudrez pas faire périr sans cause celle dont sa bonté s'est voulu servir pour vous donner l'être. »

On autorise la reine à consulter tous les médecins qu'elle désire – mais on se garde bien de lui renvoyer Vautier. Marie continue de traîner des pieds. Elle prétexte un manque d'argent pour ajourner encore son voyage. Il lui faut régler la solde de ses officiers. Elle discute maintenant de l'itinéraire. D'ailleurs, les routes sont impraticables pendant l'hiver ! Et puis toute sa garde-robe est restée au Luxembourg. Le roi apporte une réponse à chacune de ces demandes, non sans longanimité. Il ne veut pas qu'on puisse l'accuser de persécuter sa mère.

Cependant, à la fin mars, Gaston, bousculé par la petite armée de son frère, va se réfugier à Nancy, chez le duc de Lorraine. Marie voit s'estomper l'espoir d'une délivrance rapide. Louis XIII hausse alors le ton. Les huit compagnies des gardes sont remplacées par douze compagnies du régiment de Navarre. Le roi écrit au maréchal d'Estrées qu'il est persuadé que ces nouvelles troupes « l'étonneront et ceux qui sont auprès d'elle, ce qui ne nuira point à lui faire prendre autre conseil que celui dans lequel elle semble affermie ».

Loin de « s'étonner », la Florentine ne bronche pas. Il faut dire que la contrainte n'a jamais été le meilleur moyen de soumettre cette princesse impérieuse et résolue. Richelieu ne l'ignore pas. Et sans doute ces humiliations éclatantes font-elles partie de son plan secret. À Nevers ou à Moulins, son ennemie serait encore susceptible d'une revanche triomphale, comme autrefois à Blois puis à Angers. Non, il faut qu'elle parte sans espoir de retour. Marie de Médicis le devine d'ailleurs, lorsqu'en mai, elle écrit à son fils : « Il ne m'a éloignée de vous et ne me veut encore chasser plus loin que parce qu'il sait bien que je connais ses desseins et ses artifices. [...] L'éloignement aux lieux que vous m'avez fait proposer n'est pas seulement ce qu'il demande. Sa pensée va plus loin. Il sait bien que j'ai trop de courage pour souffrir cette honte publique en cent ou six-vingts [cent vingt] lieues de chemin qu'il me veut faire faire contre ma volonté, sans y trouver la fin de ma vie qu'il veut sacrifier à la sûreté de la sienne et de ses ambitieux desseins que vous connaîtrez un jour, mais trop tard. »

Le 22 mai 1631, le maréchal de Schomberg et le doyen du conseil d'État, Roissy, accomplissent la démarche de la dernière chance. Ils trouvent la reine au lit, à cinq heures du soir. Schomberg lui remet une lettre du roi, lui prescrivant de se rendre à Moulins. La transcription de l'entrevue est conservée à la Bibliothèque nationale :

« La reine a répondu qu'elle voulait contenter le roi et lui obéir, mais que d'aller à Moulins où la peste était, elle ne croyait pas que le roi l'y voulût envoyer, et n'irait jamais. Qu'elle savait bien qu'il n'était point important au service du roi qu'elle partît de Compiègne où elle voulait demeurer puisqu'on l'y avait arrêtée. Qu'elle ne voulait pas traverser une partie de la France conduite comme prisonnière pour faire triompher son Éminence d'elle. Et qu'elle avait eu avis qu'étant à Moulins, le roi la voulait envoyer en Italie. »

Schomberg répond qu'elle pourra s'arrêter quelque temps à Nevers. Il cherche à la rassurer. Mais c'est un dialogue de sourds qui se poursuit : « Sur quoi ladite Dame reine a répondu que pour Moulins la peste y était. Et que, pour Nevers, elle l'avait à la vérité d'autrefois proposé, mais qu'elle ne voulait plus aller. [...] Qu'elle ne voulait point partir, et que l'on ne l'en tirerait jamais qu'avec violence, aimant mieux mourir que d'en sortir, ce qu'elle réitéra plusieurs fois. »

Les émissaires du roi insinuent alors que leur maître, désappointé, va devoir employer la contrainte. Et ils ajoutent que la reine écoute trop ses mauvais conseillers. « Sur quoi elle nous a répondu qu'elle ne prenait conseil de personne, s'étant mal trouvée de ceux que l'on lui avait donnés. Et que s'il lui arrivait mal de la résolution qu'elle avait prise de ne partir point d'ici, elle ne s'en prendrait qu'à soi-même. [...] Puisqu'elle assurait vouloir demeurer dans Compiègne, sans aucun dessein de rien faire contre le bien de la France, le roi n'y avait point d'intérêt, qu'elle le suppliait de ne la presser point davantage de partir d'ici, étant résolue de souffrir toutes sortes d'efforts et de mauvais traitements plutôt que d'y consentir. »

Louis XIII et Richelieu ont autorisé Schomberg et Roissy à faire une ultime concession. Elle est de taille – si elle est sincère. Le roi propose à sa mère de l'investir du gouvernement d'Angers, comme au lendemain de la paix d'Angoulême : « À quoi la dite Dame reine a répondu qu'elle remerciait le roi des offres qu'il lui plaisait lui faire, mais qu'elle ne voulait non plus du gouvernement d'Anjou que de celui du Bourbonnais qui lui avait ci-devant été offert. Que cette proposition était pour lui faire du mal, et l'éloigner d'autant plus du roi. Que si elle allait en Anjou, l'on dirait peu après qu'elle serait bien là, et l'on l'y laisserait. Et que le roi étant maître dans tout son royaume, il la pouvait aussi bien faire arrêter là qu'ici. Qu'elle ne voulait point partir dudit Compiègne, si ce n'était pour aller auprès du roi. Qu'aussi bien, ne le voyant pas, en quelque lieu qu'elle pût être, elle n'y aurait point de contentement. »

Le lendemain, Marie de Médicis s'enferre dans son opposition systématique. Elle refuserait maintenant de se rendre à son château de Montceaux, et même au palais du Luxembourg ! Car « par les chemins, l'on la pourrait transporter où l'on voudrait. Et que si elle avait à souffrir violence, elle voulait que ce fût ici, à quoi elle voyait que le roi difficilement se pourrait résoudre ; et que s'il plaisait à Sa Majesté la laisser ici comme elle l'en suppliait, elle donnerait parole, et de n'en partir point que quand il lui plairait, et de n'avoir communication ni intelligence avec qui que ce soit ».

Dans sa *Très humble, très véritable et très importante remontrance au roi*, Mathieu de Morgues brossera ce tableau apocalyptique de Marie de Médicis à Compiègne : « Ses yeux étaient, et sont encore, deux fontaines de larmes, sa poitrine rend plus de soupirs que son estomac ne reçoit de morceaux, son cœur a plus de battements d'appréhension pour vous, que de mouvements naturels. Son poumon, n'ayant respiré qu'un mauvais air enfermé, se corrompait et se rompait, ne recevant plus le doux rafraîchissement que votre présence lui apportait. Elle mourait dans un jour autant de fois qu'elle vous a conservé la vie durant neuf mois. »

La reine mère a résolu d'alerter l'opinion publique. Elle reste recluse dans sa chambre et déclare qu'il « en arriverait ce qui plairait à Dieu ». Le 24 mai, Schomberg et Roissy rentrent à Paris bredouilles. Quelques jours plus tard, la Florentine adresse à son fils une lettre aux accents mélodramatiques : « J'eusse différé de vous écrire, sans le bruit que mes ennemis ont fait courre pour me frapper, que je m'étais sauvée en Flandres. Celle-ci vous assurera que je suis encore ici résolue de n'en sortir que par force, si ce n'est pour m'approcher de vous en l'état qu'une bonne mère que je vous suis doit être avec son fils, et que je n'ai jamais eu ni n'aurai la volonté de me retirer en lieu où vous n'ayez la puissance absolue. [...]

« Vous pouvez juger combien il serait peu séant à vous et à moi que mes larmes continuelles et mon affliction énorme fussent exposées aux yeux de vos sujets en tant de chemins que j'aurais à faire pour me rendre en l'un des lieux que vous m'avez fait proposer, et que le triomphe de mes ennemis fût orné de ce spectacle qui ne serait proposé qu'à faire voir leur puissance partout, et le misérable état auquel je suis réduite. [...] Votre naturel est trop bon pour consentir à leurs mauvais desseins, si vous les connaissiez, mais sous prétexte de ce que vous devez à votre État, l'on vous cache le venin que l'on me veut faire avaler pour se défaire de moi contre votre intention. »

Cette supplique, envoyée le 31 mai 1631, croise un ultimatum de Louis XIII, qui parvient à la prisonnière le lendemain même. La reine a quinze jours pour choisir l'une des résidences proposées. Le roi précise – « afin qu'on connaisse le respect dont [il veut] user à [son] endroit » – que le maréchal d'Estrées a reçu la consigne de retirer ses troupes à deux lieues de Compiègne. On imagine que la Florentine n'est pas prête à obtempérer ! Le 15 juin, à l'expiration du délai, d'Estrées vient l'implorer en vain. Les semaines succèdent aux semaines. La situation reste bloquée. D'ailleurs, le temps joue pour la reine, dont la détention émeut les Français. Ses trois gendres, les rois d'Espagne et de Grande-Bretagne, et le duc de Savoie, s'apitoient sur son sort et le font savoir bruyamment. Louis XIII commence à passer pour un fils dénaturé.

Il est de plus en plus question d'évasion. Les domestiques de la reine en bavardent ouvertement dans les tavernes de Compiègne. Le 10 juillet, l'infante Isabelle laisse entendre que les traditions d'hospitalité des Pays-Bas espagnols lui feraient un devoir d'accueillir la proscrite. Cependant, Marie de Médicis ne veut pas sortir du royaume. Son plan est de s'installer à La Capelle, une place de la frontière du nord. De là, elle lancera un manifeste contre la tyrannie de Richelieu et un appel à la révolte. Des troupes lorraines et flamandes viendraient alors soutenir sa rébellion. Le jeune comte de Vardes, fils du gouverneur de La Capelle, a promis de lui livrer la citadelle. Il vient en effet d'épouser Jacqueline de Bueil. Cette ancienne maîtresse de Henri IV est la mère du comte de Moret, tout dévoué à son demi-frère Gaston...

La reine n'aura pas beaucoup de difficultés à quitter Compiègne. Depuis le 1er juin, les douze compagnies de Navarre se sont écartées de la ville. C'est comme si Richelieu voulait favoriser la fuite de son adversaire. Marie de Médicis exilée, réfugiée chez ces Espagnols auxquels il ambitionne de faire la guerre, et il serait à jamais débarrassé de la seule personne capable de lui aliéner l'esprit du faible Louis XIII. La mère du roi contrainte d'embrasser la cause des ennemis du royaume ! Voilà un aboutissement auquel l'Éminentissime n'aurait jamais rêvé.

MARIE DE MÉDICIS

La Florentine aurait dû se méfier davantage. Moins machiavélique que l'Homme rouge, elle donne dans le panneau. C'est qu'elle ne peut supporter d'être entravée ! Il lui faut être libre, de ses actes comme de ses paroles ! Si elle ne s'est pas soumise au Vert-Galant, le « plus grand roi de l'univers », ce n'est pas pour s'humilier devant un misérable prélat, qui lui doit tout et ne la paye en retour que de son ingratitude ! Comme à Blois, douze ans plus tôt, Marie de Médicis a décidé de secouer ses chaînes.

Dans l'après-midi du 18 juillet, Mazure, lieutenant aux gardes du corps de la reine, est allé chasser à l'affût, comme de coutume. À son retour, il demande au concierge du château de ne pas fermer les portes, car ses valets vont apporter un énorme sanglier qu'il vient de tuer. En fait de sanglier, c'est une silhouette voilée qui, sur le coup de minuit, se faufile hors de la forteresse. Le cerbère, amadoué par quelques écus, accepte de croire la fable d'une demoiselle d'honneur de la reine allant se marier secrètement dans un ermitage voisin. Marie de Médicis – nous l'avions deviné – n'est accompagnée que par l'une de ses dames, son aumônier, et le lieutenant Mazure. L'aventure paraît moins périlleuse qu'à Blois, mais aussi plus romantique !

À la sortie de Compiègne, un carrosse stationne depuis la veille. L'Aisne est traversée au bac de Choisy, que l'on prend soin de cadenasser sur l'autre rive, afin de retarder d'éventuels poursuivants. Vers midi, Marie relaie à Sains, à environ vingt-cinq kilomètres de son but. Tout semble se dérouler à merveille. Mais quelques heures plus tard, à Rosny, le comte de Vardes accourt à sa rencontre. Son père, le marquis, est arrivé de Paris la veille. Le complot est découvert, et le marquis lui a repris le commandement de La Capelle.

Cette fois, le cardinal a mis la reine échec et mat. Il ne reste plus à la Florentine qu'à tirer les conséquences de sa défaite. Elle ne peut plus revenir en arrière. Les soldats de Richelieu sont déjà à ses trousses. Aussi fait-elle atteler sa voiture de chevaux frais. Dans la soirée, elle atteint le petit village d'Etrœngt, en territoire habsbourgeois. Plus jamais la mère de Louis XIII ne foulera le sol de la France. Sur cet épisode déterminant de sa carrière, l'Homme rouge tombera le masque, dans son *Testament politique* : « La sortie de la reine mère et de Monsieur [Gaston d'Orléans] furent comme une purgation salutaire qui garantit le royaume des maux dont il était menacé. »

De là à penser – comme le feront certains historiens – que Richelieu aurait, en quelque sorte, « téléguidé » l'évasion de Marie de Médicis, il n'y a qu'un pas. Et nous aurions tendance, pour notre part, à le franchir.

XX

EN EXIL À BRUXELLES

Jusqu'à son dernier soupir, Marie de Médicis n'admettra jamais sa défaite. Et elle luttera sans relâche pour recouvrer ses prérogatives, et son rang auprès de son fils. À Avesnes, première citadelle au-delà de la frontière, elle est reçue avec pompe par le gouverneur, le baron de Crèvecœur, qui se place sous ses ordres. Dans un livre orné de fines gravures au trait et imprimé à Anvers en 1632, Jean Puget de La Serre relate *L'entrée de la reine mère du roi Très-Chrétien dans les villes des Pays-Bas*. Certes, cet « historiographe de France » pèche trop souvent par l'outrance de ses éloges. Mais il a assisté aux événements et son témoignage pris sur le vif reste irremplaçable.

Malgré les instances du prince d'Épinay, gouverneur du Hainaut – et ancien page de Henri IV –, de se rendre à Mons, Marie de Médicis décide de ne pas quitter Avesnes. Elle n'imagine pas que son exil puisse s'éterniser. Aussi prépare-t-elle déjà son retour. Elle envoie à Paris un émissaire, porteur d'une lettre pour Louis XIII, à lui remettre en main propre. La reine y prononce un plaidoyer *pro domo* : « Sans mettre mes larmes en ligne de compte, j'ai souffert ce qu'une femme de moindre condition que moi aurait bien de la peine de souffrir avec patience. L'on m'a arrêtée en criminelle, dès le commencement, pour n'avoir pas voulu obéir aux volontés du cardinal. Depuis, l'on m'a traitée comme la plus grande ennemie de la France. »

Le messager de la reine est de retour dès le 26 juillet. Au Louvre, on l'a traité avec froideur. Devant une délégation du Parlement, le roi a condamné sans appel le départ de Compiègne. Aussi, la réponse du roi à sa mère, dictée par Richelieu, est-elle des plus cinglantes : « Madame, je suis d'autant plus fâché de la résolution que vous avez prise de vous retirer de mes États que vous n'en aviez point de véritable sujet. La prison imaginaire, les persécutions supposées dont vous vous plaignez, et les appréhensions que vous témoignez avoir eues à Compiègne de votre vie, n'ont pas plus de fondement que la poursuite que vous mettez en avant vous avoir été faite en votre retraite. »

Piquée au vif, Marie de Médicis reprend sa plume. Richelieu est la seule cause de tous ses maux. Qu'il soit chassé, écrit-elle dans son aveuglement, et tout rentrera dans l'ordre entre elle et son fils : « Tout n'aboutit qu'à vous demander justice d'un mauvais serviteur et à vous faire voir ses crimes et ses desseins contre votre État. Et si vous voulez que je lui pardonne, je le ferai de bon cœur pour l'amour de vous. Mais [...] il faut, auparavant, s'il vous plaît, qu'il soit juridiquement condamné. Et lors, si vous lui donnez la vie, je lui rendrai aussi volontiers tous mes ressentiments. »

Dans le même temps, se répand à Paris une *Réponse à la déclaration du roi sur la sortie de la reine sa mère et de Monsieur*. Marie de Médicis y hausse le ton. Elle déclare n'avoir aucune intention de comploter. La vérité, c'est que Richelieu les a contraints, elle et le duc d'Orléans, à l'exil ! En définitive, elle ne demande rien, sinon de rentrer chez elle : « La reine mère du roi ne veut point de gouvernement. Sa sûreté est en sa qualité, et en sa vertu, et surtout dans le bon naturel du roi lorsqu'il ne sera point prévenu. [...] Elle n'en veut point d'autre que celui de sa maison, avec les bonnes grâces du roi, et la paix. »

Louis XIII est loin de songer à rappeler sa mère ! Tout au contraire, il lui permet de faire enlever de Compiègne ses bijoux et sa garde-robe. Ses serviteurs et les officiers de sa maison sont autorisés à la rejoindre, excepté son trésorier, d'Argouges, et Vautier, le médecin astrologue, toujours embastillé. Trois dames, sept filles d'honneur, cinq ou six femmes de chambre et une vingtaine de gardes prennent alors le chemin des Pays-Bas. Tandis que huit carrosses et vingt-deux mulets pesamment chargés emportent les bagages de la reine.

Ainsi, Marie de Médicis s'installe-t-elle dans un provisoire qui durera près de onze années. À Avesnes, sa petite cour s'efforce de jouer les apparences de la comédie royale. La reine prend ses repas en public, avec tout le rituel approprié. Elle assiste solennellement aux messes et aux vêpres. L'infante Isabelle ne tarde pas à lui adresser le marquis d'Altona, son ambassadeur ordinaire. « La joie qu'elle en eut, rapporte La Serre, parut également et sur son visage, et en tous ses discours. »

Le 29 juillet, la reine se résout enfin, pour sa sécurité, à s'éloigner des confins de la France. Toujours follement généreuse, elle offre à Crèvecœur un riche diamant, en remerciement de son hospitalité. À l'approche de Mons, le prince d'Épinay, escorté par « cent gentilshommes tous richement vêtus », se porte à la rencontre de la reine. Après les harangues et canonnades de rigueur, les habitants, à leur tour, ne font pas faute d'exprimer leur enthousiasme. Afin de satisfaire ses innombrables admirateurs, la reine, installée à l'hôtel de Naast, renonce à se reposer. Elle apparaît plusieurs fois à son balcon. D'ailleurs, tous ceux qui la contemplent, affirme La Serre, sont charmés par « tant de majesté sur son front, tant de douceur dans ses yeux et tant de grâce sur le reste de son visage ».

Marie va séjourner deux semaines dans la capitale du Hainaut. Les réceptions succèdent aux visites protocolaires. Au début d'août, fatiguée par le rythme trépidant de son emploi du temps, Marie de Médicis doit garder la chambre pendant quelques jours. À cinquante-huit ans, il est probable que la Florentine se ressente de ses récentes mésaventures. Qu'on se souvienne qu'elle a tout perdu ! Et, quoique entourée de prévenances, la « mère de trois rois » en est désormais réduite à quémander l'aumône de son gendre espagnol.

Au milieu de son affliction, Marie va cependant connaître le réconfort d'une amie sincère et dévouée. Le 11 août, l'infante Isabelle se rend à Mons, afin de consoler sa cousine. Depuis le décès de son mari – l'archiduc Albert –, en 1621, la petite-fille de Charles Quint reste seule « gouvernante » des Pays-Bas. Comme de coutume, la rencontre a lieu en dehors des murailles. Les deux princesses quittent leurs carrosses et marchent l'une vers l'autre. Dès le lendemain, Marie de Médicis et l'infante Isabelle prennent ensemble le chemin de Bruxelles, où la reine déchue trouvera un asile convenable.

Après une nuit au château de Mariemont, la joyeuse entrée de la Florentine dans la capitale des Pays-Bas va être le prétexte de festivités inoubliables. Dix compagnies de la milice l'escortent, composées de quatre à cinq mille bourgeois « superbement vêtus et plus richement armés ». Cette troupe, bientôt renforcée par deux cents artisans et marchands des guildes et des corporations, conduit le cortège royal jusqu'à la porte d'Anderlecht. Tout au long des boulevards, d'autres bourgeois, d'allure martiale, forment une haie d'honneur. Puis, la voiture de la reine fait halte au pied d'une estrade tapissée d'écarlate où se tiennent les édiles municipaux. Le pensionnaire Charles Schotte – le gouverneur – rappelle que, près d'un siècle auparavant, une autre souveraine française, Éléonore, sœur de Charles Quint et femme de François Ier, a été l'hôte de Bruxelles. Mais ce souvenir lointain s'efface, devant « l'éclat de la royale présence de la mère de notre reine [Élisabeth], mère de tant de rois et de tant de vertus ensemble ».

Marie de Médicis assure « qu'il ne serait jour de sa vie, que la pensée et le souvenir ne lui en fussent également agréables, en attendant avec impatience le moyen de s'en revancher ». Chaque fois qu'elle sera ainsi « haranguée », durant son exil – aux Pays-Bas, aux Provinces-Unies puis en Angleterre –, la reine tiendra inlassablement le même discours. Elle manifeste sa gratitude à ceux qui la reçoivent, avant de leur promettre – si le destin lui redevient favorable – de « se revancher », c'est-à-dire de leur prouver sa reconnaissance par des actes.

La grande cloche de Saint-Nicolas, qui ne sonne qu'aux entrées des princes souverains du pays, se fait entendre. Sur la grand-place, l'hôtel de ville est tapissé de drap rouge à franges vertes. Des clairons, des trompettes et des hautbois remplissent ses galeries de musique. Au crépuscule, le beffroi Saint-Michel, chef-d'œuvre de sveltesse gothique, qui le domine de ses cent mètres, s'embrasera d'une surabondance de lampes ardentes et multicolores.

Un appartement a été apprêté pour Marie de Médicis dans l'ancien palais des ducs de Brabant. La chambre de la reine – décorée de tableaux « hors d'estime » – est précédée par quatre salons, tapissés de toile d'or ou de satin blanc brodé de fleurs. Le lit se dresse dans une *alcueva* – une alcôve – à l'espagnole. Le nouvel appartement de la reine mère, qui donne sur un parc paradisiaque, n'a guère à envier à ceux du Louvre ou du Luxembourg. En ses premières semaines bruxelloises, Marie de Médicis consacrera le meilleur de son temps à des visites de dévotion, une pieuse activité qu'elle affectionne. Ainsi va-t-elle s'agenouiller à Notre-Dame de Bon-Secours, à Notre-Dame de Laeken, ou à Sainte-Gudule. Et c'est au sein d'une population farouchement catholique qu'elle célèbre, le 15 août, l'Assomption de la Vierge.

Par le canal de Willebroeck, Marie de Médicis, en compagnie de l'infante Isabelle, gagne Anvers, le 4 septembre 1631. Le temps est doux, et les courtisans se répandent à bord d'une nuée de petits navires, tandis qu'une fastueuse galère ornée de « grotesques » – ces arabesques peintes entremêlées de figurines de fantaisie – a été préparée pour les deux princesses. Elle est servie par une douzaine de matelots, tous vêtus à l'identique, la rame à la main. À Anvers, l'enthousiaste de la foule est tel, écrit La Serre, que « les canons, en cette allégresse publique, faisaient trembler la terre ». Des carrosses attendent les voyageurs « sur le rivage du Werf ». Le soleil est presque couché, et la chaleur du jour à demi éteinte donne « la liberté aux dames de mettre en vue leurs beautés sans crainte du hâle ».

Le dimanche 7 septembre, a lieu la procession qui ouvre la kermesse traditionnelle. La date en a été retardée, afin que la reine puisse y assister. D'un balcon, Marie et Isabelle voient d'abord défiler le clergé et les confréries religieuses. Arrivent ensuite des chars, de plus païenne inspiration, sur lesquels des statues à l'antique exaltent les vertus de la Florentine. L'une d'elles figure Cybèle, la Mère des dieux, sur son trône. De ses bras, elle protège « une fille vêtue d'un habit bleu en broderie d'or et d'argent » portant couronne et sceptre. Un autre tableau montre trois nymphes couronnées, l'une habillée à la française, l'autre à l'espagnole, la troisième à l'anglaise.

Comme à Mons et à Bruxelles, Marie peut mesurer ici son extraordinaire popularité. Les Anversois se bousculent pour l'apercevoir à table. Au XVIIe siècle, certains individus préfigurent même nos modernes paparazzi : « Je remarquais encore, constate La Serre, la ruse d'un grand nombre de peintres, qui sous prétexte de voir dîner la reine, dérobaient ingénieusement d'un subtil pinceau tous les traits de son visage... »

Entre autres motifs, un devoir d'amitié a conduit Marie de Médicis à Anvers. En effet, il lui tient à cœur de profiter du hasard malheureux qui l'a exilée aux Pays-Bas pour visiter la maison de Pierre-Paul Rubens. Le peintre ne lui rappelle-t-il pas la splendeur et les jours heureux de son palais du Luxembourg ? D'ailleurs, le très industrieux Rubens vient d'effectuer pour elle, au cours des semaines précédentes, de délicates manœuvres diplomatiques dont nous reparlerons. La Florentine se rend également dans l'atelier d'Anton Van Dyck, l'un des plus brillants élèves de Rubens, et pour lequel elle accepte de poser. Le portrait qu'il réalise de la reine appartient actuellement à la pinacothèque de Munich. Poignant de vérité, il montre la princesse, veuve au regard lourd, altière encore malgré le fardeau de l'âge et de l'adversité.

La guerre fait de nouveau rage entre les Pays-Bas et les Provinces-Unies, au nord, libérées du joug madrilène. Le 10 septembre 1631, avant de rentrer à Bruxelles, l'infante Isabelle et sa cousine passent en revue la flottille qui s'apprête à quitter Anvers pour aller combattre les Hollandais. Des gentilshommes espagnols prient Marie de Médicis de bénir leurs armes.

Ce serait une grave erreur – souvent commise par les historiens du XIXe siècle – que de juger l'attitude de Marie de Médicis à l'aune d'un patriotisme anachronique. Princesse italienne, petite-nièce de Charles Quint, veuve de Henri IV, mère ou belle-mère de quatre souverains européens, elle n'aura jamais le sentiment de trahir qui que ce soit. Dans l'esprit de la reine, les nations catholiques forment un ensemble qui devrait transcender leurs divisions, et qu'elle voudrait voir demeurer en paix, uni dans une lutte commune contre les hérétiques protestants et les Turcs infidèles. Mais il y a Richelieu, qui incarne une politique radicalement opposée. Et pour le faire tomber, Marie serait prête à s'allier avec le diable.

Dès son arrivée à Avesnes, en juillet 1631, elle s'est évertuée à rassembler autour d'elle les « malcontents ». Elle croit pouvoir compter sur ses plus fidèles amis, Guise et d'Épernon, ainsi que sur le duc de Bouillon – huguenot, mais factieux dans l'âme. Pour lever une armée contre le cardinal, quatre cent mille écus ont été réclamés, par l'entremise de Rubens, à l'infante Isabelle. Cette dernière, on l'a vu, a accordé à sa cousine les honneurs royaux, avec l'assurance de son aide et de sa protection. La nouvelle de la fuite de Marie de Médicis n'arrive à Madrid qu'au milieu du mois d'août. Et, le 19, le comte-duc d'Olivarès, tout-puissant favori de Philippe IV, se montre circonspect, craignant surtout que « la reine mère [leur reste] sur les bras, sans moyen de [s']en débarrasser ». En définitive, le comte-duc souhaiterait que Marie de Médicis quitte les Pays-Bas, pour s'installer à Aix-la-Chapelle.

Lorsque ces instructions parviennent à Bruxelles, dans le courant du mois de septembre, l'infante Isabelle s'est déjà trop engagée pour revenir en arrière. Elle a fourni à la reine mère et à son fils Gaston de l'argent et des hommes. Dès la fin juillet, le duc d'Orléans lève des troupes à Montbéliard et à Besançon. Il s'abouche avec le fameux Wallenstein, le champion de la cause catholique en Allemagne. Le duc de Lorraine lui promet une armée. Richelieu déploie tous ses efforts pour isoler Gaston. Puis, comme Louis XIII se rend à Troyes pour commander les opérations militaires en Champagne, son frère, inquiet, va se réfugier au Luxembourg, alors espagnol. Dans les derniers jours d'octobre 1631, le duc de La Force n'hésite pas à franchir la frontière à son tour. Il inflige au prince indocile une cuisante défaite. Sur le plan international, aucun des gendres de Marie de Médicis n'a bougé. À Paris, le cardinal se donne les gants d'autoriser une pièce satirique, *Avis aux absents de la cour*, où l'on déclame ce féroce distique :

« *O mère de trois rois, puissante Épiphanie,*
Pourquoi t'es-tu bannie ? »

L'Éminentissime n'a pas le triomphe modeste. Les partisans de Marie de Médicis sont décrétés criminels de lèse-majesté. L'un d'entre eux, La Louvière, qui a été capturé en Picardie, est exécuté. D'autre part, tous les biens personnels de la reine sont saisis. Et comme les missives de sa mère s'avèrent de plus en plus acrimonieuses, Louis XIII déclare que leurs porteurs seront dorénavant jetés en prison ! Qu'à cela ne tienne ! La Florentine lui adresse, le 20 décembre 1631, une lettre ouverte. Ce pamphlet de vingt-trois pages sera diffusé clandestinement à travers toute la France. La reine y ressasse ses accusations contre Richelieu, sans craindre de laisser supposer que son fils n'est qu'un benêt trompé par un charlatan : « Je vous demande donc justice du cardinal de Richelieu. [...] Vous devez avec plus de raison considérer [la haine] qu'il porte à votre mère, pour ne pas écouter contre elle un trompeur et un imposteur public, qui vous séduit visiblement, et qui ne subsiste que par les fourbes et les artifices dont il abuse votre bonté. »

Le 6 janvier 1632, Marie de Médicis, décidément en veine de proclamations publiques, écrit au Parlement de Paris. Ce texte est d'une assez haute portée. Il systématise en effet les éléments essentiels de cette « autre politique » – celle de Bérulle et des dévots – dont la reine mère continue d'être, non sans ambiguïtés, le porte-drapeau : « Le cardinal de Richelieu pouvant maintenant, par mon absence, faire impunément tout ce qu'il lui plaît [...] s'en va ouvrir la guerre à l'Allemagne, l'Espagne, l'Italie, les Pays-Bas, et en un mot à tout ce qui est joint à l'empereur et au Roi Catholique [Philippe IV d'Espagne] [...] J'aurai en cette affaire cinq enfants, et trois gendres, et à l'avenir encore leurs descendants, en la ruine desquels consiste la perte de la religion catholique, et je ne serais pas reçue à m'interposer ? Je n'aurai pas droit de m'en plaindre ? [...] Misérable France, qui deviendra le théâtre sanglant de toutes les nations de l'Europe, où il va faire choquer les plus grandes puissances de la terre... »

Quand on sait quelles seront les conséquences de la politique belliciste de l'Homme rouge, force est de reconnaître que les propos de Marie de Médicis prennent ici valeur prophétique...

En ce même 6 janvier 1632, l'Éminentissime impose au duc de Lorraine, sous la menace d'une invasion, le traité de Vic. Charles IV est contraint de rompre toute relation avec le duc d'Orléans, et de le chasser sans délai de ses États. Cependant, trois jours avant la conclusion de ce pacte, Gaston a épousé secrètement la sœur du duc, Marguerite de Lorraine. Le 26 janvier, l'héritier du trône de France – Louis XIII n'a toujours pas d'enfant – fait une entrée royale à Bruxelles. Dans l'optique de la guerre que la politique agressive de Richelieu semble rendre inéluctable, Gaston apparaît un atout majeur.

Assurément, l'Homme rouge ne fait rien pour désamorcer la crise. Au contraire, il veut montrer sa détermination. Loin d'entamer des pourparlers, il annonce que Louis de Marillac va être déféré devant une commission extraordinaire. Marie de Médicis – comme à son habitude – le défendra bec et ongles. Le 2 mars 1632, elle publie à Bruxelles une *Lettre de la reine mère du roi aux juges et commissaires députés pour l'instruction et jugement du procès du maréchal de Marillac*. Moralement, Marie de Médicis ne pouvait se dispenser d'une telle démarche. Mais sans doute en comprend-elle la vanité. Le sort de Marillac est scellé. Condamné à mort le 8 mai 1632, il sera décapité deux jours plus tard.

La provocation de Richelieu a atteint son but : exaspérer la Florentine, l'amener à sortir encore un peu plus de sa réserve. Car, dans l'espoir insensé de sauver le maréchal, la reine précipite les événements. Elle dépose quelques-uns de ses bijoux en gage pour soutenir la cabale du duc d'Orléans. En avril 1632, un nouveau plan d'action est élaboré, en accord avec l'Espagne. La Lorraine, pour sa part, se prépare à subir une offensive française. Pour la soulager, Gaston ouvrira donc un second front dans le sud de la France, à proximité des Pyrénées, par où il recevra une aide financière et stratégique. D'ores et déjà, Madrid lui verse – comme à sa mère – la somme de trois cent mille livres, avec la promesse de vingt mille écus pour chacun des cinq prochains mois. Henri, duc de Montmorency, de son côté, promet de soulever le Languedoc dont il est gouverneur. Sa femme n'est autre que la fille de Virginio Orsini, l'ami de jeunesse de la reine.

Le 18 mai 1632, Gaston prend la direction de Trèves, point de ralliement de sa petite compagnie. Refusant de porter les armes contre la France, plusieurs des anciens fidèles de Marie de Médicis l'abandonnent, parmi lesquels le duc de Bellegarde, « l'époux » par procuration de ses noces florentines. Ainsi, le duc d'Orléans ne pourra-t-il compter que sur trois mille reîtres étrangers – individus de sac et de corde, rebuts de l'armée espagnole – et seulement sur un millier de Français. Néanmoins, la campagne commence sous de bons auspices. Le 18 juin 1632, la reine adresse à Gaston cette lettre manuscrite, lui manifestant son plein accord :

« Mon fils, Je loue Dieu de votre heureuse entrée en France, et je prie de tout mon cœur qu'il bénisse le dessein que vous avez de délivrer le roi Monsieur mon fils et son royaume de la tyrannie du cardinal de Richelieu. C'est une preuve de votre courage. Aimez-moi toujours, je vous en prie, et croyez qu'il n'y aura jamais de changement en mon affection que vous trouverez entièrement portée à vous témoigner, et en toute sorte d'occasion, que je suis véritablement, mon fils, votre bien bonne et affectionnée mère, Marie. »

Réduite à attendre, sans nouvelles de Gaston, la reine bout d'impatience.

Torturée par l'inquiétude, elle ne renonce pas à comploter. L'un de ses gentilshommes, le baron de Courmenin, propose de sa part à Wallenstein la cession des Trois-Evêchés – Metz, Toul et Verdun. En contrepartie, il doit l'aider à purger la France de Richelieu. Et déjà, Marie s'imagine entrant triomphalement dans Paris, au milieu de la population en liesse...

C'est au retour d'un pèlerinage à la basilique de Notre-Dame de Montaigu, près de Louvain, le 23 septembre 1632, que la reine apprend la défaite de Castelnaudary. Trois semaines auparavant, les ducs d'Orléans et de Montmorency ont été pitoyablement battus par le maréchal de Schomberg. Gaston abandonne son complice. Le 29 septembre, il souscrit le traité de Béziers qui lui garantit – à lui seul – l'impunité. Le nom de Marie de Médicis n'y est même pas cité. Quant à l'infortuné Montmorency, il sera exécuté à Toulouse, le 30 octobre. Que reste-t-il donc à Marie de Médicis, sinon de réaffirmer, envers et contre tout, son « bon droit », quoique de moins en moins défendable ?

La déroute et la lâcheté de Gaston d'Orléans ont semé le trouble au sein de la petite cour de Bruxelles. Nombre d'exilés envisagent, à l'exemple du frère du roi, de négocier leur capitulation. Marie de Médicis, assombrie par l'attitude de son fils cadet, n'en est que plus intransigeante pour les faiblesses des officiers de sa maison. Et lorsque le baron de Guesprez, chef d'une compagnie de ses gardes, s'avise de solliciter la permission de rentrer en France, la vieille princesse ordonne à Chanteloube de le faire arrêter ! À une délégation des États du Brabant, la Florentine répond, de méchante humeur, que « le baron de Guesprez était son serviteur domestique, que lui ayant, de plusieurs chefs, perdu le respect et s'étant autrement mépris contre sa personne, il lui avait été loisible de le faire saisir pour le faire châtier selon ses mérites ».

En fin de compte, Marie de Médicis doit céder aux pressions de l'opinion publique. Dès le 24 novembre, Guesprez est élargi, sur ordre de l'infante Isabelle. Dans cette vilaine affaire, la reine proscrite s'est aliénée la sympathie d'une part importante de la population belge. À quelques mois de son soixantième anniversaire, délaissée par ses partisans, sans espoir et bientôt sans argent, comment Marie ne ressentirait-elle pas la tentation du découragement ? Aussi laisse-t-elle de plus en plus libre cours aux entreprises imprudentes de son âme damnée, l'oratorien Chanteloube. N'a-t-il pas été jusqu'à lui proposer d'enlever Madame de Combalet, son ancienne dame d'atour, la nièce bien-aimée du cardinal ? On aurait échangé cet otage contre la grâce de Montmorency ! Mais c'est le retour inopiné de Gaston, le 21 novembre 1632, qui relance sa mère – presque malgré elle – sur la voie des conspirations téméraires.

Montmorency, avant de monter sur l'échafaud, a révélé à Louis XIII le mariage clandestin du duc d'Orléans avec Marguerite de Lorraine. Aussi Gaston – accompagné de son inséparable Antoine de Laage de Puylaurens – a-t-il préféré fuir la colère de son frère. Marie de Médicis n'a pas oublié l'ignominieux traité de Béziers. Afin de ne pas rencontrer son fils indigne – et aussi pour se soustraire aux espions du cardinal – elle s'installe à Malines, puis à Gand. C'est alors une surenchère d'intrigues, aussi folles qu'inconsistantes. Pour sa part, Philippe IV ne tient pas à hasarder l'Espagne dans une guerre ouverte contre la France. Et il exhorterait plutôt la reine à se raccommoder avec le roi son fils, comme avec le cardinal.

Marie de Médicis se résigne à passer l'hiver à Gand. Le climat de la Flandre orientale va s'avérer néfaste à sa santé déclinante. La reine est la proie de fortes fièvres. À partir de janvier 1633, sa température s'obstine à ne plus redescendre, en dépit de saignées répétées. Au début de juin, l'état de la malade a tellement empiré que l'infante Isabelle en personne prévient Louis XIII. Le même jour, le roi, informé d'autre part, envoie l'un de ses gentilshommes, Monsieur des Roches-Fumées, au chevet de sa mère. La lettre qu'il lui fait tenir – sans doute soumise à la censure de Richelieu – est d'une sécheresse consternante : « Madame, le bruit commun m'ayant mis en doute de votre bonne disposition, j'envoie le sieur des Roches pour savoir certainement quel est l'état de votre santé. Vous assurant que si elle est bonne, j'en serai extrêmement aise et que si, au contraire, elle était mauvaise, j'en recevrai un extrême déplaisir. »

Le 10 juin, des Roches est à Gand. La reine le reçoit très courtoisement. Après lui avoir remis la missive du roi, le gentilhomme a le malheur d'ajouter : « Madame, Monsieur le cardinal m'a chargé de dire à Votre Majesté que, bien qu'il sache à son grand regret combien son nom vous est odieux, il ne laisse pas de vous supplier de souffrir que je vous dise de sa part que vous n'avez point de serviteur au monde qui vous soit plus affectionné que lui, ni qui reçoive plus de déplaisir de votre maladie. »

En dépit de sa lassitude physique, Marie de Médicis interrompt le compliment hypocrite avec une impétuosité bien compréhensible !

Louis XIII demande à deux docteurs en grand renom d'ausculter sa mère. Le procès-verbal de la consultation, qu'ils donnent le 15 juin 1633, existe toujours, au département des Manuscrits de la Bibliothèque nationale. On y apprend que Marie de Médicis souffre d'hémorroïdes et de migraines. Son foie est dur et douloureux, sa rate d'un volume anormal. Ses chevilles paraissent enflées, et la fièvre ne l'a pas quittée. De tels symptômes, pour autant qu'ils soient clairement décrits, évoqueraient une crise de rhumatisme articulaire aux jambes, à moins qu'il ne s'agisse d'une typhoïde.

Les médecins – dignes devanciers des Diafoirus – prescrivent cinq saignées, au bras et au pied, des purgations, lavements et bouillons rafraîchissants. La reine prendra également des « demi-bains » tièdes. Elle boira des eaux de Pougues, additionnées de séné « qui aura trempé toute la nuit en cinq ou six cuillerées d'eau froide assaisonnée de jus de citron ». En outre, l'illustre malade – si tous ces « remèdes » ne l'ont pas tuée – devra avaler un grand verre d'« eau d'acier », chaque matin à jeun. Enfin, les hommes de l'art conseillent à la reine de quitter Gand. L'air en serait malsain, et l'humidité de sa demeure pourrait entretenir les « maladies scorbutiques ».

Le 21 juin 1633, Marie de Médicis regagne donc Bruxelles, où elle ne manque pas, en effet, de se rétablir. Le 3 juillet, elle convoque Gaston, en vue d'une explication décisive. La mère et le fils, maintenant réconciliés, échafaudent ensemble mille projets fantastiques pour abattre le cardinal. C'est encore Wallenstein qui fournira six mille fantassins et mille cavaliers. Charles IV de Lorraine sera également de la partie, avec huit mille soldats et deux mille cinq cents chevaux. Le duc de Guise n'est-il pas toujours gouverneur de Provence ? Eh bien, il livrera Marseille et Toulon. Quant aux protestants du duc de Rohan, ils n'attendent sûrement qu'un geste pour venger La Rochelle, et embraser tout l'Ouest ! Philippe IV – qui a, en d'Olivarès, le pendant de Richelieu – ne saurait se contenter de paroles en l'air. Le 21 août 1633, il adresse à sa grand-tante Isabelle des consignes précises sur la conduite à tenir vis-à-vis de Marie de Médicis, ne voulant pas s'exposer à une rupture avec la France.

Le roi d'Espagne a bien raison de se méfier, car le duc d'Orléans négocie pour son compte avec Richelieu ! Cependant, au début d'août, le cardinal a ordonné l'invasion de la Lorraine, sans déclaration de guerre. L'objectif est d'empêcher la princesse Marguerite de rejoindre son époux. Remarquons au passage que l'Éminentissime – souvent loué pour sa clairvoyance et son sens de l'État – ne songe guère ici à l'avenir de la France ! Marié depuis près de vingt ans, Louis XIII semble inapte à procréer. Dès lors, en serviteur désintéressé de la chose publique,

MARIE DE MÉDICIS

Richelieu n'aurait-il pas dû favoriser l'épanouissement d'une branche cadette, susceptible d'assumer l'héritage dynastique ?

Nancy finira par tomber entre les mains de Louis XIII, le 25 septembre 1633. Mais Marguerite de Lorraine a eu le temps de se glisser entre les mailles du filet. Dès le 2 septembre, elle trouve refuge à Marche, aux Pays-Bas espagnols. Cette nouvelle enchante Marie de Médicis. La joie qu'elle en ressent – affirme-t-elle – est « la plus grande qu'elle eut reçue de sa vie ». Et, en dépit d'une fluxion dentaire, elle tient à embrasser sa bru dès l'arrivée de celle-ci à Bruxelles.

Cependant, les victoires françaises ont réduit à néant les espérances de la reine exilée. Seul Chanteloube, inlassablement, continue de donner libre cours à ses extravagances. Son idée fixe semble de faire assassiner Richelieu – et le cardinal, d'ailleurs, ne manquera pas de l'accuser de tous les complots ! La Florentine sait le cardinal malade, terrassé par des crises nerveuses qu'il ne surmonte que grâce à son tempérament de fer. Qu'il vienne à mourir, et plus rien ne s'opposerait à ce qu'elle rentre en France.

Le 18 décembre 1633, la question de ce retour est évoquée au conseil du roi. Richelieu en profite pour instruire le procès de la reine mère. Depuis deux ans, elle a été à l'origine de toutes les menées contre le royaume. Son palais de Bruxelles est le point de ralliement des traîtres et des factieux. D'ailleurs, on ne peut se fier à ses promesses. S'il faut lui pardonner, ce ne sera qu'à de très sévères conditions. Elle devra se déclarer étrangère à tous les attentats visant le cardinal ministre. Elle devra livrer à la justice Chanteloube et ses complices. Alors – mais alors seulement – la reine pourra regagner la France, retrouver ses biens et ses pensions. Néanmoins, le roi l'assignera à résidence dans l'un de ses châteaux, jusqu'à ce qu'il soit assuré de son repentir.

Marie de Médicis, à qui ces exigences sont transmises, ne les rejette pas *a priori*, et feint d'en discuter les modalités. Est-elle sincère ? On ne peut douter de son désir de retrouver Paris et son fils. Il est probable que Marie est lasse des intrigues misérables de son entourage. La reine, pour comble d'infortune, est à bout de ressources. Elle ne perçoit plus rien d'autre – et avec de fréquents retards – qu'une pension mensuelle de huit mille ducats, versée par l'Espagne. Aussi a-t-elle déménagé, pour un hôtel plus modeste, aux environs de la place des Sablons. Elle a dû diminuer son train de maison, et congédier bon nombre de serviteurs. Enfin, la disparition de l'infante Isabelle, le 1er décembre 1633, la prive de son meilleur soutien. La reine et le duc d'Orléans l'ont veillée jusqu'à l'aube. L'agonisante a adjuré Gaston de garder « l'amour qu'il est obligé de porter à sa mère », et pour l'avenir, de l'« aider et consoler ».

La cour de Madrid, qui instaure un contrôle plus direct sur les Pays-Bas, souhaiterait enfin se débarrasser de cette turbulente poignée d'émigrés français, querelleurs et dispendieux. C'est justement ce que redoute Marie de Médicis. Gaston semble prêt à se réconcilier avec Richelieu. Le 18 janvier 1634, Louis XIII amnistie son frère, s'il se soumet dans les trois mois. Le 30 mars, la reine lance un appel pathétique à Philippe IV : « Monsieur mon beau-fils, Votre Majesté trouvera bon qu'étant mère et par conséquence dans les sentiments de tendresse pour mon fils le duc d'Orléans, je prenne le soin de ce qui regarde et ses intérêts et sa sûreté. Les dangers évidents qui le menacent, s'il prend la résolution de s'accommoder, me donnent de telles agitations d'esprit que pour détourner le cours de si funeste dessein et empêcher qu'il ne se mette entre les mains du cardinal duquel il ne doit attendre que sa perte, je me vois obligée à prier instamment Votre Majesté de vouloir continuer vers lui les témoignages de son affection. »

Gaston donne le change à la suspicieuse souveraine, en renouvelant son pacte d'alliance avec le roi d'Espagne. Mais, parallèlement, il mène à bien ses tractations avec la France. Le 1ᵉʳ octobre 1634, le traité d'Écouen scelle « l'accommodement » de Louis XIII et de son frère. Une semaine plus tard, au cours d'une chasse, Gaston talonne son cheval. Avec quelques compagnons, il galope d'une traite vers la frontière, abandonnant épouse et mère.

XXI

DE HOLLANDE EN ANGLETERRE

La défection du duc d'Orléans coïncide avec une nouvelle phase de la guerre de Trente Ans. Jusqu'alors, Richelieu a voulu s'en tenir à une « guerre fourrée », subventionnant les Provinces-Unies ou les puissances protestantes en lutte, depuis 1618, contre les Habsbourg de Vienne et de Madrid. Mais la perte de son principal allié, le roi de Suède Gustave-Adolphe, conduit l'Éminentissime à intervenir plus directement dans le conflit. Déjà, la victoire de l'armée impériale sur les Suédois, à Nordlingen, le 6 septembre 1634, est célébrée aux Pays-Bas comme un revers français. À Bruxelles, un feu d'artifice montre une fleur de lys abattue par un aigle...

Beaucoup d'exilés imitent l'exemple du duc d'Orléans et regagnent Paris. Les Flandres ne retentissent que de rumeurs hostiles aux Français. Une fois encore, Marie de Médicis est prise au piège. Afin de mieux s'absoudre, Gaston s'emploie en effet à la noircir davantage. Il ne saurait plus être question pour elle de retrouver la grâce de Louis XIII. Pourtant, elle ne se résigne toujours pas. Elle imagine de nouvelles combinaisons. Mais, pour l'heure, il lui importe surtout de donner des gages de sa bonne volonté aux Espagnols, desquels dépend sa subsistance. Au soir du 4 novembre 1634, elle accueille le nouveau gouverneur des Pays-Bas, don Fernando, frère de Philippe IV et d'Anne d'Autriche. Le « cardinal infant » est aussi le vainqueur de Nordlingen : « La reine lui dit qu'il s'était bien fait attendre, mais qu'il avait bien récompensé son retardement avec une singulière et si grande victoire, et qu'il lui venait rendre la joie et tout ce qu'elle avait perdu par la mort de l'infante. »

Le 12 mai 1635, le « héraut d'armes au titre d'Alençon » se présente au palais du cardinal infant, afin de déclarer la guerre à l'Espagne, au nom du roi Louis XIII, selon les règles surannées du défi médiéval. On prétend que Marie de Médicis, le croisant dans son carrosse, se serait moquée de son accoutrement... Pourtant, le nouveau gouverneur traite la vieille reine avec une méfiance accrue. Tous les Français à son service sont expulsés de Bruxelles. Sous prétexte d'assurer sa sécurité, elle-même est contrainte de se replier sur Anvers. Louis XIII, en effet, a donné l'ordre à ses troupes de se saisir de sa mère, en lui réservant cependant « tous les honneurs et bons traitements dus à sa qualité ».

Les plus funestes présages de la Florentine, hélas, vont bientôt se réaliser. Richelieu a mal évalué la résistance de l'adversaire. Certes, les Habsbourg subissent un indéniable déclin depuis le crépuscule du XVIe siècle, mais les régiments espagnols – les fameux *tercios* – ont conservé toute leur puissance destructrice. En face, les armées de Louis XIII sont mal préparées, leurs moyens insuffisants, tandis que la misère ravage le royaume. L'offensive franco-hollandaise aboutit à un échec complet. Marie de Médicis propose aussitôt sa médiation, inutilement. Le 15 septembre 1635, elle s'adresse à son fils, par le truchement de Mazarin, alors nonce extraordinaire à Paris. Sa lettre est empreinte de ce pacifisme qui a toujours constitué le fondement de son action politique. On peut y lire quelques sentences admirables : « La guerre n'est juste que lorsqu'elle est nécessaire. Sa justice et sa nécessité ne sont fondées que sur la conservation et la défense, qui ne sont légitimes par cette voie qu'au cas que les autres ne soient pas suffisantes. »

Le 22 octobre, Louis XIII répond verbalement à Mazarin que la missive de sa mère n'est qu'une condamnation de la politique française. Et qu'elle ne saurait ainsi aider en rien au rétablissement de la concorde. Marie de Médicis n'insiste pas. Sa propre situation devient suffisamment préoccupante. L'Espagne lui sert sa pension de plus en plus chichement. La reine finit par se lasser des incartades de Chanteloube. Elle reporte alors sa confiance sur Luca de Fabroni qu'elle comble de cadeaux et d'honneurs.

1636 va être, pour le royaume de France, l'année de la terrible épreuve. L'intervention de Louis XIII en Franche-Comté déclenche l'entrée en guerre de l'empereur Ferdinand II dont les armées déferlent sur la Bourgogne. Au nord, le 15 août, la place forte de Corbie, près d'Amiens, se rend aux Espagnols. Paris est en état de siège. La capitale ne sera sauvée qu'au prix d'un formidable élan patriotique.

Plus résolue que jamais, Marie de Médicis conspire toujours la perte de l'Homme rouge. N'avait-elle pas raison ? L'imprévoyance de Richelieu n'a-t-elle pas failli entraîner la ruine de la France ? Le duc d'Orléans, qui a joué les héros maladroits sur la Somme, est de nouveau tenaille par l'envie de comploter. De concert avec le comte de Soissons, il envisage de faire trucider le cardinal. L'affaire, bien entendu, est éventée. Et Gaston – comme à son habitude – prend la poudre d'escampette. Le 19 novembre 1636, il court se réfugier en Guyenne. Marie songe à lui faire parvenir de l'argent, lorsqu'elle apprend que l'incorrigible prince s'est arrêté... à Blois, où il implore le pardon de son frère. Madame du Fargis, l'ancienne dame d'honneur d'Anne d'Autriche, – l'une des victimes de la journée des Dupes –, écrira le 20 décembre :

« Dieux, quelle sorte de génération ! La reine mère et Madame [Marguerite de Lorraine, l'épouse délaissée de Gaston] sont confuses de cette banqueroute, car les Français d'ici s'étaient imaginé de grandes choses... »

Cependant, la reine mère n'a pas encore joué sa dernière carte. Le comte de Soissons, après avoir repris Corbie aux Espagnols, s'est retiré à Sedan, où il file le parfait amour avec la veuve d'un pasteur. Pour affronter Richelieu, il exige quatre cent mille livres. Le cardinal infant conclut un traité avec lui, le 28 juin 1637, par l'entremise de Marie de Médicis. Cette dernière s'engage, de son côté, à ne jamais pactiser avec l'Éminentissime. Elle ne s'estimera satisfaite qu'une fois le cardinal « mis hors du service du roi », soit par la disgrâce, soit par la mort. Enfin, elle œuvrera de toutes ses forces pour restaurer la paix entre la France, l'Espagne et l'Empire. Moins d'un mois plus tard, le comte de Soissons se réconciliait avec Richelieu.

Si la reine mère refuse de se décourager, don Fernando commence à être exaspéré par ces échecs réitérés. D'autant plus que les armées françaises collectionnent maintenant les succès. Le Cateau-Cambrésis et Landrecies sont enlevés en juillet 1637. À Bruxelles, la populace accuse de trahison les rares émigrés qui n'ont pas encore déserté l'entourage de la reine. On fouille méthodiquement leurs maisons, y compris celle de Marie de Médicis. Le cardinal infant lui a conseillé de se soumettre à cette mesure offensante, afin d'apaiser les esprits. Dorénavant, la reine ne quitte plus guère son hôtel, sauf pour quelques promenades en forêt de Soignes. Mais, à leur tour, les manants des environs dénoncent ses allées et venues comme fort suspectes ! Marie de Médicis devient terriblement importune.

« Reine mère du roi, remplissez toute l'Europe avec les cris que votre patience a retenus cinq années... » Ces *Derniers avis de la France par un bon chrétien et fidèle citoyen* datent sans doute de 1637. Quelques mois plus tard, Marie de Médicis suivra les conseils de ce pamphlétaire anonyme. Et la chrétienté retentira des dernières notes de son chant du cygne...

MARIE DE MÉDICIS

En avril 1638, Chanteloube est chassé par sa protectrice, qui le place en résidence surveillée à Tamise, une forteresse des environs d'Anvers. Désormais, c'est Luca de Fabroni qui domine la maison de la Florentine, ramenée d'ailleurs à sa plus simple expression. Le cardinal infant suggère alors à Marie de se séparer des quelques Français restant dans son entourage. Tout sujet de Louis XIII est devenu indésirable aux Pays-Bas. C'est, pour la reine, la goutte d'eau qui fait déborder le vase. Elle défend hautement ses compatriotes. Elle comprend aussi qu'il est temps pour elle de partir.

Dès le mois de juin 1638, Marie de Médicis annonce son intention d'aller prendre les eaux à Spa, en principauté de Liège. Le 10 août, elle quitte Bruxelles, et se dirige vers Louvain et Tirlemont. Deux jours plus tard, à Saint-Trond, les autorités liégeoises viennent lui souhaiter la bienvenue. Alors que chacun s'attend à ce qu'elle fasse, le lendemain, son entrée dans la cité épiscopale, la reine, brusquement, bifurque sur la route d'Eindhoven, en direction de Hasselt. Le 14 août, elle pénètre sur le territoire des Provinces-Unies, à Bois-le-Duc. Personne n'aurait pu prévoir un tel coup de théâtre : Marie de Médicis, l'un des symboles du catholicisme militant, délaisse ses alliés espagnols, pour aller chercher refuge auprès d'un peuple protestant, ennemi implacable des Habsbourg depuis plus d'un demi-siècle !

Le cardinal infant, enchanté de cet épilogue imprévu, a l'élégance d'adresser à la reine sa pension pour le mois en cours, ainsi que ses compliments. Ce qui n'empêchera pas Marie de Médicis, dans un manifeste édité à La Haye, le 19 novembre, de se plaindre des vexations qu'elle a subies depuis la mort de l'infante Isabelle. Il est vrai qu'elle-même désavouera ce texte un peu plus tard...

Le stathouder Frédéric-Henri de Nassau, prince d'Orange, séjourne justement à Bois-le-Duc, d'où il conduit une offensive contre la Gueldre. Or, l'accueil que le maître des Provinces-Unies réserve à sa visiteuse impromptue s'avère aussi surprenant que la visite elle-même ! Il ne veut voir en elle que la veuve de Henri IV, l'ancien huguenot. D'ailleurs, n'a-t-elle pas aussi, durant sa régence, loyalement appliqué l'édit de Nantes ? À peine le prince d'Orange a-t-il appris l'arrivée de la reine, qu'il enfourche son palefroi pour se porter à sa rencontre. Jean Puget de La Serre assiste à l'événement. Son *Histoire de l'entrée de la reine mère du roi Très-Chrétien dans les Provinces-Unies des Pays-Bas* le rapporte en le magnifiant :

« De vous raconter maintenant avec quels respects Son Altesse [le prince d'Orange], ayant mis pied à terre aborda la portière du carrosse de Sa Majesté pour la saluer, et lui offrir à même temps tout ce qui dépendait et de son autorité et de sa puissance, il vous sera aussi aisé de vous l'imaginer qu'à moi de vous le dire... »

Après quoi, tous les courtisans de Frédéric-Henri font leur révérence. Le prince remonte à cheval et, chemin faisant, s'entretient avec la reine à la portière de son carrosse. Aux abords de Bois-le-Duc, la cavalerie hollandaise, rangée en escadrons dans la plaine, vient renforcer l'escorte d'honneur. C'est alors qu'apparaît l'équipage de la princesse d'Orange – née Amélia Van Solms – et de ses enfants. Suivent une vingtaine d'autres voitures, où ont pris place les plus notables dames du pays. Amélia de Nassau met pied à terre. À l'instant, la reine fait arrêter son carrosse et « abattre les portières ». Jean de La Serre poursuit : « Madame la princesse faisant la révérence à Sa Majesté, elle l'embrassa étroitement, lui témoignant par ses caresses et par le bon visage qu'elle lui fit qu'elle était extrêmement aise de la voir. »

On est loin, ici encore, du caractère gourmé et dédaigneux que certains historiens attribuent à Marie de Médicis. En dépit de l'adversité, la Florentine – comme le notait Pierre de L'Estoile vingt-huit ans auparavant –, toujours « prompte et gaie, porte une grandeur au front assez modérée, et toutefois est accorte ».

Richelieu, à la nouvelle d'une réception aussi cordiale, ne cachera pas son acrimonie. Le 29 août, il écrit à Chavigny, le fils du secrétaire d'État Claude Bouthillier, chargé de la correspondance diplomatique : « Je vous avoue que j'ai de la peine à digérer que le prince d'Orange ait reçu et favorisé le passage de la reine sans en donner avis au roi ni savoir si Sa Majesté l'agréerait. » Que de mesquinerie parfois chez les grands hommes !

L'Éminentissime aura bientôt d'autres raisons de se montrer atrabilaire. Car le prince d'Orange et son épouse – de même que la population néerlandaise – ne vont cesser de combler la reine fugitive de prévenances et d'attentions. Pour rallier La Haye avec ses hôtes, Marie de Médicis descendra la Meuse, à bord d'un « superbe palais sur l'onde », le navire du stathouder. On dépasse Heusden, puis l'on rejoint le Waal, l'un des bras du vaste delta du Rhin. Sur les rives, les paysans accourent en foule, « les uns à genoux, les autres les bras étendus en l'air, criant tous ensemble : "Vive la reine !" ».

La marée empêche la nef de descendre jusqu'à Dordrecht. Aussi, fait-on escale pour la nuit à Gorinchem. Un savant rimeur de l'endroit, Petrus Scriverius, puise dans ce contretemps l'inspiration d'un poème en latin, *In adventum christianissimae reginae Herculis gallici viduae* – « Sur la venue de la reine Très-Chrétienne, veuve de l'Hercule gaulois. »

Les bourgeois du lieu, fidèles aux traditions bataves, organisent un immense festin. Pour régaler les suivants de la reine, les hôtelleries tiennent table ouverte. Toute la nuit, ce ne sont que danses et feux de joie. Le lendemain, vendredi 20 août, la croisière atteint enfin Dordrecht. Puis Rotterdam, qui n'était pas encore le premier port du monde, mais déjà frémissant d'activité. Les quais sont tellement encombrés de curieux que le pensionnaire de Beaumont – le gouverneur de Rotterdam – doit monter sur le bateau pour adresser son discours à Marie de Médicis. Notons que tous ces personnages officiels semblent utiliser couramment la langue de Malherbe. Et le pensionnaire ne manque pas d'évoquer, avec chaleur, « la mémoire des faveurs royales dont Votre Majesté a obligé autrefois l'État des Provinces-Unies ».

La Florentine, dans sa hâte d'arriver à La Haye, ne fait qu'une brève halte à Delft pour écouter la harangue du magistrat. Avec un peu d'amertume, elle réplique aux éloges excessifs « que si elle avait la puissance et l'autorité qu'ils lui avaient attribuées, elle leur ferait connaître combien elle est sensible à la bonne volonté qu'ils lui ont témoignée ». Il pleut à verse. Le mauvais temps n'a pas cessé au moment où le cortège arrive aux portes de La Haye. Stoïquement, les députés des états généraux descendent de leurs voitures. Courtoisement la reine leur dit de se remettre à l'abri, et « qu'elle leur donnerait audience dans un lieu plus commode ».

Les congratulations protocolaires auront lieu finalement à l'hôtel d'Orange, où a été préparé un appartement pour Marie de Médicis. Le lendemain matin, « Sa Majesté, considérant à loisir la beauté nonpareille et le prix inestimable des tapisseries de sa chambre, comme aussi les autres meubles précieux, elle commanda de les ôter, de peur qu'on ne les gâtât, et d'en remettre d'autres de moindre prix ». Bien entendu, Frédéric-Henri s'y opposera...

Les états généraux – qui partagent le pouvoir avec le stathouder – reviennent en délégation, pour assurer Marie de Médicis de leur dévouement : « Ils savaient déjà que, les ayant obligés durant sa régence, jusques à leur quitter dix-huit millions de livres dont ils lui étaient redevables, on ne pouvait moins faire aujourd'hui en témoignage de quelque petite reconnaissance, que d'employer toute sorte de soins pour l'honorer, la servir et la contenter en toutes choses. »

C'est que l'infortune et le dénuement relatif de la reine mère de France émeuvent ces sévères calvinistes ! Les Hollandais donnent tort à l'ambassadeur de Louis XIII qui – appliquant les consignes de Richelieu – refuse de venir s'incliner devant la Majesté déchue et s'emploie à la calomnier. Aussi, ils se substitueront non seulement au roi d'Espagne pour régler la pension de Marie de Médicis, mais ils s'entremettront pour la réconcilier avec son fils. Ils rédigent deux lettres, l'une adressée à Louis XIII, l'autre à Richelieu. La réponse – signifiée le 13 novembre à l'envoyé des états généraux, le comte de Knut – sera sans appel :

« Le roi n'a jamais manqué de respect ni d'affection pour la reine sa mère. [...] Sa Majesté aime sa personne, mais l'expérience lui a fait connaître qu'elle en doit appréhender les humeurs, et particulièrement celles des mauvais esprits qui sont auprès d'elle. »

Il n'est donc pas question que Marie de Médicis rentre en France. Cependant, si « ladite dame reine » décide de se retirer à Florence, « Sa Majesté, pour témoigner son bon naturel, lui offre comme elle a déjà fait pour le passé un entretien beaucoup plus honorable et opulent que celui duquel elle se contentait en Flandres ». Quant au cardinal, dont les trop candides Hollandais ont imploré « aide, support et autorité », il réplique que leur démarche est « assez impertinente », et que « ces bonnes gens parlent de ce qu'ils ne savent pas ».

Lors de son bref séjour à La Haye, la reine admire en connaisseuse les collections d'art du palais de Rijswick et va regarder les chariots à voile filer sur la plage de Scheveningen. Le mardi 31 août 1638, la reine et la princesse d'Orange prennent la route d'Amsterdam. Ici encore, le fervent Jean Puget de La Serre sera notre cicerone. Écoutons-le décrire l'animation de la grand-place du Dam, pour l'arrivée de son idole. Des compagnies de bourgeois et de soldats de la garde y ont pris position : « En tout, huit cents hommes, rangés en fort bel ordre et en pareil équipage, tout autour de cette place de marché, dont les maisons toutes à jour comme percées de tous côtés, paraissaient remplies de tant de monde qu'à peine pouvais-je ajouter foi à ce que je voyais, tant l'objet me semblait prodigieux. [...] Imaginez que toutes les maisons n'étaient couvertes que de peuple ayant percé le toit en mille endroits pour en faire autant de nouvelles fenêtres. Et si vous ajoutez à cela le nouveau monde qui paraissait sur les échafauds et dans la place ! »

L'orateur, qui accueille Marie de Médicis, la prie « de croire qu'elle n'est jamais entrée dans une ville où elle ait été plus souhaitée, ni où elle soit plus absolue qu'en celle-ci ». Plusieurs arcs de triomphe ont été dressés sur le parcours. L'un d'entre eux montre le mariage de Henri IV et de Marie de Médicis. Un autre, « orné de mille trophées », représente la reine en mère des dieux, accompagnée par ses fils, Louis le Juste et Gaston d'Orléans, sur un char triomphal, tiré par quatre lions. Trois nymphes – l'Espagne, l'Angleterre et la Savoie – symbolisent ses trois filles.

MARIE DE MÉDICIS

Le jour suivant, les Amstellodamois, fiers de leurs innombrables canaux, donneront à leur invitée une féerie aquatique. Sur le plan d'eau où se balance la chaloupe de la reine et de la princesse d'Orange, ont été disposés des théâtres flottants. L'une des scènes évoque le mariage de François de Médicis et de Jeanne d'Autriche, sous le regard protecteur de l'empereur Ferdinand Ier, l'aïeul de Marie – celui à qui le blason d'Amsterdam doit sa couronne. Une autre composition allégorique dépeint en cinq tableaux la restauration de la France par Henri IV. Puis survient Neptune, armé de son strident, conduisant à grandes guides ses chevaux marins. L'arrivée cocasse de ce dieu farouche donne le signal des joutes nautiques. « Alors la reine mère elle-même, relâchant un peu de son ordinaire majesté [peut], sans pécher contre la bienséance, sourire à ces plaisants ébats. »

À la tombée du soir, Marie de Médicis aperçoit, sur le « vaste théâtre de l'onde », l'enchevêtrement des navires de guerre et de commerce. Quelle meilleure introduction à la visite qu'elle fera, le lendemain, à la maison de la VOC, la fabuleuse Compagnie des Indes orientales ? Le bâtiment, qui subsiste au n° 24 de l'*Oude Doelenstraat*, abrite de nos jours la faculté des Sciences politiques. Mais, au XVIIe siècle, l'odeur entêtante des épices embaumait tout le quartier. En l'honneur de Marie de Médicis, les administrateurs ont disposé, dans des bassins de porcelaine, les plus rares trésors de l'Orient, « des fruits et des présents de Perse, d'Arabie, des Moluques, du Japon, de la Chine ». À sa demande, la Florentine sera également reçue au siège de la Compagnie des Indes occidentales. Créée en 1621 sur le modèle de sa sœur orientale, la WIC, véritable association de pirates, se livre au harcèlement des galions portugais et espagnols dans l'Atlantique. On constate que l'hispanolâtrie supposée de Marie de Médicis a ses limites...

Dans l'après-midi du samedi 4 septembre 1638 – veille de son départ –, Marie décide de se permettre une escapade incognito. Elle entre dans plusieurs boutiques, discute du prix des porcelaines. Elle répond familièrement aux commerçants, « sans s'offenser des paroles qui pouvaient être moins dignes de sa grandeur. Elle semblait plutôt être une marchande qu'une reine ». Sans doute la souveraine exilée prend-elle plaisir à laisser s'exprimer ici son atavisme Médicis. Ses ancêtres n'étaient-ils pas les plus puissants négociants d'Italie ? Peut-être revit-elle aussi la nostalgie des bonheurs de jadis, lorsqu'elle se rendait à la foire Saint-Germain, avec Henri IV.

Marie souhaite regagner La Haye pour la Nativité de la Vierge, célébrée le 8 septembre. Alors qu'elle quitte Amsterdam, la reine Anne d'Autriche met au monde le dauphin si longtemps attendu. Nouvelle bassesse du cardinal : il persuade Louis XIII de n'envoyer ni messager, ni même la moindre lettre, à la vieille souveraine. Néanmoins, Marie de Médicis saura étouffer son ressentiment pour prendre part à la joie universelle : « De vous représenter le contentement particulier et hors de toute comparaison que la reine en reçut, témoigne Jean de La Serre, il faudrait avoir des termes aussi purs que ses sentiments [...]. Je vous dirai seulement que l'allégresse de Sa Majesté se fit voir tellement et sur son visage et en toutes ses actions, après avoir pris possession de toutes les puissances de son âme qu'on la reconnaissait presque aussi grande qu'elle la ressentait, ne parlant jamais d'autre chose à force de contentement. »

Marie de Médicis songe maintenant à gagner l'Angleterre, sans même patienter jusqu'au printemps. Certes, les Provinces-Unies n'ont toujours constitué pour elle qu'une étape. Mais les pressions exercées par Richelieu commencent à rendre son séjour difficile. Systématiquement, les agents de l'Éminentissime s'emploient à la dénigrer, à répandre sur son compte les rumeurs les plus infamantes. Au nom de sa maîtresse, Fabroni sollicite des états généraux une escorte de douze navires. Mais la reine se ravise. Elle se contentera de deux vaisseaux de guerre. Ceux-ci sont prêts, quelques jours plus tard, à Goeree. Marie ordonne alors d'acheter les provisions pour la traversée, et de louer les autres bateaux nécessaires.

Le 29 septembre 1638, en attendant le vent favorable, la princesse d'Orange accompagne la reine à Honselaerdyck, un pavillon de plaisance à deux lieues de La Haye. Pour passer le temps, Marie de Médicis accepte d'être peinte par Gerard Van Honthorst. Comme cadeaux d'adieu, les députés d'Amsterdam lui présentent un grand bassin d'or massif, plusieurs riches tapis de Turquie, et un morceau d'ambre d'une valeur inestimable. Enfin, l'embarquement est fixé au 7 octobre. Le jour dit, à huit heures du matin, la reine, déjà habillée, est en train de régler une montre enrichie de diamants. Généreusement, elle l'offre à Amélia. Dans l'antichambre, une délégation des états généraux fait ses ultimes révérences, puis formule des vœux pour que la navigation soit heureuse.

À Vlaardingen, une chaloupe couverte attend la Majesté vagabonde pour la conduire jusqu'à son navire, au large de l'estuaire de la vieille Meuse. Marie prend congé de la princesse d'Orange et l'embrasse. Les deux femmes ne peuvent se retenir de pleurer. Sur le canot, la reine donne à Monsieur de Hennvliet – qui a été son chevalier d'honneur au cours de son séjour dans les Provinces-Unies – une lettre de remerciement à l'intention des états généraux, mais aussi un diamant de prix monté en bague pour sa fille aînée. Comme le vent et la marée interdisent de dépasser le village de Corendyck, Hennvliet, dont la demeure n'est qu'à deux lieues, propose à la reine son hospitalité. La Florentine en oublierait presque son voyage ! Cependant, le 11 octobre, un courrier d'Angleterre lui rappelle que le roi et la reine « se désespèrent » de son arrivée. Marie partira donc demain. Mais cette seconde séparation avec la princesse Amélia est si poignante que Jean de La Serre renonce à la décrire : « Je ne vis que des pleurs et n'entendis que des soupirs également muets. Cherchez donc dans vos imaginations ce que vous attendiez de ma plume... »

Avec l'aide de ses écuyers, « par un pont de planches fait exprès », Marie de Médicis monte à bord du vaisseau qui doit la passer en Angleterre. Le capitaine ne manque pas « de lui faire encore de nouveaux compliments par la bouche de ses canons ». La Florentine songe-t-elle à cette *Galère royale*, à la coque dorée et rehaussée de pierreries, sur laquelle elle a traversé la mer Tyrrhénienne, voici bientôt quarante années ? Lorsque l'Histoire se répète, c'est quelquefois sur le mode tragique...

Un vent d'est pousse d'abord le navire jusqu'à la hauteur de Dunkerque. Mais, le lendemain, une bonace persistante l'immobilise à l'entrée de la Manche. Le troisième jour, une brise s'établit de l'ouest. Aussi, le voilier, fuyant devant le grain, est-il contraint à relâcher sur les côtes de Zélande. Soudain, une violente bourrasque se lève. Ballotté en tous sens, le bateau va dériver ainsi, sans repères, pendant quatre jours et quatre nuits. Face aux éléments déchaînés, Jean de La Serre s'émerveille de la « force d'esprit fort peu commune » de la reine. Mais, déjà sur la *Galère royale*, la jeune Marie de Médicis ne s'était-elle pas montrée parfaitement sereine dans la tourmente ?

« D'où vient que cette fameuse reine qui n'a jamais été capable de crainte que pour offenser Dieu, consolait de ses regards seulement les plus affligés en cette rencontre ? Car sans mentir, quoique l'effroi de la mort qui était dépeint sur la face des ondes, ne parlant à leur façon que de naufrage, fût représenté plus vivement encore sur tous les visages, celui seul de cette vertueuse princesse en conservait la majesté, avec la même modération que si elle eût été sur son trône. »

Enfin, alors que le gros temps redouble de fureur, le capitaine hollandais parvient à se jeter dans le port de Harwich. Après une semaine de navigation mouvementée, on imagine que Marie débarque avec « une joie incroyable ». Toutefois, La Serre précise : « La compassion que Sa Majesté avait de ses dames et de ses filles d'honneur causait la plus grande partie de son contentement, et à n'en point mentir, les appas et les grâces de toutes ces dames étaient un peu en désordre à la sortie du navire. [...] La reine seule ayant toujours paru comme insensible aux fatigues de la mer, par une force d'esprit et de corps nonpareille, se fit admirer de tout le monde avec son visage et sa majesté ordinaires. »

L'hospitalité des fils d'Albion va se révéler aussi chaleureuse que celle des habitants des Provinces-Unies – du moins s'il faut en croire le récit de Jean Puget de La Serre, et son *Histoire de l'entrée de la reine mère du roi Très-Chrétien dans la Grande-Bretagne*, suite à ses précédents volumes. Personne, dans ce fin fond de l'Essex, ne s'attendait à voir surgir une reine du cœur de la tempête ! Malgré la surprise, tout s'organise en quelques heures. Des soldats et des bourgeois en armes rendent les honneurs à Marie de Médicis, qui est logée dans la maison du maire, la plus confortable de Harwich. Le soir même – le 19 octobre 1638 – le duc de Lennox se présente devant elle. Il atteste « à Sa Majesté que le roi son beau-fils et la reine sa fille se réjouissaient également de son heureuse arrivée et de sa bonne santé, et qu'il avait commandement de l'assurer de leur part qu'elle serait aussi absolue qu'eux sur les terres de leur obéissance ».

Marie de Médicis décide de demeurer une semaine entière à Harwich, afin de se délasser après une aussi pénible traversée. Comme jadis au Louvre, elle dîne en public, et le « monde de peuple [...], à force de curiosité de voir, avant que mourir, la plus grande reine de la terre, causait toujours de la foule dans la salle où sa table était dressée ». À la fin d'octobre, la souveraine exilée part pour Londres, situé à une centaine de kilomètres au sud-ouest. Charles Ier a mis à la disposition de sa belle-mère son propre carrosse. Écuyers, gentilshommes, filles d'honneur, femmes de chambre, s'entassent à la suite, dans une ribambelle de voitures. Le cortège s'avance ainsi jusqu'à Colchester, au milieu des démonstrations de liesse populaire. Sur le chemin, les paysans dansent, au son des violons ou des musettes.

Le 2 novembre, la reine vient dormir au château de Chelmsford, où son gendre arrive au petit matin. Charles Ier se débat alors dans de graves périls. Il a tenté d'instaurer un absolutisme politique et religieux, mais le voilà en butte à la révolte écossaise, manquant d'argent et de troupes. L'annonce de la venue de Marie de Médicis ne l'a guère réjoui. Il redoute en effet son influence pernicieuse sur la reine Henriette-Marie, de même que la réaction de ses sujets protestants face au papisme intransigeant de la Florentine. D'autre part, il ignore comment Louis XIII et Richelieu vont prendre la chose. Enfin, il est notoire que la vieille reine est ruinée. Il faudra donc subvenir à ses besoins...

Pourtant, Charles Ier oublie ses préventions. Il accueille sa belle-mère avec empressement. Au palais Saint-James de Londres, il a fait aménager à son intention un appartement à l'italienne, décoré de tableaux de Van Dyck, qui a mené une brillante carrière en Angleterre.

Charles Ier s'est engagé à verser à sa belle-mère une pension journalière de cent livres sterling. Et à lui assurer un train de maison convenant à sa qualité. Dès que Marie l'aperçoit, dans la cour de Chelmsford, elle quitte aussitôt sa chambre et se hâte à sa rencontre. Sur le seuil du château, le roi la salue et l'embrasse. Fort poliment, il lui déclare « qu'après lui avoir fait offrir, à l'entrée de son royaume, tout le pouvoir qu'il y avait, il venait encore lui faire offre de sa personne pour l'honorer et la servir, selon la passion qui lui en était toujours demeurée ». À quoi la reine répond « que la civilité de toutes ces offres la comblait également, et d'honneur, et de satisfaction, et qu'elle était grandement consolée en son malheur, puisqu'il lui avait donné l'occasion de le voir ».

Charles Ier et Marie de Médicis regagnent la capitale anglaise dans le même carrosse. On s'arrête, pour la dernière étape, au manoir de Gidea Hall, un peu avant Romford. Le jour suivant, 5 novembre 1638, aura lieu l'ultime « entrée » de Marie de Médicis, au crépuscule d'une existence qui a connu tant de ces cérémonies aussi fastueuses que dérisoires. Qu'on se souvienne : les noces de Florence, les « labyrinthes » d'Avignon et de Lyon, plus tard le sacre de Saint-Denis, les « théâtres » et les « arcs » de Paris, d'Angers ou d'Amsterdam...

Sur une lieue du parcours de la reine, le lord-maire a fait dresser des bancs à dossiers, ornés de balustres et couverts de draps bleus et rouges. Les cinquante compagnies et fraternités de métiers de la Cité ont été invitées à y comparaître. Les dignes bourgeois arborent pour l'occasion leurs robes à parements de martre et les bannières armoriées de leurs corporations. De nombreux visages apparaissent aux fenêtres des maisons à colombage, décorées de tapis et d'étoffes. De l'autre côté de la grand-rue, six mille soldats montent la garde, avec piques et mousquets. La journée est belle. Marie de Médicis et Charles Ier s'installent dans un carrosse de parade, rouge, ruisselant de broderies d'or, tiré par six chevaux splendides...

Au terme de ce défilé glorieux, la voiture pénètre dans la cour du palais de Saint-James. Henriette-Marie, qui est enceinte, aurait voulu se porter au-devant de sa mère. Mais celle-ci l'a fait prier « de n'entreprendre point ce voyage, en l'état où elle était, et lui dire encore, que si cette prière qu'elle lui faisait n'était pas assez puissante, qu'elle le lui commandait, en qualité de mère ». Très fatiguée, la jeune reine se tient assise au pied de l'escalier. Elle se lève de son fauteuil et marche avec quelque difficulté jusqu'à la portière du carrosse, qu'elle ouvre « déjà de volonté, n'ayant point assez de force ». Elle s'agenouille ; la Florentine relève sa fille aussitôt pour l'embrasser. Henriette-Marie s'incline de nouveau. « Ce qui obligea la reine sa mère à se servir de la même violence qu'elle avait déjà exercée pour la faire relever, comme elle fit à force de caresses. » Les trois enfants du couple royal – les futurs rois Charles II et Jacques II, et leur sœur Marie – demandent à leur grand-mère, qui les découvre pour la première fois, de les bénir.

Le lendemain, l'ambassadeur de France, M. de Bellièvre, vient souhaiter la bienvenue à la mère de son roi. Louis XIII a ordonné au diplomate de ne la rencontrer qu'à son arrivée. Voyant que Bellièvre l'évite ostensiblement, Marie de Médicis l'accostera dans un couloir de Whitehall, à l'issue d'une audience de Charles Ier. La reine, avec son franc-parler, lâche d'une seule traite que « depuis plusieurs années elle avait employé tous les moyens imaginables pour faire entendre au cardinal de Richelieu le désir qu'elle avait de rentrer en France, [...] et qu'elle n'avait jamais obtenu d'autre réponse que celle par laquelle on lui proposait de se retirer à Florence [...]. Que les sentiments qu'elle avait eus pendant qu'elle était en France étaient bien changés depuis qu'elle en était sortie. Qu'elle conjurait le cardinal de la tirer de la misère où elle se trouvait réduite et de la nécessité de mendier son pain. Que son seul désir était de se trouver près du roi, ou tout au moins en France. Qu'elle ne se mêlerait plus d'affaires et ne songerait qu'à se bien préparer à la mort ».

Bellièvre écoute silencieusement, avant de prétendre qu'il ne pourra faire part ni au roi ni au cardinal de cette conversation. Marie, non sans humour, lui rétorque qu'elle connaît fort bien les usages diplomatiques, et qu'il ne manquera pas de rapporter au roi le moindre de ses propos ! L'ambassadeur sourit. En effet, il relatera l'incident, dans une longue missive datée du 25 décembre. Pour le principe, Louis XIII exposera la requête de sa mère à son conseil.

Soucieuse à la fois d'éclaircir et de justifier son attitude, Marie de Médicis publie, au cours de ces derniers mois de 1638, une *Déclaration de la reine mère du roi très chrétien, contenant les raisons de sa sortie des Pays-Bas et le désaveu d'un manifeste qui court sous son nom, sur le même sujet.* Ce texte, véritable testament politique, retrace les lignes fondamentales de son existence : « Les personnes de ma qualité étant élevées sur le théâtre du monde, et leur vie continuellement exposée au regard public, l'on a dit avec beaucoup de sens que d'autant plus grande est leur condition, d'autant moindre est leur liberté. » Une telle phrase pourrait encore être prononcée par nos actuelles vedettes, victimes de l'inquisition médiatique.

Contrainte à l'exil, Marie de Médicis proclame qu'elle est restée loyale au royaume de Henri IV : « Je désire qu'un chacun sache, que lorsque je me suis réfugiée dans la Flandre, j'ai regardé ce lieu-là comme un port voisin, où je suis accourue pour fuir la tempête qui m'agitait, mais non pas comme un pays que j'eusse voulu choisir pour y demeurer ou pour y prendre quelque établissement. J'étais attachée à la France par des liens trop puissants pour avoir eu de telles pensées. »

Tous les témoignages de respect et d'affection qu'elle a reçus en Hollande et en Angleterre contrastent cruellement avec l'indifférence dédaigneuse que lui réservent la France et son fils Louis XIII. Pourtant, la reine se dit prête, aujourd'hui, à tendre la main à Richelieu : « Mon objet n'a été, et n'est autre, en tout ce procédé, que ma réconciliation avec le roi Monsieur mon fils. Pour cette fin, les moyens qui sembleraient difficiles et fâcheux aux personnes de ma condition me seront doux et faciles. Je [n'écarte] pas, entre ces moyens pénibles, d'affectionner ceux qu'il honore de sa principale confiance. Je le ferai sans contrainte, et de bon cœur, quoiqu'ils ne m'en donnassent point sujet, et suis résolue de ne rien omettre, non pas même ce que je saurais employer en vain, pour posséder l'amitié du roi Monsieur mon fils. »

Cette déclaration – on s'en doute – n'éveille aucun écho de l'autre côté de la Manche. Marie de Médicis, cependant, ne se décourage pas. Elle persuade son gendre, Charles Ier, d'envoyer un ambassadeur extraordinaire pour plaider sa cause auprès de Louis XIII. Lord Jermyn, désigné pour cette mission délicate, quitte l'Angleterre au début du mois de mars 1639. Il est porteur d'une lettre officielle adressée au roi de France, afin « qu'il lui plût de permettre le retour de la reine sa mère dans le royaume, et de lui laisser la libre jouissance de tout le bien dont elle jouissait avant sa sortie, ou au moins de lui envoyer à Londres de quoi vivre et s'entretenir selon sa qualité ».

On le constate, Charles Ier ne se fait guère d'illusions. Mais il espère au moins que son beau-frère acceptera de desserrer les cordons de sa bourse. D'autre part, lord Jermyn doit remettre deux autres missives, celles-là au cardinal. Dans la première, la reine Henriette-Marie prie l'Éminentissime de regarder la requête de son mari avec bienveillance.

La seconde est signée par la Florentine. La vieille reine y réaffirme son désir d'effacer le passé et de ne devoir son retour qu'au seul cardinal.

Richelieu berce l'ambassadeur britannique de paroles mielleuses. « La plus grande joie qu'il pût avoir au monde, prétend-il, des trémolos dans la voix, serait de revoir sa bonne maîtresse et de rentrer dans ses bonnes grâces. » En vérité, il ne consentirait pour rien au monde à lui donner satisfaction. Mais il ne veut pas endosser seul la responsabilité d'un refus. Aussi, sollicite-t-il, au nom du roi, l'avis écrit des autres ministres. Quatre questions leur sont posées : le retour de la reine mère aurait-il une utilité pour le roi, le dauphin ou l'État ? Si oui, où devrait-elle résider ? Dans le cas contraire, doit-on poursuivre la discussion ? Enfin, que répondre aux Anglais sur leur demande de subsides ? L'Homme rouge ne prend guère de risques. Aucun des membres du conseil n'a d'autre soin que de lui complaire.

Louis XIII se rangera à l'avis de ses ministres, tous hostiles au retour. D'autant plus aisément qu'il conforte ses propres sentiments – comme ceux de Richelieu. Ainsi donc, à l'ambassadeur anglais, qu'il convoque dans les premiers jours d'avril, le roi déclare que Marie de Médicis doit renoncer à l'idée de revoir la France. Elle n'y ferait que tramer de nouvelles intrigues et se liguer avec les ennemis du royaume. Peut-être le jour où la paix sera rétablie avec l'Espagne... En attendant, la reine mère est invitée à s'installer à Florence, sa ville natale. Si elle s'obstine à demeurer outre-Manche, le roi de France ne lui donnera pas un liard.

Marie de Médicis est-elle étonnée d'un tel verdict ? Probablement pas. Mais le bruit court que l'Homme rouge a déjà un pied dans la tombe. Elle patientera donc... À Londres, l'exilée organise son existence le plus agréablement possible. Elle reçoit des exilés de passage. Avec sa fille, qu'elle voit presque chaque jour, la vieille princesse ressasse inlassablement ses griefs contre le cardinal. Henriette-Marie a toujours été sa préférée. On se souvient des conseils qu'elle lui avait donnés, par l'intermédiaire de Bérulle, à la veille de son mariage.

Alors que Charles Ier s'évertue à sauvegarder l'anglicanisme, menacé à la fois par les puritains et les papistes, son épouse incarne l'espoir des fidèles de l'Église romaine. Marie de Médicis encourage sa fille sur cette voie. Et ses dévotions, ses messes semi-clandestines, sont ressenties par les protestants les plus fanatiques comme d'odieuses provocations. La Florentine s'essaie même à convertir son gendre. Un jour que le cardinal George Con – un Ecossais pétri de culture italienne – exhorte le roi à confesser la vraie foi, Charles Ier, n'acceptant pas d'être traité en hérétique, rétorque :

« Mon cher ami, je suis catholique ! »

MARIE DE MÉDICIS

Alors, Marie de Médicis précise sentencieusement :
« Il faut être catholique romain apostolique. »

Or, la situation devient de plus en plus critique pour le malheureux Charles Ier. À la fin de 1640, le Parlement, en échange du vote des impôts, prétend contrôler étroitement la gestion des affaires et restaurer les anciennes libertés. Sa résistance légale dégénère en guerre civile. Quant à la pension de Marie de Médicis, elle n'est plus payée. Aussi, au début de 1641, la reine mère est-elle contrainte de s'humilier devant Richelieu et d'implorer un secours de son ennemi. Son confesseur, le père Suffren, en confirme l'urgence :

« Vraiment, ses besoins sont si grands qu'on ne saurait les exprimer, et je ne crois pas que sans un concours particulier de la grâce divine, Sa Majesté eût pu supporter tant de fâcheux rencontres qui lui sont arrivés. »

Marie envoie à Paris son fidèle aumônier, le père Bonnefons, ancien confesseur de Madame de Combalet. C'est par le truchement de la nièce du cardinal que les pourparlers sont entamés. Richelieu consent à verser à la reine cent mille livres, afin de parer au plus pressé. Si elle se résout ensuite à se retirer en Italie – comme elle le laisse entendre dans sa lettre –, le cardinal lui donnera une somme identique pour ses frais de voyage. Et encore trois cent mille livres annuellement, lorsqu'elle sera à Florence.

En mars 1641, une intense correspondance diplomatique est échangée entre Richelieu et le secrétaire d'État aux Affaires étrangères Chavigny d'une part, l'ambassadeur de France à Londres et le père Suffren de l'autre. Le cardinal détermine l'itinéraire que la reine devra emprunter à travers l'Europe, par Rotterdam, Cologne, Bâle, Constance, Venise et Bologne. L'Éminentissime s'attribue toute la gloire de l'opération. L'hypocrite en pleurera d'orgueil devant l'ambassadeur vénitien, qui rapporte la scène avec une once de mépris :

« [Richelieu dit que] la modestie et la soumission de cette princesse lui avaient vraiment touché le cœur, et qu'il n'avait pas perdu de temps à la servir. Il accompagna ce discours de démonstrations de joie particulière, comme s'il s'agissait de son œuvre personnelle qui lui attirerait une gloire peu ordinaire. »

Cependant, des exigences supplémentaires sont bientôt formulées par le vicomte de Fabroni. Le « Premier ministre » de Marie de Médicis, non content d'avoir détourné la majeure partie des cent mille livres octroyées par le cardinal, adresse en effet à Madame de Combalet un mémoire où la reine réclame les revenus de son douaire. Richelieu, scandalisé, rompt les négociations. Cependant, Marie de Médicis ne faisait que revendiquer l'application de son contrat de mariage. En contrepartie de sa dot, il y était convenu en effet qu'elle bénéficierait, après son veuvage, d'un douaire, « pour en jouir sa vie durant, soit qu'elle veuille demeurer au royaume de France ou se retirer ailleurs ».

À Londres, Strafford, ministre et favori de Charles Ier, est condamné à mort et exécuté en mai 1641, sans que le roi ose prendre sa défense. Les émeutes contre les catholiques se multiplient. Le Parlement, à la requête du roi, accorde à la reine mère une garde de cent mousquetaires. Mais la plupart d'entre eux déserteront leur poste. D'ailleurs, dès le 11 mai, la chambre des Communes saisit la chambre des Lords d'un vœu relatif au départ d'une personnalité aussi embarrassante. Charles, assailli de problèmes, ne s'y oppose pas. Le Parlement débloque donc trois mille livres sterling pour décider la Florentine à se mettre en route. Le double lui sera versé au moment où elle posera le pied sur le continent.

C'est ainsi qu'en août 1641 – seulement vingt-deux mois après son arrivée en Angleterre – Marie de Médicis reprend son bâton de pèlerin et son inlassable errance. « Il me faut écarter si loin que je sois hors du commerce et de la mémoire des hommes... » écrivait-elle déjà en 1631. Dignement escortée, la reine proscrite s'embarquera à Douvres. Et la traversée, cette fois-ci, sera sans histoire...

XXII

COLOGNE, L'ULTIME ÉTAPE

En abordant à Flessingue, petit port de l'extrême sud de la Zélande, Marie de Médicis est frappée par le décès de son confesseur, le père Suffren, âgé de soixante-seize ans. Sincèrement émue, elle fait embaumer le corps, qui est rapatrié en France. Puis, selon l'itinéraire défini par Richelieu quelques mois auparavant, la vieille reine gagne Dordrecht, et remonte le Rhin en bateau fermé jusqu'à Cologne. Elle y arrive le 12 octobre 1641.

Ville libre, Cologne est alors gouvernée par son archevêque, revêtu de la dignité d'électeur du Saint-Empire. Ce Ferdinand de Bavière est un petit-cousin de Marie de Médicis. En effet, sa grand-mère était la sœur de Jeanne de Habsbourg. Mais la reine a d'autres raisons de s'arrêter là. D'abord, cette cité catholique est alliée de la France, et relativement proche de Paris. Ensuite, des ambassadeurs et des plénipotentiaires y sont réunis, depuis 1637, à l'initiative du pape Urbain VIII, pour tenter de jeter les bases d'une paix durable. La Florentine se trouve dans son élément. Une fois encore, la « mère de trois rois » pourra imaginer qu'elle pèse sur le destin de l'Europe.

En réalité, la malheureuse souveraine est oubliée de tous. Elle n'a plus autour d'elle qu'un dernier carré de fidèles : Fabroni – son « Premier ministre » cupide –, sa vieille femme de chambre Catarina Salvagia, les fils de son demi-frère Antonio... Marie s'installe d'abord dans une maison ayant appartenu à son ami Rubens, mort l'année précédente. De là courra la légende selon laquelle Marie de Médicis aurait fermé les yeux dans la chambre natale du peintre. Or, Rubens est né à Siegen, en 1577. D'ailleurs, la reine quitte bientôt cette demeure trop exiguë – ses meubles ont dû être entreposés dans un couvent voisin – pour un hôtel plus vaste, dans la *Sternengasse*, celui du feld-maréchal comte de Gronsfeld, mis gracieusement à sa disposition.

Au demeurant, la veuve de Henri IV serait bien en peine de régler un quelconque loyer. Le maigre crédit que l'électeur de Cologne lui accorde est vite épuisé. Elle obtient difficilement un prêt de vingt-six mille livres, qui lui permettent de tenir quelques semaines supplémentaires. Mais ses officiers et ses serviteurs ne reçoivent plus leurs gages. Pour survivre, la reine en est réduite à placer ses tapisseries au mont-de-piété – « deux vieux écrans de drap rouge qui ne valent pas grand-chose » –, des tapis persans, des toiles d'inspiration religieuse, sa vaisselle d'or ou d'argent – encore abondante mais très usée –, les pierreries qui lui restent...

Par surcroît, Marie de Médicis, dont la santé n'avait plus donné d'inquiétude depuis presque dix ans, tombe malade dès son arrivée à Cologne. Son premier médecin, Jean Riolan – qui l'a suivi en exil –, n'est pas seulement un praticien réputé... mais, à l'occasion, un espion à la solde de Richelieu. L'homme de l'art trouve sa patiente très enflée, « hydropique ». D'autre part, elle souffre d'une « fluxion oculaire », sans doute une manifestation d'un érysipèle de la face.

Obéissant aux consignes du cardinal, Riolan encourage la reine à poursuivre son voyage vers Florence : « On veut que j'aille en Italie, écrit-elle, lucide. On m'a fait dire par les ambassadeurs qu'on me ferait un pont d'or, qu'on me donnerait plus que je n'avais en France. [...] Quand je serai là, ils me laisseront mourir de faim. » Le vicomte de Fabroni partage le point de vue du médecin. Il compte ainsi extorquer des subsides à Richelieu. Persuadé que la reine, trop faible, mourrait en route, c'est lui qui empocherait la somme ! En attendant, il exerce ses misérables rapines sur l'indigence de sa maîtresse. Riolan fait son rapport au père Carré, supérieur des dominicains de la rue Saint-Jacques, à Paris – son « contact » avec Richelieu : « Fabroni ne donne point d'argent pour la nourriture des petits officiers. La table de Sa Majesté va toujours, et l'écurie. Mais il est dû deux mois, et à moi trois, ce qui me fâche fort. [...] Il veut avoir en son pouvoir la bourse, le corps, la vie et l'âme de la reine. »

Marie de Médicis accepte ce dénuement avec un remarquable esprit de pénitence. Sa principale tristesse est de ne plus pouvoir être aussi généreuse. Lorsque les religieuses à qui elle a offert jadis un terrain au Luxembourg, lui adressent quelques mots de réconfort, elle ne peut leur faire présent que d'une « chapelle de bois argenté » : « Tout le monde m'a délaissée dans mes afflictions, leur écrit-elle tristement. Il n'y a que les Filles du Calvaire qui se soient souvenues de moi. [...]

Recevez, mes filles, ce présent qui n'est pas tel que j'eusse désiré, mais la pauvreté où je suis réduite est cause que je ne puis vous en envoyer de plus beau. »

Pourtant, Marie de Médicis n'en a pas fini de rêver. Ses astrologues ne l'ont-ils pas assurée qu'elle enterrera Richelieu ? L'Éminentissime, rongé d'ulcères, n'est plus que l'ombre de lui-même. Louis XIII est également valétudinaire. Sa mère ne l'ignore pas. Et sans doute songe-t-elle vaguement à une nouvelle régence, où elle jouerait les premiers rôles, aux côtés d'Anne d'Autriche et de Gaston d'Orléans. C'est du moins ce que laisse entendre Jean Riolan : « La reine mère ne m'a point parlé si clairement de la mort du roi, comme a fait Fabroni, mais elle n'en pense pas moins. »

En mai 1642, les échos d'un nouveau complot contre l'Homme rouge parviennent sans doute aux oreilles de Marie de Médicis. Il est ourdi par le jeune et beau favori de Louis XIII, Henri de Cinq-Mars, marquis d'Effiat, et par François de Thou, un parlementaire en semi-disgrâce. L'objectif est clair : tuer le cardinal et traiter avec l'Espagne. Enfin, la reine mère reviendrait d'exil ! Les gazettes de Cologne et de Bruxelles annoncent qu'elle a fait acheter des litières et des mulets pour apparaître en France à l'improviste.

Marie s'illusionne-t-elle vraiment, ou veut-elle espérer malgré tout, malgré la mort qui rôde ? D'ailleurs, elle ne tarde pas à apprendre l'arrestation de Cinq-Mars. Le 23 mai, Riolan informe Richelieu que l'état de la reine s'est encore aggravé. Elle a beaucoup maigri et ne respire qu'avec peine : « Ce n'est plus qu'un squelette qui a toujours courte haleine. » Quelques jours plus tard, il précise : « Je répète le secret qu'elle ne passera pas cette année. » À vrai dire, elle n'avait plus qu'un mois à vivre.

Le 14 juin 1642, la maladie chronique prend une forme aiguë, caractérisée par des sueurs nocturnes, une diminution de la sécrétion urinaire, et des flux de ventre. Il est probable que l'on peut diagnostiquer une mauvaise irrigation sanguine, due en partie à la compression des vaisseaux par un œdème abdominal. Le 25 juin, l'érysipèle envahit tout le visage. Il s'accompagne d'une forte fièvre et d'une soif ardente. Sans tarder, Riolan envoie un courrier à Paris. Il arrivera trop tard.

Le lendemain, 26 juin, la moribonde est agitée, pendant trois heures, de frissons « par tout le corps ». Elle semble de plus en plus altérée. Mais, bien qu'elle boive beaucoup de tisanes et de limonades, ses urines sont de moins en moins abondantes. En outre, elle souffre maintenant d'orthopnée, une gêne respiratoire qui l'oblige à demeurer assise dans son lit.

Durant les jours suivants, alternent des phases d'intense fébrilité, des étouffements et de courtes rémissions. Des plaques érysipélateuses apparaissent sur les cuisses. La jambe droite en est bientôt recouverte jusqu'au pied. Trois « des plus célèbres et expérimentés chirurgiens de la ville de Cologne » sont appelés en consultation. On tente une saignée, qui n'a d'autre résultat que d'affaiblir davantage la malade. Les médecins affirment que le barbier, maladroit, n'a pas bien ouvert la veine.

Le 1er juillet, tandis que la fièvre ne diminue pas et que la reine est en proie à une agitation extrême, Riolan découvre une tache noire, entourée de pustules, sur la jambe infectée. Il reconnaît sans hésiter le début d'une gangrène. Il sait dès lors que la reine est condamnée à brève échéance. Il lui annonce de se préparer à quitter ce monde...

Marie de Médicis réagit avec tout le courage dont sait témoigner, face à la mort, un chrétien du XVIIe siècle. À cet égard, son agonie sera exemplaire de la piété baroque : « Je me souviens de la pratique de bien mourir que j'ai apprise du père Suffren », déclare-t-elle sans émotion à Catarina Salvagia, qui vit auprès d'elle depuis plus de quarante ans. Quelques jours auparavant, elle lui a déclaré, avec une piété touchante : « J'espère que la Sainte Vierge, accompagnée des saints et des saintes que j'ai eu en singulière vénération, assistera à ma mort... »

Ferdinand de Bavière se rend à son chevet, et l'entourera jusqu'à la fin des marques de son affection. Il a fait prévenir le représentant du Saint-Siège à Cologne, Mgr Rossetti, ainsi que le nonce apostolique Fabio Chigi – le futur pape Alexandre VII. Marie de Médicis a demandé qu'on ne laisse entrer dans sa chambre – en plus des ecclésiastiques – que les proches de son entourage. Elle se fait apporter des reliques, et le crucifix que saint Charles Borromée a baisé pendant son agonie. Elle invoque aussi ses protecteurs préférés : saint Jean-Baptiste ou saint Louis de Gonzague.

La progression rapide de la gangrène oblige Jean Riolan et ses collègues à envisager une amputation. Rossetti prévient la reine et lui propose de recevoir les sacrements. Elle y consent sans peine, donnant des « preuves non équivoques de sa soumission à la volonté de Dieu ». Fabio Chigi lui demande si elle pardonne à tous ses ennemis, en particulier à Richelieu :

« De bon cœur », répond-elle.

« Madame, pour l'en convaincre, voudriez-vous lui envoyer le bracelet que vous avez au bras », hasarde le nonce.

« *Questo e pur troppo !* Non, cela c'est trop ! » ne peut s'empêcher d'articuler la mourante. On ne sait trop comment ni pourquoi l'Homme rouge héritera finalement d'un perroquet vivant qu'il avait offert autrefois à la reine, et qu'elle avait toujours conservé au long de ses pérégrinations. Dernière malice, peut-être, de la Florentine...

Marie de Médicis reçoit le viatique de la main de Rossetti, en présence de tous ses officiers, de Chigi, de l'électeur Ferdinand, et de divers religieux perdus dans leurs oraisons. Son attitude est édifiante. Elle s'entretient ensuite avec Rossetti, lui confiant sa grande vénération pour le pape, et son amour le plus tendre pour le roi son fils. Elle dicte aussi une dernière lettre à son petit-neveu, Ferdinand II de Toscane, pour l'intéresser au sort de son « Premier ministre » :

« Mon neveu, me trouvant au lit en état périlleux pour ma vie, je dispose mes affaires le mieux que je puis. Parmi lesquelles il y en a une qui me tient beaucoup à cœur, qui est le mauvais état auquel j'ai laissé le vicomte de Fabroni qui m'a servie très fidèlement, en des affaires très importantes, l'espace de vingt-six ans. Je le recommande très étroitement à Votre Altesse, afin que lui et son frère, qui m'a servi aussi très dignement à Rome, puissent passer le restant de leurs jours au repos. »

Dans la soirée, profitant d'un répit, les médecins enlèvent une partie des chairs gangrenées, afin de retarder une opération qui, de toute façon, serait inutile. Leurs incisions – pratiquées bien sûr sans anesthésie – semblent soulager le martyre de la reine. Elle souffre moins pendant la nuit. Mais, au matin, elle sent qu'elle s'affaiblit, et utilise ce qu'il lui reste de forces pour dicter son testament. En cette époque révolue, les actes notariés possédaient aussi des qualités littéraires :

« *In nomine sanctissimae ac individuae Trinitatis, amen,*

« Au nom de la Trinité très sainte et indivise, amen,

« À tous qu'il appartiendra, soit notoire qu'en l'an de notre Rédemption de Jésus-Christ 1642, en la dixième indiction, régnant l'empereur Ferdinand de ce nom le IIIe, en l'an de son Empire romain le cinquième, mercredi le deuxième juillet, en la ville impériale libre de Cologne sur le Rhin, la très haute et très puissante dame de Médicis par la grâce de Dieu reine de France et de Navarre, mère du roi Très-Chrétien Louis XIIIe de ce nom, en son lit malade, mais de très bon jugement et parole, par devant moi notaire impérial immatriculé constitué, a déclaré et déclare... »

« Lorsque Dieu aura disposé de son âme », la reine « veut et entend » que son corps soit inhumé dans la basilique de Saint-Denis, avec les autres rois et reines de France, « auprès de celui du feu roi Henri IVe d'heureuse mémoire, que Dieu absolve ». Son cœur ira rejoindre celui du Vert-Galant, à La Flèche. Puis la Florentine tente une dernière fois d'expliquer son attitude :

« Nonobstant tout ce qui s'est passé peu avant sa sortie de France et depuis son entrée en Flandres jusques à maintenant, elle a toujours eu et conservé en son cœur les affections à son sentiment d'une reine envers son roi, et les tendresses d'une mère envers son enfant, souhaitant et désirant au roi toute sorte de bonheur, prospérité et longue vie. »

Tous ceux qui ont été châtiés à cause d'elle, devront être libérés. Elle supplie le roi – comme la « dernière grâce qu' « elle lui demanderait jamais » – d'annuler les procédures intentées contre ses partisans, et de les réintégrer dans leurs droits et leurs charges. Au moment de mourir, la Florentine ne s'est pas départie de sa loyauté envers ceux qui ont su lui rester fidèles.

Marie partage les quelques rares joyaux qu'elle a pu préserver entre ses trois filles. Symboliquement, elle lègue l'anneau de son mariage à Anne d'Autriche. Marguerite de Lorraine – l'épouse de Gaston –, l'électeur de Cologne, son neveu et sa nièce de Toscane, le pape, bénéficient de ses modestes libéralités. À Catarina Salvagia, elle laisse douze mille livres et une montre de grand prix. Mathieu de Morgues, son hagiographe, hérite de sa vaisselle d'argent. À Fabroni ne reviendront que ses chevaux et ses carrosses. En dépit de la recommandation qu'elle a adressée la veille à son cousin de Toscane, elle lance à son « Premier ministre » qu'il l'a trompée et ne mérite rien de plus. Et elle ajoute qu'elle donne ses perles pour ses pauvres serviteurs. Enfin, après quelques autres legs charitables, Marie de Médicis déclare disposer du reste de ses biens en faveur de ses deux fils qui s'entendront sur leur répartition. C'est ainsi que le palais du Luxembourg reviendra, en 1646, au duc d'Orléans.

La reine fait lire le document devant les nonces, l'électeur Ferdinand et les moines qui le signeront. Cet effort a fini de consumer son énergie. Elle est prise de vomissements, et évacue une substance « noire comme de l'encre ». Peu après, on lui fait boire deux cuillers de vin blanc étendu d'une quantité double d'eau. Elle se plaint de ressentir comme « un feu dans l'estomac ». Les bouillons et les tisanes lui incendient l'intérieur du corps. Et elle est presque incapable d'avaler. Bientôt, elle évacue en abondance une « matière sanieuse, avec de la boue et des morceaux de chair pourrie ». Elle tombe en syncope, et son pouls bat de plus en plus faiblement. À chaque instant, on redoute l'issue fatale. Au cours de la nuit suivante, la reine se tordra de douleur au pied de son lit. Elle s'assoit pour essayer de retrouver son souffle. À cinq ou six reprises, elle rend de « l'atrabile », la fameuse humeur noire.

La veille, le révérend père Benoît de Liège, gardien des frères capucins de Cologne, s'est présenté à elle pour lui proposer le sacrement de pénitence. Il a laissé un *Bref récit du décès de Sa Majesté Très-Chrétienne*,

MARIE DE MÉDICIS

la Sérénissime Dame Madame Marie mère de France, témoignage irremplaçable des heures ultimes de Marie de Médicis. Celle-ci a d'abord interrogé ses médecins pour savoir si elle avait encore un espoir de vivre jusqu'au jour suivant. Sur leur assurance « que oui, Dieu aidant », elle demande au religieux de revenir le lendemain à l'aube, afin qu'elle lui fasse « confession de tous ses péchés ».

Ainsi donc, le jeudi 3 juillet 1642, à six heures du matin, la reine « dit que sa volonté était que le père capucin approche de son lit ». Le prêtre commence son exhortation : « Madame, les médecins jusqu'à présent, ont travaillé pour ce qui est du corps. Maintenant, je viens à Votre Majesté pour chercher le bien et salut de votre âme. C'est ici qu'il faut traiter de l'éternité, laquelle dépend d'un moment. Vous avez en temps eu la monarchie en [cette] terre. Si est-ce qu'il y a un monarque aux cieux, auquel nous sommes assujettis, c'est à lui à qui nous marchons, et c'est à vous à considérer – qui êtes travaillée d'une maladie très extrême – que le temps de la vie qui vous reste et qui dépend de l'éternité, est bien peu de durée. »

La reine répond en soupirant : « Ah ! que je le sais bien, mon révérend père ! outre ce que je sais mon devoir et mon obligation. Mais permettez-moi quelque peu de temps pour reposer, et alors on vous fera rappeler, et selon la promesse que je vous ai faite, je tiendrai ma parole en ce temps. »

Malgré sa souffrance, l'agonisante entreprend alors un examen de conscience, « avec toute patience et un courage non pareil ». Sur le conseil des médecins, sachant qu'elle peut trépasser à chaque instant, le capucin invite bientôt la reine à avouer ses péchés :

« À quoi Sa Majesté se résolut bien courageusement, et assise sur sa couche, demanda au révérend père s'il était théologien. Puis, à haute voix, commença son *Confiteor* tout en latin avec une mine si assurée qu'elle ne semblait point avoir de maladie. Et, nonobstant les chaleurs excessives de sa fièvre, ne voulait accepter un trait d'eau pour se rafraîchir, ce que toutefois à la parfin à l'instante prière dudit révérend père, elle se résout de prendre quelque peu d'eau pour se soulager de son ardeur. Puis accomplit sa confession, après avoir duré l'espace d'une heure et davantage, avec contrition et plusieurs autres signes de vertu dont son âme en était douée. Ceci fait, le révérend père lui donna l'absolution sacramentelle, et puis lui demanda si Sa Majesté désirait recevoir le viatique, comme aussi l'extrême-onction, à quoi icelle répondit que très volontiers. [...]

« Ayant donc ouï la messe dudit père, et reçu de sa main le viatique, et enfin l'extrême-onction de la main de Monseigneur Rosetti, nonce extraordinaire, en présence de beaucoup de ministres et domestiques royales qui pleuraient amèrement, fut pour son dernier, publiquement interrogée dudit père son confesseur sur les points suivants : à savoir si Sa Majesté désirait vivre et mourir comme une vraie chrétienne ; si elle se résignait de tout son cœur à la volonté de Dieu tant pour la vie que la mort ; si elle demandait adieu pardon et rémission de tous ses péchés ; si elle pardonnait de tout son cœur à tous ses ministres et domestiques qui jamais l'avaient offensée, comme aussi à tous les autres de quelques qualités et conditions qui pourraient être, tant en général qu'en particulier. À chaque point, elle répondit à haute voix "oui", et "ceci pour l'amour de Dieu". »

Après avoir discuté avec le capucin de certaines dispositions temporelles, elle soussigne « en bon jugement et de propre main » son testament. Elle n'a plus qu'à attendre le dénouement, l'âme paisible : « Peu à peu, poursuit le capucin, avec une dévotion indicible, [elle] commença à se disposer à la mort. [...] Et, étant exhortée à partir pour Jésus-Christ, et invoquer son sacré nom, elle dit : "Mon père, je le dis et fais de cœur." Et puis, ayant aux derniers abois, prononcé continuellement le nom de Jésus de bouche l'espace d'un quart d'heure, enfin la parole lui manqua l'espace d'un demi-quart d'heure. Finit sa vie très heureusement et très saintement. Et passa de ce monde à la gloire, comme nous lui souhaitons de tout notre cœur. »

Marie de Médicis, reine de France, a donc fermé les yeux le jeudi 3 juillet 1642. Elle n'était pas encore septuagénaire. La *Gazette* de Théophraste Renaudot – le premier journal français, à l'entière dévotion de Richelieu – ne consacrera à l'événement qu'un entrefilet : « Elle était veuve d'Henri le Grand et mère des rois et reines qui possèdent les principales couronnes d'Europe. Le regret de sa mort a été accru en cette cour par celui de l'absence qu'elle s'était causée suivant le conseil de quelques esprits brouillons auxquels la facilité du sien avait laissé trop de créance. »

À quoi la Florentine a-t-elle succombé ? L'autopsie pratiquée sur son cadavre peu après le décès – d'ailleurs contre sa volonté – révèle de multiples désordres physiques. La gangrène s'est généralisée et recouvre le dos. De grands lambeaux d'épiderme se détachent et la peau apparaît « d'une très mauvaise couleur, et fort jaune ». Le cœur est hypertrophié, la cavité abdominale remplie d'un liquide sanieux et purulent. Les autres organes – les intestins, le foie, le pancréas – sont en voie de putréfaction. L'estomac, dilaté, présente, à l'intérieur, « comme une excoriation universelle semblable aux aphtes ».

MARIE DE MÉDICIS

L'annonce de la disparition de la reine mère, au terme de plus de dix années d'exil, ne provoquera que peu de regrets à la cour, où on l'a presque oubliée. Le marquis de Montglat lui décernera cette épitaphe étonnée : « Marie de Médicis, veuve de Henri IV, mère de Louis XIII, des reines d'Espagne et d'Angleterre, ainsi que de la duchesse de Savoie, tellement qu'on pouvait dire que ses enfants régnaient dans toute la chrétienté, n'avait pas en mourant un seul pouce de terre. »

Louis XIII se montre très affligé de la disparition de celle qui avait tant fait pour lui conserver son trône et sa couronne. Avant de mourir, moins d'une année plus tard, il avouera : « J'ai toujours eu du scrupule de la conduite que j'ai tenue à l'égard de la reine ma mère. J'en demande pardon à Dieu et à elle-même. Je veux que toute la France et toute l'Europe en soient informées... »

Le duc d'Orléans – alors empêtré dans la conspiration de Cinq-Mars – semble peu touché, et ne donne aucune marque de chagrin. Richelieu, quant à lui, apprend la triste nouvelle à Tarascon. L'Éminentissime fait revêtir à tous ses gens des habits de deuil. Il célèbre un *requiem* solennel le 16 août, et témoigne une douleur excessive de la perte de cette « bonne maîtresse » qu'il a si longtemps persécutée : « Je supplie Dieu de tout mon cœur qu'il ait donné le repos éternel à l'âme de la reine, écrit-il hypocritement. J'ai la joie d'avoir su qu'elle ait eu grande repentance de ses fautes et qu'elle ait pardonné à tous ceux qu'elle tenait ses ennemis. » Lui-même n'a plus que trois mois à vivre. Sûr de son bon droit et d'une conscience pure, l'Homme rouge tiendra à consigner dans son testament : « Je n'ai jamais manqué à ce que j'ai dû à la reine mère du roi, quelque calomnie qu'on m'ait voulu imposer sur ce sujet. »

Un gentilhomme de la chambre, M. de Pény, a été dépêché à Cologne pour régler les créanciers de la reine et organiser le retour de ses cendres. Il découvre que Marie de Médicis était criblée de dettes. Des commerçants exhibent leurs factures, mais une foule d'obscurs anonymes réclament également : « un soldat qui a fermé la chaîne dans la rue où demeurait feu Sa Majesté », « une femme qui a vidé les bassins de la reine », ou encore un violoniste « qui a montré à danser aux filles d'honneur ».

Il faut aussi payer les salaires en retard des domestiques, ainsi que les frais d'obsèques et de convoi. Les étoffes de deuil coûtent à elles seules trente mille livres. Pény est contraint de faire fondre l'argenterie de la défunte, y compris les deux chandeliers qui ont éclairé son lit mortuaire. Il vend ses meubles. Il brade également ses derniers bijoux, des

MARIE DE MÉDICIS

Les spécialistes de médecine légale qui se sont penchés sur ce cas ont émis différentes hypothèses. Le cancer, de l'estomac ou de l'intestin, vient d'abord à l'esprit. Mais il se serait accompagné d'hématémèses – de vomissements de sang – plus fréquentes, ainsi que de douleurs plus intenses. Le fait que les poumons soient « complètement pourris » confirme la tuberculose. En réalité, l'accident terminal qui a emporté la reine serait une péritonite – elle-même tuberculeuse – aggravée par des troubles cardiaques. Certains auteurs – sans preuve convaincante – ont avancé que Marie de Médicis, effrayée par la terrible amputation nécessitée par sa gangrène, se serait suicidée en absorbant une dose massive de poison. On a même chuchoté que l'Homme rouge n'y aurait pas été étranger. Mais nous sortons ici du domaine de l'Histoire, pour celui de la fiction romanesque...

Le fidèle Mathieu de Morgues – « premier aumônier et prédicateur » – rédige un long discours funèbre, où il dessine *Les deux faces de la vie et de la mort de Marie de Médicis*. Il sait y rester sobre et discret. Ses éloges ne sont pas immodérés, et sonnent juste. Lui, qui a été le confident de la reine jusqu'au bout de l'exil, témoigne d'abord de sa déréliction :

« Ceux qui estiment le bonheur des grands par les habits et par la face, ne croient pas qu'ils puissent être malheureux dans le cerveau et dans le cœur, qui sont les signes de la vraie félicité. Les ambitieux désirent bien souvent d'avoir sur la tête un diadème, que ceux qui en connaissent le poids ne voudraient pas ramasser s'ils le trouvaient dans la boue... »

Pourtant, la reine proscrite n'a jamais cédé à la désespérance : « Sa piété envers Dieu paraissait en ce qu'elle recevait ses plus sévères dispositions, non seulement avec patience, mais avec respect et amour. Si la fragilité du sexe tirait parfois quelques larmes de ses yeux, la résignation à la volonté divine les essuyait bientôt. Et je puis dire que l'impatience, durant douze années d'affliction, n'a jamais fait sortir de sa bouche une parole de murmure... »

Trop souvent, Marie de Médicis a été trahie par ceux à qui elle avait accordé trop de confiance – comme Richelieu : « Je confesse que par quelque humilité ou modestie, ou facilité, la source de ses misères est venue de ce qu'elle donnait créance à des esprits plus bas que le sien [...] n'ayant pas – comme disait saint Paul – l'esprit de contention ou de contestation. Mais je puis assurer que, l'ayant étudiée durant le temps que j'ai eu l'honneur de la servir, [...] j'ai toujours pris garde que, lorsque sans l'entreprendre avec ardeur, et sans la lasser, on la laissait dans ses sentiments, ils étaient toujours bons, judicieux et justes. [...] Elle a été en cela malheureuse, qu'elle a été souvent mal servie... »

reliquaires, des perles, quelques diamants, dont celui « en losange avec lequel la reine Catherine [de Médicis] s'est mariée ». Une lettre, signée par trois officiers de la reine, lui révèle que Fabroni a tiré, « de la cassette aux pierreries, un rang de grosses perles, les plus belles qui soient aujourd'hui en Europe ». Proviennent-elles du fameux « carcan » dont elle n'aurait pas voulu se séparer ? On ne sait si M. de Pény aura pu les récupérer.

Ce n'est qu'au commencement de 1643 que le représentant de Louis XIII pourra enfin quitter Cologne. Les six mille messes demandées par la reine ont été dites, les offrandes distribuées, conformément au testament, aux couvents de la ville, aux « pauvres honteux » et à quelques filles à marier nécessiteuses. Selon son vœu, le carmel de la *Schnurgasse* a reçu en héritage une statue de la « reine de la paix ». Le 9 février, la dépouille embaumée de Marie de Médicis traverse la cité rhénane dans un carrosse mortuaire, drapé de velours noir, frappé d'une croix de toile d'argent aux armes de France et de Toscane. Ses entrailles ont été déposées dans la chapelle des Trois-Rois, derrière le maître-autel de la cathédrale. Quatre mille mendiants ont reçu une pièce d'argent, et les cloches de toutes les églises sonnent le glas. Les serviteurs français et leurs familles ont pris place dans trois autres voitures. Huit charrettes suivent, bourrées de coffres, de ballots et de hardes...

Le cortège progresse à petites étapes, par Aix-la-Chapelle, Liège, Namur et Dinant. Dans chaque ville, les prêtres bénissent le cercueil, et des aumônes sont distribuées. Le 23 février 1643, Marie de Médicis retrouve enfin le royaume des lys. Le roi, son fils, a ordonné que le corps soit conduit à Saint-Denis sans cérémonie, et « sans le mettre en aucune église ». Dans ses rapports, le malheureux Pény devra presque s'excuser des honneurs que les Français, en chemin, s'empressent de rendre à leur reine défunte : « Nous sommes passivement entrés en quelques cérémonies, lesquelles étant autant de charités chrétiennes, de bon exemple et de piété que de respect envers le roi, ne pouvaient être refusées sans scandale et indignité, et étaient par nous admises et souffertes avec tant de modestie que tout le monde a bien jugé et su qu'on n'en recherchait pas. »

Au soir de son sacre, en 1610, Marie de Médicis avait prophétisé : « Je considère que je ne puis recevoir que deux honneurs en cette église, voici le premier, l'autre sera à mon enterrement quand il plaira à Dieu. » Or, l'honneur de ses funérailles à Saint-Denis – le 8 mars 1643 – sera sans aucune commune mesure avec la magnificence de son couronnement. Pény, scandalisé, se contentera d'écrire à un ami : « De vous dire la réception qui ne fut faite et comme le tout s'y passa, il m'est beaucoup plus séant de n'en rien dire, puisqu'elle fut moindre que celle que lui firent les Liégeois. »

La mémoire de Marie de Médicis allait entrer dans un purgatoire d'où elle n'est pas encore sortie. Cette mauvaise langue de Saint-Simon, dans son *Parallèle des trois premiers rois Bourbons*, dépeint la Florentine comme un esprit « borné à l'excès, toujours gouverné par la lie de la cour, sans connaissance aucune et sans la moindre lumière, dure, altière, impérieuse »... Depuis lors, les historiens, se recopiant les uns les autres, n'ont fait que forcer la caricature. Jusqu'à la *Grande encyclopédie Larousse* de 1975, qui en brosse ce portrait abominable :

« Grasse et blonde, beauté plus flamande qu'italienne, ainsi est-elle peinte par Rubens dans la célèbre série de la galerie du Louvre qui retrace sa vie. Orgueilleuse, colérique, jalouse de sa puissance, paresseuse et dissimulée, protégeant les arts par tradition familiale, [...] sans piété profonde et d'intelligence bornée, elle devait être le jouet des favoris qui surent la flatter. »

Sans doute notre seconde reine Médicis ne méritait pas tant d'ignominie. Dans une époque difficile, elle a été capable de préserver – avec une prudence toute capétienne – la tranquillité du royaume. Certes, on ne refait pas l'Histoire. Mais celle-ci s'est montrée injuste envers la Florentine. La « politique de paix » qu'elle a incarnée, n'était pas – à tout prendre – plus stupide que le bellicisme qui a triomphé avec Richelieu. Fallait-il vraiment faire la guerre pour abattre la puissance des Habsbourg ? L'analyse de l'évolution économique de l'Espagne nous démontre aujourd'hui que son déclin était d'ores et déjà amorcé. Une France qui se serait consacrée à sa prospérité intérieure – comme le préconisait Michel de Marillac – aurait été non seulement plus heureuse, mais elle aurait fini, inéluctablement, par établir son hégémonie sur l'Europe, plus sûrement que dans le fracas des armes. Au lieu de cela, le cardinal – flattant les ardeurs de Louis XIII – a soumis le royaume à une terrible épreuve, en lui imposant des sacrifices insupportables. Certes, il a restauré l'autorité de l'État, conquis de nouvelles provinces, et jeté les bases de grandes institutions. Mais la gloire coûte cher. Les thuriféraires de l'Homme rouge oublient les révoltes paysannes noyées dans le sang, et encore les cinq millions de victimes à travers l'Europe, ravagée par la guerre de Trente Ans. Scarron écrira, faisant parler Richelieu :

« Pour dompter l'Espagnol, j'ai ruiné la France. Jugez si j'en étais l'ange ou le démon. »

MARIE DE MÉDICIS

Après la mort de l'Éminentissime et de Louis XIII, les opposants relèveront la tête. Leur rancœur étouffée éclatera quelques années plus tard, avec la Fronde. Et, là encore, c'est une femme, la reine Anne d'Autriche, qui mènera, dans la tempête, la barque royale...

Quant à notre Florentine, ses adversaires les plus acharnés lui reconnaîtront au moins d'avoir su discerner et promouvoir les talents divers d'un François de Malherbe, d'un Pierre-Paul Rubens, d'un Salomon de Brosse ou... d'un Armand-Jean de Richelieu. Pour cela seulement, le lecteur nous permettra, en conclusion, de rendre, avec La Rochefoucauld, un hommage mérité à « la douceur de la régence de Marie de Médicis ». Parenthèse heureuse, entre les atrocités des guerres de Religion et les règnes d'airain de Louis XIII et de Louis XIV.

LES MÉDICIS

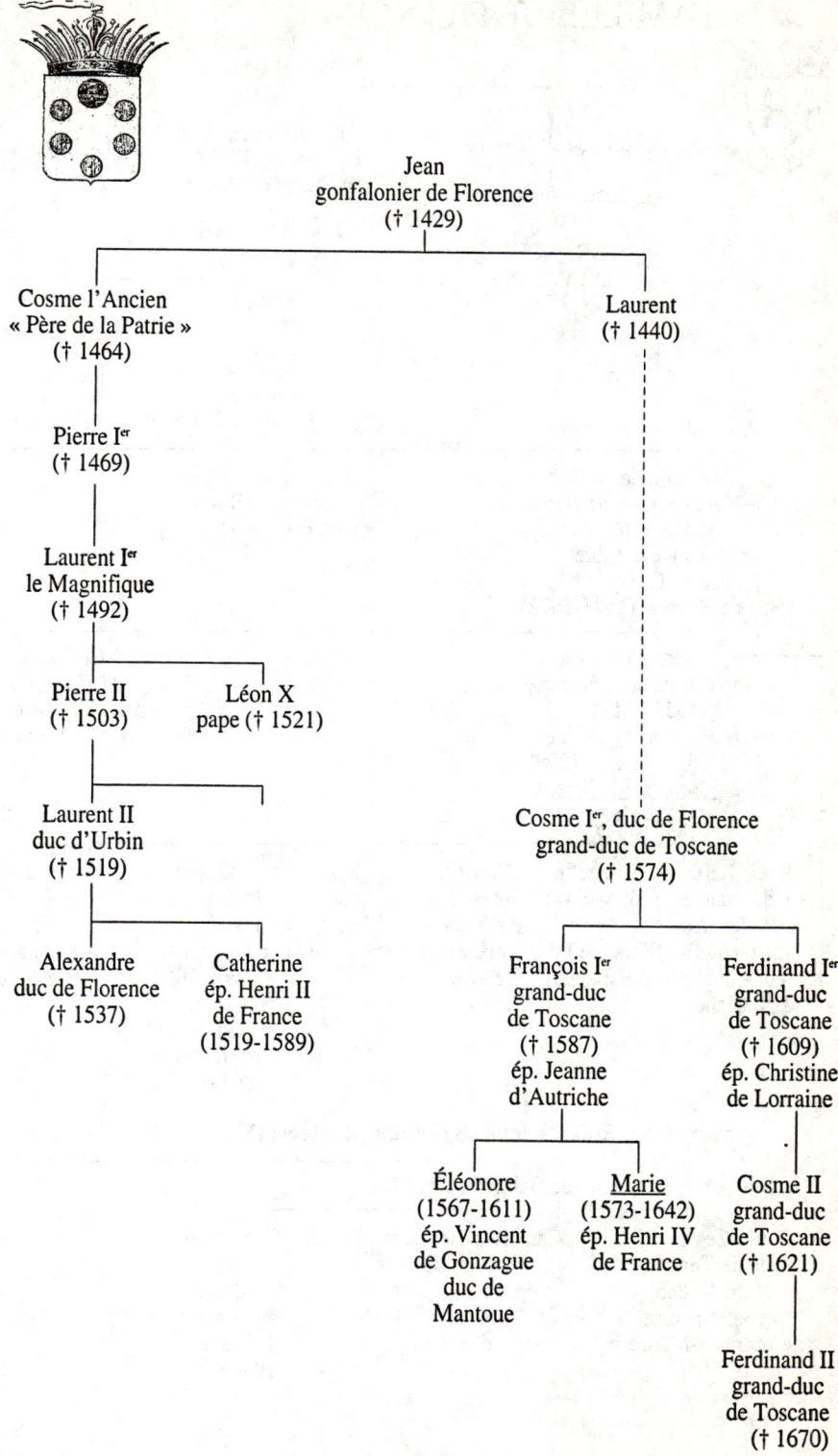

LES BOURBONS
FAMILLE DE FRANCE

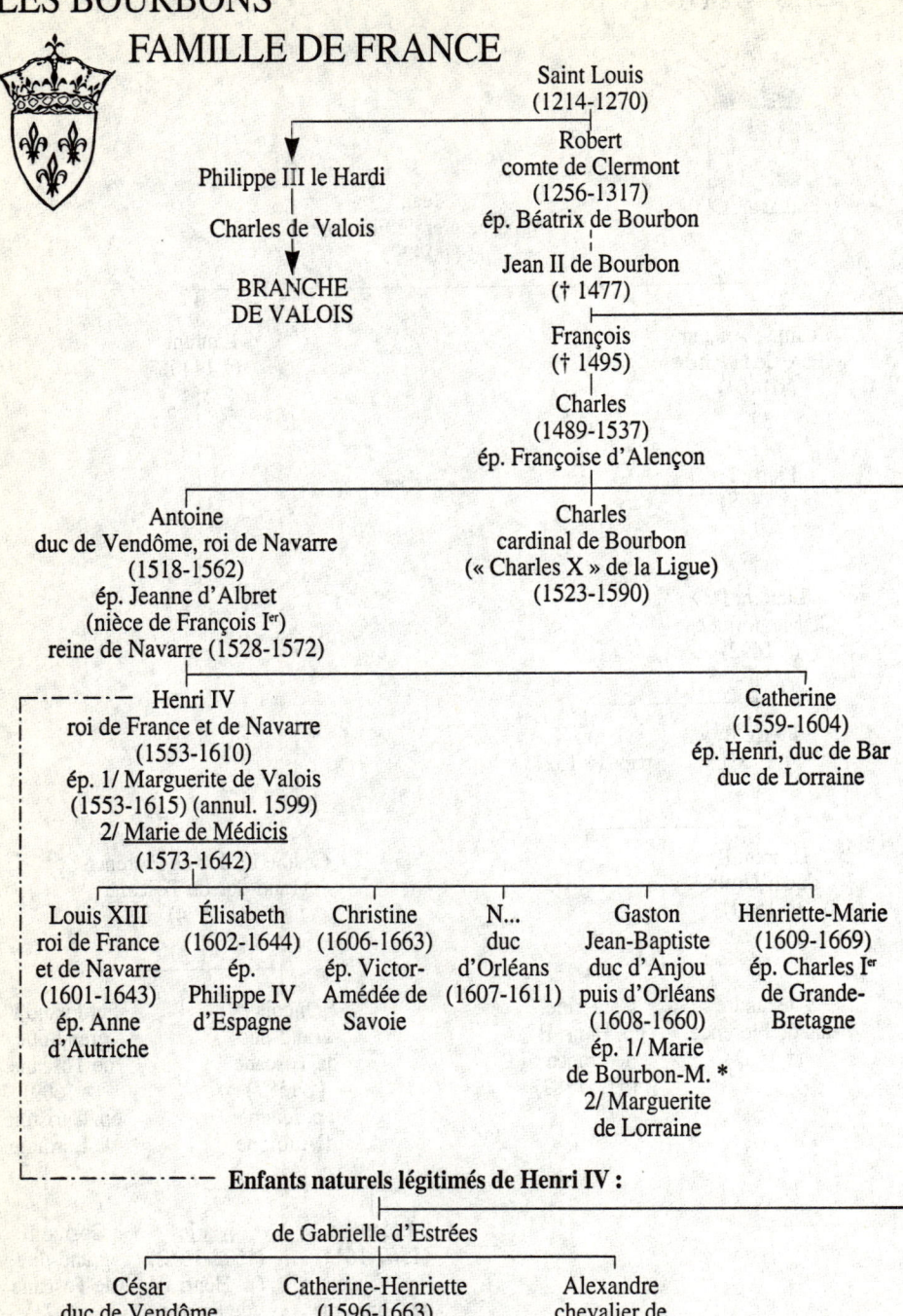

Saint Louis
(1214-1270)

Philippe III le Hardi

Charles de Valois

BRANCHE
DE VALOIS

Robert
comte de Clermont
(1256-1317)
ép. Béatrix de Bourbon

Jean II de Bourbon
(† 1477)

François
(† 1495)

Charles
(1489-1537)
ép. Françoise d'Alençon

Antoine
duc de Vendôme, roi de Navarre
(1518-1562)
ép. Jeanne d'Albret
(nièce de François Ier)
reine de Navarre (1528-1572)

Charles
cardinal de Bourbon
(« Charles X » de la Ligue)
(1523-1590)

Henri IV
roi de France et de Navarre
(1553-1610)
ép. 1/ Marguerite de Valois
(1553-1615) (annul. 1599)
2/ Marie de Médicis
(1573-1642)

Catherine
(1559-1604)
ép. Henri, duc de Bar
duc de Lorraine

Louis XIII
roi de France
et de Navarre
(1601-1643)
ép. Anne
d'Autriche

Élisabeth
(1602-1644)
ép.
Philippe IV
d'Espagne

Christine
(1606-1663)
ép. Victor-
Amédée de
Savoie

N...
duc
d'Orléans
(1607-1611)

Gaston
Jean-Baptiste
duc d'Anjou
puis d'Orléans
(1608-1660)
ép. 1/ Marie
de Bourbon-M. *
2/ Marguerite
de Lorraine

Henriette-Marie
(1609-1669)
ép. Charles Ier
de Grande-
Bretagne

Enfants naturels légitimés de Henri IV :

de Gabrielle d'Estrées

César
duc de Vendôme
(1594-1665)
ép. Françoise
de Lorraine-Mercœur

Catherine-Henriette
(1596-1663)
ép. Charles de
Lorraine
duc d'Elbeuf

Alexandre
chevalier de
Vendôme
grand-prieur
de Malte
(1598-1629)

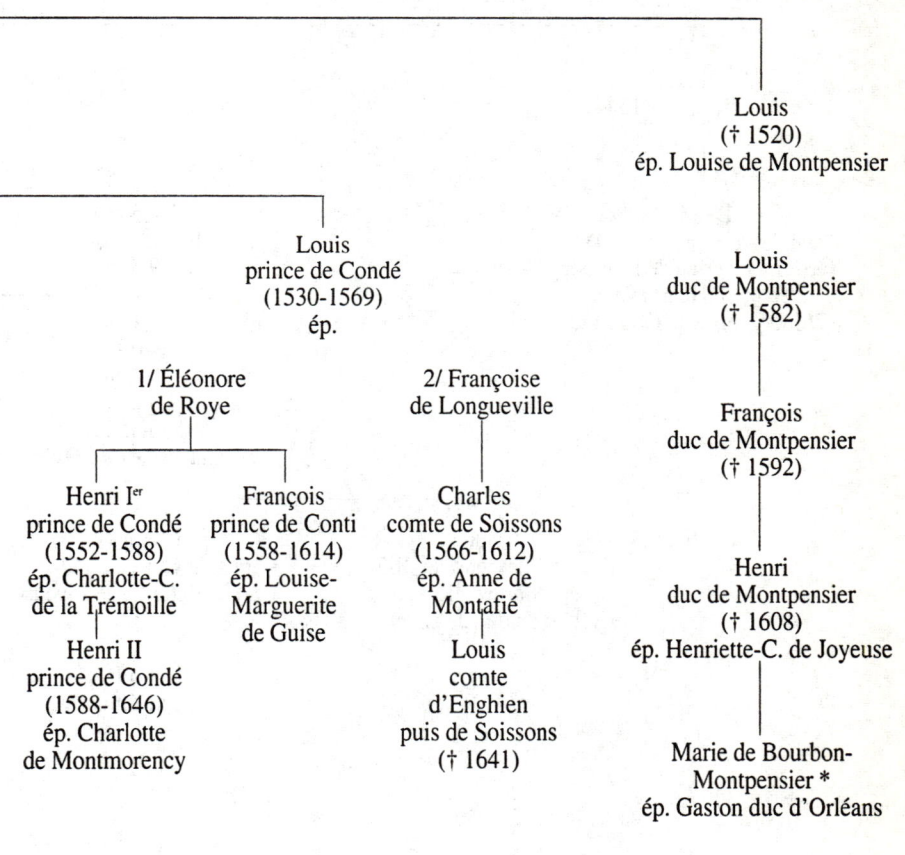

	de Henriette d'Entraigues		de Jacqueline de Bueil	de Charlotte des Essarts
	Gaston-Henri duc de Verneuil (1601-1682)	Gabrielle-Angélique (1602-1627) ép. Bernard duc d'Épernon	Antoine comte de Moret (1607-1632)	Jeanne-Baptiste abbesse de Fontevrault (1608-1670)
				et (non légitimée) : Marie-Henriette abbesse de Chelles (1609-1629)

LES LORRAINES ET LES GUISES

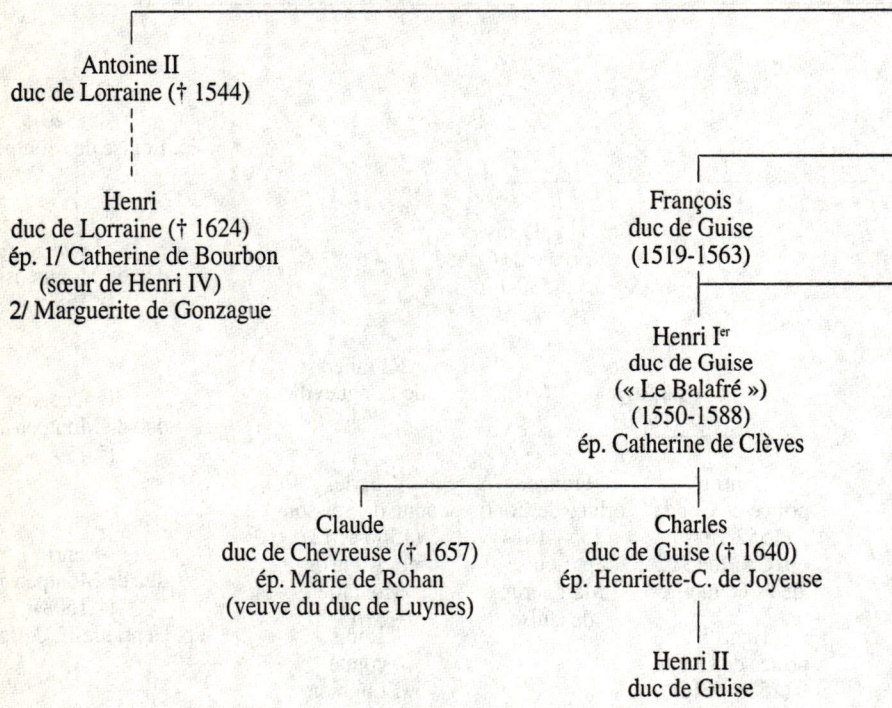

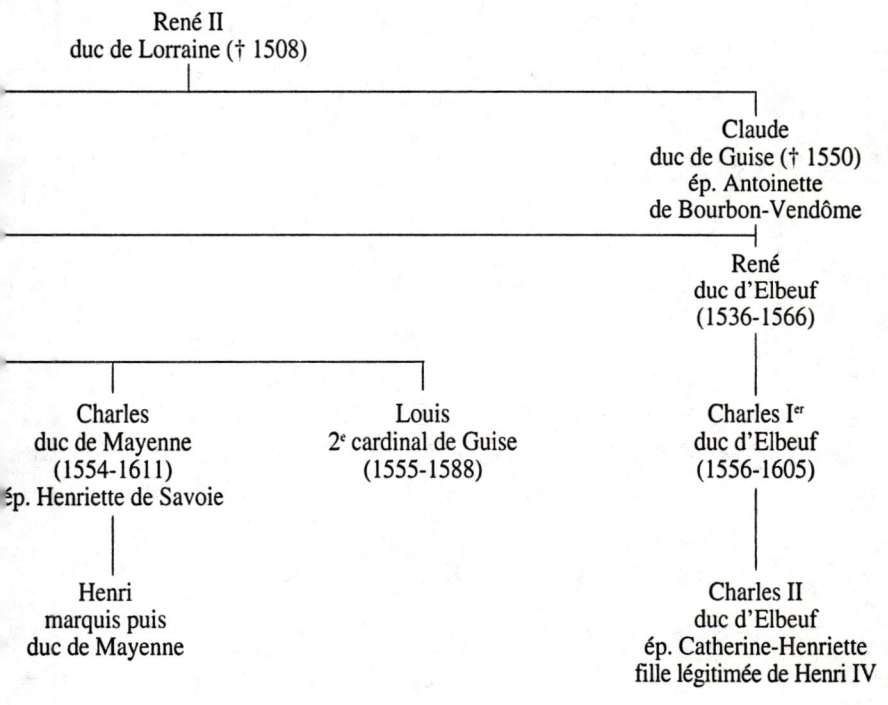

BIBLIOGRAPHIE

Orientations bibliographiques

Sauf exception, nous ne citons que des ouvrages francophones actuellement disponibles en librairie.

BABELON (Jean-Pierre), *Henri IV*, 1982.
BAUDOUIN-MATUSZEK (Marie-Noëlle) (en collaboration), *Marie de Médicis et le palais du Luxembourg*, 1991.
BAYROU (François), *Henri IV, le roi libre*, 1994.
BERTIÈRE (Simone), *Les reines de France au temps des Bourbons, Les deux régentes*, 1996.
BLUCHE (François, sous la direction de), *Dictionnaire du Grand Siècle*, 1990.
BORDONOVE (Georges), *Les rois qui ont fait la France*, tome I, *Henri IV le Grand*, 1981.
BORDONOVE (Georges), *Les rois qui ont fait la France*, tome II, *Louis XIII le Juste*, 1981.
BORDONOVE (Georges), *Richelieu tel qu'en lui-même*, 1997.
CARMONA (Michel), *Marie de Médicis*, 1981.
CARMONA (Michel), *Richelieu, l'ambition et le pouvoir*, 1983.
CASTELOT (André), *Henri IV*, 1986.
CASTELOT (André), *La reine Margot*, 1993.
CASTELOT (André), *Marie de Médicis : les désordres de la passion*, 1995.
CHEVALLIER (Pierre), *Louis XIII roi cornélien*, 1979.
DETHAN (Georges), *La vie de Gaston d'Orléans*, 1992.
ERLANGER (Philippe), *L'étrange mort de Henri IV*, 1964.
ERLANGER (Philippe), *Richelieu*, 3 tomes, 1967-1970.
FOISIL (Madeleine), *L'enfant Louis XIII*, 1996.
KERMINA (Françoise), *Marie de Médicis, reine, régente et rebelle*, 1979.
LE ROY LADURIE (Emmanuel), *L'Ancien Régime*, tome I, *1610-1715*, 1991.
MONGRÉDIEN (Georges), *La journée des Dupes, 10 novembre 1630*, 1961.
MONGRÉDIEN (Georges), *Léonora Galigaï, un procès de sorcellerie sous Louis XIII*, 1968.

TABLE

Présentation		7
I	LA SIXIÈME FILLE DU GRAND-DUC	11
II	LA FIANCÉE DE L'EUROPE	21
III	MARIAGE À LA FLORENTINE	35
IV	BELLE MERVEILLE D'ÉTRURIE	46
V	CE DAUPHIN SI ESPÉRÉ	61
VI	UNE JOURNÉE AU LOUVRE	79
VII	LE GOUJAT COURONNÉ	94
VIII	LE SACRE DE LA REINE	109
IX	LE COUTEAU DE RAVAILLAC	124
X	UNE RÉGENTE EXEMPLAIRE	136
XI	MAINTENIR LA PAIX	150
XII	LE MARIAGE DE LOUIS XIII	165
XIII	LA CONFÉRENCE DE LOUDUN	181
XIV	L'ASSASSINAT DE CONCINI	191
XV	LA CHÂTELAINE DE BLOIS	204
XVI	LA DRÔLERIE DES PONTS-DE-CÉ	219
XVII	LES SPLENDEURS DU LUXEMBOURG	234
XVIII	UNE REINE CATHOLIQUE	249
XIX	LA JOURNÉE DES DUPES	264
XX	EN EXIL À BRUXELLES	279
XXI	DE HOLLANDE EN ANGLETERRE	292
XXII	COLOGNE, L'ULTIME ÉTAPE	309
Arbres généalogiques		323
Bibliographie		329

CHEZ LE MÊME ÉDITEUR

Collection "Les Rois qui ont fait la France"
(en vingt volumes)
par Georges Bordonove

Les Précurseurs :
Clovis. ◊ Charlemagne.

Les Capétiens :
Hugues Capet, le fondateur.
Philippe Auguste. ◊ Saint Louis.
Philippe le Bel.

Les Valois :
Charles V. ◊ Charles VII. ◊ Louis XI.
François Ier. ◊ Henri II. ◊ Henri III.

Les Bourbons :
Henri IV. ◊ Louis XIII. ◊ Louis XIV. ◊ Louis XV.
Louis XVI. ◊ Louis XVIII. ◊ Charles X. ◊ Louis-Philippe.

Collection "Les Grandes Heures de l'Histoire de France"
par Georges Bordonove

LA TRAGÉDIE CATHARE
Raymond de Toulouse, Le massacre de Béziers, La prise de Carcassonne,
Simon de Montfort, La chute de Minerve, le Bûcher de Montségur.

•

**LES CROISADES
ET LE ROYAUME DE JÉRUSALEM**
Godefroy de Bouillon, L'ordre des Templiers, L'illustre roi lépreux,
Saladin à Jérusalem, L'inflexible saint Louis, La fin de Saint-Jean-d'Acre.

•

LA TRAGÉDIE DES TEMPLIERS
Le déclin du Temple, L'implacable roi de fer, L'abandon de Clément V,
Jacques de Molay, Infamie de l'Inquisition, Fin et survie de l'Ordre.

•

JEANNE D'ARC ET LA GUERRE DE CENT ANS
La France en péril, L'épopée de Jeanne, Trahisons et martyre,
Le bûcher de Rouen, La réhabilitation, Jeanne pour l'éternité.

•

LOUIS XVII ET L'ÉNIGME DU TEMPLE
Louis XVI et la Reine, Début de la Révolution, La Commune de Paris,
L'orphelin du Temple, Le mystère de sa mort, Naundorff et les autres.

•

MAZARIN – LE POUVOIR ET L'ARGENT
Les marches du pouvoir – La reine Anne d'Autriche – Le drame de la Fronde –
L'élève Louis XIV – L'Art et la Politique – L'Arbitre de l'Europe.

•

RICHELIEU TEL QU'EN LUI-MÊME
Le roi Louis XIII – Marie de Médicis – Siège de La Rochelle –
Anne d'Autriche – L'année du Cid – Complot de Cinq-Mars.

•

NAPOLÉON
Le siège de Toulon – Le pont d'Arcole – Le soleil d'Austerlitz –
Les fastes de l'empire – La plaine de Waterloo – L'île de Sainte-Hélène.

•

NAPOLÉON III
Le Conspirateur – Le Coup d'État – La Gloire de l'Empire –
Magenta et Solférino – Révolution économique – Sedan et l'ultime exil.

CHEZ LE MÊME ÉDITEUR

IL ÉTAIT UNE FOIS LE LOUVRE
L'histoire fabuleuse de la résidence des rois et des reines devenue l'un des plus beaux musées du monde.
par Jean Prasteau

•

IL ÉTAIT UNE FOIS VERSAILLES
par Jean Prasteau
Le roman vrai de Versailles, de sa création à nos jours, comme il n'avait jamais été conté.

•

LOUISE DE LA VALLIÈRE
De Versailles au Carmel
par Monique de Huertas

•

MARIE MANCINI
Le premier amour de Louis XIV
par Françoise Mallet-Joris

Les grands visages de l'Histoire

FOUCQUET
Coupable ou victime ?
par Georges Bordonove

•

JACQUES CŒUR
et son temps
par Georges Bordonove

•

DUQUESNE
Le Cent Diables
par Frédéric Hulot

•

SUFFREN
« L'amiral Satan »
par Frédéric Hulot

•

LA MÈRE DE LOUIS XVI
Marie-Josèphe de Saxe
par Monique de Huertas

•

CATHERINE DE MÉDICIS
Mère de trois Rois de France et de la Reine Margot
par Hugh Ross Williamson

•

MARIE STUART
Reine de France et d'Écosse ou l'ambition trahie
par René Guerdan

*Achevé d'imprimer en octobre 1998
sur presse Cameron
par **Bussière Camedan Imprimeries**
à Saint-Amand-Montrond (Cher)*

N° d'édition : 571. N° d'impression : 984823/4.
Dépôt légal : octobre 1998.

Imprimé en France